Labitzke · Buchardt

Praxiswissen Fahrlehrerrecht

Labitzke · Buchardt

Praxiswissen Fahrlehrerrecht

Handbuch mit Onlinezugang
zu einem Fachforum

Mit einem Vorwort
von Gerhard von Bressensdorf
Vorsitzender der Bundesvereinigung
der Fahrlehrerverbände e. V. (BVF)

1. Auflage 2008

Abgeschlossen nach dem Rechtsstand vom 01.11.2007

Luchterhand

Bibliografische Information Der Deutschen Bibliothek
Die Deutsche Bibliothek verzeichnet diese Publikation in der Deutschen Nationalbibliografie; detaillierte bibliografische Daten sind im Internet über **http://dnb.ddb.de** abrufbar

ISBN 978-3-472-07068-9

www.luchterhand-fachverlag.de
www.wolterskluwer.de

Satz: RPS Satzstudio, Düsseldorf
Umschlag: Martina Busch, Grafikdesign, Fürstenfeldbruck
Druck, Verarbeitung: Wilco, NL
Printed in Germany, 2008

∞ Gedruckt auf säurefreiem, alterungsbeständigem und chlorfreiem Papier.

Vorwort

Mit Beginn des Jahres 1999 traten weitreichende Änderungen in Kraft, die insbesondere die Mitarbeiterinnen und Mitarbeiter in den Straßenverkehrsbehörden, die das Fahrerlaubnis- und Fahrlehrerrecht zu ihrem Aufgabenbereich zählen konnten, vor große Herausforderungen stellte. Diese, nicht nur durch die große Zahl von Gesetzen und Verordnungen zum Ausdruck gebrachte eingehende Überarbeitung dieses Rechtsbereiches wurde durch die zwingend erforderliche Umsetzung der europäischen Richtlinie 91/439/EWG des Rates vom 29. Juli 1991 über den Führerschein – kurz genannt: der 2. EU-Führerscheinrichtlinie – begünstigt. Insbesondere im Bereich des Fahrlehrerrechts wurde die sich bietende Möglichkeit auch zu einer grundsätzlichen Reform genutzt.

Neben der sich aus der Umsetzung des europäischen Rechts ergebenden Anpassungen der Fahrlehrerlaubnisklassen an die neuen EU Fahrerlaubnisklassen, musste auch die Umsetzung der EU Richtlinie 92/51/EWG über die gegenseitige Anerkennung von beruflichen Befähigungszeugnissen erfolgen. Reformiert wurde die Ausbildung der Fahrlehreranwärter durch Einführung eines Praktikums in einer Ausbildungsfahrschule und es wurde eine allgemeine Fortbildungspflicht für alle Fahrlehrer eingeführt.

Die Erfahrungen der letzten Jahre haben gezeigt, dass es durch eine teilweise erhebliche Fluktuation der zuständigen Sachbearbeiter oder durch eine Verlagerung der Zuständigkeiten begünstigt – heute wieder vereinzelt an Grundlagenwissen fehlt. Nicht zuletzt eine zu kurze oder sogar fehlende Einarbeitungszeit bildet hierfür eine Ursache. Gerade diese Grundlagen und das Erkennen von Gesamtzusammenhängen sind jedoch wichtig. Mit dem vorliegenden Buch sollen in übersichtlicher und konzentrierter Form sowohl die rechtlichen Grundlagen als auch die praktische Durchführung der Regelungen dargelegt werden. So erfolgt eine Darstellung der gesetzlichen Bestimmungen und des sich daraus ableitenden Verwaltungshandelns zum Erwerb einer Fahrlehr- und Fahrschulerlaubnis, einer Seminarerlaubnis sowie bezüglich der Befähigung als Ausbildungsfahrlehrer oder -fahrschule tätig werden zu dürfen. Ferner werden rechtliche Grundlagen und die Ausgestaltung der Überwachung von Fahrschulen, von Aufbauseminaren für Fahranfänger (ASF) und von punkteauffälligen Kraftfahrern (ASP) aufgezeigt. Entsprechende Muster für Überwachungsprotokolle werden beigefügt. Auch auf die Frage, wie festgestellte Verstöße geahndet werden können, werden sie Antworten finden.

Innerhalb Europas genießt die Art, wie künftige Führer von Kraftfahrzeugen in professionellen Fahrschulen ausgebildet werden, hohes Ansehen. Laienausbildung oder entsprechende Mischformen, wie sie im Rahmen der Diskussion zur Einführung des Begleiteten Fahrens ab 17 aus anderen europäischen Mitgliedstaaten bekannt geworden sind, wird eine deutliche Absage erteilt. Pädagogisch qualifizierte Fahrausbildung ist ein unverzichtbarer Baustein für die Verkehrssicherheit. Diese auch vom Gesetzgeber zum Ausdruck gebrachten hohen Anforderungen an Fahrschulen und Fahrlehrer lassen es jedoch angeraten erscheinen, auch auf Seiten der Erlaubnisbehörden mit einem vergleichbaren Qualitätsanspruch der Ausübung der hoheitlichen

Tätigkeit nachzukommen. Das Ziel und die Erkenntnis, dass hohe Qualität der Fahrausbildung berufliche Kompetenz voraussetzt, sollte für beide Seiten gelten.

Die Ausführungen in diesem Buch sind deshalb vom dem Bemühen der Autoren gekennzeichnet, hierzu insbesondere für die Erlaubnisbehörden einen Beitrag zu leisten. Ziel war es auf viele, vielleicht auch selten auftretende Fälle des Fahrlehrerrechts, eine Antwort und entsprechende Hilfestellung zu geben. Gleichwohl erheben wir nicht den Anspruch auf Vollständigkeit. Bestimmte Ausführungen wiederholen sich. Dies haben Autoren und Verlag bewusst so entschieden, um den Lesern umständliches Suchen in anderen Kapiteln zu ersparen. Es bleibt zu hoffen, dass es gelungen ist, Fahrerlaubnisbehörden, aber auch Fahrlehrern sachliche und rechtliche Hintergründe der komplexen Materie des Fahrlehrerrechts näher zu bringen und es ihnen bei der Anwendung behilflich ist.

Wir möchten zum Schluss noch betonen, dass selbstverständlich auch immer Fahrlehrerinnen gemeint sind, auch wenn aus Gründen sprachlicher Vereinfachung nur von Fahrlehrern die Rede ist.

Oktober 2007 Peter Labitzke Ingo Buchardt

Geleitwort zur 1. Auflage

Mit dem »Praxiswissen Fahrlehrerrecht« liegt ein Werk vor, das sich vorrangig an Mitarbeiterinnen und Mitarbeiter in den Straßenverkehrsbehörden richtet, die im Bereich des Fahrlehrerrechts tätig sind und dort, basierend auf den geltenden gesetzlichen Bestimmungen, das Recht vollziehen. In den kommenden Jahren wird in der Bundesrepublik Deutschland, und ganz besonders in einigen Regionen, eine dramatisch sinkende Schülerzahl zu beobachten sein. Dies macht in noch stärkerem Maße als bisher einen straffen Vollzug der Vorschriften notwendig. Diese bilden nicht nur die Grundlage für die Ausbildungstätigkeit der Fahrschulen, sondern beinhalten auch die Instrumente für die notwendige Überwachung der Fahrschulen und Fahrlehrerausbildungsstätten. Es gilt die ordnungsgemäß ausbildenden Fahrschulen – trotz oder gerade in einem Umfeld zunehmenden Wettbewerbs – zu schützen.

Das vorliegende Buch von Peter Labitzke und Ingo Buchardt stellt eine beachtenswerte und wichtige Basis für die wirksame Umsetzung dar. Es behandelt die rechtlichen Grundlagen im Bereich der Fahrlehrer- und Fahrschulerlaubnis und deren Überwachung sowie der Seminarerlaubnis. Ferner werden die Fahrlehrerprüfung und die amtliche Anerkennung von Fahrlehrerausbildungsstätten und anderen Trägern der Aus- und Weiterbildung ebenso thematisiert wie die als neues Betätigungsfeld für die Fahrschulen hinzugekommenen Aufgaben aus der Berufskraftfahrer-Qualifizierung.

Neben einer verständlichen Darlegung der rechtlichen Grundlagen des Fahrlehrerrechts werden dem Leser für die Umsetzung hilfreiche ergänzende Unterlagen wie Musterbescheide und Überwachungsprotokolle zur Hand gegeben. Dabei werden die Möglichkeiten moderner Kommunikation genutzt, indem die für die tägliche Arbeit wichtigen gesetzlichen Bestimmungen und Richtlinien in einem Fachforum im Internet hinterlegt werden. Dies erlaubt nicht nur einen schnellen und unkomplizierten Zugriff, sondern ermöglicht es den Autoren auch, auf rechtliche Änderungen schnell zu reagieren. Hierdurch wird ein hoher Grad an Aktualität gewährleistet.

Der Gesamtumfang des Werkes nebst Internetplattform zeigt aber auch, dass es sowohl für Fahrlehrer und Inhaber von Fahrschulen als auch für Fahrlehrerausbildungsstätten von Interesse sein dürfte. Dieses Werk sollte fester Bestandteil für die Einarbeitung in die Rechtsgrundlagen des Fahrlehrerrechts für alle in diesem Bereich Tätigen werden und gleichzeitig ein Maßstab für einheitliches Handeln sein.

Mit meinem Glückwunsch für das vorliegende Werk wird die Hoffnung und Erwartung auf seine weite Verbreitung und erfolgreiche Wirkung verbunden.

Gerhard von Bressendorf
Vorsitzender der Bundesvereinigung der Fahrlehrerverbände e.V. (BVF)

Zugang zum Fachforum und zur Onlineplattform

Zum Buch »Praxiswissen Fahrlehrerrecht« bietet der Verlag ein Internetforum für Mitarbeiterinnen und Mitarbeiter der Straßenverkehrsämter an. Neben einer Diskussionsplattform sind umfangreiche Vorschriftensammlungen, Ausführungsbestimmungen und Urteile zum digitalen Abruf bereit gestellt. Das Forum »Fahrlehrerrecht« wird auf einem gemeinsamen Dachboard mit den Foren »Fahrerlaubnisrecht« und »Fahrzeug-Zulassung« betrieben.

Bitte haben Sie Verständnis dafür, dass dieses Zusatzangebot nur für Bezieher des Werkes »Praxiswissen Fahrlehrerrecht« gilt, die in Straßenverkehrsämtern bzw. in entsprechenden Fachbereichen bei Aufsichtsbehörden tätig sind. Pro erworbenem Buchexemplar wird dabei ein Zugang gewährt.

Nachfolgend wird sowohl die **Neuregistrierung (s. unter 1.)** als auch die **Erweiterung Ihres bisher bereits bestehenden Accounts (s. unter 2.)** beschrieben.

Zur Anmeldung rufen Sie bitte grundsätzlich folgende Internetseite auf: **http://sva.ordnungsrecht-direkt.de**

1.) Neuregistrierung

Bitte klicken Sie zunächst rechts oben auf **»Registrieren«**

Lesen Sie sich die Nutzungsbedingungen aufmerksam durch und bestätigen Sie diese am Ende durch Klick auf »**Ich bin mit den Konditionen dieses Forums einverstanden.**«

Sie gelangen nun zur Einstiegsseite, die Sie bitte mit den geforderten Pflichtangaben befüllen wollen. Diese sind mit einem * gekennzeichnet. Das Forum soll kein Geheimzirkel sein. Bitte verwenden Sie daher als Benutzernamen eindeutige Kennungen. Vorgeschlagen werden das **Unterscheidungszeichen des Zulassungsbezirkes und Ihr Nachname** (z. B. HH Müller).

Darüber hinaus müssen Sie bei der Registrierung folgende weitere Pflichtangaben hinterlegen:

- Behörden-E-Mail-Adresse
- Bundesland
- Behörde bzw. Institution
- Vorname
- Name

Der Zugang setzt weiter den Erwerb des zugehörigen Fachbuches »Praxiswissen Fahrlehrerrecht« voraus. Sie müssen daher bei der Registrierung auch die **ISBN – Nummer** des Buches (siehe Seite IV und auf dem Buchrücken) hinterlegen. Damit ist gewährleistet, dass Sie im Board dem richtigen Forum zugewiesen werden:

Weitere freiwillige Angaben mit Anschrift, Telefonnummer, Faxnummer und Angaben zur Funktion sind möglich. Sie können auch, wenn Sie es wünschen, ein Bild hinterlegen, das dann bei all Ihren Beiträgen erscheint.

Nach Abschluss Ihrer Eingaben klicken Sie bitte ganz unten auf dieser Seite auf **»Absenden.«** Der Verlag wird sodann Ihre Daten prüfen und Sie freischalten.

2.) Erweiterung Ihres bestehenden Accounts auf das Unterforum »Fahrschule«:

Soweit Sie bereits die Werke »Praxiswissen Fahrerlaubnisrecht« und / oder »Praxiswissen Fahrzeug-Zulassung« erworben haben, können Sie sich unter den bereits zugeteilten Zugangsdaten einloggen und in der entsprechenden Benutzergruppe mit Eingabe der entsprechen ISBN – Nummer einen erweiterten Zugriff beantragen. Bitte gehen Sie hierbei wie folgt vor:

→ Klicken Sie auf den Button »**Benutzergruppen**«

→ Durch Klick auf das Drop-Down-Menü »**Aktuelle Mitgliedschaften**« können Sie erkennen, welchen Gruppen Sie bereits beigetreten sind, in diesem Beispielsfall Fahrerlaubnis und Fahrzeug-Zulassung:

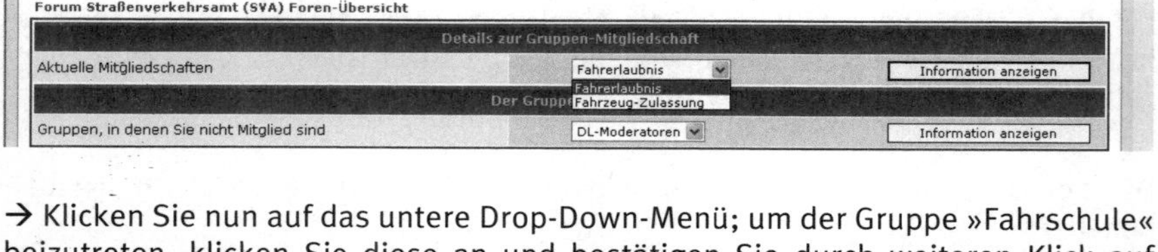

→ Klicken Sie nun auf das untere Drop-Down-Menü; um der Gruppe »Fahrschule« beizutreten, klicken Sie diese an und bestätigen Sie durch weiteren Klick auf »**Informationen anzeigen**«. Hinweis: der Beitritt zur entsprechenden Gruppe erfordert die Eingabe der zutreffenden ISBN-Nummer wie oben unter 1.) beschrieben.

Ihr Antrag wird durch abschließenden Klick auf »**Gruppe beitreten**« abgesendet und so schnell als möglich bearbeitet.

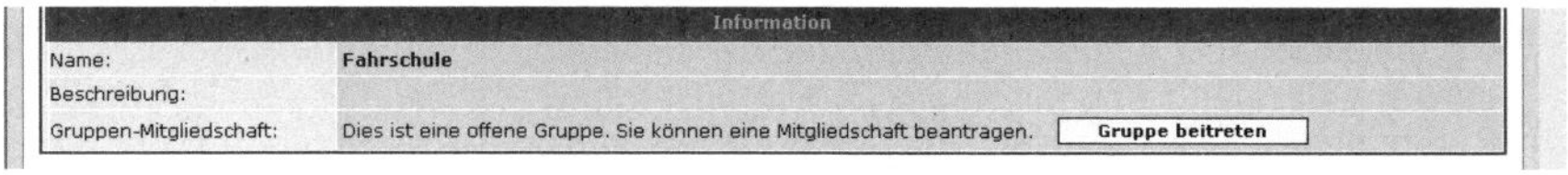

Das Forum lebt vom Mitmachen. Bringen Sie Ihr Wissen und Ihre Erfahrung ein. Stellen Sie Fragen und helfen Sie anderen. Bereits mehr als 350 Nutzer bundesweit machen hiervon regen Gebrauch!

Inhalt

Abkürzungsverzeichnis

ArbZG	Arbeitszeitgesetz
BGB	Bürgerliches Gesetzbuch
BKrFQG	Berufskraftfahrer-Qualifikations-Gesetz
BKrFQV	Berufskraftfahrer-Qualifikations-Verordnung
BZR	Bundeszentralregister
DV-FahrlG	Durchführungsverordnung zum Fahrlehrergesetz
FahrlAusbO	Fahrlehrer-Ausbildungsordnung
FahrlG	Fahrlehrergesetz
FahrlPrüfO	Fahrlehrer-Prüfungsordnung
FahrschAusO	Fahrschüler-Ausbildungsordnung
FeV	Fahrerlaubnis-Verordnung
FreiwFortbV	Verordnung über die freiwillige Fortbildung von Inhabern der Fahrerlaubnis auf Probe (Fahranfängerfortbildungsverordnung)
FZV	Fahrzeug-Zulassungsverordnung
GewO	Gewerbeordnung
StGB	Strafgesetzbuch
StPO	Strafprozessordnung
StVG	Straßenverkehrsgesetz
VwGO	Verwaltungsgerichtsordnung
VZR	Verkehrszentralregister
ZFER	Zentrales Fahrerlaubnisregister

Kapitel A
Rechtliche Rahmenbedingungen des Fahrlehrerrechts

A.1 Europäische Richtlinien

Im Gegensatz zu vielen anderen Bereichen des Verkehrsrechts wird das Fahrlehrerrecht bisher wenig vom europäischen Gemeinschaftsrecht beeinflusst. So werden die Fragen der Qualifikation von Fahrlehrern bisher weitestgehend innerstaatlich und somit höchst unterschiedlich definiert. Ungeachtet dieser fehlenden Harmonisierung greifen jedoch andere für das Selbstverständnis der Europäischen Union wichtige Grundsätze und entfalten ihre Wirkung auch im nationalen Fahrlehrerrecht. Einen dieser Grundsätze bildet die Beseitigung von Hindernissen für den freien Personen- und Dienstleistungsverkehr zwischen den Mitgliedstaaten. Selbständigen und abhängig Beschäftigten soll ermöglicht werden, einen Beruf auch in einem anderen Mitgliedstaat als dem auszuüben, in dem sie ihre Berufsqualifikation erworben haben.

A.1.1 Richtlinien über die Anerkennung von Berufsqualifikationen

In diesem Lichte ist auch die EU-Richtlinie 92/51/EWG[1] zu sehen, die in nationales Recht umgesetzt werden musste. Bewerber um eine Fahrlehrerlaubnis, die bereits in einem anderen Mitgliedstaat der EU/EWR Fahrlehrer sind, wurden grundsätzlich von der Erfüllung der innerstaatlichen Erteilungsvoraussetzungen für die Fahrlehrerlaubnis befreit. Vielleicht von der Erkenntnis getragen, dass die Frage der Qualifikation noch nicht im notwendigen Maß vereinheitlicht ist, galten bisher innerhalb der EU/EWR erworbene Fahrlehrerlaubnisse nicht unmittelbar. Es bestand nur die Verpflichtung einen erleichterten Zugang zu gewährleisten. So konnte eine Eignungsprüfung nur verlangt werden, wenn die bisherige Ausbildung und Prüfung wesentlich von den innerstaatlichen Bestimmungen abwich. Dies war in jedem Einzelfall von den Erlaubnisbehörden zu prüfen. Statt einer Eignungsprüfung konnte eine Anpassungsqualifizierung verlangt werden.

Ohne an der Ausgangslage etwas zu ändern, wurde mit der Richtlinie 2005/36/EG[2] die Anerkennung von Berufsqualifikationen, die in einem anderen Mitgliedstaat der EU erworben wurden, neu geregelt. Diese Richtlinie ersetzt die bislang für den Bereich des Fahrlehrerrechts geltende Richtlinie 92/51/EWG und muss bis zum 20. Oktober 2007 in deutsches Recht umgesetzt werden. Das hierfür erforderliche Gesetz- und Verordnungsgebungsverfahren wird noch in 2007 eingeleitet.

---

1 Richtlinie 92/51/EWG des Rates vom 18. Juni 1992 (ABl. EG Nr. L 209 über eine zweite allgemeine Regelung zur Anerkennung beruflicher Befähigungsnachweise in Ergänzung zur Richtlinie 89/48/EWG (ABl. EG Nr. L 209)

2 Richtlinie 2005/36/EG des Europäischen Parlaments und des Rates vom 7. September 2005 über die Anerkennung von Berufsqualifikationen (ABl. EG Nr. L 255)

A.1.2 Richtlinien über Dienstleistungen im Binnenmarkt

Um ab dem Jahr 2010 einen echten Binnenmarkt für Dienstleistungen zu schaffen, soll die »Dienstleistungsrichtlinie«[3] den Dienstleistern die Wahrnehmung ihrer Niederlassungsfreiheit erleichtern und den freien Dienstleistungsverkehr zwischen den Mitgliedstaaten einfacher machen. Die Richtlinie soll im Interesse von Verbrauchern und Unternehmen, die die Dienstleistungen in Anspruch nehmen, die Auswahl und die Qualität der Dienstleistungen verbessern. Die Richtlinie verfolgt vier Hauptziele zur Schaffung eines europäischen Binnenmarkts für Dienstleistungen:

- Erleichterung der Niederlassungsfreiheit und der Dienstleistungsfreiheit innerhalb der EU,
- Stärkung der Rechte der Dienstleistungsempfänger,
- Verbesserung der Dienstleistungsqualität und
- Schaffung einer wirksamen Verwaltungszusammenarbeit zwischen den Mitgliedsstaaten.

Dabei schafft sie, wie alle Richtlinien, einen allgemeinen Rechtsrahmen, der bei gleichzeitiger Gewährleistung einer hohen Qualität der Dienstleistungen die Wahrnehmung der Niederlassungsfreiheit durch Dienstleistungserbringer sowie den freien Dienstleistungsverkehr erleichtern soll.[4]

Nach den sogenannten Erwägungsgründen der Richtlinie sollten unter Nr. 21 Verkehrsdienstleistungen, einschließlich des Personennahverkehrs, Taxis und Krankenwagen sowie Hafendienste vom Anwendungsbereich der Richtlinie ausgenommen werden. Der Bereich der Fahrschule ist dabei nicht explizit ausgenommen. Eine abschließende und verbindliche Klärung, ob Fahrschulen auch von dieser Richtlinie betroffen sind, ist bisher nicht erfolgt.

A.1.3 Richtlinien über den Führerschein

Zweite EU-Führerscheinrichtlinie

Anders als im Bereich des Fahrlehrerrechts ist das Fahrerlaubnisrecht in wesentlichen Teilen vom europäischen Gemeinschaftsrecht beeinflusst. Indirekt strahlen diese Regelungen dabei natürlich auch auf das Fahrlehrerrecht aus.

Mit der sogenannten Zweiten EU-Führerscheinrichtlinie[5] wurde dabei nicht nur der Grundsatz der gegenseitigen Anerkennung der von den Mitgliedstaaten ausgestellten Führerscheine eingeführt. Auch das Gemeinschaftsmodell des Führerscheins wurde angepasst sowie die Führerscheinklassen harmonisiert, um die gegenseitige Anerkennung der Führerscheine durch die Behörden der Mitgliedstaaten zu vereinfachen. Seither gibt es eine in Europa einheitliche Definition der Fahrerlaubnisklassen A, B, C und D nebst der dazugehörigen Anhängerklassen BE, CE und DE. Darüber hinaus wurde es den Mitgliedstaaten freigestellt, innerhalb dieser Klassen Berechtigungen für

3 Richtlinie 2006/123/EG des Europäischen Parlaments und des Rates vom 12. Dezember 2006 über Dienstleistungen im Binnenmarkt (ABl. EG L 376)
4 http://europa.eu/scadplus/leg/de/lvb/l33237.htm
5 Richtlinie 91/439/EWG des Rates vom 29. Juli 1991 (ABl. EG Nr. L 237, S. 1), zuletzt geändert durch Beitrittsakte vom 23. September 2003 (ABl. EG Nr. L 236, S. 33)

folgende Unterklassen auszustellen: A1, B1 (in Deutschland nicht eingeführt) C1 und D1 nebst der Anhängerklassen C1E und D1E. Diese europäischen Klassen ergänzend wurden in Deutschland die nationalen Klassen M, S, L und T eingeführt. Diese berechtigen jedoch nur in Deutschland zum Führen der entsprechenden Kraftfahrzeuge. Im europäischen Ausland werden diese Klassen grundsätzlich nicht anerkannt. In der Folge war eine Anpassung der Fahrlehr- und Fahrschulerlaubnisklassen unumgänglich.

Berechnet man den ebenfalls europäisch begründeten stufenweisen Erwerb der Fahrerlaubnis der Klasse A mit ein, gibt es in Deutschland insgesamt 17(!) Fahrerlaubnisklassen.

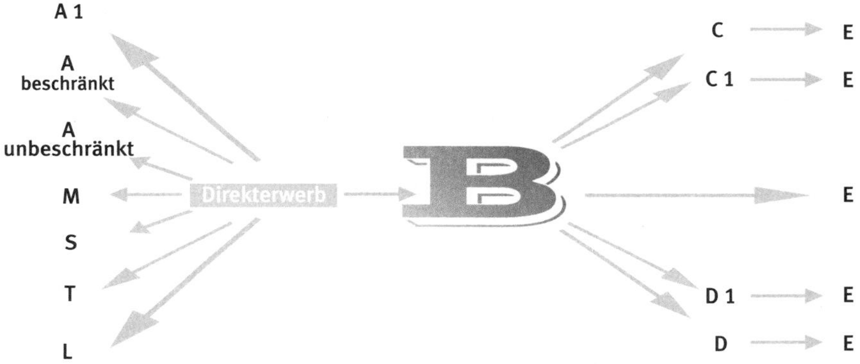

Geregelt wurden in der 2. EU-Führerscheinrichtlinie ferner die Mindestaltersanforderungen an die Fahrprüfung bezüglich der nachzuweisenden erforderlichen Kenntnisse und Verhaltensweisen einschließlich der an die Prüfungsfahrzeuge. Gerade diese im Anhang II niedergelegten Vorstellungen an eine Prüfung von Bewerbern um die Fahrerlaubnis nachzuweisenden Kenntnisse, Fähigkeiten und Verhaltensweisen, strahlen natürlich auf die Ausbildung aus. Die durch die Fahrlehrer zu vermittelnden Ausbildungsinhalte mussten an die von der 2. EU-Führerscheinrichtlinie gestellten Mindestanforderungen angeglichen werden.

Dritte EU-Führerscheinrichtlinie

Bereits in der 2. EU-Führerscheinrichtlinie finden sich Hinweise, die auf eine Überprüfung der Vorschrift hinweisen. In Artikel 11 wird dabei eine Frist von fünf Jahren nach Umsetzung durch die Mitgliedstaaten erwähnt, mithin das Jahr 2001. Am 20. Dezember 2006 wurde nach zähen und kontroversen Diskussionen der Mitgliedstaaten die 3. EU-Führerscheinrichtlinie veröffentlicht.[6] Sie ist am 19. Januar 2007 in Kraft getreten. Mit ihr wurden die europäischen Regelungen zum Führerschein überarbeitet. Die drei Hauptziele des Vorschlags sind:

6 Richtlinie 2006/126/EG des Europäischen Parlaments und des Rates vom 20. Dezember 2006 (ABl. EG Nr. L 403)

1. Verringerung der Betrugsmöglichkeiten: Abschaffung des Führerscheinmusters auf Papier zugunsten einer Plastikkarte, Möglichkeit der Einführung eines Mikrochips auf dem Führerschein, Einführung einer begrenzten Gültigkeitsdauer für neue Führerscheine, die ab dem Datum der Anwendung ausgestellt werden.
2. Gewährleistung der Freizügigkeit der Bürger: Einführung einer begrenzten Gültigkeitsdauer und Vereinheitlichung der Zeitabstände der ärztlichen Untersuchungen für Berufskraftfahrer.
3. Beitrag zur Sicherheit im Straßenverkehr: Einführung eines Führerscheins für Mopeds, Ausweitung des Grundsatzes des stufenweisen Zugangs zur Fahrerlaubnis für die leistungsstärksten Fahrzeugarten, Einführung von Mindestanforderungen an die Grundqualifikation und Weiterbildung der Fahrprüfer, Untermauerung des Grundsatzes der Einzigartigkeit des Führerscheins (ein Inhaber – ein Führerschein).

Hinter diesen plakativen Aussagen verbergen sich jedoch im Einzelnen teilweise erforderliche Änderungen, deren Tragweite noch nicht abgeschätzt werden kann. Nur soviel ist bereits jetzt sicher:

- Es wird eine Beschränkung der Gültigkeitsdauer für neu ausgestellte Führerscheine geben. Ab dem 19. Januar 2013 ausgestellte Führerscheine der Klassen AM, A1, A2, A, B, B1 und BE haben eine Gültigkeitsdauer von zehn Jahren. Die Mitgliedstaaten können diese Führerscheine auch mit einer Gültigkeitsdauer von bis zu 15 Jahren ausstellen. Ausgestellte Führerscheine der Klassen C, CE, C1, C1E, D, DE, D1, D1E haben weiterhin eine Gültigkeitsdauer von fünf Jahren. Die Erneuerung des Führerscheins kann von einer Prüfung der Eignung abhängig gemacht werden. Sie ist aber nicht vorgeschrieben. Die Mitgliedstaaten stellen sicher, dass bis zum 19. Januar 2033 alle ausgestellten oder in Umlauf befindlichen Führerscheine alle Anforderungen der Richtlinie erfüllen.
- Der Führerscheintourismus soll unlukrativ gemacht werden. Es gelten die deutschen Vorschriften über die Einschränkung, Aussetzung und den Entzug der Fahrerlaubnis. Ferner dürfen Mitgliedstaaten keine Fahrerlaubnisse an Personen erteilen, wenn o. g. Verfahren bei einem Bewerber zutreffen. Wer also einen Entzug der Fahrerlaubnis in Deutschland hat, dem darf eine Fahrerlaubnis von einem anderen Mitgliedstaat nicht erteilt werden. Auch eine Ablehnung der Anerkennung einer EU-Fahrerlaubnis durch deutsche Behörden wird möglich.
- Die Klasseneinteilung sowie die Beschreibung der einzelnen Klassen werden geändert.

Die Mitgliedstaaten haben vier Jahre Zeit (also bis zum Jahr 2011), die Richtlinie in nationales Recht umzusetzen, und zwei weitere Jahre (also bis zum Jahr 2013) bis die Regelungen auch angewendet werden müssen. Auch wenn erneut nicht direkt erkennbar das Fahrlehrrecht von den Veränderungen betroffen sein wird, werden u. a. die Veränderungen in der Einteilung der Fahrerlaubnisklassen und somit andere Ausbildungsfahrzeuge und -inhalte zu einer Änderung auch der fahrlehrerrechtlichen Bestimmungen führen.

A.2 Nationales Recht

Die erforderliche Umsetzung der Regelungen der 2. EU-Führerscheinrichtlinie sowie der Richtlinie über die Anerkennung beruflicher Befähigungsnachweise führte zu umfangreichen Änderungen des Gesetzes über das Fahrlehrerwesen, besser bekannt unter dem Namen »Fahrlehrergesetz«, die am 1. Januar 1999 in Kraft traten. Das Fahrlehrergesetz regelt u. a. die von Fahrlehrern, Fahrschulen und Fahrlehrerausbildungsstätten zu erfüllenden Voraussetzungen und Erfordernisse. Breiten Raum nehmen auch die Regelungen zur Registrierung sowie datenschutzrechtliche Bestimmungen ein.

Nicht alle Änderungen gründen sich jedoch auf die Umsetzung der Richtlinien. Vielmehr wurde die Chance auf eine weitreichende Reform der entsprechenden rechtlichen Regelungen genutzt. Besonderes Augenmerk wurde dabei auf die Verbesserung der beruflichen Qualifikation des Fahrlehrers gelegt, indem die Fahrlehrerausbildung intensiviert wurde.

So wurde die bisher notwendige fünfmonatige Grundausbildung in einer Fahrlehrerausbildungsstätte um eine praktische Ausbildung von mindestens viereinhalb Monaten in einer Ausbildungsfahrschule und eine dem Erfahrungsaustausch dienende zusätzlichen Ausbildung in der Fahrlehrerausbildungsstätte ergänzt. Während dieser praktischen Ausbildung soll der Fahrlehreranwärter vor allem lernen, die in der Ausbildungsstätte erworbenen Kenntnisse, wie Grundsätze der Pädagogik, Lehrmethoden und Unterrichtsgestaltung in die Praxis umzusetzen. Um eine bessere Umsetzung dieses stufenweisen Erwerbs zu ermöglichen, wurde das Instrument einer »befristeten Fahrlehrerlaubnis« geschaffen. Damit wird dem Bewerber um eine Grundfahrlehrerlaubnis der Klasse BE die Erteilung theoretischen und praktischen Unterrichts mit echten Fahrschülern unter Anleitung eines erfahrenen Fahrlehrers, dem Ausbildungsfahrlehrer, ermöglicht. Auch eine Ablegung der Prüfung mittels theoretischer und praktischer Lehrproben erfolgt mit echten Fahrschülern und somit unter realistischen Bedingungen.

Als eine weitere zur Erhöhung der Qualifikation von Fahrlehrern beitragende Maßnahme ist die Einführung einer unbedingten und ausnahmslosen Pflicht zur regelmäßigen Fortbildung von allen Fahrlehrern zu sehen. Die Notwendigkeit der Fortbildung besteht, da die Ausbildung der Fahrlehrer noch immer relativ kurz ist, die Fahrlehrerlaubnis auf Lebenszeit erteilt wird und die Anforderungen an das Fachwissen und die Ausbildungsmethoden ständig steigen. Da bis 1999 nur ein kleiner Teil der Fahrlehrerschaft am Fortbildungslehrgängen teilgenommen hatte und bei vielen Fahrlehrern, die sich keiner Fortbildung unterzogen hatten, Ausbildungsmängel festgestellt werden konnten, erscheint es dem Gesetzgeber im Interesse der Ausbildungsqualität und der Verkehrssicherheit unumgänglich, die regelmäßige Fortbildung in die Pflichten des Fahrlehrers einzubeziehen. Es war nicht einzusehen, dass eine Fortbildungspflicht bisher nur für Nachschulungsfahrlehrer bestand, nicht jedoch für den Großteil der Fahrlehrerschaft, die bei der Fahrschülerausbildung eine mindestens ebenso hohe Verantwortung trägt. Die Verkehrssicherheit hängt eher in erster Linie von der Erstausbildung der Fahrzeugführer ab, die gerade verhindern soll, dass sie sich wegen Fehlverhaltens im Verkehr Nachschulungsmaßnahmen unterziehen müssen. Deshalb wurde eine generelle und ausnahmslose Fortbildung für alle Fahrlehrer eingeführt, und zwar in angemessenen und ausreichenden Intervallen von vier Jahren.[7]

Grundsätzlich ist anzumerken, dass rechtssystematisch das Fahrlehrergesetz (FahrlG) das Dach bildet, unter dem sich Rechtsverordnungen wie die Durchführungsverordnung zum Fahrlehrergesetz (DV-FahrlG), Fahrschüler-Ausbildungsordnung (FahrschAusbO), Fahrlehrer-Ausbildungsordnung (FahrlAusbO), Fahrlehrerprüfungsordnung (FahrlPrüfO) und Richtlinien ausbilden dürfen. Hierfür wurden dem Gesetzgeber in verschiedenen Paragraphen des FahrlG so genannte Ermächtigungen eingeräumt, die es ermöglichen sollen, die Bestimmungen des Gesetzes näher zu bestimmen. Diese Verordnungen bilden quasi das Fleisch am Knochen und führen, ohne dabei den Regelungsinhalt des Gesetzes zu erweitern, dieses näher aus.

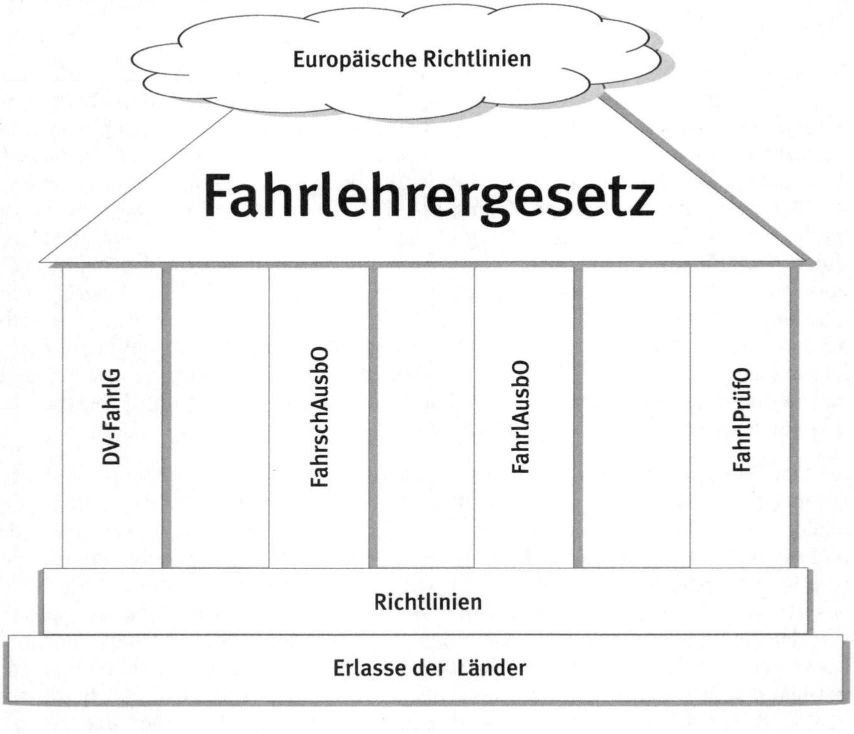

7 BT-Drs 13/6914

Kapitel B
Die Fahrlehrerlaubnis

Wer Fahrschüler ausbilden will, muss einen Fahrlehrerschein und die entsprechende Fahrlehrerlaubnisklasse besitzen. Diese nicht ohne Grund in § 1 Abs. 1 FahrlG getroffene Kernaussage wird nachfolgend im Fahrlehrergesetz inhaltlich untersetzt und bildet somit auch den Schwerpunkt der Ausführungen in diesem Kapitel.

Um die Tätigkeit eines Fahrlehrers ausüben zu dürfen, ist zunächst der Erwerb der Fahrlehrerlaubnis der Klasse BE – der so genannten Grundfahrlehrerlaubnis – erforderlich. Sie wird in einem zweistufigen Verfahren erteilt. Die erste Phase umfasst dabei eine fünf Monate (mindestens 700 Ausbildungsstunden zu je 45 Minuten) dauernde Ausbildung in einer amtlich anerkannten Fahrlehrerausbildungsstätte. Entsprechend einem bundesweit einheitlichen Rahmenplan gemäß der Anlage zu § 2 Abs. 1 FahrlAusbO, der jedoch nur die Mindestanforderungen benennt, müssen folgende Sachgebiete gelehrt werden:

Verkehrsverhalten
Fahrlehreranwärter erwerben Wissen über das Verkehrsverhalten unter besonderer Berücksichtigung der Gefahrenlehre; sie lernen, ihr eigenes Fahrverhalten und das Fahrverhalten der Fahrschüler zu beobachten; sie lernen, das richtige Fahrverhalten den Fahrschülern zu vermitteln. Sie lernen die psychologischen und sozialen Aspekte des Verkehrsverhaltens sowie die Grundzüge der Verkehrspsychologie kennen.

Recht
Fahrlehreranwärter erwerben Kenntnisse des Rechtssystems, seiner Gliederung, Struktur und Funktion. Sie lernen die Wechselbeziehungen zwischen Grundrechten und Ansprüchen des Einzelnen und den Gemeinschaftsinteressen kennen sowie den Zusammenhang zwischen persönlichen Interessen und Verantwortung gegenüber anderen Verkehrsteilnehmern und der Umwelt. Fahrlehreranwärter reflektieren ihr Rechtsverständnis und orientieren sich über die Einstellungen der Fahrschüler der unterschiedlichen Altersklassen. Fallbeispiele, induktive und deduktive Methoden kommen dabei zur Anwendung.

Technik
Fahrlehreranwärter lernen Aufbau und Funktionsweise des Kraftfahrzeugs und seiner Teile kennen (Nutzung, Bedienung, Kontrolle, Pflege, Wartung). Bei der Auswahl und Gewichtung der Ausbildungsinhalte kommen der Sicherheit und dem Umweltschutz besondere Bedeutung zu; naturwissenschaftliche Erklärungen, z. B. zur Umwelttechnik und zur Fahrphysik sind notwendig. Fahrlehreranwärter reflektieren ihr Technikverständnis und lernen die Zusammenhänge zwischen Fahrzeugtechnik, Verkehrssicherheit und Umweltschutz zu vermitteln.

Umweltschutz
Fahrlehreranwärter lernen die Zusammenhänge zwischen Straßenverkehr und Umweltschutz kennen. Sie werden mit den Möglichkeiten des Energiesparens beim Führen von Kraftfahrzeugen vertraut gemacht.

Fahren
Fahrlehreranwärter vervollkommnen ihre Fähigkeiten und Fertigkeiten im sicheren, vorschriftsmäßigen, umweltschonenden und gewandten Fahren in den verschiedenen Fahrerlaubnisklassen; sie können ihr Fahrverhalten erklären.

Verkehrspädagogik
Fahrlehreranwärter lernen, theoretischen und praktischen Fahrunterricht in den verschiedenen Fahrerlaubnisklassen zu planen, zu gestalten und zu analysieren. Sie lernen die Grundlagen der Erwachsenenpädagogik und der Lernpsychologie kennen und entwickeln durch ihre Ausbildung ein persönliches Verständnis ihres pädagogischen Auftrags.

Als Lehrkräfte werden dabei Fahrlehrer, Erziehungswissenschaftler, Ingenieure und Personen mit der Befähigung zum Richteramt eingesetzt.

Diese Ausbildung bildet zunächst die Grundlage für die Absolvierung von drei unabhängig zu bewertenden Prüfungsteilen (fahrpraktische Prüfung, schriftliche Fachkundeprüfung und mündliche Fachkundeprüfung). Werden diese Prüfungsteile bestanden, wird die Fahrlehrerlaubnis der Klasse BE befristet für zwei Jahre erteilt.

Mit ihr beginnt die zweite Phase.

In ihr muss der Inhaber der befristeten Fahrlehrerlaubnis ein Praktikum in einer so genannten Ausbildungsfahrschule absolvieren, deren Umfang und inhaltliche Ausgestaltung in einer Richtlinie verankert ist[8]. Während dieser praktischen Ausbildung soll der Fahrlehreranwärter vor allem lernen, die in der Ausbildungsstätte erworbenen Kenntnisse, wie Grundsätze der Pädagogik, Lehrmethoden und Unterrichtsgestaltung bei der Ausbildung von Fahrschülern, die eine Fahrerlaubnis der Klasse B erwerben wollen, umzusetzen. Das Praktikum soll bei einer Dauer von 4 $^{1}/_{2}$ Monaten mindestens 360 Stunden umfassen. Dabei wird das Praktikum von einer Ausbildungseinheit (35 Ausbildungsstunden zu je 45 Minuten) in der Mitte und einer Ausbildungseinheit (35 Ausbildungsstunden zu je 45 Minuten) am Ende des Praktikums nach § 2 Abs. 5 FahrlG unterbrochen. Die Ausbildungseinheit, auch Reflexionswochen genannt, findet in einer amtlich anerkannten Fahrlehrerausbildungsstätte statt. Während dieser Zeit ist der Bewerber um eine unbefristete Fahrlehrerlaubnis der Klasse BE kein Fahrlehrer im gesetzlichen Sinne, da er im Fahrlehrergesetz nur als Inhaber einer befristeten Fahrlehrerlaubnis oder Fahrlehreranwärter und in der Fahrlehrer-Ausbildungsordnung nur Fahrlehreranwärter genannt wird. Unterbrochen bedeutet, dass in dieser Zeit keine Ausbildung in der Ausbildungsfahrschule stattfindet sollte.

Nach bestehen von zwei weiteren Prüfungen (Lehrproben in theoretischem und fahrpraktischem Unterricht) wird die unbefristete Fahrlehrerlaubnis der Klasse BE erteilt. Sie berechtigt zur theoretischen (Grundstoff und klassenspezifischer Stoff) und praktischen Ausbildung von Fahrschülern, die eine Fahrerlaubnis der Klassen B, BE, S und L oder eine Prüfbescheinigung für Mofa erwerben wollen.

Nach Erwerb der Grundfahrlehrerlaubnis BE können die anderen Fahrlehrerlaubnisklassen (A, CE und DE) in beliebiger Reihenfolge erworben werden. Unabhängig von

8 Richtlinie für die Durchführung der Ausbildung in einer Ausbildungsfahrschule für die Fahrlehreranwärter (Praktikum) vom 18. Juni 1999 (VkBl. 1999 S. 445)

der erworbenen Fahrlehrerlaubnisklasse gibt es hinsichtlich der Durchführung des theoretischen Unterrichts eine Besonderheit: Jede Fahrlehrerlaubnis berechtigt zur Durchführung des Grundstoffs des theoretischen Unterrichts (§ 1 Abs. 3 FahrlG).

Insgesamt ergeben sich die nachfolgenden Berechtigungen zur Ausbildung in folgenden Klassen:

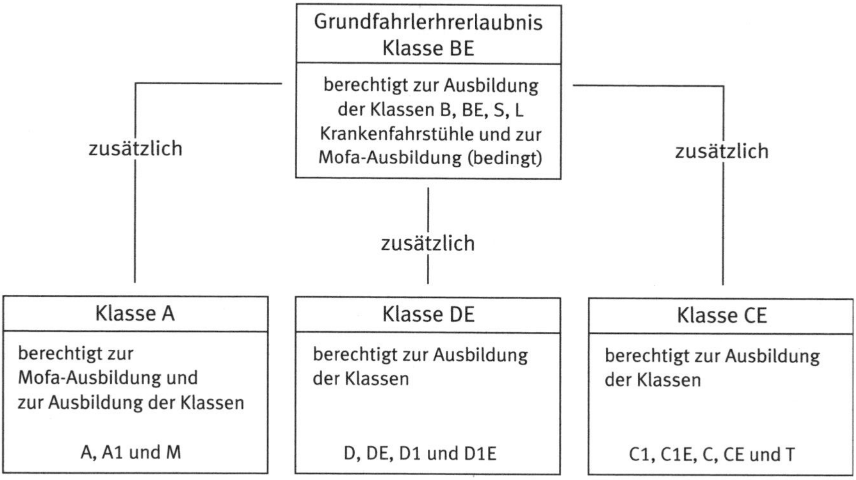

Besitzstand:
Die Ausbildungsberechtigung für den Erwerb der Mofa – Prüfbescheinigung gilt allerdings nur für Fahrlehrer, die eine vor dem 1. Oktober 1985 erworbene Fahrlehrerlaubnis der damaligen Klasse 3 (oder eine entsprechende Fahrlehrerlaubnis) besitzen und die vor dem 1. Oktober 1987 an einem mindestens zweitägigen, vom Deutschen Verkehrssicherheitsrat durchgeführten Einweisungslehrgang teilgenommen hatten (§ 76 Nr. 3 FeV).

Von der Fahrlehrerlaubnis darf nur zusammen mit der Fahrschulerlaubnis oder im Rahmen eines Beschäftigungs- oder Ausbildungsverhältnisses mit dem Inhaber einer Fahrschule Gebrauch gemacht werden (§ 1 Abs. 4 FahrlG). Den »freiberuflich« tätigen Fahrlehrer gibt es nicht.

Von der Deutschen Fahrlehrer-Akademie (DFA) wurde ein Berufseignungstest entwickelt, der als Hilfestellung für die mit der Förderung befassten Leistungsträger ist. Mit Hilfe von Arbeitsproben zu »Textanalyse und Kurzvortrag«, »Situationsanalyse und Diskussion« sowie einem Intelligenztest soll zuverlässig ein Aufschluss über die Eignung von Interessenten am Fahrlehrerberuf gegeben werden[9].

9 Nähere Informationen unter DEFA-ZERT GmbH, Mittlerer Pfad 5 in 70499 Stuttgart oder unter info@defa-zert.de

B.1 Erteilung einer Fahrlehrerlaubnis

Rechtliche Grundlagen:

Fahrlehrergesetz (FahrlG)
§ 32 Abs. 1 Zuständigkeit

Gebührenordnung für Maßnahmen im Straßenverkehr (GebOSt)
2. Abschnitt Kapitel D Gebührentarife

Ermächtigungsnormen
§ 34a Abs. 2 und 3

B.1.1 Allgemeine Grundsätze

Zuständigkeiten
Gemäß § 32 Abs. 1 FahrlG sind für die Ausführung des Fahrlehrergesetzes und der auf ihm beruhenden Rechtsverordnungen die obersten Landesbehörden, die von ihnen bestimmten oder die nach Landesrecht zuständigen Stellen, zuständig. Nach der Nr. 1 in § 32 Abs. 1 FahrlG ist folgende Erlaubnisbehörde örtlich für die Angelegenheiten der Fahrlehrerlaubnis zuständig:

- die örtliche Erlaubnisbehörde des Wohnsitzes,
- in Ermangelung eines Wohnsitzes, die des Aufenthaltsortes des Bewerbers oder Erlaubnisinhabers,
- die des Beschäftigungsortes, sobald der Erlaubnisinhaber seine Tätigkeit als Fahrlehreranwärter/Fahrlehrer aufnimmt und die Erlaubnisbehörde des Wohnsitzes bzw. Aufenthaltsortes mit der des Beschäftigungsortes nicht identisch ist (vorrangige Zuständigkeit).

Befristete Fahrlehrerlaubnis
Aufgrund der Einführung einer in zwei Phasen erfolgenden Ausbildung zum Erwerb der »Grundfahrlehrerlaubnis« BE ist ein ebenfalls zweigeteiltes Antragsverfahren notwendig. Dabei können sich hinsichtlich der Zuständigkeit Änderungen ergeben,

Antrag auf befristeten Fahrlehrerschein	➡	Erlaubnisbehörde des Wohnortes
Ausstellung befristeter Fahrlehrerschein **Ohne Ausbildungsverhältnis**	➡	Erlaubnisbehörde des Wohnortes
Eintragung des Ausbildungsverhältnisses	➡	Erlaubnisbehörde, in dessen Erlaubnisbereich sich der Sitz der Ausbildungsfahrschule befindet (Beschäftigungsort)
Antrag auf unbefristeten Fahrlehrerschein	➡	Erlaubnisbehörde, in dessen Erlaubnisbereich der Fahrlehreranwärter die Ausbildung oder Tätigkeit aufgenommen hat (Beschäftigungsort)
Ausstellung unbefristeter Fahrlehrerschein **Ohne Beschäftigungsverhältnis**	➡	Erlaubnisbehörde, in dessen Erlaubnisbereich der Fahrlehreranwärter die Ausbildung oder Tätigkeit aufgenommen hat (Beschäftigungsort)

da während der zweiten Phase die Zuständigkeit auf die Erlaubnisbehörde des Beschäftigungsortes übergeht und diese nicht mit der Erlaubnisbehörde des Wohnorts/Aufenthaltsorts identisch sein muss; denn der Fahrlehreranwärter geht während der Ausbildung in der Ausbildungsfahrschule (§ 21a FahrlG) im weitesten Sinne einer Beschäftigung nach. Das nebenstehende Beispiel soll verdeutlichen, in welchen Phasen die Zuständigkeit formal endet und welche Behörde die entsprechenden Amtshandlungen vornimmt. In Absprache der jeweils zuständigen Behörden sind jedoch auch andere Möglichkeiten denkbar. Wichtig ist in jedem Fall, sich über das Verfahren einvernehmlich zu verständigen.

Die Antragstellung zur Erteilung einer befristeten Fahrlehrerlaubnis erfolgt bei der für den Wohnort zuständigen Behörde. Zwar besitzt der Antragsteller eine Wahlmöglichkeit bezüglich der Fahrlehrerausbildungsstätte und der Ausbildungsfahrschule. Diese Wahl beeinträchtigt jedoch nicht die Zuständigkeit der Erlaubnisbehörde. Nur bezüglich der Durchführung der Prüfungen und Lehrproben regelt § 6 FahrlPrüfO, dass jeweils der Prüfungsausschuss zuständig ist, in dessen Bezirk der Bewerber seinen Wohnsitz oder die von ihm besuchte Fahrlehrerausbildungsstätte oder Ausbildungsfahrschule ihren Sitz hat. Die Ausstellung des befristeten Fahrlehrerscheins erfolgt in jedem Fall durch die Behörde des Wohnortes.

Da durch die Aufnahme einer Tätigkeit in einer Ausbildungsfahrschule außerhalb des Zuständigkeitsbereiches die Zuständigkeit wechseln könnte, sollte zunächst keine Eintragung eines Ausbildungsverhältnisses erfolgen. Für diese ist ggf. eine andere – neue – Behörde zuständig. Die Eintragung des Ausbildungsverhältnisses mit der Ausbildungsfahrschule erfolgt grundsätzlich durch die Erlaubnisbehörde, in der die Ausbildungsfahrschule ihren Sitz hat. Hier erfolgt auch die Antragstellung auf Erteilung des unbefristeten Fahrlehrerscheins, da zu dieser Phase des Verfahrens die dortige Zuständigkeit liegt. Sie prüft die Erteilungsvoraussetzungen und lässt den Antragsteller zur Prüfung zu.

Nach Ablegung der Prüfung erlischt das Ausbildungsverhältnis. Der Fahrlehreranwärter kann nicht mehr von seiner befristeten Fahrlehrerlaubnis Gebrauch machen. Die Ausstellung des unbefristeten Fahrlehrerscheins erfolgt durch die Erlaubnisbehörde, in deren Erlaubnisbereich die Ausbildungsfahrschule ihren Sitz hat und bei der der Antrag auf die unbefristete Fahrlehrerlaubnis gestellt wurde. Da durch die Aufnahme einer Tätigkeit in einer Fahrschule außerhalb des Zuständigkeitsbereiches die Zuständigkeit wechseln könnte, sollte zunächst keine Eintragung eines Beschäftigungsverhältnisses erfolgen. Für diese ist ggf. eine andere – neue – Behörde zuständig.

Unbefristete Fahrlehrerlaubnis

Hinsichtlich aller weiteren im Fahrlehrerschein vorzunehmenden Eintragungen gilt, dass Beschäftigungsverhältnisse durch die jeweilig zuständige Erlaubnisbehörde einzutragen sind. Hier können sich mehrere Zuständigkeiten ergeben, wenn mehreren Beschäftigungsverhältnissen in Fahrschulen nachgegangen wird, deren Sitz in verschiedenen Zuständigkeitsbereichen liegt. Eine vorrangige Zuständigkeit besitzt dabei die Erlaubnisbehörde, in der sich das Hauptbeschäftigungsverhältnis befindet. Diese Erlaubnisbehörde führt die allgemeinen Verfahren durch und unterrichtet die anderen Erlaubnisbehörden. Gleiches gilt, wenn der Fahrlehrer Inhaber einer Fahrschulerlaubnis ist.

Hinweis

Eintragung in den Fahrlehrerschein nach § 2 DV-FahrlG bei mehr als 3 Beschäftigungsverhältnissen/Zweigstellen

Nach § 5 Absatz 2 Satz 2 Fahrlehrergesetz sind die Beschäftigungsverhältnisse eines Fahrlehrers in den Fahrlehrerschein einzutragen. Nach § 5 Abs. 2 Satz 2 FahrlG sind die Beschäftigungsverhältnisse, auch wenn es sich nur um eine vorübergehende Tätigkeit handelt, einzutragen. Probleme kann die Verpflichtung zur Eintragung der Beschäftigungsverhältnisse aufwerfen, wenn mehr als 3 Beschäftigungsverhältnisse einzutragen sind, da nach dem Muster der Anlage 1.1 zu § 2 Abs. 1 der DV – FahrlG in dem vorgesehenen Muster des Fahrlehrerscheins nur 3 Beschäftigungsverhältnisse eingetragen werden können. In diesen Fällen ist aus praktischen Gründen ein Beiblatt zum Fahrlehrerschein auszustellen. Dazu wird ein weiterer gelber Fahrlehrerscheinvordruck an die bestehende Fahrlehrerlaubnis geklammert. Auf dem zweiten Vordruck sind nur der Name und der Vorname, Geburtsdatum, Wohnort und die weiteren Beschäftigungsverhältnisse einzutragen. Die Inhalte die nur einmal erteilt werden »Der Inhaber besitzt die Fahrlehrerlaubnis der Klassen«, »Seminarerlaubnis«, »Fahrschulerlaubnis« sind zu streichen.

Ein Beiblatt kann auch für mehr als drei Zweigstellenerlaubnisse im Rahmen der Besitzstandswahrung dem Fahrlehrerschein beigefügt werden.

Antragsverfahren

Die Erteilung einer Fahrlehrerlaubnis in den Klassen BE, A, CE oder DE wird nur auf Antrag erteilt, ist aber nach dem Wortlaut des Gesetzes (§ 3 FahrlG) an keine Form gebunden. Er sollte schriftlich gestellt werden. Der Antrag muss die Fahrlehrerlaubnisklasse beinhalten. Nachweise und Unterlagen gemäß § 3 Satz 2 Nr. 1 bis 8 FahrlG, welche die vom Antragsteller nach § 2 FahrlG zu erfüllenden Voraussetzungen belegen, sind einzureichen.

Das sich anschließende Verfahren wird gemäß Verwaltungsverfahrensgesetz (VwVfG)[10] geführt. Paragraph 9 bestimmt danach, das Verwaltungsverfahren im Sinne dieses Gesetzes die nach außen wirkende Tätigkeit der Behörden ist, die auf die Prüfung der Voraussetzungen, die Vorbereitung und den Erlass eines Verwaltungsaktes gerichtet ist; es schließt den Erlass des Verwaltungsaktes ein. Nach § 35 VwVfG ist dabei unter einem Verwaltungsakt jede Verfügung, Entscheidung oder andere hoheitliche Maßnahme, die eine Behörde zur Regelung eines Einzelfalls auf dem Gebiet des öffentlichen Rechts trifft und die auf unmittelbare Rechtswirkung nach außen gerichtet ist, zu verstehen. Bei der Erteilung einer Fahrlehrerlaubnis und bei der Ablehnung der Erteilung handelt es sich folglich um einen Verwaltungsakt.

Abgeschlossen wird das Verfahren mittels Bescheid. Dabei handelt es sich um eine besondere Form des Verwaltungsaktes am Ende eines Verwaltungsverfahrens.

10 Verwaltungsverfahrensgesetz in der Fassung der Bekanntmachung vom 23. Januar 2003 (BGBl. I S. 102), geändert durch Artikel 4 Abs. 8 des Gesetzes vom 5. Mai 2004 (BGBl. I S. 718)

Gebühren

Die gebührenpflichtigen Tatbestände und die Gebührensätze ergeben sich aus dem Gebührentarif für Maßnahmen im Straßenverkehr. Gemäß § 1 der GebOSt[11] dürfen danach für Amtshandlungen, einschließlich der Prüfungen und Untersuchungen im Sinne des § 34a des Fahrlehrergesetzes, Gebühren erhoben werden. Soweit im Gebührentarif nichts anderes bestimmt ist, hat nach § 2 GebOSt der Kostenschuldner (hier der Fahrlehreranwärter) auch die dort aufgeführten Auslagen wie »Entgelte für Zustellungen durch die Post mit Postzustellungsurkunde und für Nachnahmen sowie im Einschreibeverfahren« oder für den »Einsatz von Dienstwagen bei Dienstgeschäften außerhalb der Dienststelle« zu tragen. Die für die Erteilung einer Fahrlehrerlaubnis einschlägigen Gebührentarife sind im dem für die Gebühren des Landes relevanten 2. Abschnitt unter Kapitel D »Fahrlehrerrecht« aufgeführt.

301	Fahrlehrerprüfung	
301.1	für die Klasse BE	
	■ für die fahrpraktische Prüfung	169,00 €
	■ für die Fachkundeprüfung	
	a) schriftlicher Teil	266,00 €
	b) mündlicher Teil	164,00 €
	■ für die Lehrproben	
	a) im theoretischen Unterricht	99,70 €
	b) im fahrpraktischen Unterricht	99,70 €
301.2	für die Erweiterung von der Klasse BE auf die Klasse A	
	■ für die fahrpraktische Prüfung	169,00 €
	■ für die Fachkundeprüfung	
	a) schriftlicher Teil	148,00 €
	b) mündlicher Teil	164,00 €
301.3	für die Erweiterung von Klasse BE auf die Klasse CE oder DE	
	■ für die fahrpraktische Prüfung	220,00 €
	■ für die Fachkundeprüfung	
	a) schriftlicher Teil	148,00 €
	b) mündlicher Teil	164,00 €

11 Gebührenordnung für Maßnahmen im Straßenverkehr (GebOSt) vom 26. Juni 1970 (BGBl. I S. 865, 1298), zuletzt geändert durch Artikel 3 der Verordnung vom 22. August 2006 (BGBl. I S. 2108)

Hinweis
Diese Gebühren schließen die Kosten für die Mitglieder des Prüfungsausschusses – mit Ausnahme der Auslagen – ein.

Sie beinhalten folglich alle drei Prüfungsteile (fahrpraktische Prüfung, schriftliche und mündliche Fachkundeprüfung) im Ersterwerb. Auslagen können im Zuge der Erstattung von anteiligen Reisekosten der Prüfer (öffentliche Verkehrsmittel zum Ort der Prüfungen) und zurück, einschließlich anteiliger Zustellungskosten in Höhe von ca. 7 € entstehen. Beim Erwerb der Fahrlehrerlaubnis der Klasse BE entstehen Auslagen durch die Anreise der beiden Prüfer mit ihrem Privatkraftfahrzeug von der Wohnung zur Ausbildungsfahrschule und zurück (zur Abnahme der theoretischen und praktischen Lehrproben). Je Kilometer werden 30 Cent berechnet. Bei 125 km Entfernung entstehen Auslagen in Höhe von 150 € (2 x 125 km * 0,30 € + 2 x 125 km * 0,30 €). Dazu kommen Zustellungskosten von ca. 5 €.

Die Gebühr ist auch für Teile zu entrichten, die ohne Verschulden des Prüfungsausschusses und ohne ausreichende Entschuldigung des Bewerbers am festgesetzten Termin nicht stattfinden oder nicht zu Ende geführt werden konnten.

302	Erteilung (außer der etwaigen Gebühr nach 308)	
302.1	der befristeten Fahrlehrerlaubnis einschließlich der Ausfertigung des befristeten Fahrlehrerscheins	40,90 €
302.2	der Fahrlehrerlaubnis, einschließlich der Ausfertigung des Fahrlehrerscheins	40,90 €
302.6	der befristeten Fahrlehrerlaubnis einschließlich der Ausfertigung des befristeten Fahrlehrerscheins, nach vorangegangener Versagung, Rücknahme oder Widerruf oder nach vorangegangenem Verzicht	33,20 bis 256,00 €
303	Erweiterung	
303.1	der Fahrlehrerlaubnis einschließlich der Ausfertigung eines Fahrlehrerscheins	40,90 €
304	Berichtigung eines Fahrlehrerscheins, eines befristeten Fahrlehrerscheins (Eintragung des Ausbildungsverhältnisses)	7,70 €

Hinweis
Der Gebührentatbestand der Berichtigung ist auch bei der der Eintragung des Ausbildungs- oder des Beschäftigungsverhältnisses erfüllt.

307	Zwangsweise Einziehung eines Fahrlehrerscheins, eines befristeten Fahrlehrerscheins	14,30 bis 286,00 €

Hinweis
Diese Gebühr ist auch fällig, wenn die Voraussetzung für die zwangsweise Einziehung erst nach Einleiten der Zwangsmaßnahme beseitigt worden ist.

309	Erteilung oder Versagung einer Ausnahme von den Vorschriften über das Fahrlehrerwesen	5,10 bis 511,00 €
310	Versagung (außer der etwaigen Gebühr nach Nr. 308) der befristeten Fahrlehrerlaubnis	33,20 bis 256,00 €

Hinweis
Nach § 6 GebOSt sind die Vorschriften des Verwaltungskostengesetzes anzuwenden, soweit sie nicht die §§ 1 bis 5 GebOSt abweichende Regelungen über die Kostenerhebung, die Kostenbefreiung, den Umfang der zu erstattenden Auslagen, der Kostengläubiger- und Kostenschuldnerschaft enthalten. Insbesondere bei der Ausgestaltung der unter Gebührentarif Nr. 302.6, 307, 309 und 310 ausgewiesenen Margengebühren gilt es deshalb § 3 des Verwaltungskostengesetzes (VwKostG)[12] zu beachten. Danach sind die Gebührensätze sind so zu bemessen, dass zwischen der den Verwaltungsaufwand berücksichtigenden Höhe der Gebühr einerseits und der Bedeutung, dem wirtschaftlichen Wert oder dem sonstigen Nutzen der Amtshandlung andererseits ein angemessenes Verhältnis besteht. Ist gesetzlich vorgesehen, dass Gebühren nur zur Deckung des Verwaltungsaufwandes erhoben werden, sind die Gebührensätze so zu bemessen, dass das geschätzte Gebührenaufkommen den auf die Amtshandlungen entfallenden durchschnittlichen Personal- und Sachaufwand für den betreffenden Verwaltungszweig nicht übersteigt.

399	Für andere als die in diesem Abschnitt aufgeführten Maßnahmen können Gebühren nach den Sätzen für vergleichbare Maßnahmen oder, soweit solche nicht bewertet sind, nach dem Zeitaufwand mit 12,80 € je angefangene Viertelstunde Arbeitszeit erhoben werden.	
400	Zurückweisung eines Widerspruchs oder Gebühr in Höhe Rücknahme des Widerspruchs nach Beginn der Gebühr für die der sachlichen Bearbeitung beantragte oder angefochtene Amtshandlung, mindestens jedoch 25,60 €; bei gebührenfreien angefochtenen Amtshandlungen 25,60 €. Von der Festsetzung einer Gebühr ist abzusehen, soweit durch die Rücknahme des Widerspruchs das Verfahren besonders rasch und mit geringem Verwaltungsaufwand abgeschlossen werden kann, wenn dies der Billigkeit nicht widerspricht.	

12 Verwaltungskostengesetz vom 23. Juni 1970 (BGBl. I S. 821), zuletzt geändert durch Artikel 4 Abs. 9 des Gesetzes vom 5. Mai 2004 (BGBl. I S. 718)

Hinzu kommen Gebühren für eine Auskunft aus dem Bundeszentralregister (Belegart O). Diese betragen 13 €. Dieser Betrag ist bei Antragstellung bei der örtlichen Meldebehörde zu entrichten.

Für eine private Auskunft aus dem Verkehrszentralregister beim Kraftfahrt-Bundesamt fallen keine Gebühren an, da diese kostenlos sind.

Für die Eintragung der Fahrlehrer in das Fahrerlaubnisregister beim Kraftfahrt-Bundesamt fallen keine Gebühren an, da hier für kein Gebührentarif in der GebOSt aufgeführt ist. Ebenso fallen keine Gebühren bei Auskünften zu den Fahrlehrern an.

B.1.2 Befristete Fahrlehrerlaubnis BE

Rechtliche Grundlagen:

Fahrlehrergesetz (FahrlG)

§ 2	Voraussetzungen
§ 3	Antragsunterlagen
§ 4	Fahrlehrerprüfung
§ 9a	Befristete Fahrlehrerlaubnis

		Ermächtigungsnormen
Durchführungs-Verordnung zum Fahrlehrergesetz (DV-FahrlG)		
§ 2	Fahrlehrerschein	§ 5 Abs. 3 FahrlG
§ 2	Muster befristeter Fahrlehrerschein (Anlage 1.2)	
Fahrlehrer-Ausbildungs-Ordnung (FahrlAusbO)		§ 23 Abs. 2 FahrlG
Fahrlehrer-Prüfungs-Ordnung (FahrlPrüfO)		§ 4 Abs. 3 FahrlG

B.1.2.1 Voraussetzungen und Antragsunterlagen

Nach § 2 FahrlG sind vom Bewerber um eine Fahrlehrerlaubnis der Klasse BE verschiedene Voraussetzungen zu erfüllen. Als Nachweis dienen dabei die nach § 3 FahrlG im Rahmen des Antragverfahrens vorzulegenden Unterlagen und Nachweise.

Infolge der seit 1999 bestehenden zweiphasigen Ausbildung (die erste Phase endet mit der Erteilung der befristeten Fahrlehrerlaubnis BE, die zweite Phase mit der Erteilung der unbefristeten Fahrlehrerlaubnis BE) können und müssen einige von diesen jedoch erst zum Zeitpunkt der Erteilung der unbefristeten Fahrlehrerlaubnis der Klasse BE vollständig sein (Besitz aller Fahrerlaubnisklassen, Nachweis der Fahrpraxis, Erreichen des Mindestalters). Folglich sind zwei – möglicherweise auch von unterschiedlichen Erlaubnisbehörden – durchzuführenden Antragsverfahren zu betreiben.

Für die Erteilung der befristeten Fahrlehrerlaubnis BE müssen folgende Unterlagen dem Antrag beigefügt werden bzw. müssen bereits folgende Voraussetzungen erfüllt sein:

Ablaufschema zur Erteilung einer befristeten Fahrlehrerlaubnis

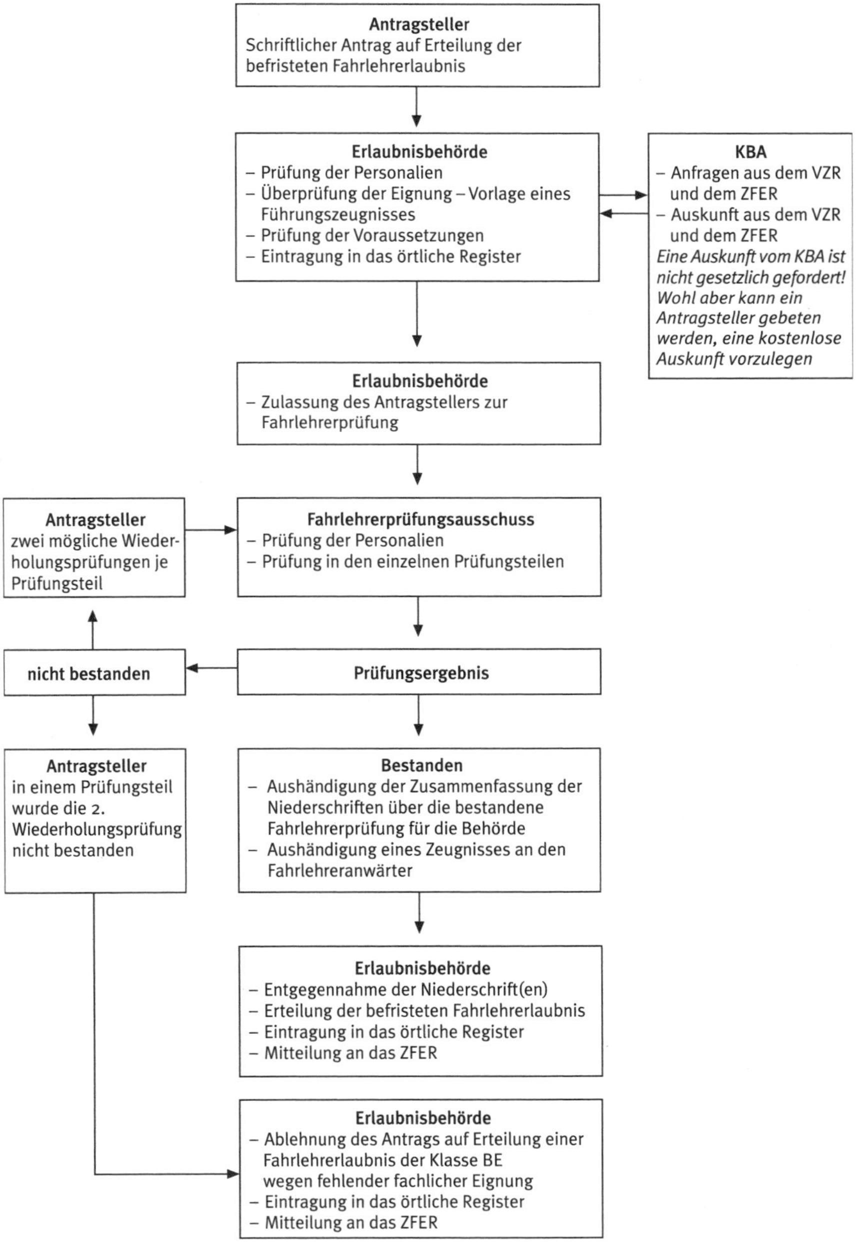
Antragsteller
Schriftlicher Antrag auf Erteilung der befristeten Fahrlehrerlaubnis
Erlaubnisbehörde
– Prüfung der Personalien
– Überprüfung der Eignung – Vorlage eines Führungszeugnisses
– Prüfung der Voraussetzungen
– Eintragung in das örtliche Register
KBA
– Anfragen aus dem VZR und dem ZFER
– Auskunft aus dem VZR und dem ZFER
Eine Auskunft vom KBA ist nicht gesetzlich gefordert! Wohl aber kann ein Antragsteller gebeten werden, eine kostenlose Auskunft vorzulegen
Erlaubnisbehörde
– Zulassung des Antragstellers zur Fahrlehrerprüfung
Antragsteller
zwei mögliche Wiederholungsprüfungen je Prüfungsteil
Fahrlehrerprüfungsausschuss
– Prüfung der Personalien
– Prüfung in den einzelnen Prüfungsteilen
nicht bestanden
Prüfungsergebnis
Antragsteller
in einem Prüfungsteil wurde die 2. Wiederholungsprüfung nicht bestanden
Bestanden
– Aushändigung der Zusammenfassung der Niederschriften über die bestandene Fahrlehrerprüfung für die Behörde
– Aushändigung eines Zeugnisses an den Fahrlehreranwärter
Erlaubnisbehörde
– Entgegennahme der Niederschrift(en)
– Erteilung der befristeten Fahrlehrerlaubnis
– Eintragung in das örtliche Register
– Mitteilung an das ZFER
Erlaubnisbehörde
– Ablehnung des Antrags auf Erteilung einer Fahrlehrerlaubnis der Klasse BE wegen fehlender fachlicher Eignung
– Eintragung in das örtliche Register
– Mitteilung an das ZFER

Mindestalter

Voraussetzung:	(§ 2 Abs. 1 Nr. 1 FahrlG)	Mindestalter
Antragsunterlage:	(§ 3 Nr. 1 FahrlG)	amtlicher Nachweis über Ort und Tag der Geburt

Als **amtlicher Nachweis über Ort und Tag der Geburt** gilt der Personalausweis oder Reisepass. Das jeweilige Dokument muss zur Einsichtnahme vorgelegt werden, wenn der Nachweis aus einer einfachen Kopie besteht. Gleichzeitig dient die Vorlage als Nachweis des erforderlichen **Mindestalter**s von **22 Jahre**n. Die Erfüllung dieses Mindestalters muss zwar erst bei Erteilung der unbefristeten Fahrlehrerlaubnis BE erfüllt sein, dennoch sollte bereits in dieser Phase eine Vorprüfung erfolgen, ob der Bewerber diese Voraussetzung zeitnah erfüllt.

Die Erteilung der befristeten Fahrlehrerlaubnis ist bereits mit $21^1/_2$ Jahren möglich. Hintergrund für diese Auffassung ist, dass die nach § 2 FahrlG zu erfüllenden Voraussetzungen auf die Erteilung der unbefristeten Fahrlehrerlaubnis abstellen. Daraus folgt, dass der Bewerber die Möglichkeit gehabt haben muss, zuvor die gesetzlich vorgeschriebene Ausbildung zum Fahrlehrer zu durchlaufen, die auch die Erteilung der befristeten Fahrlehrerlaubnis voraussetzt. Außerdem ist darauf hinzuweisen, dass die Fahrlehrerprüfungsordnung in § 8 Abs. 1 Nr. 2 die Zulassung des Bewerbers zur fahrpraktischen Prüfung und zur Fachkundeprüfung zulässt, wenn die Voraussetzungen nach § 2 Abs. 1 Satz 1 Nr. 2 bis 4 des Fahrlehrergesetzes erfüllt sind. Die Einhaltung des Mindestalters von 22 Jahren (§ 2 Abs. 1 Satz 1 Nr. 1 FahrlG) ist danach also nicht Voraussetzung. Auch der Intention des Gesetzgebers, den Zugang zum Fahrlehrerberuf für qualifizierte junge Leute attraktiver zu gestalten, spricht für eine Erteilung der befristeten Fahrlehrerlaubnis vor dem 22. Lebensjahr. Bezüglich der sich daran anschließende Frage, ab welchem Alter die Ausbildung zum Fahrlehrer begonnen werden kann, bzw. ab welchem Alter die Zulassung zur Prüfung erfolgen kann, gibt es keine allgemein gültigen Vorstellungen.

- Ausnahmen sind gemäß § 34 Abs. 1 Satz 1 FahrlG zu § 2 Abs. 1 Satz 1 Nr. 1 FahrlG möglich.

Eignung

Voraussetzung:	(§ 2 Abs. 1 Nr. 2 FahrlG)	geistig, körperlich und fachlich geeignet und keine Tatsachen, die für den Fahrlehrerberuf als unzuverlässig gelten
Antragsunterlage:	(§ 3 Nr. 3 FahrlG)	ärztliches oder – auf Verlangen der Erlaubnisbehörde – ein fachärztliches Zeugnis oder das Gutachten einer amtlich anerkannten Begutachtungsstelle für Fahreignung über die geistige und körperliche Eignung

(§ 3 Nr. 6 FahrlG)	Nachweis über die Vorbildung
(§ 3 Nr. 7 FahrlG)	Bescheinigung der amtlich anerkannten Fahrlehrer-ausbildungsstätte über die Dauer der durchgeführten Ausbildung
(§ 3 letzter Satz FahrlG)	Führungszeugnis

Der Nachweis der **körperlichen und geistigen Eignung** erfolgt regelmäßig durch die Vorlage eines ärztlichen oder – auf Verlangen der Erlaubnisbehörde – eines fachärztlichen Zeugnisses oder durch das Gutachten einer amtlich anerkannten Begutachtungsstelle für Fahreignung. Auf die verpflichtende Vorlage des Zeugnisses eines Amtsarztes ist seit 2006 zu verzichten. Nach Einschätzung des Gesetzgebers sollen damit die Gesundheitsämter von (amts-) ärztlichen Gutachten, Zeugnissen und Stellungnahmen, die ebenso gut von niedergelassenen Ärzten erstellt werden können, entlastet werden. Dies kommt auch den Fahrlehrern zugute, die flexibler bei der Auswahl des benötigten Arztes werden.[13]

Hinweis
Der Unterschied zwischen einem Gutachten und einem Zeugnis besteht darin, dass bei einem Zeugnis lediglich das Ergebnis der Untersuchung mitgeteilt wird. An die Erstellung eines Gutachtens sind – unter analoger Anwendung der Anlage 15 zu §§ 11 Abs. 5 und 66 FeV – höhere Anforderungen zu stellen.

Der Wortlaut »oder« lässt zwar grundsätzlich eine Wahl zu, jedoch sollte die Erlaubnisbehörde – ganz im Sinne des Bürokratieabbaus – ein Zeugnis eines Facharztes oder das Gutachten einer amtlich anerkannten Begutachtungsstelle für Fahreignung nur dann abfordern, wenn Mängel der geistigen und körperlichen Eignung offensichtlich oder bekannt sind.

Wann ein Fahrlehrer als körperlich und geistig geeignet gilt, d. h. welche konkreten Voraussetzungen von ihm zu erfüllen sind, ist nicht näher definiert. Deshalb erfolgt regelmäßig ein Rückgriff auf die in der Fahrerlaubnisverordnung (FeV) in § 11 und den Anlagen 5 und 6 gestellten Anforderungen.

Ausnahmen sind gemäß § 34 FahrlG nicht möglich.

Achtung
Als Inhaber einer Fahrerlaubnis der Klasse CE und ggf. DE ist der Fahrlehrer nach den Bestimmungen des Fahrerlaubnisrechts verpflichtet, sich regelmäßig alle fünf Jahre untersuchen zu lassen. Dabei erfolgt eine Verlängerung der Fahrerlaubnis nur, wenn

13 BT-Drs 16/1853

1. der Inhaber seine Eignung nach Maßgabe der Anlage 5 und die Erfüllung der Anforderungen an das Sehvermögen nach Anlage 6 nachweist und
2. keine Tatsachen vorliegen, die die Annahme rechtfertigen, dass eine der sonstigen aus den §§ 7 bis 19 ersichtlichen Voraussetzungen für die Erteilung der Fahrerlaubnis fehlt.

Mithin erfolgt auch eine regelmäßige Untersuchung der körperlichen und geistigen Eignung in Bezug auf die Ausübung seiner Tätigkeit als Fahrlehrer. Sollte die für Fahrlehrerrecht zuständige Erlaubnisbehörde nicht auch gleichzeitig Fahrerlaubnisbehörde sein, ist es daher wichtig einen diesbezüglichen Informationsaustausch zu pflegen.

Die **fachliche Eignung** wird abschließend mit bestandener Fahrlehrerprüfung, siehe § 4 FahrlG, nachgewiesen. Im Vorfeld ist jedoch der Nachweis über die Dauer der durchgeführten Ausbildung in einer amtlich anerkannten Fahrlehrerausbildungsstätte zu führen. Die dabei einzureichende Bescheinigung muss folgende Angaben beinhalten:

- Name und Anschrift der amtlich anerkannten Fahrlehrerausbildungsstätte,
- Name, Vorname, Geburtsdatum und Anschrift des Teilnehmers,
- Fahrlehrerlaubnisklasse, in der die Ausbildung erfolgte,
- Beginn und Ende der Ausbildungsteilnahme und Anzahl der tatsächlich teilgenommen Ausbildungsstunden des Teilnehmers,
- Bezug auf die Bestätigung des angezeigten Ausbildungslehrgangs, in dessen Ermangelung das Anerkennungsdatum der amtlichen Anerkennung als Fahrlehrerausbildungsstätte und den Namen der anerkennenden Erlaubnisbehörde,
- Datum der Ausstellung der Bescheinigung,
- unterzeichnet vom verantwortlichen Leiter der Fahrlehrerausbildungsstätte und einer Lehrkraft.

Die sich auf die Ausbildung nach § 3 Satz 2 Nr. 7 FahrlG beziehende Bescheinigung (fünfmonatige Ausbildung in einer amtlich anerkannten Fahrlehrerausbildungsstätte nach § 2 Abs. 5 FahrlG) ist nach Abschluss der Ausbildung nachzureichen.

Hinweis

Die Erlaubnisbehörde kann auch die Vorlage der Bescheinigung beim Fahrlehrerprüfungsausschuss festlegen.

Als Nachweis, dass **keine Tatsachen vorliegen, die ihn für den Fahrlehrerberuf als unzuverlässig erscheinen lassen** hat der Bewerber die Erteilung eines Führungszeugnisses zur Vorlage bei der Erlaubnisbehörde nach den Vorschriften des Bundeszentralregistergesetzes zu beantragen.

Hinweis

Bei der Anforderung von Führungszeugnissen gilt es zwischen verschiedenen so genannten Belegarten zu unterscheiden.

Für persönliche Zwecke wird ein Zeugnis nach Belegart N ausgestellt (auch als »Privatführungszeugnis« bezeichnet). Wenn im Führungszeugnis steht: »Inhalt: Keine Eintragung«, bedeutet dies, dass man sich als nicht vorbestraft bezeichnen darf. Anderenfalls werden die wichtigsten Angaben aus der ergangenen rechtskräftigen Verurteilung, zum Beispiel das Datum der Verurteilung sowie das Gericht und das Geschäftszeichen, die Straftat und die Höhe der festgesetzten Strafe (Freiheitsstrafe oder Geldstrafe) vermerkt. Es werden aber nicht alle Verurteilungen ohne weiteres in das Führungszeugnis aufgenommen. So genannte kleinere Erstverurteilungen zu einer Geldstrafe von nicht mehr als 90 Tagessätzen oder einer Freiheitsstrafe von nicht mehr als 3 Monaten werden in der Regel nicht im Führungszeugnis aufgeführt, obwohl sie beim Bundeszentralregister eingetragen sind. Auch zur Bewährung ausgesetzte Jugendstrafen von bis zu 2 Jahren werden in der Regel überhaupt nicht ins Führungszeugnis eingetragen.

Zur Vorlage bei einer deutschen Behörde ist ein Zeugnis nach Belegart O zu beantragen (auch als »Behördenführungszeugnis« bezeichnet). In einem Behördenführungszeugnis können zusätzlich – anders als beim Privatführungszeugnis – auch bestimmte Entscheidungen von Verwaltungsbehörden, zum Beispiel der Widerruf eines Waffenscheins oder einer Gewerbeerlaubnis, enthalten sein. Auch Entscheidungen über eine mögliche Schuldunfähigkeit oder die gerichtlich angeordnete Unterbringung in einer psychiatrischen Anstalt können in einem Behördenführungszeugnis aufgeführt sein.[14]

Auch wenn nicht ausdrücklich erwähnt, sollte ein Auszug aus dem Verkehrszentralregister beim Kraftfahrt-Bundesamt, im Rahmen einer Selbstauskunft des Bewerbers, eingeholt werden. Die Anfrage ist schriftlich an das Kraftfahrt-Bundesamt in 24932 Flensburg unter Angabe

1. der Personendaten und amtlich beglaubigten Unterschrift oder
2. der Personendaten und der persönlichen Unterschrift (nicht »amtlich beglaubigt«) und Beifügung einer vergrößerten Kopie der Vorder- und Rückseite des gültigen Personalausweises/Reisepasses

zu stellen. Die erforderlichen Formulare sind auf der Internetseite des Kraftfahrt-Bundesamtes unter www.kba.de in der Rubrik »Punktsystem«/»Wie erfahre ich meine Punkte« hinterlegt.

Berufsausbildung/Vorbildung

Voraussetzung:	(§ 2 Abs. 1 Nr. 3 FahrlG)	mindestens eine abgeschlossene Berufsausbildung in einem anerkannten Lehrberuf nach abgeschlossener Hauptschulbildung oder eine gleichwertige Vorbildung
Antragsunterlage:	(§ 3 Nr. 2 FahrlG)	Lebenslauf
	(§ 3 Nr. 6 FahrlG)	Nachweis über die Vorbildung

14 Quelle: www.bundesjustizamt.de

Die Mindestform ist ein tabellarischer **Lebenslauf** mit den wichtigsten persönlichen Daten, zu denen auch die Berufsausbildung zählt. Er kann mit einem Textverarbeitungsprogramm erstellt werden. Eine handschriftliche Abfassung ist nicht erforderlich. Die eigenhändige Unterschrift ist obligatorisch.

Nachzuweisen ist eine abgeschlossene Berufsausbildung in einem anerkannten Lehrberuf nach abgeschlossener Hauptschulbildung oder eine gleichwertige Vorbildung. Als Nachweis für eine **abgeschlossene Hauptschulbildung** dient dabei ein Abschlusszeugnis oder ein Zeugnis über den qualifizierenden Abschluss der Hauptschule. Weiterhin gelten die Bestimmungen nach Maßgabe des Schulrechts der Länder. Die nur im Zusammenhang mit dem Hauptschulabschluss als Voraussetzung ausreichende **abgeschlossene Berufsausbildung in einem anerkannten Lehrberuf** muss mit einer bestandenen Prüfung abgeschlossen sein. Der reine »Durchlauf« einer Berufsausbildung ohne bestandene Prüfung erfüllt die Voraussetzung nicht.

Die **gleichwertige Vorbildung** kann auf verschiedene Weise nachgewiesen werden. Sie kann die abgeschlossene Berufsausbildung oder die abgeschlossene Hauptschulausbildung oder beide ersetzen. Als gleichwertige Vorbildung sind anzusehen:

- höherer Schulabschluss, z. B. die Fachschulreife, die Fachhochschulreife, die allgemeine oder fachgebundene Hochschulreife ohne zusätzliche Berufsausbildung,
- Laufbahn des mittleren öffentlichen Dienstes,
- Erwerb einer entsprechenden Befähigung bei der Bundeswehr.

Ausnahmen sind gemäß § 34 FahrlG nicht möglich.

Besitz der Fahrerlaubnis

Voraussetzung:	(§ 2 Abs. 1 Nr. 4 FahrlG)	Besitz der Fahrerlaubnis der Klassen A, BE und CE
Antragsunterlage:	(§ 3 Nr. 4 FahrlG)	Führerschein

Als Nachweis für den Besitz der erforderlichen Fahrerlaubnisklassen dient die **Ablichtung des Führerscheins**. Die Kopie muss amtlich beglaubigt sein, wenn der Führerschein nicht zur Einsichtnahme vorgelegt wird.

Es genügt die beschränkte Klasse A. Eine Fahrerlaubnis auf Probe reicht nicht aus. Ebenso wenig eine Fahrerlaubnis Teil-Klasse CE 79 (...).

- Ausnahmen sind gemäß § 34 Abs. 1 Satz 1 FahrlG von § 2 Abs. 1 Satz 1 Nr. 4 FahrlG grundsätzlich möglich, im Rahmen des auszuübenden pflichtgemäßen Ermessens bei der Erteilung einer Ausnahme hier jedoch erheblich eingeschränkt.

Beispiel:
Ein Antragsteller kann keine Fahrerlaubnisklasse A nachweisen. Durch ein Gutachten einer amtlich anerkannten Begutachtungsstelle für Fahreignung wird eine Einschränkung des Gleichgewichtssinns festgestellt. Gemäß der Fragestellung der Erlaubnisbehörde wird jedoch festgestellt, dass eine körperliche Eignung für die übrigen Fahrerlaubnisklassen BE und CE besteht. Die Eignung als Fahrlehrer für die übrigen Klasse BE wird bejaht.

Durch die Erteilung der Ausnahme von dem Nachweis der Klasse A könnte der Antragsteller trotzdem Fahrlehrer werden.

Fahrpraxis

Voraussetzung:	(§ 2 Abs. 1 Nr. 5 FahrlG)	Nachweis einer ausreichenden Fahrpraxis der Klassen BE
Antragsunterlage:	(§ 3 Nr. 5 FahrlG)	Unterlagen über die Fahrpraxis

Als Nachweis über **eine ausreichende Fahrpraxis** dient bei eigenen Kraftfahrzeugen eine Kopie der Fahrzeugbescheinigung Teil 1 und eine Erklärung über die gefahrenen Kilometer. Dabei kann z. B. die tägliche Fahrt zur Arbeit, zur Fahrlehrerausbildungsstätte, längere Fahrten in den Urlaub, Ausfahrten im Verein usw. mittels Erklärung und wenn möglich mit Zeugen, anerkannt werden. Wurde ein Kraftfahrzeug geliehen, kann der Halter die geleisteten Kilometer bestätigten. In jedem Fall ist der Antragsteller in der Bringepflicht. Seine Nachweise müssen zudem glaubhaft sein.

Nachzuweisen ist eine ausreichende Fahrpraxis auf den Kraftfahrzeugen der Klasse, für die die Fahrlehrerlaubnis erteilt werden soll, hier der Klasse BE. Abweichend von § 2 Abs. 1 Satz 1 Nr. 5 FahrlG genügt es, gemäß § 2 Abs. 2 Satz 1 FahrlG, wenn der Bewerber um eine Fahrlehrerlaubnis der Klasse BE über eine ausreichende Fahrpraxis innerhalb der letzten fünf Jahre drei Jahre vor Antragstellung auf Kraftfahrzeugen der Klasse B verfügt.

Vom Gesetzgeber nicht geregelt wurde die konkret zu erbringende Kilometerleistung je Jahr. In der Praxis und nach einschlägiger Kommentierung hat sich jedoch für die Klasse B eine Leistung von mindestens 10 000 km je Jahr, insgesamt also mindestens 30 000 km, als anerkennungswürdig herausgebildet.

■ Ausnahmen sind gemäß § 34 Abs. 1 Satz 1 FahrlG von § 2 Abs. 1 Satz Nr. 5 FahrlG grundsätzlich möglich. Da jedoch die Fahrpraxis innerhalb der dreijährigen Gültigkeitsdauer der nachzuweisenden Ausbildung gemäß § 2 Abs. 1 Satz 1 Nr. 6 FahrlG selbst erbracht werden kann, wird von der Erteilung einer Ausnahmegenehmigung wenig Gebrauch gemacht. Wird eine Ausnahmegenehmigung erteilt, sollte nur die Zeitdauer, nicht die Kilometerleistung verkürzt werden!

Achtung

Endgültig muss die ausreichende Fahrpraxis vor der Zulassung zu den Lehrproben gemäß § 8 Abs. 2 Satz 1 Nr. 2 FahrlPrüfO nachgewiesen sein.

Ausbildung zum Fahrlehrer

Voraussetzung:	(§ 2 Abs. 1 Nr. 6 FahrlG)	innerhalb der letzten drei Jahre zum Fahrlehrer ausgebildet
Antragsunterlage:	(§ 3 Nr. 7 FahrlG)	Bescheinigung der amtlich anerkannten Fahrlehrerausbildungsstätte über die Dauer der durchgeführten Ausbildung

Als Beginn der Frist, innerhalb derer die Ausbildung zum Fahrlehrer erfolgt sein muss, gilt der erste Tag der Ausbildung. Als Nachweis dient hierfür die Bescheinigung über die Ausbildung in einer amtlich anerkannten Fahrlehrerausbildungsstätte.

Die Ausbildung zum Fahrlehrer hat in geschlossenen Kursen, in Ganztagsunterricht und in einer amtlich anerkannten Fahrlehrerausbildungsstätte gemäß § 2 Abs. 3, 4 und 5 FahrlG zu erfolgen. Die wöchentliche Dauer der Ausbildung darf gemäß § 2 Abs. 2 FahrlAusbO 32 Unterrichtsstunden zu je 45 Minuten nicht unterschreiten, die tägliche Dauer der Ausbildung acht Unterrichtsstunden nicht überschreiten.

Nach den Vorstellungen des Gesetzgebers darf die Ausbildung in einer Fahrlehrerausbildungsstätte gemäß § 2 Abs. 4 Satz 1 FahrlG – abgesehen von einer auf die Dauer der Ausbildung nicht anrechenbaren unterrichtsfreien Zeit bis zu einen Monat – nicht unterbrochen werden. In diesem Zusammenhang ist allerdings zu berücksichtigen, dass durchaus auch Unterrichtsabwesenheiten unterhalb der Schwelle zur Ausbildungsunterbrechung im Sinne von § 2 Abs. 4 Satz 1 FahrlG möglich sind und die zuständige Erlaubnisbehörde selbst bei Unterrichtsabwesenheiten oberhalb der Schwelle zur Ausbildungsunterbrechung gegebenenfalls in der Lage ist, im Wege der Ausnahmegenehmigung unbillige Härten zu vermeiden. Eine konkrete Regelung zu Fehlzeiten fehlt jedoch. Vor dem Hintergrund einer erkennbaren Erhöhung der Fehlzeiten in der Vergangenheit, haben verschiedene Bundesländer entsprechende Regelungen erlassen. Die nachfolgenden Ausführungen können daher nur als Orientierung dienen:

Unterrichtsabwesenheiten unterhalb der Schwelle zur Unterbrechung im Sinne von § 2 Abs. 4 Satz 1 FahrlG

Nicht jedes Fernbleiben eines Fahrlehreranwärters vom Unterricht ist als Unterbrechung der Ausbildung zu qualifizieren. Unter besonderen Voraussetzungen bleibt die Unterrichtsabwesenheit unterhalb der Schwelle zur Unterrichtsunterbrechung im Sinne von § 2 Abs. 4 Satz 1 FahrlG. Dies ist der Fall, wenn der Fahrlehreranwärter aus zwingenden Gründen am Unterrichtsbesuch zu beurlauben ist. Allerdings darf die Unterrichtsabwesenheit bei der fünfeinhalbmonatigen Ausbildung zwei Wochen nicht überschreiten; bei den zusätzlichen Ausbildungslehrgängen ist die maximal zulässige Unterrichtsabwesenheit entsprechend kürzer.

Aus zwingenden Gründen ist der Fahrlehreranwärter insbesondere durch Krankheit am Unterrichtsbesuch verhindert.

Als Beurlaubungsgründe anzuerkennen sind auch wichtige persönliche Gründe wie vor allem die eigene Hochzeit, Hochzeiten der Geschwister, Hochzeitsjubiläen der Eltern, Todesfälle in der Familie, Erkrankung von zur Hausgemeinschaft gehörenden

Familienmitgliedern, sofern die Anwesenheit des Fahrlehreranwärters erforderlich ist. Weiterhin können Wiederholungsprüfungen für die fahrpraktische Prüfung der Klasse BE, die während der Ausbildung stattfinden, als wichtiger Grund gelten.

Unterrichtsabwesenheit oberhalb der Schwelle der Unterbrechung im Sinne von § 2 Abs. 4 Satz 1 FahrlG

Übersteigt die Unterrichtsabwesenheit den Zeitraum von zwei Wochen bei der fünfeinhalbmonatigen Ausbildungszeit beziehungsweise die bei den anderen Ausbildungsgängen entsprechend kürzere maximale Abwesenheitsdauer, so heißt dies nicht zwingend, dass der Fahrlehreranwärter die Ausbildung in einer Ausbildungsstätte von neuem beginnen müsste. Liegt ein zwingender Grund für die Unterrichtsabwesendheit vor bzw. ist diese von einem anerkannten Beurlaubungsgrund gedeckt (siehe oben unter I.), so erteilt die zuständige oberste Landesbehörde oder die von ihr bestimmte oder nach dem Landesrecht zuständigen Stelle unter den nachstehenden Voraussetzungen Ausnahmegenehmigungen: Wurde mehr als die Hälfte der im Ausbildungsplan vorgesehenen Kursstunden absolviert, so soll die zuständige oberste Landesbehörde oder die von ihr bestimmte oder nach dem Landesrecht zuständigen Stelle gemäß § 34 Abs. 1 Satz 1 FahrlG im Wege der Ausnahme die Ausbildungszeit nach § 2 Abs. 3 FahrlG auf die bereits absolvierte Kurszeit reduzieren. Die Ausnahme muss in diesem Fall allerdings zwingend unter der aufschiebenden Bedingung erfolgen (§ 36 Abs. 2 Ziffer 1 VwVfGBbg), dass der Fahrlehreranwärter die ausgefallenen Kursstunden in Höhe von 15 % der ausgefallenen Kursstunden belegt.

Wurde mehr als ein Viertel, aber weniger als die Hälfte der im Ausbildungsplan vorgesehenen Kursstunden absolviert, so soll die zuständige oberste Landesbehörde oder die von ihr bestimmte oder nach dem Landesrecht zuständigen Stelle die Ausbildungszeit nach § 2 Abs. 3 FahrlG in Hinblick auf den neu zu besuchenden Kurs im Wege der Ausnahme gemäß § 34 Abs. 1 Satz 1 FahrlG verkürzen. Die Ausbildungszeit ist dabei dergestalt zu reduzieren, dass der Fahrlehreranwärter im neu zu besuchenden Kurs eine Kursstundenzahl realisiert, die der im Ausbildungsplan vorgesehenen Kursstundenzahl abzüglich 85 % der im Vorkurs bereits absolvierten Kursstunden entspricht.

Anmerkung

Wird durch die Erlaubnisbehörde in der Zulassung zur Fahrlehrerprüfung verfügt, dass die Nachweise über die Teilnahme an der Ausbildung vom Fahrlehrerprüfungsausschuss zu prüfen sind, können direkte Anordnungen, z. B. Versagung zur Teilnahme an der Fahrlehrerprüfung wegen Fehlzeiten, nur durch die Erlaubnisbehörde selbst mittels Bescheid über die Rücknahme der Zulassung zur Fahrlehrerprüfung durchgeführt werden.

Fachliche Eignung

Voraussetzung:	(§ 2 Abs. 1 Nr. 7 FahrlG)	Nachweis der fachlichen Eignung in einer Prüfung
Antragsunterlage:	(§ 3 Nr. 5 FahrlG)	

Die fachliche Eignung nach § 4 FahrlG erfolgt in einer Fahrlehrerprüfung.

B.1.2.2 Zulassung zur Prüfung

Infolge des seit 1999 geltenden zweiphasigen Ausbildungsmodells ist nicht nur das Antragsverfahren sondern auch das Verfahren bezüglich der Zulassung zur Fahrlehrerprüfung geteilt. Gemäß § 8 Abs. 1 FahrlPrüfO sind daher die Bewerber nur zu den Prüfungen für die Erlangung einer befristeten Fahrlehrerlaubnis der Klasse BE zuzulassen. Folgende der in § 2 Abs. 1 FahrlG aufgeführten Voraussetzungen müssen bereits zu diesem Zeitpunkt erfüllt sein:

1. ein Antrag auf Erteilung der (befristeten) Fahrlehrerlaubnis muss vorliegen,
2. Nachweis der körperlichen und geistigen Eignung liegt vor,
3. Tatsachen, die Zweifel an der Zuverlässigkeit aufkommen lassen, liegen nicht vor,
4. Nachweis eines Hauptschul- und Berufsausbildungsabschlusses oder Nachweis einer gleichwertigen Vorbildung liegen vor,
5. Besitz der Fahrerlaubnis in den Klassen A, BE und CE liegt vor und
6. Nachweis über eine ausreichende Fahrpraxis liegt vor.

Ferner sollte ein Nachweis vorliegen, dass die Ausbildung nach § 2 Abs. 1 Satz 1 Nr. 5 FahrlG begonnen hat oder nicht länger als drei Jahre her ist. Der Beginn der Ausbildung wird mittels Vertrag oder Nachweis der Fahrlehrerausbildungsstätte bei der Erlaubnisbehörde nachgewiesen.

Liegen diese Nachweise vor, ist der Bewerber gemäß § 8 Abs. 1 FahrlPrüfO zunächst zur fahrpraktischen Prüfung und zur Fachkundeprüfung durch seine zuständige Erlaubnisbehörde (Wohnsitzbehörde) zuzulassen. Dabei ist gemäß § 6 FahrlPrüfO jeweils der Fahrlehrerprüfungsausschuss zuständig, in dessen Bezirk der Bewerber seinen Wohnsitz oder die Fahrlehrerausbildungsstätte ihren Sitz hat. Der Antragsteller kann also wählen, wo er seine Fahrlehrerprüfung ablegen möchte, wenn die Zuständigkeiten für zwei Fahrlehrerprüfungsausschüsse bestehen. Die Zulassung zur Fahrlehrerprüfung sollte vorsorglich auch auf eventuelle Wiederholungsprüfungen ausgedehnt sein.

Nach bestandener Fahrlehrerprüfung erhält der Bewerber um eine befristete Fahrlehrerlaubnis der Klasse BE eine Bescheinigung über die bestandenen Prüfungsteile zur Vorlage bei seiner zuständigen Erlaubnisbehörde.

B.1.2.3 Prüfungsablauf

Die Fahrlehrerprüfung zur Erlangung einer befristeten Fahrlehrerlaubnis der Klasse BE setzt sich aus insgesamt drei Prüfungsteilen zusammen.

Fahrpraktische Prüfung

Die fahrpraktische Prüfung hat gemäß § 15 Abs. 2 FahrlPrüfO insgesamt eine Dauer von mindestens 60 Minuten. In ihr muss nachgewiesen werden, dass ein Fahrzeug und eine Fahrzeugkombination vorschriftsmäßig, sicher, gewandt und umweltschonend geführt kann. Sie findet mit einem Kraftfahrzeug mit Schaltgetriebe und einer Fahrzeugkombination der Klasse, für die der Bewerber die Fahrlehrerlaubnis beantragt hat, statt. Es muss der Anlage 7 Nr. 2.2.4 FeV für die Klasse B (Personenkraftwagen mit durch die Bauart bestimmter Höchstgeschwindigkeit von mindestens 130 km/h, mindestens vier Sitzplätzen und mindestens zwei Türen auf der rechten Seite) bzw. 2.2.5 für die Klasse BE entsprechen. Diese ist definiert als Fahrzeugkombination bestehend aus einem Prüfungsfahrzeug der Klasse B und einem Anhänger gemäß § 30a Abs. 2 Satz 1 StVZO, die als Kombination nicht der Klasse B zuzurechnen sind. Weitere Anforderungen sind:

- Länge der Fahrzeugkombination mindestens 7,5 m,
- zulässige Gesamtmasse des Anhängers mindestens 1 300 kg,
- tatsächliche Gesamtmasse des Anhängers mindestens 800 kg,
- Anhänger mit eigener Bremsanlage,
- Aufbau des Anhängers kastenförmig oder damit vergleichbar, mindestens 1,2 m Breite in 1,5 m Höhe,
- Sicht nach hinten nur über Außenspiegel.

Anders als im Bereich des Fahrerlaubnisrechts, in dem in § 17 FeV und durch die Prüfungsrichtlinie detaillierte Vorgaben bestehen, liegt die konkrete Ausgestaltung der Prüfung hier im pflichtgemäßen Ermessen der Mitglieder des Prüfungsausschusses. Neben dem praktischen Fahren im Straßenverkehr von 60 Minuten kann die Prüfung daher auch Elemente aus der Fahrerlaubnisprüfung wie Verbinden oder Trennen, Abfahrtkontrolle, Grundfahraufgabe(n) auch mit der Fahrzeugkombination umfassen. Gefahren wird sowohl mit der Fahrzeugkombination als auch mit dem Solokraftfahrzeug. Ferner sollte ein Zeitraum von 30 Minuten für die notwendig erachtete Vor- und Nachbesprechung eingeplant werden.

Die fahrpraktische Prüfung findet regelmäßig im zweiten und dritten Monat der Ausbildung statt. Für den Abbruch der Prüfung gelten die Bestimmungen der Fahrerlaubnisprüfung. Die fahrpraktische Prüfung muss vor der Durchführung der Fachkundeprüfungen gemäß § 14 Abs. 2 FahrlPrüfO bestanden sein. Für Wiederholungsprüfungen der fahrpraktischen Prüfung besteht keine Wartefrist gemäß § 24 FahrlPrüfO.

Fachkundeprüfung

Die Fachkundeprüfung umfasst gemäß § 16 FahrlPrüfO einen schriftlichen und einen mündlichen Teil, wobei der schriftliche vor dem mündlichen Teil erfolgen soll. Sie findet regelmäßig nach Abschluss der Ausbildung statt. Die Dauer der schriftlichen Fachkundeprüfung beträgt dabei 5 Zeitstunden innerhalb derer Aufgaben in 4 Sachgebiete zu bearbeiten sind (§ 16 Abs. 1 FahrlPrüfO).

Die Dauer der mündlichen Fachkundeprüfung beträgt etwa 30 Minuten (§ 16 Abs. 6 FahrlPrüfO).

Wie bei der fahrpraktischen Prüfung liegt auch hier die konkrete Ausgestaltung der Prüfung im pflichtgemäßen Ermessen der Mitglieder des Prüfungsausschusses.

Beide Fachkundeprüfungen gelten gemäß § 15 Abs. 2 Satz 2 FahrlPrüfO als Einheit. Daher kann bei der Fachkundeprüfung gemäß § 19 Abs. 5 FahrlPrüfO eine mangelhafte Leistung im schriftlichen Teil durch eine mindestens befriedigende Leistung im mündlichen Teil bzw. eine mangelhafte Leistung im mündlichen Teil durch eine mindestens befriedigende Leistung im schriftlichen Teil ausgeglichen werden.

Beide Teile der Fachkundeprüfung haben gemäß § 24 FahrlPrüfO beim Nichtbestehen eine einmonatige Wartefrist.

Hinweis
Die befristete Fahrerlaubnis wird zum Zwecke der Ausbildung und Prüfung nach § 2 Abs. 5 FahrlG erteilt, die Ausbildung umfasst die gesamte Zeit des Praktikums mit allen Abschnitten. Solange wegen Nichtbestehens der Fachkundeprüfung keine befristete Fahrlehrerlaubnis erteilt werden kann, ist folglich auch die Hospitation in einer Ausbildungsfahrschule unzulässig.

Die Leistungen in allen Prüfungsteilen müssen mindestens mit der Note »ausreichend« bewertet sein (§ 19 Abs. 4 FahrlPrüfO).

Wird ein Prüfungsteil drei Mal nicht bestanden, gilt die Fahrlehrerprüfung als nicht bestanden gemäß 24 FahrlPrüfO. Die Prüfungen können gemäß § 25 FahrlPrüfO frühestens fünf Jahre nach Abschluss der nicht bestandenen Prüfung erneut abgelegt werden, wenn der Bewerber sich einer erneuten Ausbildung für die beantragte Klasse unterzogen hat.

Am Ende der Prüfung muss dem Bewerber die Bewertung bekannt gegeben werden. Mit »mangelhaft« oder mit »ungenügend« bewertete Prüfungsteile sind gemäß § 21 FahrlPrüfO zu erläutern und zu begründen.

B.1.2.4 Erteilung der befristeten Fahrlehrerlaubnis

Die Erteilung einer befristeten Fahrlehrerlaubnisklasse BE erfolgt gemäß §§ 5 und 9a FahrlG und § 2 DV-FahrlG. Im Gegensatz zum Fahrerlaubnisrecht (§ 18 Abs. 2 Satz 2 FeV) besteht im Fahrlehrerrecht keine gesetzliche Ausschlussfrist zwischen dem bestandenen letzten Prüfungsteil – der schriftlichen Fachkundeprüfung – und der Erteilung der befristeten Fahrlehrerlaubnis.

Muster
Erteilt wird ein weißer Fahrlehrerschein, gemäß dem Muster der Anlage 1.2 zu § 2 Abs. 1 DV-FahrlG. **Er wird einmalig und nur für die befristete Fahrlehrerlaubnis der Klasse BE erteilt.** Der Fahrlehrerschein muss beinhalten:

- den Namen des Erlaubnisinhabers
- die Vornamen des Erlaubnisinhabers
- das Geburtsdatum und den -ort des Erlaubnisinhabers
- das Datum der Befristung
- die Registriernummer
- Tag der Erteilung
- die erteilende Erlaubnisbehörde
- ggf. Auflagen.

[Muster s. Online-Forum]

Befristung
Die befristete Fahrlehrerlaubnis der Klasse BE ist gemäß § 9a Abs. 1 Satz 4 FahrlG mit der Aushändigung auf zwei Jahre zu befristen. Diese Befristung der Fahrlehrerlaubnis kann zu Problemen führen, beispielsweise wenn durch den Bewerber nicht sofort, durch Krankheit, Schwangerschaft, Abschluss eines Studiums oder infolge einer

länger andauernden Suche nach einer geeigneten Ausbildungsfahrschule, nicht sofort das Praktikum aufgenommen werden kann. Der Bewerber sollte daher von der Erlaubnisbehörde dahingehend beraten werden, dass die Erteilung bis zur Klärung zunächst verschoben werden kann.

Unter Berücksichtigung der Regelung in § 2 Abs. 1 Satz 1 Nr. 6 FahrlG muss innerhalb von drei Jahren nach Beginn der Ausbildung zum Fahrlehrerlaubnis erteilt worden sein.

Aber nicht nur zwei Jahre nach Aushändigung erlischt die befristete Fahrlehrerlaubnis. In § 9a Abs. 1 Satz 5 FahrlG sind weitere Tatbestände aufgeführt, deren Erfüllung zum Erlöschen führt:
1. mit der Erteilung der unbefristeten Fahrlehrerlaubnis,
2. nach dreimaliger erfolgloser Lehrprobe im theoretischen und im fahrpraktischen Unterricht oder
3. durch Ablauf der Frist

■ Ausnahmen sind gemäß § 34 Abs. 1 Satz 1 FahrlG von § 9a Abs. 1 Satz 5 FahrlG grundsätzlich möglich.

Bescheid
Die Erteilung der befristeten Fahrlehrerlaubnis der Klasse BE erfolgt in analoger Anwendung von § 5 Abs. 1 FahrlG durch Aushändigung oder Zustellung an den Bewerber. Mit ihr beginnt die Befristung auf zwei Jahre. Der Bescheid kann die Belehrung gemäß § 2 Abs. 3 DV-FahrlG beinhalten. Danach muss der Fahrlehrer in diesem Zuge darauf hingewiesen werden, dass die Ausübung der (befristeten) Fahrlehrerlaubnis im Rahmen eines Ausbildungsverhältnisses nur mit dem Inhaber einer Fahrschulerlaubnis zulässig ist.

Diese Verpflichtung sollte dem Fahrlehrer schriftlich, am besten mittels eines Bescheides, der ergänzend zur Erteilung der befristeten Fahrlehrerlaubnis ausgefertigt wird, bekannt gegeben werden. In diesem Zuge kann auch ein Vorbehalt zur Erteilung nachträglicher Auflagen als Nebenbestimmung aufgenommen werden. Ebenso können die Gebühren festgesetzt und eine Rechtsbehelfsbelehrung erfolgen. Die Erteilung sollte gegen Empfangsbekenntnis erfolgen.

Hinweis
Die Eintragung eines Ausbildungsverhältnisses in die befristete Fahrlehrerlaubnis zur Durchführung des Praktikums kann nur von der Erlaubnisbehörde erfolgen, in deren Zuständigkeitsbereich die Ausbildungsfahrschule oder deren Zweigstelle liegt.

B.1.3 Unbefristete Fahrlehrerlaubnis BE

Rechtliche Grundlagen:

Fahrlehrergesetz (FahrlG)		
§ 2	Voraussetzungen	
§ 3	Antragsunterlagen	
§ 4	Fahrlehrerprüfung	
§ 5	Erteilung der Fahrlehrerlaubnis	
§ 9a	Befristete Fahrlehrerlaubnis	
Durchführungs-Verordnung zum Fahrlehrergesetz (DV-FahrlG)		**Ermächtigungsnormen**
§ 2	Fahrlehrerschein	§ 5 Abs. 3 FahrlG
§ 2	Muster Fahrlehrerschein (Anlage 1.1 und 1.2)	
Fahrlehrer-Ausbildungs-Ordnung (FahrlAusbO)		§ 23 Abs. 2 FahrlG
Fahrlehrer-Prüfungs-Ordnung (FahrlPrüfO)		§ 4 Abs. 3 FahrlG

B.1.3.1 Voraussetzungen und Antragsunterlagen

Für die Erteilung der unbefristeten Fahrlehrerlaubnis sind ebenfalls – wie bei befristeten Fahrlehrerlaubnis – die §§ 2 und 3 FahrlG einschlägig. Der Erlaubnisbehörde sind folgende Unterlagen vorzulegen:

- eine Kopie der befristeten Fahrlehrerlaubnis des Inhabers,
- ein Terminvorschlag zur Durchführung der Lehrproben und die Orte, wo die beiden Lehrproben durchgeführt werden sollen,
- eine Kopie des Ausbildungsvertrages, aus der hervorgeht, dass während der Lehrproben ein Ausbildungsverhältnis mit dem Inhaber einer Ausbildungsfahrschule besteht. Ein Praktikumsvertrag zwischen dem Maßnahmeträger (beispielsweise der Agentur für Arbeit) für die Förderung/Finanzierung der Ausbildung in einer Ausbildungsfahrschule ist kein Ersatz für einen Ausbildungsvertrag. Neben den gängigen zivilrechtlichen Bestimmungen und Bedingungen im Ausbildungsvertrag, muss für das Ende des Ausbildungsverhältnisses berücksichtigt werden, dass sich
  1. die Dauer des Ausbildungsverhältnisses über die Lehrproben und über eventuelle Wiederholungsprüfungen in den Lehrproben erstrecken muss,
  2. das Ausbildungsverhältnis mit den bestandenen Lehrproben endet.

Ergänzend zu den bereits für die Erteilung der befristeten Fahrlehrerlaubnis eingereichten Unterlagen, müssen nunmehr auch die Nachweise und Unterlagen gemäß § 3 Satz 2 Nr. 7–8 FahrlG vollständig vorliegen.

Hinweis
Diese nachzureichenden Bescheinigungen sind jedoch nicht Gegenstand der Prüfung durch die Erlaubnisbehörde! Sie sind gemäß § 8 Abs. 2 Satz 2 FahrlPrüfO durch den Bewerber beim Fahrlehrerprüfungsausschuss zur Prüfung vorzulegen und werden anschließend an die Erlaubnisbehörde weitergeleitet.

Ablaufschema zur Erteilung einer unbefristeten Fahrlehrerlaubnis der Klasse BE

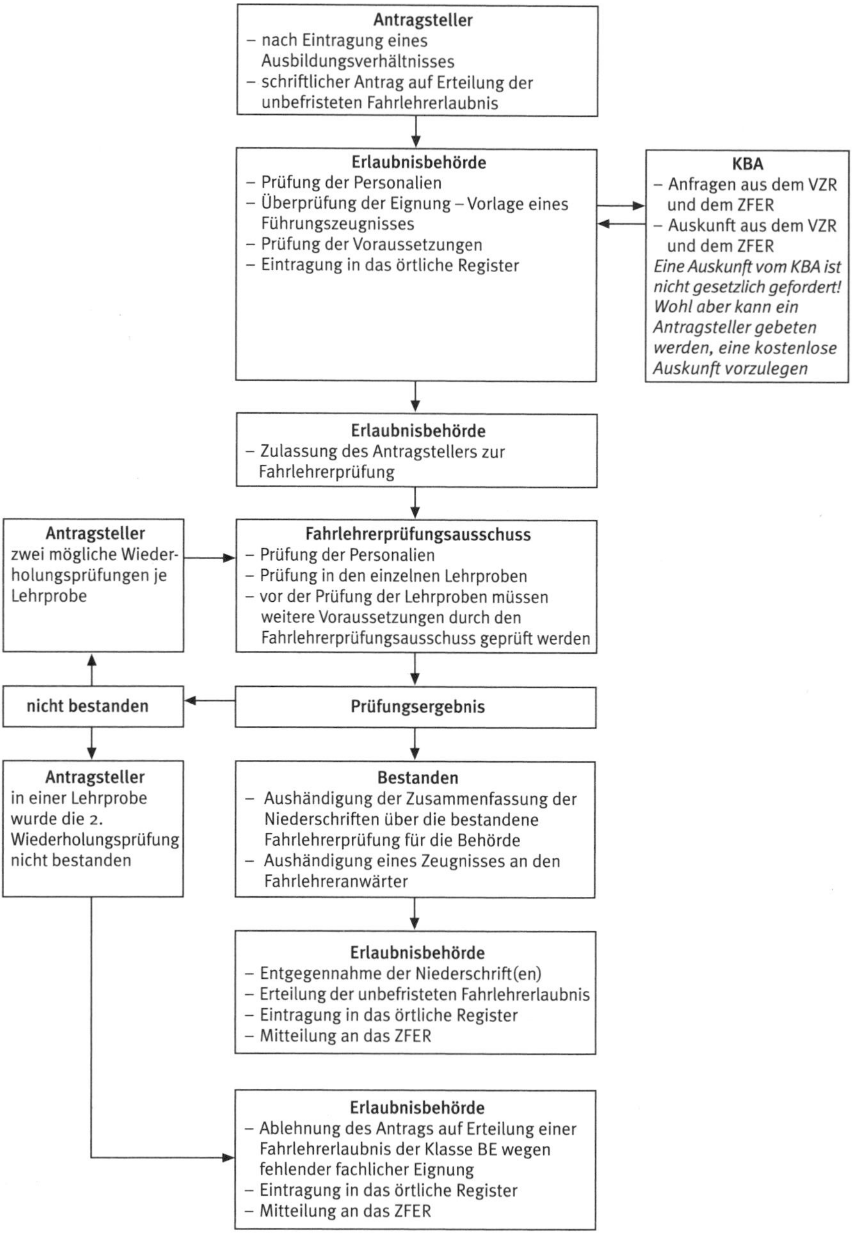

Bei Unstimmigkeiten informiert der Vorsitzende des Fahrlehrerprüfungsausschusses unverzüglich die zuständige Erlaubnisbehörde. Diese muss mittels Verwaltungsverfahren Maßnahmen einleiten, ggf. die Zulassung zur Fahrlehrerprüfung bis zur Behebung der Beanstandungen zurücknehmen oder vorübergehend aussetzen.

Die **Bescheinigung der amtlich anerkannten Fahrlehrerausbildungsstätte über die Dauer der Ausbildung** nach § 3 Nr. 7 FahrlG, die bisher nur als Nachweis für die Absolvierung der fünfmonatigen Ausbildung in der ersten Phase diente, muss nun auch die Teilnahme an den beiden einwöchigen Lehrgängen nach § 2 Abs. 5 FahrlG, den sogenannten Reflexionswochen, die Bestandteil der zweiten Phase der Ausbildung sind, umfassen. Die Bescheinigung sollte folgende Angaben gemäß einer Auflage in der Anerkennung als amtlich anerkannte Fahrlehrerausbildungsstätte beinhalten:

- Name und Anschrift der amtlich anerkannten Fahrlehrerausbildungsstätte,
- Name, Vorname, Geburtsdatum und Anschrift des Fahrlehreranwärters,
- Beginn und Ende der Ausbildungsteilnahme (jede Reflexionswoche muss einzeln aufgeführt werden) und die Anzahl der tatsächlich teilgenommen Ausbildungsstunden (2 x 35 Ausbildungsstunden – im vollem Umfang),
- Datum der amtlichen Anerkennung als Fahrlehrerausbildungsstätte und den Namen der anerkennenden Erlaubnisbehörde,
- Datum der Ausstellung der Bescheinigung,
- Unterschrift vom verantwortlichen Leiter der Fahrlehrerausbildungsstätte und einer Lehrkraft.

Ferner ist gemäß § 3 Nr. 8 FahrlG erst jetzt, in der zweiten Phase der Ausbildung das Berichtsheft nach § 9a Abs. 3 FahrlG und die Bescheinigung der Ausbildungsfahrschule über die Dauer der durchgeführten Ausbildung (§ 2 Abs. 5 Satz 1 FahrlG) einzureichen. Da rechtliche Bestimmungen über die Ausgestaltung der Bescheinigung fehlen, sollten die Ausbildungsfahrschulen dahingehend informiert werden, dass diese auf einem Kopfbogen der Ausbildungsfahrschule erstellt werden und folgende Mindestangaben beinhalten:

- Name und Anschrift der Ausbildungsfahrschule,
- Name, Vorname, Geburtsdatum und Anschrift des Fahrlehreranwärters,
- Beginn und Ende des Praktikums,
- Datum der Ausstellung der Bescheinigung,
- Unterschrift vom Inhaber/verantwortlichen Leiter der Ausbildungsfahrschule.

B.1.3.2 Zulassung zur Prüfung

Infolge des seit 1999 geltenden zweiphasigen Ausbildungsmodells ist nicht nur das Antragsverfahren sondern auch das Verfahren bezüglich der Zulassung zur Fahrlehrerprüfung geteilt. Gemäß § 8 Abs. 2 FahrlPrüfO sind daher die Bewerber nicht nur zu den Prüfungen für die Erlangung einer befristeten Fahrerlaubnis der Klasse BE, sondern auch zu den Prüfungen für die Erlangung einer unbefristeten Fahrlehrerlaubnis der Klasse BE gesondert zuzulassen.

Die Zulassung zu den Lehrproben im theoretischen und praktischen Unterricht erfolgt, wenn

- der Bewerber einen Antrag auf Erteilung einer unbefristeten Fahrlehrerlaubnis der Klasse BE gestellt hat,
- dem Bewerber die befristete Fahrlehrerlaubnis nach § 9a Abs. 1 des Fahrlehrergesetzes erteilt worden ist oder gleichzeitig erteilt wird,
- der Bewerber den Abschluss der Fahrpraxis nach § 2 Abs. 1 Satz 1 Nr. 5 des Fahrlehrergesetzes nachgewiesen hat.

Anmerkung
Die Zuständigkeit bezüglich der Erlaubnisbehörde und des Fahrlehrerprüfungsausschusses kann sich durch die Absolvierung des Praktikums in einer Zweigstelle, die im Erlaubnisbereich einer anderen Erlaubnisbehörde bzw. eines anderen Fahrlehrerprüfungsausschussbezirks liegt, ändern. Eine entsprechende Information der Erlaubnisbehörden untereinander wird empfohlen.

Die vom Bewerber direkt an den Prüfungsausschuss übersandten Bescheinigungen und Unterlagen nach § 3 Satz 2 Nr. 7 – 8 FahrlG, also die »Bescheinigung der amtlich anerkannten Fahrlehrerausbildungsstätte über die Dauer der Ausbildung« sowie das »Berichtsheft« nach § 9a Abs. 3 FahrlG und die »Bescheinigung der Ausbildungsfahrschule über die Dauer der durchgeführten Ausbildung« werden an die Erlaubnisbehörde nach Prüfung weitergereicht. Sie sind zu der Fahrlehrerakte beizufügen. Eine Ausnahme hiervon kann das Berichtsheft bilden, da eine Aushändigung an den Fahrlehreranwärter für vertretbar gehalten wird.

B.1.3.3 Prüfungsablauf

Die Fahrlehrerprüfung zur Erlangung der unbefristeten Fahrlehrerlaubnis der Klasse BE und somit der Erwerb der so genannten Grundfahrlehrerlaubnis, setzt sich aus insgesamt zwei Teilen zusammen. Die Lehrproben müssen gemäß § 9 Satz 3 letzter Halbsatz FahrlPrüfO innerhalb eines Monats nach Abschluss der Ausbildung (Praktikum) in einer Ausbildungsfahrschule durchgeführt werden.

Um die Auslagen so gering wie möglich zu halten, sollten in einem Flächenland die Lehrproben an einem Tag, unterbrochen von einer Pause von 30 Minuten, durchgeführt werden. Im Land Brandenburg wurde vom Vorsitzenden des Fahrlehrerprüfungsausschusses folgende Regelung getroffen:

Der Bewerber zeigt 4 Wochen vor Ende des Praktikums beim Fahrlehrerprüfungsausschuss den letzten Tag des Praktikums an. Gleichzeitig werden der Tag und die Zeiten der Lehrproben vereinbart. Der Bewerber gibt an, zu welcher Zeit in der Ausbildungsfahrschule theoretischer Unterricht durchgeführt wird. Davor wird, mit einer Pause von 30 Minuten, die Lehrprobe im fahrpraktischen Unterricht gesetzt. Der Zeitplan sieht dann wie folgt aus:

16.00 Uhr bis 17.00 Uhr Lehrprobe im fahrpraktischen Unterricht

Pause (ca. 30 Minuten)
zur Vorbereitung der Lehrprobe im theoretischen Unterricht

17.30 Uhr bis 18.30 Uhr Lehrprobe im theoretischen Unterricht

Hinweis
Ist der Ort der Ausbildungsfahrschule kein Prüfort im Sinne der Fahrerlaubnis-Verordnung, ist als Treffpunkt der nächstgelegene Prüfort zu wählen. Dort beginnt und endet die Lehrprobe im fahrpraktischen Unterricht. Zur Pause (30 Minuten), muss dann die Zeit der Rückfahrt zur Ausbildungsfahrschule addiert werden. Um diese Zeit verschiebt sich dann die Lehrprobe im fahrpraktischen Unterricht nach vorn.

Der Pädagoge als Verantwortlicher stellt gegen Empfangsbekenntnis die Bescheinigungen für die bestandenen Lehrproben an Ort und Stelle aus. Sämtliche Nachweise gemäß § 8 Abs. 5 FahrlPrüfO werden beim Fahrlehrerprüfungssausschuss geprüft. In der Ausbildungsfahrschule werden keine Nachweise durch die Mitglieder des Fahrlehrerprüfungsausschuss überprüft.

Hinweis
Die Mitglieder des Fahrlehrerprüfungsausschuss sind keine Personen oder Stellen gemäß § 33 Abs. 1 Satz 2 FahrlG, die berechtigt sind, für die Erlaubnisbehörden Überprüfungen der Nachweise gemäß § 18 FahrlG durchzuführen.

Lehrprobe im theoretischen Unterricht
In der theoretischen Lehrprobe hat der Bewerber gemäß § 17 FahrlPrüfO nachzuweisen, dass er in der Lage ist, Fahrschülern theoretischen Unterricht zu erteilen. Diese Lehrprobe muss mit Fahrschülern und sollte möglichst mit den Fahrschülern durchgeführt werden, die der Bewerber auch in der Ausbildungsfahrschule unterrichtet hat. Die Dauer der Lehrprobe hat etwa 45 Minuten (zzgl. einer nachfolgenden Auswertung von 15 Minuten) zu betragen.

Lehrprobe im praktischen Unterricht
In der fahrpraktischen Lehrprobe hat der Bewerber gemäß § 18 FahrlPrüfO nachzuweisen, dass er in der Lage ist, Fahrschülern praktischen Unterricht zu erteilen. Auch diese Lehrprobe muss mit Fahrschülern und sollte möglichst mit einem Fahrschüler durchgeführt werden, den der Bewerber auch in der Ausbildungsfahrschule unterrichtet hat. Die Dauer der Lehrprobe hat etwa 45 Minuten (zzgl. einer nachfolgenden Auswertung von 15 Minuten) zu betragen.

Die Prüfung wird in der Regel durch zwei Prüfungsausschussmitglieder (einen Pädagogen und einen Fahrlehrer) durchgeführt. Aber auch die Teilnahme des Juristen wird verschiedentlich angewandt. Grundsätzlich ist der Prüfungsausschuss in der Zusammenstellung frei.

Beide Lehrproben können gemäß § 14 FahrlPrüfO in beliebiger Reihenfolge durchgeführt werden. Sollte eine Lehrprobe nicht bestanden werden, besteht nach § 24 FahrlPrüfO eine einmonatige Wartefrist. Wird ein Prüfungsteil drei Mal nicht bestanden, gilt die gesamte Fahrlehrerprüfung als nicht bestanden. Die Prüfungen können dann gemäß § 25 FahrlPrüfO frühestens fünf Jahre nach Abschluss der nicht bestandenen Prüfung erneut abgelegt werden, wenn der Bewerber sich einer erneuten Ausbildung für die beantragte Klasse unterzogen hat.

Am Ende der Prüfung muss dem Bewerber die Bewertung bekannt gegeben werden. Mit »mangelhaft« oder mit »ungenügend« bewertete Prüfungsteile sind gemäß § 21 FahrlPrüfO zu erläutern und zu begründen.

Nach bestandener Fahrlehrerprüfung erhält der Bewerber um eine unbefristete Fahrlehrerlaubnis der Klasse BE zur Vorlage bei seiner zuständigen Erlaubnisbehörde eine Bescheinigung für die bestandenen theoretischen und praktischen Lehrproben (oder für jede bestandene Lehrprobe eine Bescheinigung).

Anmerkung
Mit bestandenen Lehrproben endet der Ausbildungsvertrag. Der Bewerber um eine unbefristete Fahrlehrerlaubnis der Klasse BE kann somit nicht mehr von seiner befristeten Fahrlehrerlaubnis Gebrauch machen. Um Härten (Ausbildungsverbote) zu vermeiden, sollte dem Bewerber unverzüglich die unbefristete Fahrlehrerlaubnis erteilt werden.

B.1.3.4 Erteilung einer unbefristeten Fahrlehrerlaubnisklasse BE

Die Erteilung einer unbefristeten Fahrlehrerlaubnisklasse BE erfolgt gemäß § 5 FahrlG und § 2 DV-FahrlG. Im Gegensatz zum Fahrerlaubnisrecht (§ 18 Abs. 2 Satz 2 FeV) besteht im Fahrlehrerrecht keine ausdrücklich genannte gesetzliche Ausschlussfrist zwischen dem bestandenen letzten Prüfungsteil – der theoretischen oder praktischen Lehrprobe – und der Erteilung der unbefristeten Fahrlehrerlaubnis. Indirekt gibt es sie jedoch.

So muss innerhalb von zwei Jahren nach Beginn der Ausbildung zum Fahrlehrer die unbefristete Fahrlehrerlaubnis der Klasse BE erteilt worden sein, da zum Zeitpunkt der Erteilung der unbefristeten Fahrlehrerlaubnis die befristete Fahrlehrerlaubnis gemäß § 9a Abs. 1 Satz 5 Nr. 1 FahrlG erlischt. Wird Mittels Ausnahme die Frist der befristeten Fahrlehrerlaubnis verlängert, ist als nächstes die dreijährige Frist über die Ausbildung gemäß § 2 Abs. 1 Satz 1 Nr. 6 FahrlG, hier das Praktikum, zu berücksichtigen. Die Frist beginnt mit dem ersten Tag des Praktikums.

Muster
Erteilt wird ein neuer, gelber, Fahrlehrerschein gemäß dem Muster zu Anlage 1.1 zu § 2 Abs. 1 DV-FahrlG wird erteilt. Der Fahrlehrerschein muss beinhalten:

- den Namen des Erlaubnisinhabers
- die Vornamen des Erlaubnisinhabers
- das Geburtsdatum und den -ort des Erlaubnisinhabers
- die Fahrlehrerlaubnisklasse BE
- der Tag der Erteilung
- die erteilende Erlaubnisbehörde
- die Registriernummer und
- ggf. Auflagen.

[Muster s. Online-Forum]

Bescheid
Die Erteilung der unbefristeten Fahrlehrerlaubnis der Klasse BE erfolgt gemäß § 5 Abs. 1 FahrlG durch Aushändigung oder Zustellung an den Bewerber. Gleichzeitig hat der Bewerber seine befristete Fahrlehrerlaubnis gemäß § 2 Abs. 2 DV-FahrlG abzuliefern.

Der Bescheid kann die Belehrung gemäß § 2 Abs. 3 DV-FahrlG enthalten. Danach muss der Fahrlehrer darauf hingewiesen werden, dass die Ausübung der (befristeten) Fahrlehrerlaubnis nur in Verbindung mit einer Fahrschulerlaubnis oder im Rahmen eines Beschäftigungsverhältnisses mit dem Inhaber einer Fahrschulerlaubnis zulässig ist. Ein Beschäftigungsverhältnis setzt einen Arbeitsvertrag voraus, der den Inhaber der Fahrlehrerlaubnis zu einer bestimmten Ausbildungsleistung nach Weisung und unter Aufsicht des Inhabers der Fahrschulerlaubnis oder gegebenenfalls des verantwortlichen Leiters des Ausbildungsbetriebs verpflichtet.

Diese Verpflichtung sollte dem Fahrlehrer schriftlich, am besten mittels eines Bescheides, der ergänzend zur Erteilung der unbefristeten Fahrlehrerlaubnis ausgefertigt wird, bekannt gegeben werden. In diesem Zuge kann auch ein Vorbehalt zur Erteilung nachträglicher Auflagen als Nebenbestimmung aufgenommen werden. Ebenso können die Gebühren festgesetzt und eine Rechtsbehelfsbelehrung erfolgen. Die Erteilung sollte gegen Empfangsbekenntnis erfolgen.

Hinweis
Die Eintragung der Fahrschulerlaubnis oder eines Beschäftigungsverhältnisses in die unbefristete Fahrlehrerlaubnis kann nur von der Erlaubnisbehörde erfolgen, in deren Zuständigkeitsbereich die Fahrschule oder deren Zweigstelle liegt bzw. der Fahrlehrer beschäftigt ist.

B.2 Erweiterung der Fahrlehrerlaubnis

Rechtliche Grundlagen:

Fahrlehrergesetz (FahrlG)		
§ 2	Voraussetzungen	
§ 3	Antragsunterlagen	
§ 4	Fahrlehrerprüfung	
§ 5	Erteilung der Fahrlehrerlaubnis	
Durchführungs-Verordnung zum Fahrlehrergesetz (DV-FahrlG)		**Ermächtigungsnormen**
§ 2	Fahrlehrerschein	§ 5 Abs. 3 FahrlG
§ 2	Muster unbefristeter Fahrlehrerschein (Anlage 1.1)	
Fahrlehrer-Ausbildungs-Ordnung (FahrlAusbO)		§ 23 Abs. 2 FahrlG
Fahrlehrer-Prüfungs-Ordnung (FahrlPrüfO)		§ 4 Abs. 3 FahrlG

Die Fahrlehrerlaubnis der Klasse BE bildet die Grundfahrlehrerlaubnis. Konnte diese nicht erteilt werden, kann auch keine weitere Fahrlehrerlaubnis erteilt werden, auch wenn sonst alle Voraussetzungen erfüllt wären.

Aufbauend auf die bereits erworbenen Kenntnisse und Fähigkeiten beim Erwerb der Fahrlehrerlaubnis Klasse BE beträgt die zusätzliche Ausbildungsdauer der Fahrlehrerlaubnis in den Klassen A, CE und DE, die in beliebiger Reihenfolge erworben werden können,

einen Monat für die Fahrlehrerlaubnis der Klasse A (140 Ausbildungsstunden)

zwei Monate für die Klassen CE und DE. Dabei beträgt die Ausbildungsdauer für den gemeinsamen »Grundstoff« im ersten Monat (140 Ausbildungsstunden) und für den zweiten Monat zusätzlich einen klassenspezifischen Ausbildungsstoff von jeweils 140 Ausbildungsstunden je Klasse. Der Grundstoff entfällt, wenn dieser bereits bei der Ausbildung zur Fahrlehrerlaubnis der Klasse CE bzw. DE absolviert wurde.

Die Gesamtausbildungszeit zum Fahrlehrer aller Klassen beträgt somit 14 Monate (Klasse BE 10 Monate + Klasse A 1 Monat + Klasse CE 2 Monate + Klasse DE 1 Monat).

B.2.1 Das Antragsverfahren

Grundsätzlich sind vom Bewerber um eine Fahrlehrerlaubnis der Klassen A, CE oder DE die gleichen in § 2 FahrlG genannten Voraussetzungen zu erfüllen. Da einige der für die Erfüllung der Voraussetzungen erforderlichen Nachweise bereits im Antragsverfahren zur Erteilung der befristeten Fahrlehrerlaubnis der Klasse BE vorgelegt wurden, müssen diese nicht noch einmal dem Antrag beigefügt werden. Gleichwohl können sie ergänzt werden. Entfallen können daher

- der **amtliche Nachweis über Ort und Tag der Geburt** (§ 3 Satz 2 Nr. 1 FahrlG),
- ein **Lebenslauf** (§ 3 Satz 2 Nr. 2 FahrlG),
- der Nachweis über **mindestens eine abgeschlossene Berufsausbildung in einem anerkannten Lehrberuf nach abgeschlossener Hauptschulbildung oder eine gleichwertige Vorbildung** (§ 3 Satz 2 Nr. 6 FahrlG).

Nachweise und Bescheinigungen zur Erfüllung der nachfolgenden Voraussetzungen sollten dem Antrag beigefügt werden:

Eignung

Voraussetzung:	(§ 2 Abs. 1 Nr. 2 FahrlG)	geistig, körperlich und fachlich geeignet sein und keine Tatsachen für Unzuverlässigkeit
Antragsunterlage:	(§ 3 Nr. 3 FahrlG)	ärztliches oder – auf Verlangen der Erlaubnisbehörde – ein fachärztliches Zeugnis oder das Gutachten einer amtlich anerkannten Begutachtungsstelle für Fahreignung über die geistige und körperliche Eignung

Ablaufschema zur Erteilung einer Fahrlehrerlaubnis der Klasse A, CE oder DE

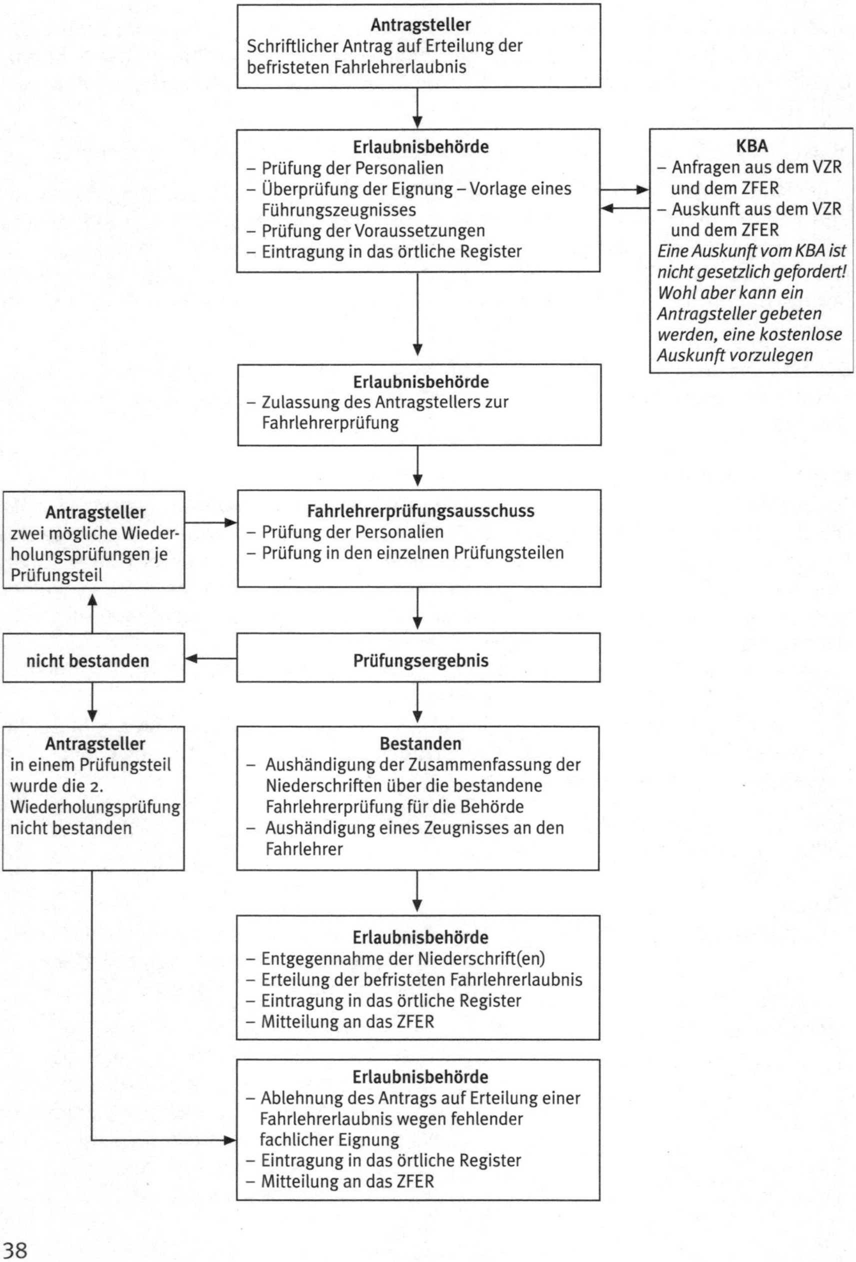

(§ 3 Nr. 7 FahrlG)	Bescheinigung der amtlich anerkannten Fahrlehrerausbildungsstätte über die Dauer der durchgeführten Ausbildung

Hinsichtlich des für die Erfüllung der **geistigen und körperlichen Eignung** erforderlichen ärztlichen oder – auf Verlangen der Erlaubnisbehörde – eines fachärztlichen Zeugnisses oder des Gutachtens einer amtlich anerkannten Begutachtungsstelle für Fahreignung (§ 3 Satz 2 Nr. 3 FahrlG), kann insbesondere auf einen gesonderten Nachweis in den Fällen verzichtet werden, in denen der Bewerber Inhaber einer Fahrerlaubnis der Klassen CE oder DE ist. Als Inhaber einer Fahrerlaubnis der Klasse CE und ggf. DE ist der Fahrlehrer nach den Bestimmungen des Fahrerlaubnisrechts verpflichtet, sich regelmäßig alle fünf Jahre untersuchen zu lassen. Dabei erfolgt eine Verlängerung der Fahrerlaubnis nur, wenn

1. der Inhaber seine Eignung nach Maßgabe der Anlage 5 FeV und die Erfüllung der Anforderungen an das Sehvermögen nach Anlage 6 FeV nachweist und
2. keine Tatsachen vorliegen, die die Annahme rechtfertigen, dass eine der sonstigen aus den §§ 7 bis 19 FeV ersichtlichen Voraussetzungen für die Erteilung der Fahrerlaubnis fehlt.

Mithin erfolgt auch eine regelmäßige Untersuchung der körperlichen und geistigen Eignung in Bezug auf die Ausübung seiner Tätigkeit als Fahrlehrer. Sollte die für Fahrlehrerrecht zuständige Erlaubnisbehörde nicht auch gleichzeitig Fahrerlaubnisbehörde sein, ist es daher wichtig einen diesbezüglichen Informationsaustausch zu pflegen. Dies gilt jedoch nur für Inhaber einer Fahrerlaubnis der Klasse CE, die diese nach dem 31. Dezember 1998 erworben haben. Ist der Erwerb vor dem 1. Januar 1999 erfolgt, wurde diese Klasse bis zur Vollendung des 50. Lebensjahres befristet.

Die **fachliche Eignung** wird abschließend mit bestandener Fahrlehrerprüfung, siehe § 4 FahrlG, nachgewiesen. Im Vorfeld ist jedoch der Nachweis über die Dauer der durchgeführten Ausbildung in einer amtlich anerkannten Fahrlehrerausbildungsstätte zu führen. Die dabei einzureichende Bescheinigung muss folgende Angaben beinhalten:

- Name und Anschrift der amtlich anerkannten Fahrlehrerausbildungsstätte,
- Name, Vorname, Geburtsdatum und Anschrift des Teilnehmers,
- Fahrlehrerlaubnisklasse, in der die Ausbildung erfolgte,
- Beginn und Ende der Ausbildungsteilnahme und Anzahl der tatsächlich teilgenommen Ausbildungsstunden des Teilnehmers,
- Bezug auf die Bestätigung des angezeigten Ausbildungslehrgangs, in dessen Ermangelung das Anerkennungsdatum der amtlichen Anerkennung als Fahrlehrerausbildungsstätte und den Namen der anerkennenden Erlaubnisbehörde,
- Datum der Ausstellung der Bescheinigung,
- unterzeichnet vom verantwortlichen Leiter der Fahrlehrerausbildungsstätte und einer Lehrkraft.

Die sich auf die Ausbildung nach § 3 Satz 2 Nr. 7 FahrlG beziehende Bescheinigung (ein- oder zweimonatige Ausbildung in einer amtlich anerkannten Fahrlehrerausbildungsstätte nach § 2 Abs. 5 FahrlG) ist nach Abschluss der Ausbildung nachzureichen.

Hinweis
Die Erlaubnisbehörde kann auch die Vorlage der Bescheinigung beim Fahrlehrerprüfungsausschuss festlegen.

Als Nachweis, dass **keine Tatsachen vorliegen, die ihn für den Fahrlehrerberuf als unzuverlässig erscheinen lassen** hat der Bewerber die Erteilung eines Führungszeugnisses zur Vorlage bei der Erlaubnisbehörde nach den Vorschriften des Bundeszentralregistergesetzes zu beantragen.

Hinweis
Bei der Anforderung von Führungszeugnissen gilt es zwischen verschiedenen sogenannten Belegarten zu unterscheiden.

Für persönliche Zwecke wird ein Zeugnis nach Belegart N ausgestellt (auch als »Privatführungszeugnis« bezeichnet). Wenn im Führungszeugnis steht: »Inhalt: Keine Eintragung«, dann bedeutet dies, dass man sich als nicht vorbestraft bezeichnen darf. Anderenfalls werden die wichtigsten Angaben aus der ergangenen rechtskräftigen Verurteilung, zum Beispiel das Datum der Verurteilung sowie das Gericht und das Geschäftszeichen, die Straftat und die Höhe der festgesetzten Strafe (Freiheitsstrafe oder Geldstrafe) vermerkt. Es werden aber nicht alle Verurteilungen ohne weiteres in das Führungszeugnis aufgenommen. So genannte kleinere Erstverurteilungen zu einer Geldstrafe von nicht mehr als 90 Tagessätzen oder einer Freiheitsstrafe von nicht mehr als 3 Monaten werden in der Regel nicht im Führungszeugnis aufgeführt, obwohl sie beim Bundeszentralregister eingetragen sind. Auch zur Bewährung ausgesetzte Jugendstrafen von bis zu 2 Jahren werden in der Regel überhaupt nicht ins Führungszeugnis eingetragen.

Zur Vorlage bei einer deutschen Behörde ist ein Zeugnis nach Belegart O zu beantragen (auch als »Behördenführungszeugnis« bezeichnet). In einem Behördenführungszeugnis können zusätzlich – anders als beim Privatführungszeugnis – auch bestimmte Entscheidungen von Verwaltungsbehörden, zum Beispiel der Widerruf eines Waffenscheins oder einer Gewerbeerlaubnis, enthalten sein. Auch Entscheidungen über eine mögliche Schuldunfähigkeit oder die gerichtlich angeordnete Unterbringung in einer psychiatrischen Anstalt können in einem Behördenführungszeugnis aufgeführt sein.[15]

Auch wenn nicht ausdrücklich erwähnt, sollte ein Auszug aus dem Verkehrszentralregister beim Kraftfahrt-Bundesamt, im Rahmen einer Selbstauskunft des Bewerbers, eingeholt werden. Die Anfrage ist schriftlich an das Kraftfahrt-Bundesamt in 24932 Flensburg unter Angabe

1. der Personendaten und amtlich beglaubigten Unterschrift oder
2. der Personendaten und der persönlichen Unterschrift (nicht »amtlich beglaubigt«) und Beifügung einer vergrößerten Kopie der Vorder- und Rückseite des gültigen Personalausweises/Reisepasses

15 Quelle: www.bundesjustizamt.de

zu stellen. Die erforderlichen Formulare sind auf der Internetseite des Kraftfahrt-Bundesamtes unter www.kba.de in der Rubrik »Punktsystem«/»Wie erfahre ich meine Punkte« hinterlegt.

Besitz der Fahrerlaubnis

Voraussetzung:	(§ 2 Abs. 1 Nr. 4 FahrlG)	Besitz der Fahrerlaubnis der Klassen A, BE und CE
Antragsunterlage:	(§ 3 Nr. 4 FahrlG)	Führerschein

Als Nachweis für den Besitz der erforderlichen Fahrerlaubnisklassen dient die **Ablichtung des Führerscheins.** Die Kopie muss amtlich beglaubigt sein, wenn der Führerschein nicht zur Einsichtnahme vorgelegt wird.

Eine Fahrerlaubnis auf Probe reicht nicht aus. Im Gegensatz zum Erwerb der Fahrlehrerlaubnis Klasse BE reicht beim Erwerb der Fahrlehrerlaubnis der Klasse A der Besitz einer beschränkten Fahrerlaubnis der Klasse A nicht mehr aus. Auch der Besitz einer Fahrerlaubnis der Klasse CE 79 (...) reicht nicht.

Durch die Befristung der Fahrerlaubnisklasse CE auf fünf Jahre/das 50. Lebensjahr und der Fahrerlaubnisklasse DE auf fünf Jahre nach dem Erwerb, muss sichergestellt sein, dass zum Zeitpunkt der Erteilung der Fahrlehrerlaubnis der Klassen CE und DE die jeweiligen Fahrerlaubnisklasse noch gültig ist.

■ Ausnahmen sind gemäß § 34 Abs. 1 Satz 1 FahrlG von § 2 Abs. 1 Satz 1 Nr. 4 FahrlG grundsätzlich möglich, im Rahmen des auszuübenden pflichtgemäßen Ermessens bei der Erteilung einer Ausnahme hier jedoch erheblich eingeschränkt.

Beispiel:
Ein Antragsteller für den Erwerb der Fahrlehrerlaubnis in der Klasse A kann keine Fahrerlaubnisklasse CE mehr nachweisen. Durch ein Gutachten einer amtlich anerkannten Begutachtungsstelle für Fahreignung werden nicht die notwendigen Anforderungen an das Sehvermögen festgestellt. Eine Eignung für die Fahrerlaubnis der Klasse CE kann nicht nachgewiesen werden. Gemäß der Fragestellung der Erlaubnisbehörde wird jedoch festgestellt, dass eine körperliche Eignung für die Fahrerlaubnisklassen BE und A besteht. Auch die Eignung als Fahrlehrer für diese Klassen wird bejaht.

Durch die Erteilung der Ausnahme von dem Nachweis der Klasse CE könnte der Antragsteller trotzdem Fahrlehrer der Klasse A werden.

Fahrpraxis

Voraussetzung:	(§ 2 Abs. 1 Nr. 5 FahrlG)	Nachweis einer ausreichenden Fahrpraxis der Klassen A, CE oder DE
Antragsunterlage:	(§ 3 Nr. 5 FahrlG)	Unterlagen über die Fahrpraxis

Als Nachweis über **eine ausreichende Fahrpraxis** dient bei eigenen Kraftfahrzeugen eine Kopie der Fahrzeugbescheinigung Teil 1 und eine Erklärung über die gefahrenen

Kilometer. Dabei kann z. B. die tägliche Fahrt zur Arbeit, zur Fahrlehrerausbildungsstätte, längere Fahrten in den Urlaub, Ausfahrten im Verein usw. mittels Erklärung und wenn möglich mit Zeugen, anerkannt werden. Wurde ein Kraftfahrzeug geliehen, kann der Halter die geleisteten Kilometer bestätigten. In jedem Fall ist der Antragsteller in der Bringepflicht. Seine Nachweise müssen zudem glaubhaft sein.

Nachzuweisen ist eine ausreichende Fahrpraxis auf den Kraftfahrzeugen der Klasse, für die die Fahrlehrerlaubnis erteilt werden soll. Im Einzelnen gilt gemäß § 2 Abs. 2 Satz 1 FahrlG als ausreichend:

Klasse A	innerhalb der letzten fünf Jahre zwei Jahre vor Antragstellung auf Kraftfahrzeugen der Klasse A (ohne Beschränkung auf leistungsbegrenzte Krafträder). Zu berücksichtigen ist, dass die Fahrerlaubnis der Klasse A davor in der Regel für zwei Jahre beschränkt erteilt wird. Diese Fahrleistungen können nicht berücksichtigt werden.
Klasse CE	innerhalb der letzten fünf Jahre zwei Jahre vor Antragstellung auf Kraftfahrzeugen der Klasse CE. Einer zweijährigen Fahrpraxis bedarf es nicht, wenn der Bewerber ■ sechs Monate lang hauptberuflich – als Angehöriger der Bundeswehr, der Bundespolizei oder der Polizei überwiegend – Kraftfahrzeuge der beantragten Klasse geführt oder ■ sich nach Erwerb der Fahrerlaubnis einer 60 Fahrstunden zu 45 Minuten umfassenden Zusatzausbildung in einer Fahrschule auf solchen Kraftfahrzeugen unterzogen hat (§ 2 Abs. Satz 2 FahrlG).
Klasse DE	innerhalb der letzten fünf Jahre zwei Jahre vor Antragstellung auf Kraftfahrzeugen der Klasse D. Einer zweijährigen Fahrpraxis bedarf es nicht, wenn der Bewerber ■ sechs Monate lang hauptberuflich – als Angehöriger der Bundeswehr, der Bundespolizei oder der Polizei überwiegend – Kraftfahrzeuge der beantragten Klasse geführt oder ■ sich nach Erwerb der Fahrerlaubnis einer 60 Fahrstunden zu 45 Minuten umfassenden Zusatzausbildung in einer Fahrschule auf solchen Kraftfahrzeugen unterzogen hat (§ 2 Abs. Satz 2 FahrlG).

Vom Gesetzgeber nicht geregelt wurde die konkret zu erbringende Kilometerleistung je Jahr. In der Praxis und nach einschlägiger Kommentierung hat sich jedoch für die Klassen A, CE oder D bzw. DE je eine Leistung von mindestens 5 000 km je Jahr, insgesamt also mindestens 10 000 km als anerkennungswürdig herausgebildet.

■ Ausnahmen sind gemäß § 34 Abs. 1 Satz 1 FahrlG möglich. Da jedoch die Fahrpraxis innerhalb der dreijährigen Gültigkeitsdauer der nachzuweisenden Ausbildung gemäß § 2 Abs. 1 Satz 1 Nr. 6 FahrlG selbst erbracht werden kann, wird von der Erteilung einer Ausnahmegenehmigung wenig Gebrauch gemacht. Wird eine Ausnahmegenehmigung erteilt, sollte nur die Zeitdauer, nicht die Kilometerleistung verkürzt werden!

Ausbildung zum Fahrlehrer

Voraussetzung:	(§ 2 Abs. 1 Nr. 6 FahrlG)	innerhalb der letzten drei Jahre zum Fahrlehrer ausgebildet
Antragsunterlage:	(§ 3 Nr. 7 FahrlG)	Bescheinigung der amtlich anerkannten Fahrlehrerausbildungsstätte über die Dauer der durchgeführten Ausbildung

Als Beginn der Frist, innerhalb derer die Ausbildung zum Fahrlehrer erfolgt sein muss, gilt der erste Tag der Ausbildung. Als Nachweis dient hierfür die Bescheinigung über die Ausbildung in einer amtlich anerkannten Fahrlehrerausbildungsstätte.

Die Ausbildung zum Fahrlehrer hat in geschlossenen Kursen, in Ganztagsunterricht und in einer amtlich anerkannten Fahrlehrerausbildungsstätte gemäß § 2 Abs. 3, 4 und 5 FahrlG zu erfolgen. Die wöchentliche Dauer der Ausbildung darf gemäß § 2 Abs. 2 FahrlAusbO 32 Unterrichtsstunden zu je 45 Minuten nicht unterschreiten, die tägliche Dauer der Ausbildung acht Unterrichtsstunden nicht überschreiten.

Nach den Vorstellungen des Gesetzgebers darf die Ausbildung in einer Fahrlehrerausbildungsstätte gemäß § 2 Abs. 4 Satz 1 FahrlG – abgesehen von einer auf die Dauer der Ausbildung nicht anrechenbaren unterrichtsfreien Zeit bis zu einen Monat – nicht unterbrochen werden. In diesem Zusammenhang ist allerdings zu berücksichtigen, dass durchaus auch Unterrichtsabwesenheiten unterhalb der Schwelle zur Ausbildungsunterbrechung im Sinne von § 2 Abs. 4 Satz 1 FahrlG möglich sind und die zuständige Erlaubnisbehörde selbst bei Unterrichtsabwesenheiten oberhalb der Schwelle zur Ausbildungsunterbrechung gegebenenfalls in der Lage ist, im Wege der Ausnahmegenehmigung unbillige Härten zu vermeiden. Eine konkrete Regelung zu Fehlzeiten fehlt jedoch. Vor dem Hintergrund einer erkennbaren Erhöhung der Fehlzeiten in der Vergangenheit, haben verschiedene Bundesländer entsprechende Regelungen erlassen. Die nachfolgenden Ausführungen können daher nur als Orientierung dienen:

Unterrichtsabwesenheiten unterhalb der Schwelle zur Unterbrechung im Sinne von § 2 Abs. 4 Satz 1 FahrlG

Nicht jedes Fernbleiben eines Fahrlehreranwärters vom Unterricht ist als Unterbrechung der Ausbildung zu qualifizieren. Unter besonderen Voraussetzungen bleibt die Unterrichtsabwesenheit unterhalb der Schwelle zur Unterrichtsunterbrechung im Sinne von § 2 Abs. 4 Satz 1 FahrlG. Dies ist der Fall, wenn der Fahrlehreranwärter aus zwingenden Gründen am Unterrichtsbesuch zu beurlauben ist. Allerdings darf die Unterrichtsabwesenheit bei der fünfeinhalbmonatigen Ausbildung zwei Wochen nicht überschreiten; bei den zusätzlichen Ausbildungslehrgängen ist die maximal zulässige Unterrichtsabwesenheit entsprechend kürzer.

Aus zwingenden Gründen ist der Fahrlehreranwärter insbesondere durch Krankheit am Unterrichtsbesuch verhindert.

Als Beurlaubungsgründe anzuerkennen sind insbesondere wichtige persönliche Gründe wie vor allem die eigene Hochzeit, Hochzeiten der Geschwister, Hochzeitsjubiläen der Eltern, Todesfälle in der Familie, Erkrankung von zur Hausgemeinschaft gehörenden Familienmitgliedern, sofern die Anwesenheit des Fahrlehreranwärters erforderlich ist. Weiterhin können Wiederholungsprüfungen für die fahrpraktische Prüfung der Klasse BE, die während der Ausbildung stattfinden als wichtiger Grund gelten.

Unterrichtsabwesenheit oberhalb der Schwelle der Unterbrechung im Sinne von § 2 Abs. 4 Satz 1 FahrlG
Übersteigt die Unterrichtsabwesenheit den Zeitraum von zwei Wochen bei der fünfeinhalbmonatigen Ausbildungszeit beziehungsweise die bei den anderen Ausbildungsgängen entsprechend kürzere maximale Abwesenheitsdauer, so heißt dies nicht zwingend, dass der Fahrlehreranwärter die Ausbildung in einer Ausbildungsstätte von neuem beginnen müsste. Liegt ein zwingender Grund für die Unterrichtsabwesendheit vor bzw. ist diese von einem anerkannten Beurlaubungsgrund gedeckt (siehe oben unter I.), so erteilt die zuständige oberste Landesbehörde oder die von ihr bestimmte oder nach dem Landesrecht zuständigen Stelle unter den nachstehenden Voraussetzungen Ausnahmegenehmigungen:

Wurde mehr als die Hälfte der im Ausbildungsplan vorgesehenen Kursstunden absolviert, so soll die zuständige oberste Landesbehörde oder die von ihr bestimmte oder nach dem Landesrecht zuständigen Stelle gemäß § 34 Abs. 1 Satz 1 FahrlG im Wege der Ausnahme die Ausbildungszeit nach § 2 Abs. 3 FahrlG auf die bereits absolvierte Kurszeit reduzieren. Die Ausnahme muss in diesem Fall allerdings zwingend unter der aufschiebenden Bedingung erfolgen (§ 36 Abs. 2 Ziffer 1 VwVfGBbg), dass der Fahrlehreranwärter die ausgefallenen Kursstunden in Höhe von 15 % der ausgefallenen Kursstunden belegt.

Wurde mehr als ein Viertel, aber weniger als die Hälfte der im Ausbildungsplan vorgesehenen Kursstunden absolviert, so soll die zuständige oberste Landesbehörde oder die von ihr bestimmte oder nach dem Landesrecht zuständigen Stelle die Ausbildungszeit nach § 2 Abs. 3 FahrlG in Hinblick auf den neu zu besuchenden Kurs im Wege der Ausnahme gemäß § 34 Abs. 1 Satz 1 FahrlG verkürzen. Die Ausbildungszeit ist dabei dergestalt zu reduzieren, dass der Fahrlehreranwärter/die Fahrlehreranwärterin im neu zu besuchenden Kurs eine Kursstundenzahl realisiert, die der im Ausbildungsplan vorgesehenen Kursstundenzahl abzüglich 85 % der im Vorkurs bereits absolvierten Kursstunden entspricht.

Anmerkung
Wird durch die Erlaubnisbehörde in der Zulassung zur Fahrlehrerprüfung verfügt, die Nachweise über die Teilnahme an der Ausbildung sind vom Fahrlehrerprüfungsausschuss zu prüfen, können direkte Anordnungen, z. B. Versagung zur Teilnahme an der Fahrlehrerprüfung wegen Fehlzeiten, nur durch die Erlaubnisbehörde selbst mittels Bescheid über die Rücknahme der Zulassung zur Fahrlehrerprüfung durchgeführt werden.

Fachliche Eignung

Voraussetzung:	(§ 2 Abs. 1 Nr. 7 FahrlG)	Nachweis der fachlichen Eignung in einer Prüfung
Antragsunterlage:	(§ 3 Nr. 5 FahrlG)	

Die fachliche Eignung nach § 4 FahrlG erfolgt in einer Fahrlehrerprüfung.

B.2.1.1 Zulassung zur Prüfung

Gemäß § 8 Abs. 3 FahrlPrüfO sind Bewerber zu den Prüfungen für die Erlangung einer Fahrerlaubnis der Klasse A, CE oder DE zuzulassen.

Die Zulassung zur jeweiligen fahrpraktischen Prüfung und zur mündlichen und schriftlichen Fachkundeprüfung erfolgt, wenn

- der Bewerber einen Antrag auf Erteilung einer Fahrlehrerlaubnis der Klasse A, CE oder DE gestellt wurde,
- der Bewerber die Fahrlehrerlaubnis der Klasse BE besitzt,
- der Bewerber den Abschluss der Fahrpraxis nach § 2 Abs. 1 Satz 1 Nr. 5 des Fahrlehrergesetzes nachgewiesen hat.

Die Nachweise sind direkt bei der Erlaubnisbehörde vorzulegen.

B.2.1.2 Prüfungsablauf

Die Fahrlehrerprüfung zur Erlangung einer unbefristeten Fahrlehrerlaubnis der Klassen A, CE oder DE, setzt sich aus insgesamt je drei Prüfungsteilen zusammen.

Fahrpraktische Prüfung

Die fahrpraktische Prüfung hat gemäß § 15 Abs. 2 FahrlPrüfO insgesamt eine Dauer von mindestens 60 Minuten für die **Klasse A**. In ihr muss nachgewiesen werden, dass ein Kraftfahrzeug vorschriftsmäßig, sicher, gewandt und umweltschonend geführt kann. Sie findet mit einem Kraftfahrzeug mit Schaltgetriebe, für die der Bewerber die Fahrlehrerlaubnis beantragt hat, statt. Das Prüfungsfahrzeug muss dem für die Prüfung beim Direkteinstieg vorgeschriebenen entsprechen (Krafträder mit einer Motorleistung von mindestens 44 kW).

Anders als im Bereich des Fahrerlaubnisrechts, in dem in § 17 FeV und durch die Prüfungsrichtlinie detaillierte Vorgaben bestehen, liegt die konkrete Ausgestaltung der Prüfung hier im pflichtgemäßen Ermessen der Mitglieder des Prüfungsausschusses. Neben dem praktischen Fahren im Straßenverkehr von 60 Minuten kann die Prüfung daher auch Elemente aus der Fahrerlaubnisprüfung wie Abfahrtkontrolle und Grundfahraufgabe(n) umfassen. Ferner sollte ein Zeitraum von 30 Minuten für die für notwendig erachtete Vor- und Nachbesprechung eingeplant werden.

Die fahrpraktische Prüfung hat gemäß § 15 Abs. 2 FahrlPrüfO insgesamt eine Dauer von mindestens 90 Minuten für die **Klasse CE**. In ihr muss nachgewiesen werden, dass ein Fahrzeug und eine Fahrzeugkombination vorschriftsmäßig, sicher, gewandt und umweltschonend geführt kann. Sie findet mit einem Kraftfahrzeug mit Schaltgetriebe und einer Fahrzeugkombination der Klasse, für die der Bewerber die

Fahrlehrerlaubnis beantragt hat, statt. Es muss der Anlage 7 Nr. 2.2.6 FeV bezüglich der Klasse C entsprechen. Folgende ergänzende Anforderungen sind zu erfüllen:

- Mindestlänge 8,0 m
- Mindestbreite 2,4 m
- zulässige Gesamtmasse mindestens 12 t
- tatsächliche Gesamtmasse mindestens 10 t
- durch die Bauart bestimmte Höchstgeschwindigkeit mindestens 80 km/h
- mit Anti-Blockier-System (ABS)
- Getriebe mit mindestens 8 Vorwärtsgängen
- mit EG-Kontrollgerät
- Aufbau kastenförmig oder vergleichbar, mindestens so breit und so hoch wie die Führerkabine
- Sicht nach hinten nur über Außenspiegel.

Das Prüfungsfahrzeug für die Klasse CE (Fahrzeugkombinationen bestehend aus einem Prüfungsfahrzeug der Klasse C mit selbsttätiger Kupplung und einem Anhänger mit eigener Lenkung oder mit einem Starrdeichselanhänger mit Tandem-/Doppelachse) muss der Anlage 7 Nr. 2.2.7 FeV entsprechen und folgende ergänzende Anforderungen erfüllen:

- Länge der Fahrzeugkombination mindestens 14,0 m
- zulässige Gesamtmasse der Fahrzeugkombination mindestens 20 t
- tatsächliche Gesamtmasse der Fahrzeugkombination mindestens 15 t
- Zweileitungs-Bremsanlage
- durch die Bauart bestimmte Höchstgeschwindigkeit der Fahrzeugkombination mindestens 80 km/h
- Anhänger mit Anti-Blockier-System (ABS)
- Länge des Anhängers mindestens 7,5 m
- Mindestbreite des Anhängers 2,4 m
- Aufbau des Anhängers kastenförmig oder vergleichbar, mindestens so breit und so hoch wie die Führerkabine des Zugfahrzeugs
- Sicht nach hinten nur über Außenspiegel.

Sollte was rechtlich zwar möglich, aber in der Praxis selten Anwendung findet, ein Sattelkraftfahrzeug als Prüfungsfahrzeug eingesetzt werden, hat dies folgende Anforderungen zu erfüllen:

- Länge mindestens 14 m
- Mindestbreite der Sattelzugmaschine und des Sattelanhängers 2,4 m
- zulässige Gesamtmasse mindestens 20 t
- tatsächliche Gesamtmasse mindestens 15 t
- durch die Bauart bestimmte Höchstgeschwindigkeit mindestens 80 km/h
- Sattelzugmaschine und Sattelanhänger mit Anti-Blockier-System (ABS)
- Getriebe mit mindestens 8 Vorwärtsgängen
- mit EG-Kontrollgerät
- Aufbau kastenförmig oder vergleichbar, mindestens so breit und so hoch wie die Führerkabine
- Sicht nach hinten nur über Außenspiegel.

Neben dem praktischen Fahren im Straßenverkehr von 90 Minuten kann die Prüfung auch hier um Elemente aus der Fahrerlaubnisprüfung wie Verbinden oder Trennen, Grundfahraufgabe(n) auch mit der Fahrzeugkombination, Abfahrtkontrolle und ergänzt werden. Ferner sollte ein Zeitraum von 30 Minuten für die für notwendig erachtete Vor- und Nachbesprechung eingeplant werden.

Auch für die **Klasse DE** beträgt die fahrpraktische Prüfung gemäß § 15 Abs. 2 FahrlPrüfO insgesamt mindestens 90 Minuten. In ihr muss ebenfalls nachgewiesen werden, dass ein Fahrzeug und eine Fahrzeugkombination vorschriftsmäßig, sicher, gewandt und umweltschonend geführt kann. Sie findet mit einem Kraftfahrzeug mit Schaltgetriebe und einer Fahrzeugkombination der Klasse, für die der Bewerber die Fahrlehrerlaubnis beantragt hat, statt. Es muss der Anlage 7 Nr. 2.2.10 FeV bezüglich der Klasse D entsprechen. Folgende ergänzende Anforderungen sind zu erfüllen:

- Länge mindestens 10 m
- Mindestbreite 2,4 m
- durch die Bauart bestimmte Höchstgeschwindigkeit mindestens 80 km/h
- mit Anti-Blockier-System (ABS)
- mit EG-Kontrollgerät.

Das Prüfungsfahrzeug für die Klasse DE (Fahrzeugkombinationen bestehend aus einem Prüfungsfahrzeug der Klasse D mit einem Anhänger) muss der Anlage 7 Nr. 2.2.11 FeV entsprechen und folgende ergänzende Anforderungen erfüllen:

- Länge der Fahrzeugkombination mindestens 13,5 m
- Mindestbreite des Anhängers 2,4 m
- durch die Bauart bestimmte Höchstgeschwindigkeit der Fahrzeugkombination mindestens 80 km/h
- zulässige Gesamtmasse des Anhängers mindestens 1 300 kg
- tatsächliche Gesamtmasse des Anhängers mindestens 800 kg
- Anhänger mit eigener Bremsanlage
- Aufbau des Anhängers kastenförmig oder vergleichbar, mindestens 2,0 m breit und hoch
- Sicht nach hinten nur über Außenspiegel.

Neben dem praktischen Fahren im Straßenverkehr von 90 Minuten kann die Prüfung auch hier um Elemente aus der Fahrerlaubnisprüfung wie Verbinden oder Trennen, Grundfahraufgabe(n) auch mit der Fahrzeugkombination, Abfahrtkontrolle und ergänzt werden. Ferner sollte ein Zeitraum von 30 Minuten für die für notwendig erachtete Vor- und Nachbesprechung eingeplant werden.

Für den Abbruch der Prüfung gelten die Bestimmungen der Fahrerlaubnisprüfung. Die fahrpraktische Prüfung muss vor der Durchführung der Fachkundeprüfungen gemäß § 14 Abs. 2 FahrlPrüfO bestanden sein. Für Wiederholungsprüfungen der fahrpraktischen Prüfung besteht keine Wartefrist gemäß § 24 FahrlPrüfO.

Fachkundeprüfung

Die Fachkundeprüfung umfasst gemäß § 16 FahrlPrüfO einen schriftlichen und einen mündlichen Teil, wobei der schriftliche vor dem mündlichen Teil erfolgen sollte. Sie findet regelmäßig nach Abschluss der Ausbildung statt. Die Dauer der schriftlichen

Fachkundeprüfung beträgt dabei 2 $^1/_2$ Zeitstunden innerhalb derer Aufgaben in 2 Sachgebiete zu bearbeiten sind (§ 16 Abs. 2 FahrlPrüfO). Unterschiede bezüglich der Sachgebiete bestehen für die Klasse A und die Klassen CE, DE. Die Dauer der mündlichen Fachkundeprüfung beträgt etwa 30 Minuten (§ 16 Abs. 6 FahrlPrüfO). Wie bei der fahrpraktischen Prüfung liegt auch hier die konkrete Ausgestaltung der Prüfung im pflichtgemäßen Ermessen der Mitglieder des Prüfungsausschusses. Dabei handelt es sich um ein Mitglied mit der Befähigung zum Richteramt oder zum höheren nicht technischen Verwaltungsdienst, einen amtlich anerkannten Sachverständigen, einen Pädagogen und einen Fahrlehrer.

Beide Fachkundeprüfungen gelten gemäß § 15 Abs. 2 Satz 2 FahrlPrüfO als Einheit. Daher kann bei der Fachkundeprüfung gemäß § 19 Abs. 5 FahrlPrüfO eine mangelhafte Leistung im schriftlichen Teil durch eine mindestens befriedigende Leistung im mündlichen Teil bzw. eine mangelhafte Leistung im mündlichen Teil durch eine mindestens befriedigende Leistung im schriftlichen Teil ausgeglichen werden.

Beide Teile der Fachkundeprüfung haben gemäß § 24 FahrlPrüfO beim Nichtbestehen eine einmonatige Wartefrist.

Die Leistungen in allen Prüfungsteilen müssen mindestens mit der Note »ausreichend« bewertet sein (§ 19 Abs. 4 FahrlPrüfO).

Wird ein Prüfungsteil drei Mal nicht bestanden, gilt die Fahrlehrerprüfung als nicht bestanden gemäß 24 FahrlPrüfO. Die Prüfungen können gemäß § 25 FahrlPrüfO frühestens fünf Jahre nach Abschluss der nicht bestandenen Prüfung erneut abgelegt werden, wenn der Bewerber sich einer erneuten Ausbildung für die beantragte Klasse unterzogen hat.

Am Ende der Prüfung muss dem Bewerber die Bewertung bekannt gegeben werden. Mit »mangelhaft« oder mit »ungenügend« bewertete Prüfungsteile sind gemäß § 21 FahrlPrüfO zu erläutern und zu begründen.

B.2.1.3 Erteilung der Fahrlehrerlaubnis A, CE, DE

Die Erweiterung um die beantragte Fahrlehrerlaubnisklasse erfolgt gemäß § 5 FahrlG und § 2 DV-FahrlG. Im Gegensatz zum Fahrerlaubnisrecht (§ 18 Abs. 2 Satz 2 FeV) besteht im Fahrlehrerrecht keine gesetzliche Ausschlussfrist zwischen dem bestandenen letzten Prüfungsteil – der Fachkundeprüfung – und der Erteilung der Fahrlehrerlaubnis.

Muster

In den vorhandenen gelben Fahrlehrerschein, gemäß dem Muster der Anlage 1.1 zu § 2 Abs. 1 DV-FahrlG ist einzutragen:

- die Erweiterung der Fahrlehrerlaubnis auf die Klasse A, CE oder DE
- der Tag der Erteilung dieser Klasse
- die erteilende Erlaubnisbehörde
- ggf. Auflagen.

[Muster s. Online-Forum]

Bescheid
Die Erweiterung der Fahrlehrerlaubnis ist gesetzlich nicht gesondert geregelt, erfolgt jedoch in analoger Anwendung von § 5 Abs. 1 FahrlG durch Aushändigung oder Zustellung an den Bewerber. Eine erneute Belehrung gemäß § 2 Abs. 3 DV-FahrlG mittels eines gesonderten Bescheides ist nicht mehr erforderlich. Der Umfang des Bescheides umfasst daher nur noch die festgesetzten Gebühren und eine Rechtsbehelfsbelehrung.

Eine mögliche Ablehnung des Antrags wegen fehlender fachlicher Eignung (Fahrlehrerprüfung nicht bestanden) hat keine Auswirkungen auf die bereits erteilten Klassen! Im Widerruf einer Fahrlehrerlaubnis gemäß § 8 Abs. 2 FahrlG ist zwar der § 2 Abs. 1 Satz 1 Nr. 2 FahrlG (fachliche Eignung) aufgeführt, jedoch wurde die Nichteignung in einer anderen, noch nicht erteilten Fahrlehrerlaubnisklasse festgestellt.

Hinweis
Die Eintragung der Fahrschulerlaubnis oder eines Beschäftigungsverhältnisses in die unbefristete Fahrlehrerlaubnis kann nur von der Erlaubnisbehörde erfolgen, in deren Zuständigkeitsbereich die Fahrschule oder deren Zweigstelle liegt bzw. der Fahrlehrer beschäftigt ist.

B.3 Ruhen und Erlöschen, Rücknahme und Widerruf

Rechtliche Grundlagen:

Fahrlehrergesetz (FahrlG)

§ 2	Voraussetzungen	
§ 3	Antragsunterlagen	
§ 4	Fahrlehrerprüfung	
§ 5	Erteilung der Fahrlehrerlaubnis	
§ 7	Ruhen und Erlöschen der Fahrlehrerlaubnis	
§ 8	Rücknahme und Widerruf der Fahrlehrerlaubnis	
§ 9a	Befristete Fahrlehrerlaubnis	
Durchführungs-Verordnung zum Fahrlehrergesetz (DV-FahrlG)		**Ermächtigungsnormen**
§ 2	Fahrlehrerschein	§ 5 Abs. 3 FahrlG
§ 2	Muster Fahrlehrerschein (Anlage 1.1 und 1.2)	
Fahrlehrer-Ausbildungs-Ordnung (FahrlAusbO)		§ 23 Abs. 2 FahrlG
Fahrlehrer-Prüfungs-Ordnung (FahrlPrüfO)		§ 4 Abs. 3 FahrlG

Gesetzlich geregelt sind die Verfahren bei Ruhen und Erlöschen der Fahrlehrerlaubnis. Verschiedentlich kommt es jedoch vor, dass Fahrlehrer aus Altersgründen, oder um einer bevorstehenden einschneidenden Maßnahme der Erlaubnisbehörde zu entgehen, auf die Fahrlehrerlaubnis verzichten.

Ein Verzicht muss immer schriftlich der zuständigen Erlaubnisbehörde angezeigt werden. Bei Verzicht ist die Fahrlehrerlaubnis gleichzeitig zurückzugeben. Wird auf eine einzelne Fahrlehrerlaubnisklasse verzichtet, ist der Fahrlehrerschein zur Berichtigung bei der zuständigen Erlaubnisbehörde vorzulegen. Und noch etwas gilt es zu beachten: Sowohl die Rücknahme wie auch der Widerruf der Fahrlehrerlaubnis sind durch die Rechtsvorschriften des Fahrlehrergesetzes geregelt. Es ergeben sich jedoch verwaltungsrechtliche Abläufe aus den Einzelbestimmungen des Verwaltungsverfahrensgesetzes (VwVfG), Rücknahme und Widerruf der Fahrlehrerlaubnis sind Verwaltungsakte, die mit Rechtsmitteln angefochten werden können. Die Bestimmungen über das Verfahren, die Rechtsbehelfsbelehrung wie auch über das Widerspruchs- und Klageverfahren ergeben sich aus der Verwaltungsgerichtsordnung (VwGO).

B.3.1 Ruhen der Fahrlehrerlaubnis

Das Ruhen einer Fahrlehrerlaubnis ist im § 7 Abs. 1 und 3 FahrlG geregelt.

Eine Fahrlehrerlaubnis ruht gemäß § 7 Abs. 1 FahrlG solange ein Fahrverbot

- nach § 25 Straßenverkehrsgesetz oder § 44 Strafgesetzbuch besteht,
- der Führerschein nach § 94 der Strafprozessordnung in Verwahrung genommen, sichergestellt oder beschlagnahmt worden ist,
- die Fahrerlaubnis nach § 111a der Strafprozessordnung vorläufig entzogen wurde oder
- bei einer Entziehung im Verwaltungsverfahren die sofortige Vollziehung angeordnet worden und die aufschiebende Wirkung eines Rechtsbehelfs nicht wiederhergestellt ist.

Bei Ruhen der Fahrlehrerlaubnis ist der Fahrlehrerschein unverzüglich der Erlaubnisbehörde zurückzugeben gemäß § 7 Abs. 3 FahrlG.

Hinweis

Während der Zeit des Ruhens besteht die Fahrlehrerlaubnis weiter, von ihr darf jedoch kein Gebrauch gemacht werden. Der Fahrlehrer darf also weder theoretischen und praktischen Unterricht erteilen, noch eine andere Fahrlehrertätigkeit, die über die Inanspruchnahme des Fahrlehrerscheines geregelt ist, z. B. Aufbauseminare (vgl. § 31 Abs. 5 FahrlG), Ausbildung im Rahmen einer Lehrtätigkeit in einer Fahrlehrerausbildungsstätte, Tätigkeiten als Ausbildungsfahrlehrer, usw. durchführen.

B.3.2 Erlöschen der Fahrlehrerlaubnis

Die Fahrlehrerlaubnis erlischt gemäß § 7 Abs. 2 FahrlG, wenn dem Inhaber die Fahrlehrerlaubnis rechtskräftig oder unanfechtbar entzogen wird oder die Fahrerlaubnis auf andere Weise erlischt.

Mit der Änderung des Fahrlehrerrechtes zum 1. Januar 1999 wurde der 2. Halbsatz »oder die Fahrerlaubnis auf andere Weise erlischt« im Absatz 2 eingefügt. Dieser

Teilsatz findet insbesondere bei der seit dem 1. Januar 1999 erfolgten Befristung der Fahrerlaubnis in den Klassen CE und DE Anwendung. Inhaber dieser Fahrerlaubnisklassen sind verpflichtet, alle fünf Jahre den Fortbestand ihrer körperlichen und geistigen Eignung nachzuweisen. Im Rahmen dieser Untersuchungen treten verschiedentlich Tatsachen zu Tage, die zu einem Entzug der entsprechenden Fahrerlaubnisklasse führen. Vor diesem Hintergrund wird teilweise von den Inhabern auf die Verlängerung verzichtet. Fraglich ist daher, wie in den Fällen zu verfahren ist, in denen die Fahrerlaubnis der Klasse CE oder DE erlischt und der Fahrlehrer diese Fahrerlaubnisklassen gemäß §§ 23, 24 FeV freiwillig nicht mehr verlängert oder nicht mehr verlängern kann, er aber weiterhin in den übrigen Fahrerlaubnisklassen ausbilden will und dafür auch die notwendige gesundheitliche Eignung besitzt.

§ 7 Abs. 2 FahrlG ist dahingehend auszulegen, dass die Fahrlehrerlaubnis für alle Klassen nur dann erlischt, wenn auch die Fahrerlaubnis für alle Klassen erloschen ist. Ist die Fahrerlaubnis lediglich für eine bestimmte Klasse erloschen, erlischt die Fahrlehrerlaubnis auch nur für die betreffende Klasse. Der Fahrlehrerschein ist dann lediglich zu berichtigen (§ 7 Abs. 3 FahrlG). Diese Auslegung macht Ausnahmegenehmigungen nach § 34 FahrlG überflüssig.

Soweit Mängel festgestellt werden, die die geistige oder körperliche Eignung des Fahrlehrers insgesamt aufheben oder wesentlich beeinträchtigen, können Maßnahmen nach § 8 Abs. 2 FahrlG ergriffen werden. Hierbei wäre es im Einzelfall auch zulässig, eine Fahrlehrerlaubnis auf die Erteilung des theoretischen Unterrichts zu beschränken. Möglich wäre die Erteilung entsprechender Ausnahmegenehmigungen nach § 34 FahrlG.

Hinweis

Zu prüfen ist, ob die bekannten gesundheitlichen oder sonstigen körperlichen Mängel (gemäß §§ 2 Abs. 1 Satz 1 Nr. 2 und 8 Abs. 2 FahrlG), die anderen Fahrlehrerlaubnisklassen beeinträchtigen. Dabei sollte mit Auflagen und Beschränkungen nach dem Grundsatz der Verhältnismäßigkeit gehandelt werden.

Erlischt z. B. die Fahrlehrerlaubnis der Klasse CE gemäß § 7 Abs. 2 FahrlG wegen Verzicht auf die Fahrerlaubnisklasse CE und bestehen keine Zweifel an der Eignung bezüglich der verbleibenden Klassen, ist ein Widerruf der Fahrlehrerlaubnis nicht möglich. Der Besitz (hier Verlust eines Teils) der Fahrerlaubnis nach § 2 Abs. 1 Satz 1 Nr. 4 FahrlG ist kein Widerrufsgrund gemäß § 8 Abs. 2 FahrlG, da § 2 Abs. 1 Satz 1 Nr. 4 FahrlG im § 8 FahrlG nicht aufgeführt ist. Dem Fahrlehrer sollte schon wegen des Grundsatzes der Verhältnismäßigkeit eine neue Fahrlehrerlaubnis der Klasse(n) BE (und A), verbunden mit einer Ausnahmegenehmigung nach § 34 Abs. 1 Satz 1 (von § 2 Abs. 1 Satz 1 Nr. 4 FahrlG) erteilt werden, zumal er beim Erwerb der Fahrlehrerlaubnis die erloschenen Fahrerlaubnisklasse besessen hatte.

Bei Erlöschen der Fahrlehrerlaubnis erlischt auch die Seminarerlaubnis (§ 31 Abs. 5 FahrlG). Der Fahrlehrerschein ist gemäß § 7 Abs. 3 FahrlG unverzüglich der Erlaubnisbehörde zurückzugeben.

B.3.3 Rücknahme der Fahrlehrerlaubnis

Eine erteilte Fahrlehrerlaubnis ist gemäß § 8 Abs. 1 Satz 1 FahrlG zurückzunehmen, wenn bei ihrer Erteilung eine der Voraussetzungen des § 2 nicht vorgelegen hat und keine Ausnahme nach § 34 Abs. 1 FahrlG erteilt worden ist. Die Erlaubnisbehörde kann von der Rücknahme absehen, wenn der Mangel gemäß § 8 Abs. 1 Satz 2 FahrlG nicht mehr besteht.

Nach Rücknahme der Fahrlehrerlaubnis ist der Fahrlehrerschein unverzüglich der Erlaubnisbehörde zurückzugeben (gemäß § 8 Abs. 3 FahrlG).

Hinweis

Der Erlaubnisbehörde steht kein Ermessensspielraum bei der Entscheidung über die Rücknahme zu, wenn sie erkannt hat, dass bei Erteilung der Fahrlehrerlaubnis eine Voraussetzung gefehlt hat und der Mangel weiterhin besteht. Nur wenn der Mangel nicht mehr besteht oder die Erlaubnisbehörde z. B. über eine Ausnahme gemäß § 34 Abs. 1 FahrlG den Mangel heilt, kann sie zur Vermeidung einer unbilligen Härte von einer Rücknahme absehen.

B.3.4 Widerruf der Fahrlehrerlaubnis

Die Fahrlehrerlaubnis ist gemäß § 8 Abs. 2 Satz 1 FahrlG zu widerrufen, wenn nachträglich eine der in § 2 Abs. 1 Satz 1 Nr. 2 FahrlG genannten Voraussetzungen,

- geistige Eignung,
- körperliche Eignung,
- persönliche Zuverlässigkeit,
- fachliche Eignung

weggefallen ist.

Unzuverlässig im Sinne des § 2 Abs. 1 Nr. 2 FahrlG ist der Erlaubnisinhaber insbesondere dann, er wiederholt die Pflichten gröblich verletzt hat, die ihm diesem Gesetz oder den auf ihm beruhenden Rechtsverordnungen obliegen gemäß § 8 Abs. 2 Satz 2 FahrlG.

Hinweis

Der Erlaubnisbehörde muss die Fahrlehrerlaubnis widerrufen, wenn die Voraussetzungen des § 8 Abs. 2 FahrlG vorliegen. Die Erlaubnisbehörde hat zwar kein Ermessen, ihr steht aber bei der Auslegung der unbestimmten Rechtsbegriffe »Eignung« und »Zuverlässigkeit« ein Beurteilungsspielraum zu. Das Fahrlehrgesetz enthält im § 8 Abs. 2 weitergehende Regelungen als die Vorschriften des VwVfG im § 49 Abs. 2 Nr. 3 über den Widerruf eines Verwaltungsaktes. In diesem Falle überlagern die Vorschriften des Fahrlehrergesetzes die des VwVfG.

Nach Widerruf der Fahrlehrerlaubnis ist der Fahrlehrerschein unverzüglich der Erlaubnisbehörde zurückzugeben gemäß § 8 Abs. 3 FahrlG.

B.4 Erteilung einer neuen Fahrlehrerlaubnis

Rechtliche Grundlagen:

Fahrlehrergesetz (FahrlG)

§ 2	Voraussetzungen
§ 3	Antragsunterlagen
§ 4	Fahrlehrerprüfung
§ 9	Erteilung einer neuen Fahrlehrerlaubnis
§ 9a	Befristete Fahrlehrerlaubnis

Durchführungs-Verordnung zum Fahrlehrergesetz (DV-FahrlG)		**Ermächtigungsnormen**
§ 2	Fahrlehrerschein	§ 5 Abs. 3 FahrlG
§ 2	Muster Fahrlehrerschein (Anlage 1.1 und 1.2)	
Fahrlehrer-Prüfungs-Ordnung (FahrlPrüfO)		§ 4 Abs. 3 FahrlG

Ist auf die Fahrlehrerlaubnis freiwillig verzichtet worden, oder die Fahrlehrerlaubnis erloschen (§ 7 Abs. 2 FahrlG), zurückgenommen oder widerrufen (§ 8 FahrlG) worden, besteht das Recht eines Auflebens der Fahrlehrerlaubnis – vergleichbar einem Entzug der Fahrerlaubnis – nicht mehr. Anders beim Ruhen der Fahrlehrerlaubnis nach § 7 Abs. 2 FahrlG. Hier besteht das Recht des Auflebens fort, jedoch darf von diesen in der Zeit des Ruhens kein Gebrauch gemacht werden.

Beantragt der Betroffene die Erteilung einer neuen Fahrlehrerlaubnis, gelten grundsätzlich die Vorschriften für die Ersterteilung einer Fahrlehrerlaubnis. Abweichungen von dieser Regelung wurden vom Gesetzgeber in § 9 Abs. 1 Satz 2 FahrlG festgelegt. Danach muss die Erfüllung folgender Voraussetzungen nicht mehr nachgewiesen, bzw. das Einreichen folgender Unterlagen nicht mehr erfolgen:

- § 2 Abs. 1 Satz 1 Nr. 3 bzw. § 3 Nr. 6 FahrlG (Berufsausbildung/Vorbildung),
- § 2 Abs. 1 Satz 1 Nr. 5 bzw. § 3 Nr. 5 FahrlG (Fahrpraxis),
- § 2 Abs. 1 Satz 1 Nr. 6 bzw. § 3 Nr. 7 und 8 FahrlG (Ausbildung in einer Fahrlehrerausbildungsstätte einschließlich die Ausbildung in einer Ausbildungsfahrschule).

Eine weitere Ausnahme wurde vom Gesetzgeber in § 9 Abs. 2 FahrlG hinsichtlich des Verzichts auf den Nachweis der fachlichen Eignung festgelegt. Entbehrt der Bewerber seit dem Erlöschen, der Rücknahme oder dem Widerruf die Fahrlehrerlaubnis mehr als zwei Jahre, so ist ein Verzicht auf die Prüfung nicht möglich. Ferner ist ein Nachweis der fachlichen Eignung zu fordern, wenn Bedenken hinsichtlich der fachlichen Eignung (weil diese möglicherweise der Widerrufsgrund gemäß § 8 Abs. 2 i. V. m. § 2 Abs. 1 Satz 1 Nr. 2 FahrlG waren) bestehen. In diesen Fällen kann auch dann eine Wiederholungsprüfung gefordert werden, wenn der Bewerber noch nicht mehr als zwei Jahre die Fahrlehrerlaubnis entbehrt. Die Annahme von Bedenken muss aber durch Tatsachen begründet sein.

B.5 Umschreibung einer Behördenfahrlehrerlaubnis

Rechtliche Grundlagen:		Ermächtigungsnormen
Fahrlehrergesetz (FahrlG)		
§ 30 Abs. 5		
§ 2	Voraussetzungen	§ 30 Abs. 5
§ 3	Antragsunterlagen	§ 30 Abs. 5
§ 4	Fahrlehrerprüfung	§ 30 Abs. 5 Satz 2
§ 5	Erteilung der Fahrlehrerlaubnis	§ 30 Abs. 5
§ 2	Voraussetzungen	
§ 3	Antragsunterlagen	
§ 4	Fahrlehrerprüfung	
§ 9a	Befristete Fahrlehrerlaubnis	
Durchführungs-Verordnung zum Fahrlehrergesetz (DV-FahrlG)		
§ 2	Fahrlehrerschein	§ 5 Abs. 3 FahrlG
§ 2	Muster unbefristeter Fahrlehrerschein (Anlage 1.1)	
Fahrlehrer-Ausbildungs-Ordnung (FahrlAusbO)		§ 23 Abs. 2 FahrlG
Fahrlehrer-Prüfungs-Ordnung (FahrlPrüfO)		§ 4 Abs. 3 FahrlG

Nach § 30 Abs. 1 FahrlG dürfen der Bund, die Länder, die Gemeinden und andere Gebietskörperschaften eigene Fahrschulen einrichten. Das Bundesministerium des Innern, das Bundesministerium der Finanzen, das Bundesministerium der Verteidigung, das Bundesministerium für Verkehr, Bau und Stadtentwicklung und die für die Polizei zuständigen obersten Landesbehörden können anordnen, dass gemäß § 30 Abs. 2 FahrlG die Aufgaben der Erlaubnisbehörden und Prüfungsausschüsse von Dienststellen ihres Geschäftsbereichs wahrgenommen und für Fahrlehreranwärter ihres Geschäftsbereichs Fahrlehrerausbildungsstätten eingerichtet werden. Bei Erfüllung aller Voraussetzungen nach § 2 FahrlG kann einem öffentlich Bediensteten daher eine sogenannte Dienstfahrlehrerlaubnis erteilt werden. Inhaber einer Dienstfahrlehrerlaubnis sind jedoch nur berechtigt, Angehörige des öffentlichen Dienstes im dienstlichen Auftrag auszubilden.

B.5.1 Voraussetzungen und Antragsunterlagen

Beantragt der Inhaber einer unbefristeten Dienstfahrlehrerlaubnis (Behördenfahrlehrerlaubnis) gemäß § 30 Abs. 5 FahrlG die Erteilung einer zivilen Fahrlehrerlaubnis gemäß § 1 i. V. m. § 2 FahrlG gelten die allgemeinen Vorschriften.

Der Antragsteller muss grundsätzlich sämtliche Voraussetzungen gemäß § 2 Abs. 1 Satz 1 Nr. 1 – 7 FahrlG erfüllen und dementsprechend die in § Nr. 1 – 8 FahrlG aufgeführten Unterlagen dem Antrag beifügen. Hinsichtlich der konkreten Ausgestaltung der Unterlagen wird auf die Ausführungen unter Kapitel B 1.2.1 verwiesen. An dieser Stelle seien daher nur noch einmal die zu erfüllenden Voraussetzungen nach § 2 Abs. 1 FahrlG erwähnt:

- mindestens 22 Jahre alt sein,
- geistig, körperlich und fachlich geeignet ist und es dürfen keine Tatsachen vorliegen, die ihn für den Fahrlehrerberuf als unzuverlässig erscheinen lassen,
- mindestens eine abgeschlossene Berufsausbildung in einem anerkannten Lehrberuf nach abgeschlossener Hauptschulbildung oder eine gleichwertige Vorbildung,
- die Fahrerlaubnis der Klassen A, BE und CE besitzt,
- über eine ausreichende Fahrpraxis verfügt,
- innerhalb der letzten drei Jahre zum Fahrlehrer ausgebildet worden ist.

Die einzige Ausnahme bildet möglicherweise der Nachweis der fachlichen Eignung gemäß § 2 Abs. 1 Satz 1 Nr. 7 FahrlG. In Fällen, in denen der der Bewerber nachweisen kann, dass er innerhalb der letzten zwei Jahre in der Kraftfahrausbildung tätig war, entfällt gemäß § 30 Abs. 5 Satz 2 FahrlG die Prüfung. Da der Gesetzgeber jedoch nur den Zeitraum und nicht die Dauer der Tätigkeit in der Kraftfahrausbildung vorgeschrieben hat, wird in den Bundesländern mehrheitlich die Auffassung vertreten, dass eine Dauer von drei Monate bei Inhabern einer Behördenfahrlehrerlaubnis, die sich noch im Dienstverhältnis befinden, als ausreichend erachtet werden kann. Bei Inhabern einer Behördenfahrlehrerlaubnis, die sich nicht mehr im Dienstverhältnis befinden, wird eine Dauer der Tätigkeit in der Kraftfahrausbildung von zwei Jahre als ausreichend erachtet.

Hinweis

Erteilung einer zivilen Fahrlehrerlaubnis auf Grund einer Dienstfahrerlaubnis der Bundeswehr

Nach § 30 Abs. 5 Satz 2 FahrlG entfällt für die Erteilung einer zivilen Fahrlehrerlaubnis aufgrund einer Dienstfahrlehrerlaubnis der Bundeswehr die (erneute) Fahrlehrerprüfung, wenn der Bewerber in den letzten zwei Jahren in der Kraftfahrausbildung tätig war. Offen ist die Frage des Ob und ggf. Dauer einer »Wartezeit« nach Neuerwerb der Bundeswehr-Fahrlehrerlaubnis. Zu differenzieren ist zwischen aus dem Dienst ausscheidenden Fahrlehrern und denen, die direkt nach Erwerb der Fahrlehrerlaubnis im Rahmen der Nebentätigkeit im zivilen Bereich als Fahrlehrer tätig sind. Dabei könnten die drei Monate, die im Rahmen der Fahrlehrerausbildung als Praktikum bereits absolviert werden, als ausreichend erachtet werden. Weiter soll die Zwei-Jahres-Frist nur dann zum Ansatz gebracht werden, wenn der Fahrlehrer aus dem aktiven Dienst ausgeschieden ist und daher nicht mehr als Fahrlehrer tätig sein durfte. In den Unterlagen der Bundeswehr ist durch einen Vermerk ersichtlich, ab wann keine Lehrtätigkeit mehr ausgeübt wurde. Für im zivilen Bereich nebentätig arbeitende Bundeswehr-Fahrlehrer ist keine Wartezeit notwendig.

B.6 Erwerb einer deutschen Fahrlehrerlaubnis für Fahrlehrer aus anderen EU-Mitgliedstaaten bzw. aus anderen Vertragsstaaten des Abkommens über den Europäischen Wirtschaftsraum

Rechtliche Grundlagen:		**Ermächtigungsnormen**
Fahrlehrergesetz (FahrlG)		
§ 2	Voraussetzungen	§ 2 Abs. 6
§ 3	Antragsunterlagen	
§ 4	Fahrlehrerprüfung	
§ 5	Erteilung der Fahrlehrerlaubnis	
Durchführungs-Verordnung zum Fahrlehrergesetz (DV-FahrlG)		
§ 1	Anpassungslehrgang und Eignung	§ 2 Abs. 6 FahrlG
§ 2	Fahrlehrerschein	§ 5 Abs. 3 FahrlG
§ 2	Muster unbefristeter Fahrlehrerschein (Anlage 1.1)	
Fahrlehrer-Ausbildungs-Ordnung (FahrlAusbO)		§ 2 Abs. 6 Satz 2 FahrlG
Fahrlehrer-Prüfungs-Ordnung (FahrlPrüfO)		§ 2 Abs. 6 Satz 2 FahrlG

B.6.1 Voraussetzungen und Antragsunterlagen

Nach § 2 Abs. 6 FahrlG ist Inhabern einer Fahrlehrerlaubnis aus einem Mitgliedstaat der Europäischen Union[16] oder in einem anderen Vertragsstaat des Abkommens über den Europäischen Wirtschaftsraum[17] die Fahrlehrerlaubnis zu erteilen, wenn die Voraussetzungen der Richtlinie 92/51/EWG des Rates vom 18. Juni 1992 über eine zweite allgemeine Regelung zur Anerkennung beruflicher Befähigungsnachweise in Ergänzung zur Richtlinie 89/48/EWG (ABl. EG Nr. L 209 S. 25) erfüllt sind.

Die in diesen Staaten erworbenen Fahrlehrerlaubnisse gelten zwar nicht unmittelbar in der Bundesrepublik Deutschland, ermöglichen aber einen erleichterten nationalen Zugang, denn die Bestimmungen des § 2 Abs. 1 Nr. 3 bis 7 FahrlG

- eine abgeschlossene Berufsausbildung in einem anerkannten Lehrberuf nach abgeschlossener Hauptschulbildung oder eine gleichwertige Vorbildung,
- Besitzes der Fahrerlaubnisklassen A, BE, CE,
- ausreichende Fahrpraxis auf Kraftfahrzeugen der Klasse, für die die Fahrlehrerlaubnis erteilt werden soll,
- Ausbildung zum Fahrlehrer innerhalb der letzten drei Jahre,
- Nachweis der fachlichen Eignung in einer Prüfung nach § 4 FahrlG,

---

16 Belgien; Bulgarien; Dänemark; Deutschland; Estland; Finnland; Frankreich; Griechenland; Großbritannien; Irland; Italien; Lettland; Litauen; Luxemburg; Malta; Niederlande; Österreich; Polen; Portugal; Rumänien; Schweden; Spanien; Slowenien; Slowakei; Tschechische Republik; Ungarn; Zypern

17 Liechtenstein, Norwegen, Island

sind bei der Erteilung nicht zu erbringen. Für die Erteilung der Fahrlehrerlaubnis müssen im Übrigen nur folgende Unterlagen dem Antrag beigefügt werden bzw. müssen folgende Voraussetzungen erfüllt sein:

Mindestalter

Voraussetzung:	(§ 2 Abs. 1 Nr. 1 FahrlG)	Mindestalter
Antragsunterlage:	(§ 3 Nr. 1 FahrlG)	amtlicher Nachweis über Ort und Tag der Geburt

Als **amtlicher Nachweis über Ort und Tag der Geburt** gilt der Personalausweis oder Reisepass. Das jeweilige Dokument muss zur Einsichtnahme vorgelegt werden, wenn der Nachweis aus einer einfachen Kopie besteht. Gleichzeitig dient die Vorlage Nachweis des erforderlichen **Mindestalter**s von **22 Jahre**n.

■ Ausnahmen sind gemäß § 34 Abs. 1 Satz 1 FahrlG zu § 2 Abs. 1 Satz 1 Nr. 1 FahrlG möglich.

Eignung

Voraussetzung:	(§ 2 Abs. 1 Nr. 2 FahrlG)	geistig, körperlich und fachlich geeignet sein und keine Tatsachen der Unzuverlässigkeit
Antragsunterlage:	(§ 3 Nr. 3 FahrlG)	ärztliches oder – auf Verlangen der Erlaubnisbehörde – ein fachärztliches Zeugnis oder das Gutachten einer amtlich anerkannten Begutachtungsstelle für Fahreignung über die geistige und körperliche Eignung

Der Nachweis der **körperliche**n **und geistige**n **Eignung** erfolgt regelmäßig durch die Vorlage eines ärztlichen oder – auf Verlangen der Erlaubnisbehörde – eines fachärztlichen Zeugnisses oder durch das Gutachten einer amtlich anerkannten Begutachtungsstelle für Fahreignung. Auf die verpflichtende Vorlage des Zeugnisses eines Amtsarztes ist seit 2006 zu verzichten. Nach Einschätzung des Gesetzgebers sollen damit die Gesundheitsämter von (amts-) ärztlichen Gutachten, Zeugnissen und Stellungnahmen, die ebenso gut von niedergelassenen Ärzten erstellt werden können, entlastet werden. Dies kommt auch den Fahrlehrern zugute, die flexibler bei der Auswahl des benötigten Arztes werden.[18]

18 BT-Drs 16/1853

Hinweis
Der Unterschied zwischen einem Gutachten und einem Zeugnis besteht darin, dass bei einem Zeugnis lediglich das Ergebnis der Untersuchung mitgeteilt wird. An die Erstellung eines Gutachtens sind – unter analoger Anwendung der Anlage 15 zu §§ 11 Abs. 5, 66 FeV – höhere Anforderungen zu stellen.

Der Wortlaut »oder« lässt zwar grundsätzlich eine Wahl zu, jedoch sollte die Erlaubnisbehörde – ganz im Sinne des Bürokratieabbaus – ein Zeugnis eines Facharztes oder das Gutachten einer amtlich anerkannten Begutachtungsstelle für Fahreignung nur dann abfordern, wenn Mängel der geistigen und körperlichen Eignung offensichtlich oder bekannt sind.

Wann ein Fahrlehrer als körperlich und geistig geeignet gilt, d. h. welche konkreten Voraussetzungen von ihm zu erfüllen sind, ist nicht näher definiert. Deshalb erfolgt regelmäßig ein Rückgriff auf die in der Fahrerlaubnisverordnung (FeV) in § 11 und den Anlagen 5 und 6 gestellten Anforderungen.

Ausnahmen sind gemäß § 34 FahrlG nicht möglich.

Als Nachweis, dass **keine Tatsachen vorliegen, die ihn für den Fahrlehrerberuf als unzuverlässig erscheinen lassen** hat der Bewerber die Erteilung eines Führungszeugnisses zur Vorlage bei der Erlaubnisbehörde nach den Vorschriften des Bundeszentralregistergesetzes zu beantragen.

Hinweis
Bei der Anforderung von Führungszeugnissen gilt es zwischen verschiedenen sogenannten Belegarten zu unterscheiden.

Für persönliche Zwecke wird ein Zeugnis nach Belegart N ausgestellt (auch als »Privatführungszeugnis« bezeichnet). Wenn im Führungszeugnis steht: »Inhalt: Keine Eintragung«, dann bedeutet dies, dass man sich als nicht vorbestraft bezeichnen darf. Anderenfalls werden die wichtigsten Angaben aus der ergangenen rechtskräftigen Verurteilung, zum Beispiel das Datum der Verurteilung sowie das Gericht und das Geschäftszeichen, die Straftat und die Höhe der festgesetzten Strafe (Freiheitsstrafe oder Geldstrafe) vermerkt. Es werden aber nicht alle Verurteilungen ohne weiteres in das Führungszeugnis aufgenommen. So genannte kleinere Erstverurteilungen zu einer Geldstrafe von nicht mehr als 90 Tagessätzen oder einer Freiheitsstrafe von nicht mehr als 3 Monaten werden in der Regel nicht im Führungszeugnis aufgeführt, obwohl sie beim Bundeszentralregister eingetragen sind. Auch zur Bewährung ausgesetzte Jugendstrafen von bis zu 2 Jahren werden in der Regel überhaupt nicht ins Führungszeugnis eingetragen.

Zur Vorlage bei einer deutschen Behörde ist ein Zeugnis nach Belegart O zu beantragen (auch als »Behördenführungszeugnis« bezeichnet). In einem Behördenführungszeugnis können zusätzlich – anders als beim Privatführungszeugnis – auch bestimmte Entscheidungen von Verwaltungsbehörden, zum Beispiel der Widerruf eines Waffenscheins oder einer Gewerbeerlaubnis, enthalten sein. Auch Entscheidungen über eine mögliche Schuldunfähigkeit oder die gerichtlich angeordnete Unterbringung in einer psychiatrischen Anstalt können in einem Behördenführungszeugnis aufgeführt sein.[19]

Auch wenn nicht ausdrücklich erwähnt, sollte ein Auszug aus dem Verkehrszentralregister beim Kraftfahrt-Bundesamt, im Rahmen einer Selbstauskunft des Bewerbers, eingeholt werden. Die Anfrage ist schriftlich an das Kraftfahrt-Bundesamt in 24932 Flensburg unter Angabe

1. der Personendaten und amtlich beglaubigten Unterschrift oder
2. der Personendaten und der persönlichen Unterschrift (nicht »amtlich beglaubigt«) und Beifügung einer vergrößerten Kopie der Vorder- und Rückseite des gültigen Personalausweises/Reisepasses

zu stellen. Die erforderlichen Formulare sind auf der Internetseite des Kraftfahrt-Bundesamtes unter www.kba.de in der Rubrik »Punktsystem«/»Wie erfahre ich meine Punkte« hinterlegt.

Der nach § 2 Abs. 1 Nr. 2 FahrlG erforderlich Nachweis der fachlichen Eignung ist Ergebnis der Bewertung hinsichtlich der Prüfung, ob sich Ausbildung und Prüfung des Bewerbers nicht wesentlich von den Bestimmungen der Fahrlehrer-Ausbildungsordnung und der Prüfungsordnung für Fahrlehrer unterscheidet.

B.6.2 Vergleichbare Ausbildung und Prüfung

Bei der Prüfung der vom Bewerber eingereichten Unterlagen ist die Kenntnis der jeweiligen nationalen Bestimmungen eine wesentliche Voraussetzung. Eine Orientierung bieten hier für die Klasse BE die im EU-Projekt *MERIT – Qualitätsstandards für Fahrlehrer in Europa* – der Europäischen Kommission erhobenen Daten. Diese geben Auskunft über die aktuellen Normen und Standards für Fahrlehrer in Europa. Es beinhaltet z. B. die Eingangsvoraussetzungen für den Fahrlehrerberuf (Mindestalter, Mindestschulausbildung, Fahrerfahrung, Führerscheinbesitz, Gesundheitstest, Verkehrsstrafen, Strafregisterauszug). Das EU-Projekt MERIT ist im Onlinebereich abrufbar.

Wurde im Ergebnis der Prüfung die ausländische Fahrlehrerlaubnis nach einem mit dem Fahrlehrergesetz vergleichbaren Standard in Ausbildung und Prüfung erworben, so hat der Bewerber nach § 1 Abs. 2 DV-FahrlG einen Sprachtest abzulegen. Der Sprachtest ist vor der Erlaubnisbehörde oder der von ihr bestimmten Stelle z. B. Fahrlehrerprüfungsausschuss, zu absolvieren und soll nachweisen, dass der Bewerber die für die Erteilung von Fahrschulunterricht erforderlichen Kenntnisse in der deutschen Sprache besitzt.

B.6.3 Unterschiede in Ausbildung und Prüfung

Unterscheiden sich jedoch die Ausbildung und Prüfung des Bewerbers wesentlich von den hier geltenden Bestimmungen, kann die Erteilung der Fahrlehrerlaubnis von der Teilnahme an einem mindestens dreimonatigen Anpassungslehrgang oder einer Eignungsprüfung abhängig gemacht werden (§ 2 Abs. 6 FahrlG). Im Rahmen des Anpassungslehrgangs hat der Bewerber schriftliche Übungsarbeiten anzufertigen sowie theoretischen und praktischen Probeunterricht zu erteilen. Gegenstand des Anpassungslehrganges sind die Besonderheiten des deutschen Straßenverkehrsrechts und

19 Quelle: www.bundesjustizamt.de

der deutschen Straßenverkehrsverhältnisse sowie das deutsche Fahrlehrerrecht. Der Bewerber darf zum Lehrgang nur zugelassen werden, wenn er vorher einen Sprachtest abgelegt hat. Nach Abschluss des Lehrganges, der ohne Prüfung endet, ist dem Bewerber eine Bescheinigung auszustellen, aus der hervorgehen muss, dass er an dem Lehrgang aktiv und vollständig teilgenommen hat. Enthält die Lehrgangsbescheinigung das vorgenannte Testat nicht, ist die Fahrlehrerlaubnis zu verweigern.

Nach § 1 Abs. 5 DV-FahrlG werden die Anpassungslehrgänge von den amtlich anerkannten Fahrlehrerausbildungsstätten durchgeführt.

Hinweis

Mit der Richtlinie 2005/36/EG[20] wurde die Anerkennung von Berufsqualifikationen, die in einem anderen Mitgliedstaat der EU erworben wurden, neu geregelt. Diese Richtlinie ersetzt die bislang für den Bereich des Fahrlehrerrechts geltende Richtlinie 92/51/EWG und muss bis zum 20. Oktober 2007 in deutsches Recht umgesetzt werden. Sie dient der Beseitigung der Hindernisse für den freien Personen- und Dienstleistungsverkehr zwischen den Mitgliedstaaten, indem Selbständigen und abhängig Beschäftigten ermöglicht wird, einen Beruf in einem anderen Mitgliedstaat als dem auszuüben, in dem sie ihre Berufsqualifikation erworben haben. Mitgliedstaaten der Europäischen Union gleichgestellt werden Staaten des Europäischen Wirtschaftsraums sowie die Schweiz.[21]

B.7 Pflichten eines Fahrlehrers

Rechtliche Grundlagen:

Fahrlehrergesetz (FahrlG)

§ 2	Voraussetzungen
§ 5	Erteilung der Fahrerlaubnis
§ 6	Pflichten des Fahrlehrers
§ 7	Ruhen und Erlöschen der Fahrlehrerlaubnis
§ 8	Rücknahme und Widerruf der Fahrlehrerlaubnis
§ 9a	Befristete Fahrlehrerlaubnis
§ 33	Überwachung
§ 33a	Fortbildung
§ 36	Ordnungswidrigkeiten

Durchführungs-Verordnung zum Fahrlehrergesetz (DV-FahrlG)		Ermächtigungsnormen
§ 2	Fahrlehrerschein	§ 5 Abs. 3 FahrlG
§ 2	Muster Fahrlehrerschein (Anlagen 1.1 und 1.2)	

20 Richtlinie 2005/36/EG des Europäischen Parlaments und des Rates vom 7. September 2005 über die Anerkennung von Berufsqualifikationen (ABl. EG Nr. L 255)

21 BR-Drs. 721/07

Fahrlehrer und in noch weit größerem Maße die Inhaber der Fahrschule/Leiter des Ausbildungsbetriebes, unterliegen Pflichten, bei deren Verstoß ein Ordnungswidrigkeitenverfahren eingeleitet werden kann. Sie betreffen Regelungen zur Arbeitszeit, Fortbildung und allgemeine Informationen, die im Zusammenhang mit der Tätigkeit als Fahrlehrer stehen.

B.7.1 Unterrichtsdauer

Die Definition des Begriffes Arbeitszeit ergibt sich aus § 2 Abs. 1 ArbZG, wonach Arbeitszeit die Zeit vom Beginn bis zum Ende der Arbeit ohne die Ruhepausen ist. Gemäß § 3 ArbZG darf die tägliche Arbeitszeit grundsätzlich acht Stunden (= 480 Minuten) bei sechs Werktagen nicht überschreiten. Die tägliche Arbeitszeit kann aber zehn Stunden (= 600 Minuten) betragen, wenn sie im Durchschnitt von sechs Monaten oder 24 Wochen die acht Stunden nicht überschreitet (§ 3 ArbZG).

Die Überwachung der Einhaltung dieser Vorschriften unterliegt der Zuständigkeit der Gewerbeaufsichtsämter.

Ergänzt werden die Bestimmungen zum Schutz der Arbeitnehmer durch die Sonn- und Feiertagsgesetze der Bundesländer. Danach gilt an Sonn- und Feiertagen eine allgemeine Arbeitsruhe für die gewerbliche Arbeit. Auch für alle anderen öffentlichen Arbeiten, die geeignet sind, die äußere Ruhe des Tages zu stören gilt ein Arbeitsverbot.

Die Überwachung der Einhaltung dieser Vorschriften unterliegt der Zuständigkeit der Gewerbe- und Ordnungsämter der Kommunen.

Unter Berücksichtigung dieser Bestimmungen, wurden in § 6 Abs. 2 FahrlG folgende spezialgesetzliche Regelungen zur Arbeitszeit erlassen:

- die tägliche Gesamtdauer des praktischen Fahrunterrichts einschließlich der Prüfungsfahrten nach § 2 Abs. 15 des Straßenverkehrsgesetzes darf 495 Minuten nicht überschreiten und
- soweit andere berufliche Tätigkeiten an diesem Tag ausgeübt worden sind, darf die Gesamtarbeitszeit von zehn Stunden (600 Minuten) nicht überschreiten.

Bei den Arbeitszeitbegrenzungen gemäß § 6 Abs. 2 FahrlG wird zwischen einem Inhaber einer Fahrschulerlaubnis oder einem Fahrlehrer mit Beschäftigungsverhältnis nicht unterschieden. Beide sind als Fahrlehrer gleichgestellt, wenn sie praktischen Fahrunterricht erteilen. Ungeachtet dieser fahrlehrerrechtlichen Bestimmung geht jedoch zumindest was die tägliche Gesamtdauer der Arbeitszeit betrifft für angestellte Fahrlehrer und verantwortlicher Leiter eines Ausbildungsbetriebs (wenn dieser im Rahmen seines Anstellungsverhältnisses auch Ausbildung durchführt), die Regelungen des ArbZG vor.

Beispiel

Ein angestellter Fahrlehrer erteilt von Montag bis Freitag täglich 495 Minuten praktischen Unterricht und zusätzlich noch zweimal in der Woche 90 Minuten theoretischen Unterricht; hinzu kommen jeweils 15 Minuten Präsenzzeit in der Fahrschule. Er hat somit an drei Tagen jeweils 15 Minuten und an zwei Tagen sogar 2 Stunden über die zulässigen 8 Stunden hinaus gearbeitet. Wenn er am

Samstag statt 11 Fahrstunden nur vier gibt, ist der Ausgleich bereits innerhalb der Woche geschafft. Denkbar wäre auch, dass der Fahrlehrer zum Ausgleich einen ganzen Vormittag frei bekommt.[22]

B.7.2 Eintragungen in den Fahrlehrerschein

Der Fahrlehrerschein dient als »greifbarer« Nachweis des Besitzes einer Fahrlehrerlaubnis, von der gemäß § 1 Abs. 4 FahrlG jedoch nur zusammen mit der Fahrschulerlaubnis oder im Rahmen eines Beschäftigungs- oder Ausbildungsverhältnisses mit dem Inhaber einer Fahrschule Gebrauch gemacht werden darf. Es ist daher – nicht zuletzt für den Fahrlehrer im Falle einer Kontrolle – von erheblicher Bedeutung, dass die im Fahrlehrerschein befindlichen Angaben korrekt sind.

Daher ist ein Fahrlehrer verpflichtet, gemäß § 5 Abs. 2 FahrlG jedes Ausbildungs- und Beschäftigungsverhältnis, gemäß § 13 Abs. 3 FahrlG die Erteilung oder das Erlöschen einer Fahrschulerlaubnis (gilt nur bei natürlichen Personen), gemäß § 14 Abs. 3 FahrlG die Erteilung oder das Erlöschen einer Zweigstelle (gilt nur bei natürlichen Personen) und gemäß § 31 Abs. 3 FahrlG die Erteilung oder das Erlöschen einer Seminarerlaubnis im Fahrlehrerschein unverzüglich zu vermerken.

B.7.3 Fortbildung für Fahrlehrer

Seit 1. Januar 1999 ist die Fortbildung für **alle** Fahrlehrer Pflicht. Allerdings hat er hinsichtlich der zeitlichen Ausgestaltung eine Wahlmöglichkeit. Die bisherige Bestimmung des § 33a Abs. 1 FahrlG ließ die Fortbildungspflicht nur in »einem Block« von drei Tagen innerhalb eines 4-Jahres-Zeitraums zu. Diese starre Einteilung entsprach nicht immer den Bedürfnissen der Praxis, die die Fortbildung flexibler gestalten wollte. Darüber hinaus hatte bis 1999 nur ein kleiner Teil der Fahrlehrerschaft an den freiwilligen Fortbildungslehrgängen teilgenommen. Dies führte bei vielen Fahrlehrern zu festgestellten Ausbildungsmängeln. Die Einführung einer regelmäßigen Pflicht aller Fahrlehrer zur Fortbildung war daher im Interesse der Ausbildungsqualität und der Verkehrssicherheit unumgänglich. Der Gesetzgeber hat bewusst nicht zwischen tätigen und nichttätigen Fahrlehrern unterschieden.

Mit der Änderung des § 33a FahrlG durch das Gesetz vom 3. Mai 2005 (BGBl. I S. 1221) kann der Fahrlehrer künftig entscheiden, ob er innerhalb eines Zeitraumes von vier Jahren einen dreitägigen Lehrgang besucht oder ob er jedes Jahr an einem Tag zur Fortbildung, also insgesamt 4 Tage je Zeitraum, gehen möchte. Dabei hat er die freie Wahl sowohl hinsichtlich der Fortbildungsträger als auch hinsichtlich der zu belegenden Unterrichtsthemen. Die nachfolgende Tabelle soll verdeutlichen, welche Möglichkeiten zur Erfüllung der Fortbildungspflicht für den einzelnen Fahrlehrer – ausgehend von der letzten Fortbildung – bestanden haben bzw. aktuell bestehen.

22 Quelle: Fahrschulpraxis 5/2007

letzte Fortbildung	Ende des nächsten Zeitraums	Möglichkeiten
im Jahr 2000	im Jahr 2004	■ drei zusammenhängende Tage
im Jahr 2001	im Jahr 2005	■ drei zusammenhängende Tage ■ vier einzelne Tage ■ einmal zwei Tage und zweimal je einen Tag ■ zwei mal zwei Tage
im Jahr 2002	im Jahr 2006	■ drei zusammenhängende Tage oder verteilt auf die Jahre 2005 und 2006 ■ vier einzelne Tage ■ einmal zwei Tage und zweimal je einen Tag ■ zwei mal zwei Tage
im Jahr 2003	im Jahr 2007	■ drei zusammenhängende Tage oder verteilt auf die Jahre 2005 bis 2007 ■ vier einzelne Tage ■ einmal zwei Tage und zweimal je einen Tag ■ zwei mal zwei Tage
im Jahr 2004	im Jahr 2008	■ drei zusammenhängende Tage oder verteilt auf die Jahre 2005 bis 2008 ■ vier einzelne Tage ■ einmal zwei Tage und zweimal je einen Tag ■ zwei mal zwei Tage

Für die Berechnung der Frist ist immer der letzte Tag des Fortbildungslehrgangs (bei einer 3-Tage-Fortbildung) bzw. das Datum des letzten Tages der Fortbildung entscheidend.

Hinweis
Fortbildung der Bundeswehr-Fahrlehrer

Fortbildungslehrgänge, die die Bundeswehr für ihre Fahrlehrer durchführt, müssen nach § 33a Abs. 1 FahrlG anerkannt werden.

An Fortbildungslehrgänge kann nicht auf »Vorrat« teilgenommen werden nach § 33a Abs. 1 FahrlG. Sie können auch nicht durch anderen Lehrgänge oder Ausbildungen ersetzt werden.

Ordnungswidrigkeiten
Wer nicht an den Fortbildungslehrgängen teilnimmt, handelt nach § 36 Abs. 1 Nr. 16 FahrlG ordnungswidrig. Bei nachgewiesenem Vorsatz können bis 500 € Geldbuße erhoben werden.

[Aktuelle Rechtssprechung befindet sich im Online-Forum]

Hinweis
Kommt der Fahrlehrer seiner Fortbildungsverpflichtung zweimal nicht nach, so kann die Fahrlehrerlaubnis widerrufen werden (§ 33a Abs. 4 FahrlG).

In verschieden Bundesländern wurde vor dem Hintergrund des hierbei auszuübenden pflichtgemäßen Ermessens eine Regelung erlassen, nach der Inhaber einer Fahrlehrerlaubnis, die das 65. Lebensjahr vollendet haben, die Fahrlehrerlaubnis auch bei fehlender Teilnahme am Fortbildungslehrgang nicht widerrufen wird, sofern sie keine Fahrschulerlaubnis besitzen und kein Beschäftigungsverhältnis eingetragen haben.

B.8 Ordnungswidrigkeiten

Rechtliche Grundlagen:

Fahrlehrergesetz (FahrlG)
§ 36 Ordnungswidrigkeiten

Durchführungs-Verordnung zum Fahrlehrergesetz (DV-FahrlG)		**Ermächtigungsnormen**
§ 8 Abs. 2	Ordnungswidrigkeiten	§ 36 Abs. 1 Nr. 15 FahrlG

Für Inhaber einer Fahrlehrerlaubnis können die Nrn. 1, 2, 3, 4, 15 und 16 des § 36 Abs. 1 FahrlG in Betracht kommen. Die Nrn. 1, 4 und 15 können mit einer Geldbuße bis 2 500 € geahndet werden, die Übrigen bis 500 €. Weiterhin können gegen Fahrlehrer nach den Nrn. 1 bis 6 des § 8 Abs. 2 FahrschAusbO Ordnungswidrigkeitsmaßnahmen eingeleitet werden. Da der § 8 FahrschAusbO seine Rechtsgrundlage im § 36 Abs. 1 Nr. 15 FahrlG hat, kann die Geldbuße bis 2 500 € betragen.

Ordnungswidrigkeiten nach § 18 DV-FahrlG, die auch ihre Rechtsgrundlage im § 36 Abs. 1 Nr. 15 FahrlG haben können nicht gegen Fahrlehrer verhängt werden.

B.9 Ausbildungsfahrlehrer

Rechtliche Grundlagen:

Fahrlehrergesetz (FahrlG)
§ 9b Ausbildungsfahrlehrer

Fahrlehrer-Prüfungs-Ordnung (FahrlPrüfO)		**Ermächtigungsnormen**
§ 3 Abs. 3	Ausbildungsfahrschule	§ 9b Abs. 4 FahrlG

Im Zusammenhang mit der Einführung einer in zwei Phasen erfolgenden Ausbildung zum Erwerb der »Grundfahrlehrerlaubnis« der Klasse BE ist es erforderlich, den im

Rahmen des Praktikums zu absolvierenden theoretischen und praktischen Unterricht unter Anleitung und Aufsicht eines erfahrenen Fahrlehrers zu stellen. Dieser soll über eine ausreichende Berufserfahrung und Kenntnisse in moderner Verkehrspädagogik verfügen.[23] Nur Ausbildungsfahrlehrer nach § 9b FahrlG sind berechtigt Fahrlehreranwärter auszubilden. Die Tätigkeit als Ausbildungsfahrlehrer ist nur in einer Ausbildungsfahrschule möglich. Der Inhaber der Fahrschule/verantwortliche Leiter einer Ausbildungsfahrschule muss ebenfalls Ausbildungsfahrlehrer sein.

Eine Anerkennung oder Zulassung als Ausbildungsfahrlehrer ist im Fahrlehrergesetz nicht vorgesehen.

B.9.1 Voraussetzungen

Wer als Ausbildungsfahrlehrer tätig sein will, bedarf keiner amtlichen Anerkennung.

Voraussetzung für die Tätigkeit als Ausbildungsfahrlehrer ist der Nachweis:

- innerhalb der letzten fünf Jahre mindestens drei Jahre lang Fahrschüler, welche die Klasse B erwerben wollen, hauptberuflich- als Angehöriger der Bundeswehr, der Bundespolizei oder der Polizei überwiegend – theoretischen und praktischen Unterricht erteilt zu haben;
- an einem dreitägigen Einweisungsseminar in einer amtlich anerkannten Fahrlehrerausbildungsstätte oder eines Berufsverbandes der Fahrlehrer, sofern der hierfür von der zuständigen obersten Landesbehörde oder von einer durch sie bestimmten oder nach Landesrecht zuständigen Stelle anerkannt ist, teilgenommen zu haben.

Um eine einheitliche Ausgestaltung der Seminare sicher zu stellen, wurden die zu behandelnden Themen in einer Richtlinie[24] verbindlich geregelt. Diese Lehrgänge werden von verschiedenen Trägern, wie amtlich anerkannten Fahrlehrerausbildungsstätten oder den Landesverbänden der Fahrlehrer angeboten. Einer Anerkennung bedarf es nicht. Einen Schwerpunkt der Ausbildung bildet dabei Inhalt und Umsetzung des Musterausbildungsplans[25], in dem die Durchführung der Ausbildung in einer Ausbildungsfahrschule für die Fahrlehreranwärter beschrieben wird.

Ungeachtet der fehlenden Anerkennung kommt es in der Regel jedoch dazu, dass im Rahmen einer vertrauensvollen Zusammenarbeit mit den Anbietern dieser Lehrgänge, diese vor deren Beginn angezeigt werden. Weiterhin wird der Ausbildungsplan über das Einweisungsseminar der zuständigen Erlaubnisbehörde zur Einsichtnahme vorgelegt.

Über die Teilnahme an dem Lehrgang ist vom Träger eine Bescheinigung zur Vorlage bei der zuständigen Erlaubnisbehörde auszustellen. Die Bescheinigung sollte:

---

23 BT-Drs 13/6914

24 Richtlinie für die Durchführung des Einweisungsseminars für Fahrlehrer zum Ausbildungsfahrlehrer nach § 9b Abs. 1 und 4 sowie § 21a Abs. 1 Fahrlehrergesetz vom 18. Juni 1999 (VkBl. 1999 S. 450)

25 Richtlinie für die Durchführung der Ausbildung in einer Ausbildungsfahrschule für Fahrlehreranwärter (Praktikum) nach § 2 Abs. 5 Fahrlehrergesetz und § 3 Fahrlehrer-Ausbildungsordnung vom 18. Juni 1999 (VkBl. 1999 S. 445)

- den Familiennamen und den Vornamen,
- den Tag der Geburt,
- die Anschrift des Teilnehmers,
- Angaben über Umfang und Dauer des Einweisungsseminars und
- der Anzeige des Einweisungsseminars bei der Erlaubnisbehörde

enthalten. Die Vorlage der Bescheinigung erfolgt im Original.

Hinweis
Nach § 34 FahrlG können auch andere Träger als Fahrlehrerausbildungsstätten oder Berufsverbände durch Ausnahmegenehmigung eine Anerkennung zur Durchführung von Einweisungsseminaren für Ausbildungsfahrlehrer nach § 9b Abs. 1 Satz 1 FahrlG erhalten. Dies ist durch die uneingeschränkte Nennung des § 9b Abs. 1 FahrlG im § 34 Abs. 1 FahrlG möglich (anders bezüglich der Ausnahmemöglich für § 21 Abs. 1 FahrlG. Diese wird ausdrücklich auf die Nrn. 1 und 2 eingeschränkt und ist somit für Nr. 3 nicht möglich). Die Erteilung sollte jedoch nur in Betracht kommen, wenn die materiell rechtlichen Voraussetzungen für die Anerkennung als Fahrlehrerausbildungsstätte als erfüllt angesehen werden können. Der Inhaber der Ausbildungsfahrschule oder der verantwortliche Leiter des Ausbildungsbetriebes muss ferner zuverlässig sein und die Gewähr für die ordnungsgemäße Ausbildung von Fahrlehrern mit befristeter Fahrerlaubnis, gemäß § 21a Abs. 1 Satz 2 FahrlG, bieten.

Da ein Ausbildungsfahrlehrer nur in einer Ausbildungsfahrschule tätig sein kann, muss auch der Inhaber/verantwortliche Leiter des Ausbildungsbetriebes die Qualifikation eines Ausbildungsfahrlehrers besitzen. Die Qualifikation und die nachgewiesen persönlichen Voraussetzungen sind bei Anzeige des Beginns des Betriebs als Ausbildungsfahrschule der Erlaubnisbehörde unverzüglich vorzulegen.

Eine Eintragung der Qualifikation als Ausbildungsfahrlehrer in den Fahrlehrerschein erfolgt nicht.

B.9.2 Pflichten

1. Der Ausbildungsfahrlehrer hat gemäß § 9b Abs. 2 FahrlG dafür zu sorgen, dass der Inhaber der befristeten Fahrlehrerlaubnis sorgfältig ausgebildet wird. Er hat ihn vor allem theoretischen und praktischen Unterricht durchführen zu lassen und ihn hierbei anzuleiten und zu beaufsichtigen. Zur Anleitung gehören insbesondere die Vorbereitung und Auswertung des Unterrichts.
2. Zu Beginn der Ausbildung hat der Ausbildungsfahrlehrer während des Unterrichts ständig anwesend zu sein. Hospitiert der Ausbildungsfahrlehrer den Unterricht, sind Aufzeichnungen im Berichtsheft des Fahrlehrers mit einer befristeten Fahrlehrerlaubnis durch den Ausbildungsfahrlehrer vorzunehmen.
3. Der Ausbildungsfahrlehrer hat gemäß § 9a Abs. 3 FahrlG wöchentlich, sowie nach Abschluss der Ausbildung, das Berichtsheft des Fahrlehrers mit einer befristeten Fahrlehrerlaubnis abzuzeichnen.
4. Der Ausbildungsfahrlehrer hat gemäß § 3 Abs. 1 Satz 1 FahrlAusbO die Ausbildung des Fahrlehrers mit einer befristeten Fahrlehrerlaubnis nach einem zu genehmigenden Ausbildungsplan durchzuführen.

5. Die wöchentliche Dauer der Ausbildung des Fahrlehrers mit der befristeten Fahrlehrerlaubnis darf gemäß § 3 Abs. 2 FahrlAusbO 20 Unterrichtsstunden nicht unterschreiten und 40 Unterrichtsstunden nicht überschreiten. Eine Unterrichtsstunde beträgt 45 Minuten.

Hinweis
Ausbildung im Sinne von § 3 Abs. 2 Satz 1 FahrlAusbO erfasst nur die in § 3 Abs. 1 FahrlAusbO genannten Tätigkeiten. Da der danach erforderliche Ausbildungsplan nicht die Führung eines Berichtshefts beinhaltet, fällt diese Tätigkeit nicht unter § 3 Abs. 2 Satz 1 FahrlAusbO. Sie ist jedoch Arbeitszeit im Sinne von § 6 FahrlG bzw. im Sinne des Arbeitszeitgesetzes. Die Vor- und Nachbesprechung (§ 3 Abs. 1 Nrn. 2 und 3 FahrlAusbO) ist Unterricht; sonstige Vor- und Nachbereitung – namentlich Lernzeiten – fallen weder unter Unterrichts- noch unter Arbeitszeiten.

6. Zu Beginn der Ausbildung des Fahrlehrers mit der befristeten Fahrlehrerlaubnis (im 1. Monat) soll, gemäß § 3 Abs. 3 FahrlAusbO, der Ausbildungsfahrlehrer insbesondere nur einen Fahrlehreranwärter ausbilden; im Übrigen darf er nicht mehr als zwei Fahrlehreranwärter gleichzeitig ausbilden.
7. Der Ausbildungsfahrlehrer hat die Bestimmungen im § 6 Abs. 2 FahrlG (tägliche Höchstdauer des praktischen Fahrunterrichts einschließlich der Prüfungsfahrten nach § 2 Abs. 15 des Straßenverkehrsgesetzes) einzuhalten.
8. Der Ausbildungsfahrlehrer hat die Einhaltung der Bestimmungen des § 6 Abs. 2 FahrlG (tägliche Höchstdauer des praktischen Fahrunterrichts) gegenüber dem Fahrlehrer mit einem befristeten Fahrlehrerschein zu überwachen.
9. Im Tagesnachweis des Fahrlehreranwärters, der sich im Ausbildungsverhältnis nach § 2 Nr. 5 Satz 1 FahrlG befindet, ist zusätzlich die Dauer der Einweisung, Anleitung und Beaufsichtigung durch den Ausbildungsfahrlehrer, gemäß § 18 Abs. 2 Satz 4 FahrlG, in Minuten aufzuzeichnen.

B.9.3 Untersagung der Tätigkeit

Vor dem Hintergrund eines fehlenden Verfahrens auf amtliche Anerkennung, ist eine Anwendung der im Fahrlehrerrecht üblichen Maßnahmen wie Widerruf oder Rücknahme nicht möglich. Vielmehr erfolgt hier, in Anlehnung an die aus dem Verwaltungsverfahren bekannten Begrifflichkeiten, eine Untersagung der Tätigkeit (§ 9b Abs. 3 FahrlG). Sie kommt in Betracht, wenn:

- die Anforderungen nach § 9b Abs. 1 FahrlG nicht erfüllt werden,
- der Ausbildungsfahrlehrer seinen Verpflichtungen nicht nachkommt,
- beim Wechsel des Inhabers der Ausbildungsfahrschule/verantwortlichen Leiters der Ausbildungsfahrschule, wenn der neue Inhaber der Ausbildungsfahrschule/verantwortlichen Leiter des Ausbildungsbetriebs kein Ausbildungsfahrlehrer ist.

Eine Untersagung ist mittels Verwaltungsakt einschließlich einer Rechtsbehelfsbelehrung gemäß Verwaltungsverfahrensgesetz zu verfügen.

B.9.4 Ordnungswidrigkeiten

Für Ausbildungsfahrlehrer können die Nrn. 1, 2, 3 und 4 des § 36 Abs. 1 FahrlG bei Ausbildung und Anleitung von Fahrlehreranwärtern in Betracht kommen. Die Nrn. 1 und 4 können mit einer Geldbuße bis 2 500 € geahndet werden, die Übrigen bis 500 €.

In der Regel wird ein rechtskräftiges Ordnungswidrigkeitsverfahren die Versagung der weiteren Tätigkeit als Ausbildungsfahrlehrer nach sich ziehen.

B.10 Registervorschriften

Rechtliche Grundlagen:

Fahrlehrergesetz (FahrlG)

§ 37	Registerführung
§ 38	Zweck der Registrierung
§ 39 Abs. 1, 2 und 3 Nr. 1, 5, 6, 7	Inhalt der Registrierung

B.10.1 Örtliches Fahrlehrregister

Nach § 37 Abs. 1 FahrlG dürfen die zuständigen Erlaubnisbehörden ein örtliches Fahrlehrerregister führen, in dem die Daten über Fahrlehrer gespeichert werden. Sie umfassen nach § 38 FahrlG i. V. m. § 16 DV-FahrlG:

1. bei Erlaubnissen und Anerkennungen
   - **zur Person des Inhabers der Erlaubnis oder Anerkennung sowie zur Person des verantwortlichen Leiters des Ausbildungsbetriebes einer Fahrschule oder einer Fahrlehrerausbildungsstätte folgende Angaben:** Familienname, Geburtsname, sonstige frühere Namen, Vornamen, Doktorgrad, Geschlecht, Geburtsdatum und Geburtsort, Anschrift und Staatsangehörigkeit,
   - **bei der Zugehörigkeit zu einer Gemeinschaftsfahrschule bei Beschäftigungs- und Ausbildungsverhältnissen, bei der Tätigkeit als Ausbildungsfahrlehrer und beim Betrieb als Ausbildungsfahrschule:** Name oder Bezeichnung und Anschrift sowie Inhaber und verantwortlicher Leiter des Ausbildungsbetriebes der betreffenden Fahrschule mit den Angaben nach Nr. 1 sowie der beschäftigte oder auszubildende Fahrlehrer und der Ausbildungsfahrlehrer mit den Angaben nach Nr. 1,
2. gemäß § 39 Abs. 3 Nr. 10 des Fahrlehrergesetzes, die im Rahmen von § 42 Abs. 2 des Fahrlehrergesetzes übermittelten Daten nach § 59 Abs. 1 und 2 der Fahrerlaubnis- Verordnung.

Ferner erlaubt § 39 Abs. 3 FahrlG den örtlich zuständigen Erlaubnisbehörden die Speicherung der

- Fahrlehrerlaubnisse,
- Seminarerlaubnisse,
- Beschäftigungsverhältnisse von Fahrlehrern,
- Ausbildungsverhältnisse von Fahrlehrern mit befristeter Fahrlehrerlaubnis,
- Tätigkeit als Ausbildungsfahrlehrer,
- die nach § 42 FahrlG übermittelten Daten.

Diese Daten sind dem Kraftfahrt-Bundesamt mitzuteilen. Es vermerkt

1. im Zentralen Fahrerlaubnisregister, ob ein Fahrerlaubnisinhaber auch Fahrlehrer ist,
2. im Verkehrszentralregister die in § 39 Abs. 2 näher bestimmten Maßnahmen, Entscheidungen und Erklärungen auf dem Gebiet des Fahrlehrerrechts.

B.10.2 Zentrales Fahrerlaubnisregister (ZFER)

Im Zentralen Fahrerlaubnisregister (§ 48 StVG) werden bei den dort eingetragenen betreffenden Inhabern von Fahrerlaubnissen zusätzlich die Erteilung einer Fahrlehrerlaubnis, deren Datum, gegebenenfalls eine Befristung sowie die erteilende Behörde gespeichert.

B.10.3 Verkehrszentralregister (VZR)

Im VZR (§ 28 StVG) werden

1. unanfechtbare Versagungen einer Fahrlehrerlaubnis wegen nicht bestandener Prüfung oder wegen geistiger und körperlicher Mängel,
2. unanfechtbare oder sofort vollziehbare Widerrufe und Rücknahmen einer Fahrlehrerlaubnis,
3. das Ruhen oder Erlöschen der Fahrlehrerlaubnis,
4. Verzichte auf eine Fahrlehrerlaubnis,
5. Rücknahmen eines Antrages auf Erteilung einer Fahrlehrerlaubnis nach nicht bestandener Prüfung,
6. rechtskräftige Entscheidungen wegen einer Ordnungswidrigkeit nach § 36 Abs. 1 FahrlG, wenn gegen den Betroffenen eine Geldbuße von mindestens **150 €** festgesetzt worden ist,

eingetragen.

Unberührt bleiben die Eintragungen nach § 28 Abs. 3 des Straßenverkehrsgesetzes. Das Kraftfahrt-Bundesamt prüft und stellt fest, ob im Verkehrszentralregister enthaltene Eintragungen Fahrlehrer betreffen. Sollten auf Fahrlehrer bezogene Daten aus dem Verkehrszentralregister ermittelt werden, teilt dies das Amt den zuständigen Erlaubnisbehörden mit. Hierbei werden die Personendaten des Betreffenden, Art und Umfang der Eintragung, Datum der betreffenden Maßnahmen, Entscheidung oder Erklärung sowie Aktenzeichen der Behörden oder des Gerichts mitgeteilt.

Kapitel C
Die Fahrschulerlaubnis

Wer als selbständiger Fahrlehrer Fahrschüler ausbildet oder durch von ihm beschäftigte Fahrlehrer ausbilden lässt, bedarf nach § 10 Abs. 1 FahrlG der Fahrschulerlaubnis. Was unter dem Begriff »selbstständiger Fahrlehrer« zu verstehen ist und welche Rahmenbedingungen zu erfüllen sind, wurde in einem Urteil des Bundesverwaltungsgerichts vom 24. November 1992[26] ausgeführt. Danach ist nur der Selbstständig, »der auf eigene Rechnung und unter eigener Verantwortung tätig« wird. Dazu gehören auch, selbst Betriebskapital zu beschaffen und das unternehmerische Risiko zu tragen. Inzwischen wurden durch weitere Urteile weitergehende Begriffsdefinitionen veröffentlicht. Die wichtigste Aussage der Gerichte ist, dass ein selbstständiger Fahrlehrer nicht mit anderen Unternehmen Verträge abschließen darf, womit diese Unternehmen Einfluss auf seine eigentliche Selbstständigkeit nehmen können.

Fahrschulen können folglich von natürlichen Personen (Fahrlehrern), aber auch gemäß § 11 Abs. 2 FahrlG von juristischen Personen betrieben werden. Auch wenn die juristische Person in diesen Fällen der Inhaber der Fahrschulerlaubnis ist, sind vom »verantwortlichen Leiter des Ausbildungsbetriebes« die gleichen Voraussetzungen wie von einer natürlichen Person zu erfüllen. Der »verantwortlichen Leiter des Ausbildungsbetriebes« wird in einem Angestelltenverhältnis mit dem Inhaber der Fahrschulerlaubnis – der juristischen Person – tätig.

Die Fahrschulerlaubnis ist nicht auf einen Ort beschränkt, sondern gilt in ganz Deutschland.

Entsprechend der Einteilung der Klassen der Fahrlehrerlaubnis, kann eine Fahrschulerlaubnis auf Antrag nur in den Hauptklassen BE, A, CE und DE erteilt werden. In Abhängigkeit davon bestehen folgende Berechtigungen zur Ausbildung:

Fahrschulerlaubnis Klasse BE	berechtigt zur Ausbildung der Klassen B, BE, S, L und bedingt zur Mofa-Ausbildung
Fahrschulerlaubnis Klasse A	berechtigt zur Mofa-Ausbildung und zur Ausbildung der Klassen A, A1 und M
Fahrschulerlaubnis Klasse CE	berechtigt zur Ausbildung der Klassen C1, C1E, C, CE und T
Fahrschulerlaubnis Klasse DE	berechtigt zur Ausbildung der Klassen D, DE, D1 und D1E

26 Urteil BVerwG vom 24. November 1992; Az.: 1 C 9.91

C.1 Erteilung einer Fahrschulerlaubnis

Rechtliche Grundlagen:

Fahrlehrergesetz (FahrlG)
§ 32 Abs. 1 Zuständigkeit

Gebührenordnung für Maßnahmen im Straßenverkehr (GebOSt)
2. Abschnitt Kapitel D Gebührentarife

Ermächtigungsnormen

§ 34a Abs. 2 und 3 FahrlG

C.1.1 Allgemeine Grundsätze

Zuständigkeiten

Gemäß § 32 Abs. 1 FahrlG sind für die Ausführung des Fahrlehrergesetzes und der auf ihm beruhenden Rechtsverordnungen die obersten Landesbehörden, die von ihnen bestimmten oder die nach Landesrecht zuständigen Stellen zuständig. Die Ausführung des § 30 FahrlG – Fahrschulen bei Behörden – obliegt dem Bund, den Ländern, den Gemeinden und anderen Gebietskörperschaften in eigener Zuständigkeit. Nach § 32 Abs. 2 Nr. 2 FahrlG sind in Angelegenheiten der Fahrschulerlaubnis ausschließlich die Erlaubnisbehörden des Sitzes der Fahrschule örtlich zuständig.

Antragsverfahren

Die Erteilung einer Fahrschulerlaubnis in den Klassen BE, A, CE oder DE wird nur auf Antrag erteilt, ist aber nach dem Wortlaut des Gesetzes (§ 10 Abs. 2 FahrlG) an keine Form gebunden. Der Antrag sollte schriftlich gestellt werden. Er muss die Fahrschulerlaubnisklasse beinhalten, in denen die Ausbildung erfolgen soll. Nachweise und Unterlagen gemäß § 12 FahrlG, welche die zu erfüllenden Voraussetzungen nach § 11 FahrlG belegen, sind einzureichen.

Das sich anschließende Verfahren wird gemäß Verwaltungsverfahrensgesetz (VwVfG)[27] geführt. Paragraph 9 bestimmt danach, das Verwaltungsverfahren im Sinne dieses Gesetzes die nach außen wirkende Tätigkeit der Behörden ist, die auf die Prüfung der Voraussetzungen, die Vorbereitung und den Erlass eines Verwaltungsaktes gerichtet ist; es schließt den Erlass des Verwaltungsaktes ein. Nach § 35 VwVfG ist dabei unter einem Verwaltungsakt jede Verfügung, Entscheidung oder andere hoheitliche Maßnahme, die eine Behörde zur Regelung eines Einzelfalls auf dem Gebiet des öffentlichen Rechts trifft und die auf unmittelbare Rechtswirkung nach außen gerichtet ist, zu verstehen. Bei der Erteilung einer Fahrschulerlaubnis und bei der Ablehnung der Erteilung handelt es sich folglich um einen Verwaltungsakt.

Abgeschlossen wird das Verfahren mittels Bescheid. Dabei handelt es sich um eine besondere Form des Verwaltungsaktes am Ende eines Verwaltungsverfahrens.

---

27 Verwaltungsverfahrensgesetz in der Fassung der Bekanntmachung vom 23. Januar 2003 (BGBl. I S. 102), geändert durch Artikel 4 Abs. 8 des Gesetzes vom 5. Mai 2004 (BGBl. I S. 718)

Gebühren

Die gebührenpflichtigen Tatbestände und die Gebührensätze ergeben sich aus dem Gebührentarif für Maßnahmen im Straßenverkehr. Gemäß § 1 der GebOSt[28] dürfen danach für Amtshandlungen, einschließlich der Prüfungen und Untersuchungen im Sinne des § 34a des Fahrlehrergesetzes Gebühren erhoben werden. Soweit im Gebührentarif nichts anderes bestimmt ist, hat nach § 2 GebOSt der Kostenschuldner (hier die Inhaber der Fahrschulerlaubnis) auch die dort aufgeführten Auslagen wie »Entgelte für Zustellungen durch die Post mit Postzustellungsurkunde und für Nachnahmen sowie im Einschreibeverfahren« oder für den »Einsatz von Dienstwagen bei Dienstgeschäften außerhalb der Dienststelle« zu tragen. Die für die Erteilung einer Fahrschulerlaubnis einschlägigen Gebührentarife sind im dem für die Gebühren des Landes relevanten 2. Abschnitt unter Kapitel D »Fahrlehrerrecht« aufgeführt.

302	Erteilung (außer der etwaigen Gebühr nach 308)	
302.3	der Fahrschulerlaubnis	
	an eine natürliche Person einschließlich Ausfertigung der Erlaubnisurkunde	102,00 €
	an eine juristische Person einschließlich Ausfertigung der Erlaubnisurkunde	153,00 €
302.6	der Fahrschulerlaubnis einschließlich der Ausfertigung einer Erlaubnisurkunde, nach vorangegangener Versagung, Rücknahme oder Widerruf oder nach vorangegangenem Verzicht	33,20 bis 256,00 €
303	Erweiterung	
303.2	der Fahrschulerlaubnis einschließlich der Ausfertigung einer Erlaubnisurkunde)	56,20 €
304	Berichtigung einer Erlaubnisurkunde	7,70 €
305	Ausfertigung einer Erlaubnisurkunde als Ersatz für eine(n) verlorene(n) oder unbrauchbar gewordene(n), außer den Kosten einer etwaigen öffentlichen Ungültigkeitserklärung	15,30 bis 38,30 €
306	Rücknahme oder Widerruf der Fahrschulerlaubnis	33,20 bis 256,00 €
307	Zwangsweise Einziehung einer Erlaubnisurkunde	14,30 bis 286,00 €

Hinweis

Diese Gebühr ist auch fällig, wenn die Voraussetzung für die zwangsweise Einziehung erst nach Einleiten der Zwangsmaßnahme beseitigt worden ist.

28 Gebührenordnung für Maßnahmen im Straßenverkehr (GebOSt) vom 26. Juni 1970 (BGBl. I S. 865, 1298), zuletzt geändert durch Artikel 3 der Verordnung vom 22. August 2006 (BGBl. I S. 2108)

308	Überprüfung	
308.1	einer Fahrschule	30,70 bis 511,00 €
309	Erteilung oder Versagung einer Ausnahme von den Vorschriften über das Fahrlehrerwesen	5,10 bis 511,00 €
310	Versagung (außer der etwaigen Gebühr nach Nr. 308) der Fahrschulerlaubnis oder deren Erweiterung	33,20 bis 256,00 €

Hinweis
Nach § 6 GebOSt sind die Vorschriften des Verwaltungskostengesetzes anzuwenden, soweit sie nicht die §§ 1 bis 5 GebOSt abweichende Regelungen über die Kostenerhebung, die Kostenbefreiung, den Umfang der zu erstattenden Auslagen, der Kostengläubiger- und Kostenschuldnerschaft enthalten. Insbesondere bei der Ausgestaltung der unter Gebührentarif Nr. 302.6, 305 bis 310 ausgewiesenen Margengebühren gilt es deshalb § 3 des Verwaltungskostengesetzes (VwKostG)[29] zu beachten. Danach sind die Gebührensätze sind so zu bemessen, dass zwischen der den Verwaltungsaufwand berücksichtigenden Höhe der Gebühr einerseits und der Bedeutung, dem wirtschaftlichen Wert oder dem sonstigen Nutzen der Amtshandlung andererseits ein angemessenes Verhältnis besteht. Ist gesetzlich vorgesehen, dass Gebühren nur zur Deckung des Verwaltungsaufwandes erhoben werden, sind die Gebührensätze so zu bemessen, dass das geschätzte Gebührenaufkommen den auf die Amtshandlungen entfallenden durchschnittlichen Personal- und Sachaufwand für den betreffenden Verwaltungszweig nicht übersteigt.

399	Für andere als die in diesem Abschnitt aufgeführten Maßnahmen können Gebühren nach den Sätzen für vergleichbare Maßnahmen oder, soweit solche nicht bewertet sind, nach dem Zeitaufwand mit 12,80 € je angefangene Viertelstunde Arbeitszeit erhoben werden.	

29 Verwaltungskostengesetz vom 23. Juni 1970 (BGBl. I S. 821), zuletzt geändert durch Artikel 4 Abs. 9 des Gesetzes vom 5. Mai 2004 (BGBl. I S. 718)

C.1.2 Voraussetzungen und Antragsunterlagen

Rechtliche Grundlagen:

Fahrlehrergesetz (FahrlG)

§ 10	Erfordernis und Inhalt der Fahrschulerlaubnis
§ 11	Voraussetzungen der Fahrschulerlaubnis
§ 12	Antrag auf Erteilung der Fahrschulerlaubnis
§ 13	Erteilung der Fahrschulerlaubnis

Durchführungs-Verordnung zum Fahrlehrergesetz (DV-FahrlG)		**Ermächtigungsnormen**
§ 3	Unterrichtsräume	§ 11 Abs. 4 FahrlG
§ 4	Lehrmittel	§ 11 Abs. 4 FahrlG
§ 5	Ausbildungsfahrzeuge	§ 11 Abs. 4 FahrlG

Nach § 11 FahrlG sind vom Bewerber um eine Fahrschulerlaubnis einerseits verschiedene an seine Person gebundene Voraussetzungen zu erfüllen, andererseits Voraussetzungen, die mit dem Betrieb und der Rechtsform seiner Fahrschule in Verbindung stehen. Als Nachweise dienen dabei die in § 12 Abs. 1 FahrlG aufgeführten Unterlagen.

Für die Erteilung einer Fahrschulerlaubnis müssen im Einzelnen folgende Voraussetzungen erfüllt sein.

C.1.2.1 Personengebundene Voraussetzungen und Antragsunterlagen

Mindestalter

Voraussetzung:	(§ 11 Abs. 1 Nr. 1 FahrlG)	Mindestalter
Antragsunterlage:		Personalausweis oder Reisepass

Der Antragsteller muss zum Zeitpunkt der Erteilung der Fahrschulerlaubnis gemäß § 11 Abs. 1 Nr. 1 FahrlG mindestens 25 Jahre alt sein. Als Nachweis gilt der Personalausweis oder Reisepass. Das jeweilige Dokument muss zur Einsichtnahme vorgelegt werden, wenn der Nachweis aus einer einfachen Kopie besteht.

■ Ausnahmen: Ausnahmen können nicht erteilt werden.

Eignung

Voraussetzung:	(§ 11 Abs. 1 Nr. 1 FahrlG)	Es dürfen keine Tatsachen vorliegen, die den Antragsteller für die Führung einer Fahrschule als unzuverlässig erscheinen lassen
Antragsunterlage:	(§ 12 Abs. 1 letzter Satz FahrlG)	Führungszeugnis

Als Nachweis, dass **keine Tatsachen vorliegen, die den Antragsteller für die Führung einer Fahrschule als unzuverlässig erscheinen lassen** hat der Bewerber die Erteilung eines Führungszeugnisses zur Vorlage bei der Erlaubnisbehörde nach den Vorschriften des Bundeszentralregistergesetzes zu beantragen.

Hinweis
Bei der Anforderung von Führungszeugnissen gilt es zwischen verschiedenen sogenannten Belegarten zu unterscheiden.

Für persönliche Zwecke wird ein Zeugnis nach Belegart N ausgestellt (auch als »Privatführungszeugnis« bezeichnet). Wenn im Führungszeugnis steht: »Inhalt: Keine Eintragung«, dann bedeutet dies, dass man sich als nicht vorbestraft bezeichnen darf. Anderenfalls werden die wichtigsten Angaben aus der ergangenen rechtskräftigen Verurteilung, zum Beispiel das Datum der Verurteilung sowie das Gericht und das Geschäftszeichen, die Straftat und die Höhe der festgesetzten Strafe (Freiheitsstrafe oder Geldstrafe) vermerkt. Es werden aber nicht alle Verurteilungen ohne weiteres in das Führungszeugnis aufgenommen. So genannte kleinere Erstverurteilungen zu einer Geldstrafe von nicht mehr als 90 Tagessätzen oder einer Freiheitsstrafe von nicht mehr als 3 Monaten werden in der Regel nicht im Führungszeugnis aufgeführt, obwohl sie beim Bundeszentralregister eingetragen sind. Auch zur Bewährung ausgesetzte Jugendstrafen von bis zu 2 Jahren werden in der Regel überhaupt nicht ins Führungszeugnis eingetragen.

Zur Vorlage bei einer deutschen Behörde ist ein Zeugnis nach Belegart O zu beantragen (auch als »Behördenführungszeugnis« bezeichnet). In einem Behördenführungszeugnis können zusätzlich – anders als beim Privatführungszeugnis – auch bestimmte Entscheidungen von Verwaltungsbehörden, zum Beispiel der Widerruf eines Waffenscheins oder einer Gewerbeerlaubnis, enthalten sein. Auch Entscheidungen über eine mögliche Schuldunfähigkeit oder die gerichtlich angeordnete Unterbringung in einer psychiatrischen Anstalt können in einem Behördenführungszeugnis aufgeführt sein.[30]

Diese Eignung bezieht sich ausschließlich auf die Führung eines Unternehmens. Sind z. B. Eigentumsdelikte wie Diebstahl oder Unterschlagung, aber auch Steuerdelikte oder Urkundenfälschung aktenkundig, ist die Zuverlässigkeit grundsätzlich nicht gegeben.

Hinweis
Eine Abfrage des Gewerbezentralregisters ist nach den Bestimmungen des Fahrlehrergesetzes nicht vorgesehen. Sollten jedoch Verdachtsmomente bei der Erlaubnisbehörde vorliegen, kann diesen von Amts wegen gemäß § 150a GewO nachgegangen werden.

- Ausnahmen: Ausnahmen können nicht erteilt werden.

30 Quelle: www.bundesjustizamt.de

Pflichten

Voraussetzung:	(§ 11 Abs. 1 Nr. 2 FahrlG)	Es dürfen keine Tatsachen vorliegen, welche die Annahme rechtfertigen, dass der Bewerber die Pflichten nach § 16 FahrlG nicht erfüllen kann
Antragsunterlage:		

Zu den nach § 16 FahrlG vom Inhaber der Fahrschule oder der verantwortliche Leiter des Ausbildungsbetriebs zu erfüllenden Pflichten gehört es u. a., dass die Ausbildung der Fahrschüler und der Fahrlehrer mit befristeter Fahrlehrerlaubnis den Anforderungen des § 6 Abs. 1 und 3 FahrlG entspricht. Des Weiteren hat er die beschäftigten Fahrlehrer gründlich in die Aufgaben einer Fahrschule einzuführen und sie bei der Ausbildung der Fahrschüler und der Fahrlehrer mit befristeter Fahrlehrerlaubnis sachgerecht anzuleiten und zu überwachen. Er ist ferner dafür verantwortlich, dass sich die erforderlichen Unterrichtsräume, Lehrmittel und Lehrfahrzeuge in ordnungsgemäßem Zustand befinden.

Mit der Erfüllung dieser Anforderungen soll die Qualität der Ausbildung gesichert werden. Dies ist grundsätzlich nur bei einer hauptberuflichen Ausübung der Tätigkeit möglich. Das Fahrlehrergesetz schließt jedoch andere berufliche Tätigkeiten nicht aus. Von den Erlaubnisbehörden ist daher in Ausübung pflichtgemäßen Ermessens zu beurteilen, ob – unter Berücksichtigung der vorliegenden objektiven Tatsachen – die Ausübung des Fahrschulbetriebes möglich ist.

Hinweis

»Es gibt keinen allgemeinen Rechtsgrundsatz des Inhalts, dass der verantwortliche Leiter einer Fahrlehrerausbildungsstätte nicht zugleich Inhaber einer Fahrschule mit Zweigstellen sein kann«. Es bestimmt sich nach den Umständen des Einzelfalles, ob der verantwortliche Leiter trotz sonstiger beruflicher Tätigkeit im Sinne des § 23 Abs. 1 Nr. 2 FahrlG in der Lage ist, den Unterricht sachkundig zu überwachen, und die Gewähr dafür bietet, die ihm obliegenden Pflichten zu erfüllen (BVerwG 1. Senat – 1 B 233/96).

Weitere Rechtsprechung befindet sich im Online-Forum.

- Ausnahmen: Ausnahmen können nicht erteilt werden.

Fahrlehrerschein

Voraussetzung:	(§ 11 Abs. 1 Nr. 3 FahrlG)	Der Bewerber die Fahrlehrerlaubnis für die Klasse besitzt, für die er die Fahrschulerlaubnis beantragt
Antragsunterlage:	(§ 12 Abs. 1 Nr. 1 FahrlG)	amtlich beglaubigte Abschrift oder Ablichtung des Fahrlehrerscheins

Anhand des Fahrlehrerscheines ist vom Bewerber der Nachweis zu führen, dass er die erforderliche Fahrlehrerlaubnis für die Klassen besitzt, für die er die Fahrschulerlaubnis beantragt hat. Für den Fall, dass als Nachweis eine einfache Kopie vorgelegt wird, muss der Fahrlehrerschein einmalig zur Einsichtnahme vorgelegt werden.

- Ausnahmen: Ausnahmen können nicht erteilt werden.

Hauptberufliche Tätigkeit

Voraussetzung:	(§ 11 Abs. 1 Nr. 4 FahrlG)	Der Bewerber war mindestens zwei Jahre lang im Rahmen eines Beschäftigungsverhältnisses mit dem Inhaber einer Fahrschulerlaubnis hauptberuflich als Fahrlehrer tätig
Antragsunterlage:	(§ 12 Abs. 1 Nr. 2 FahrlG)	Unterlagen über die Tätigkeit als Fahrlehrer

Der Antragsteller muss zum Zeitpunkt der Erteilung der Fahrschulerlaubnis nach § 11 Abs. 1 Nr. 4 FahrlG den Nachweis zu führen, dass er mindestens zwei Jahre lang im Rahmen eines Beschäftigungsverhältnisses mit dem Inhaber einer Fahrschulerlaubnis, ggf. auch mehreren Inhabern einer Fahrschulerlaubnis, hauptberuflich tätig war. Offen gelassen wurde vom Gesetzgeber, in welcher Form der Nachweis zu erbringen ist und was unter dem Begriff »hauptberuflich« zu verstehen ist. So wird beispielsweise im Beamtenrecht von einer hauptberuflichen Tätigkeit ausgegangen, wenn die fragliche Beschäftigung nach den Lebensumständen des Betroffenen dessen Tätigkeitsschwerpunkt bildet und die Beschäftigung mindestens in dem im Beamtenverhältnis zulässigen Umfang abgeleistet wurde. Im Sozialrecht ist hauptberuflich ist eine selbstständige Erwerbstätigkeit, wenn sie bei einer Gesamtschau von der wirtschaftlichen Bedeutung und dem zeitlichen Aufwand her die übrigen Erwerbstätigkeiten zusammen deutlich übersteigt und den Mittelpunkt der Erwerbstätigkeit darstellt.

Welche Vorstellungen des Gesetzgebers hinsichtlich der Ausgestaltung des Begriffs »hauptberuflich« im Fahrlehrrecht bestanden, wird aus der Begründung deutlich.[31] Gemeint ist mit hauptberuflicher Tätigkeit lediglich die Tätigkeit als angestellter Fahrlehrer in einer privaten Fahrschule. Dies dient dem Ziel, dass nur so auch die Grundlagen des Fahrschulbetriebes vermittelt werden können, wie Kalkulation, Organisationsfragen, Umgang mit Fahrschülern etc. Ein Beschäftigungsverhältnis setzt gemäß § 2 Abs. 3 Satz 2 DV-FahrlG einen Arbeitsvertrag voraus, der den Inhaber der Fahrlehrerlaubnis zu einer bestimmten Ausbildungsleistung nach Weisung und unter Aufsicht des Inhabers der Fahrschulerlaubnis oder gegebenenfalls des verantwortlichen Leiters eines Ausbildungsbetriebs verpflichtet.

Hinweis

Dem Antragsteller ist von einen oder mehreren Inhabern einer Fahrschulerlaubnis, bei denen er über eine bestimmte, zeitlich begrenzte Dauer als angestellter Fahrlehrer im zivilen Bereich tätig war, schriftlich zu bestätigen. Die Bestätigung sollte beinhalten:

31 BT-Drs 13/6914

- das Datum der Aufnahme und der Beendigung der Beschäftigung,
- die Art der Beschäftigung (wurde theoretischer und/oder praktischer Unterricht durchgeführt) und
- ob die Beschäftigung haupt- oder nebenberuflich war.

Problematisch ist die Bewertung von Unterlagen, die dem Nachweis einer hauptberuflichen Tätigkeit als Behördenfahrlehrer dienen. Nach der Begründung zu § 11 FahrlG sind Fahrlehrer der Bundeswehr, Polizei usw. in der Regel hauptberuflich Soldat, Polizeibeamte oder sonstige Angehörige des öffentlichen Dienstes. Mithin können sie nicht parallel dazu hauptberuflich an einer privaten Fahrschule tätig gewesen sein. In einem Urteil des Bayerischen Verwaltungsgerichtshofs vom 17. Oktober 2000[32] wurde die Auffassung der Erlaubnisbehörde bestätigt, wonach nur Tätigkeiten im Rahmen eines Beschäftigungsverhältnisses mit dem Inhaber einer Fahrschulerlaubnis im Sinne des § 10 FahrlG als hauptberuflich anzusehen sind, nicht aber die Tätigkeit als Fahrlehrer bei der Bundeswehr.

Ungeachtet dieser klarstellenden Regelung wurde jedoch vom Gesetzgeber den zuständigen Behörden nach § 34 Abs. 2 Nr. 2 FahrlG die Möglichkeit der Erteilung von Ausnahmen gewährt, wenn der Bewerber eine andere Tätigkeit von ausreichender Dauer nachweist, die ihm den Erwerb der für einen Fahrschulleiter nötigen Fertigkeiten und Erfahrungen ermöglicht haben kann. In seinem Beschluss vom 26. August 1999 wird hierzu vom Bundesverfassungsgericht[33] festgestellt, dass für ehemalige Bundeswehrfahrlehrer die Erteilung einer Ausnahme in Betracht kommt. Bei Bewerbern, die bereits im behördlichen Bereich verantwortlich eine Fahrschule geleitet haben oder als ständiger Vertreter des Fahrschulleiters eingesetzt waren, bestehen daher keine Bedenken, da hier eine Gleichwertigkeit der Tätigkeit zu bejahen ist. Diese Tätigkeit wird in der Regel jedoch nur zu einer Verkürzung der gesetzlich geforderten 2-Jahresfrist um 12 Monate führen. Bei sonstigen Behördenfahrlehrern erfolgt keine Verkürzung.

Lehrgang Fahrschulbetriebswirtschaft

Voraussetzung:	(§ 11 Abs. 1 Nr. 5 FahrlG)	Der Bewerber hat an einem Lehrgang von mindestens 70 Stunden zu 45 Minuten über Fahrschulbetriebswirtschaft teilgenommen.
Antragsunterlage:	(§ 12 Abs. 1 Nr. 2a FahrlG)	Bescheinigung des Trägers über die Teilnahme an einem fahrschulbetriebswirtschaftlichen Lehrgang (§ 11 Abs. 1 Nr. 5).

Mit der Aufnahme des Erfordernisses der Teilnahme an einem fahrschulbetriebswirtschaftlichen Lehrgang reagierte der Gesetzgeber auf in der Fahrschulüberwachung gewonnene Erkenntnisse. Nach diesen war die Unkenntnis dieser Materie vielfach Ursache für wirtschaftliche Fehlentscheidungen mit Auswirkungen auf die Ausbildungsqualität.

32 Urteil des Bayerischen VGH vom 17. Oktober 2000, Az.: 11 B 98.1496; NZV 2001 S. 275
33 Beschluss des BVerfG vom 26. August 1999, Az.: 1 BvR 131/99; DAR 11/99 S. 498

Der Antragsteller um eine Fahrschulerlaubnis hat den Nachweis zu führen, dass er nach § 11 Ab. 1 Nr. 5 FahrlG an einem Lehrgang von mindestens 70 Stunden zu 45 Minuten über Fahrschulbetriebswirtschaft teilgenommen hat. Diese Lehrgänge werden von verschiedenen Trägern, wie amtlich anerkannten Fahrlehrerausbildungsstätten oder den Landesverbänden der Fahrlehrer, angeboten. Einer Anerkennung bedarf es nicht. Die inhaltliche Ausgestaltung des Lehrgangs wie auch die einzusetzenden Lehrkräfte wurden jedoch in einer Richtlinie festgeschrieben.[34] Als Lehrkräfte dürfen danach unterrichten:

1. eine Lehrkraft mit der Befähigung zum Richteramt,
2. eine Fachkraft für Betriebswirtschaft (jeder Absolvent eines abgeschlossenen betriebswirtschaftlichen Studiums oder einer qualifizierten betriebswirtschaftlichen Ausbildung (z. B. IHK-Betriebswirt) oder Zusatzqualifikation),
3. ein Fahrlehrer, der die Fahrlehrerlaubnis der Klassen A, BE und CE besitzt und drei Jahre lang eine Fahrschule verantwortlich führt.

Ungeachtet der fehlenden Anerkennung kommt es in der Regel jedoch dazu, dass im Rahmen einer vertrauensvollen Zusammenarbeit mit den Anbietern dieser Lehrgänge, diese vor deren Beginn angezeigt werden. Weiterhin wird der Ausbildungsplan über den Lehrgang Fahrschulbetriebswirtschaft der zuständigen Erlaubnisbehörde zur Einsichtnahme vorzulegen.

Über die Teilnahme an dem Lehrgang ist vom Träger eine Bescheinigung zur Vorlage bei der zuständigen Erlaubnisbehörde auszustellen. Die Bescheinigung sollte:

- den Familiennamen und den Vornamen,
- den Tag der Geburt,
- die Anschrift des Teilnehmers,
- Angaben über Umfang und Dauer des Lehrganges und
- der Anzeige des Lehrgangs bei der Erlaubnisbehörde

enthalten. Die Vorlage der Bescheinigung erfolgt im Original.

■ Ausnahmen können gemäß § 34 Abs. 1 FahrlG erteilt werden. Der § 34 Abs. 2 Nr. 3 FahrlG lässt Ausnahmen dann zu, wenn der Bewerber nachweist, dass er die erforderlichen Kenntnisse auf andere Weise erworben hat. Es ist deshalb vertretbar, betriebswirtschaftliche Kenntnisse im Wege der Ausnahme anzuerkennen, wenn sie zwar nicht »fahrschulspezifisch« sind, jedoch eine signifikant höhere allgemeine betriebswirtschaftliche Qualifikation beweisen. Als Beispiel soll hier die Meisterausbildung genannt werden, welche im Teil 3 Rechnungswesen, Wirtschaftslehre und Rechts- und Sozialwesen beinhaltet. Die Unterrichtsstundenanzahl für die Verbreitung auf die Meisterprüfung beim Teil 3 liegt bei mindestens 240 Unterrichtsstunden. Es können jedoch nur geprüfte Abschlüsse einer signifikant höheren Qualifikation den Fahrschulbetriebswirtschaftslehrgang ersetzen. Abschlüsse wie Betriebswirt, Studienabschlüsse in Betriebswirtschaft, Wirtschaft oder Wirtschaftsrecht ersetzen den Fahrschulbetriebswirtschaftslehrgang ohne eine Prüfung der Vergleichbarkeit.

34 Richtlinie für die Durchführung des Lehrgangs Fahrschulbetriebswirtschaft nach § 11 Abs. 1 Nr. 5 Fahrlehrergesetz vom 23. Oktober 2000 (VkBl. 2000 S. 622)

C.1.2.2 Fahrschulgebundene Voraussetzungen und Antragsunterlagen

Unterrichtsraum, Lehrmittel, Lehrfahrzeuge

Voraussetzung:	(§ 11 Abs. 1 Nr. 6 FahrlG)	der Bewerber hat den erforderlichen Unterrichtsraum, die erforderlichen Lehrmittel und die zur Fahrausbildung in der betreffenden Fahrerlaubnisklasse bestimmten Lehrfahrzeuge zur Verfügung
Antragsunterlage:	(§ 12 Abs. 1 Nr. 4, 5, 6 FahrlG)	ein maßstabgerechter Plan der Unterrichtsräume mit Angaben über ihre Ausstattung; eine Erklärung, dass die vorgeschriebenen Lehrmittel zur Verfügung stehen; eine Aufstellung über Anzahl und Art der Lehrfahrzeuge

Unterrichtsraum

Als Nachweis für den erforderlichen Unterrichtsraum sind ein maßstabgerechter Plan sowie der Mietvertrag, der den Unterrichtsraum als Gewerberaum ausweisen muss, vorzulegen. Hintergrund für die Notwendigkeit des Ausweisens als Gewerberaum ist, dass die Fahrschule nach GewO § 15a als offene Betriebsstätte gilt. Ferner muss der Inhaber mittels Gewerbeanmeldung die Ausübung seines Gewerbes genehmigen lassen und die Gewerbeaufsichtsämter können diese Räume ebenfalls überprüfen.

Ausstattung

Aus dem maßstabgerechten Plan müssen ferner Angaben über die Ausstattung (Beleuchtung, Belüftung, Beheizung, Bestuhlung, usw.) hervorgehen. Die konkreten Anforderungen an die Ausstattung eines Unterrichtsraumes einschließlich dessen Mindestgrößen sind § 3 i. V. m. Anlage 2 DV-FahrlG geregelt. Die Anforderungen sind als erfüllt anzusehen, wenn der Unterricht in einem ortsfesten Gebäude erteilt wird und die Unterrichtsräume nach Inaugenscheinnahme nach Größe, Beschaffenheit und Einrichtung einen sachgerechten Ausbildungsbetrieb zulassen. Im Einzelnen sind nach Anlage 2 zu § 3 DV-FahrlG folgende Mindestanforderungen an dem Unterrichtsraum zu erfüllen:

- Arbeitsfläche je Fahrschüler — 1 m^2
- Arbeitsfläche für Fahrlehrer und Platzbedarf für Lehrmittel — 8 m^2
- Gesamtlehrraumfläche — 25 m^2
- Raumhöhe — 2,4 m
- Luftvolumen je Person — 3 m^3

Weiterhin ist zu prüfen ob der Unterrichtsraum nach Beschaffenheit und Einrichtung

- nicht Teil einer Gastwirtschaft und kein Wohnraum ist,
- einen eigenen Zugang besitzt und nicht als Durchgang dient,
- vor Beeinträchtigungen durch Lärm, Staub und Geruch geschützt ist,
- gut beleuchtet ist,
- ausreichend belüftet werden kann sowie
- gut beheizbar ist.

Eine ausreichend bemessene Kleiderablage muss vorhanden sein. In unmittelbarer Nähe des Unterrichtsraumes muss mindestens ein WC mit Waschgelegenheit zur Verfügung stehen. Für jeden Schüler muss mindestens eine Sitzgelegenheit mit Rückenlehne und eine Schreibunterlage (Mindestgröße DIN A 4) vorhanden sein. Der Antragsteller sollte, wenn er nur eine Schreibunterlage nachweist darauf hingewiesen werden, dass im Falle der Durchführung von Aufbauseminaren, Tische in Kreisform aufgestellt werden müssen. Die Erlaubnisbehörde muss deshalb eine Überprüfung an Ort und Stelle durchführen, bevor Aufbauseminare durchgeführt werden.

■ Ausnahmen können gemäß § 34 Abs. 1 FahrlG erteilt werden. Diese Ausnahmen sind von Vorschriften der auf § 11 Abs. 4 FahrlG beruhenden Rechtsverordnung (DV-FahrlG) zu den Unterrichtsräumen zugelassen.

Das Ermessen der Erlaubnisbehörde sollte bei der Erteilung einer Ausnahmegenehmigung, wenn die Grundfläche oder/und die Raumhöhe unterschritten werden, bei 10 % liegen. Hier ist mit Auflagen zu arbeiten, die sich sogar auf Grund der Beschränkung der Platzkapazität auf die Anzahl der Teilnehmer an einem Aufbauseminar auswirken können. In der Ausnahmegenehmigung ist aufzunehmen, dass die Ausnahme nur einmalig in Anspruch genommen werden kann und nicht übertragbar ist.

Lehrmittel

Weiter ist eine Erklärung abzugeben, dass die erforderlichen Lehrmittel zur Verfügung stehen. Die Erklärung ist schriftlich anzugeben und muss eine ständige Verfügbarkeit während der jeweiligen Ausbildung beinhalten.

In den Unterrichtsräumen müssen nach § 4 DV-FahrlG während des theoretischen Unterrichts Lehrmittel zur Gestaltung des Unterrichts und zur Visualisierung vorhanden sein. Zur Darstellung des Lehrstoffes müssen wahlweise Modelle, Lehrtafeln, Sichtfolien, Video- oder andere Filme, Diapositive, elektronische Datenträger sowie die jeweils erforderlichen Vorführgeräte vorhanden sein. Die detaillierten Mindestanforderungen werden in der »Richtlinie für die Ausstattung von Fahrschulen mit Lehrmitteln«[35] geregelt. Zur Darstellung der Gesetzestexte müssen, wenn elektronische Medien verwendet werden, die erforderlichen Vorführgeräte vorhanden sein. Ein Bezug der Gesetzestexte aus dem Internet ist möglich. Ein Zugang zum Internet muss während des Unterrichts gewährleistet sein. Der Fahrlehrer, welcher den Unterricht durchführt, muss in der Lage sein, das Vorführgerät zu bedienen!

■ Ausnahmen können gemäß § 34 Abs. 1 FahrlG erteilt werden. Diese Ausnahmen sind von Vorschriften der auf § 11 Abs. 4 FahrlG beruhenden Rechtsverordnung (DV-FahrlG) zu den Lehrmitteln zugelassen.

35 Richtlinie für die Ausstattung von Fahrschulen mit Lehrmitteln vom 20. November 2003 (VkBl. 2003 S. 785)

Seit einer Änderung von § 4 DV-FahrlG, die am 1. Juli 2004 in Kraft getreten ist[36], ist es nicht mehr erforderlich, dass die Lehrmittel ständig vorhanden sein müssen. Begründet wurde dies damit, dass es zur Durchführung eines effektiven Unterrichts genügt, wenn die Lehrmittel nur während der Unterrichtszeiten gefordert werden. Hierdurch werden die Fahrschulen von finanziellen Belastungen durch das unnötige Vorhalten mehrerer Exemplare derselben Unterrichtsmittel, deren Vorführgeräte einschließlich der Software oder laufend zu aktualisierenden Foliensätzen entlastet.[37] Vor diesem Hintergrund ist es möglich, dass Fahrschulen weiterhin mit einem Verkehrstisch mit Zubehör und Reifenausschnitten für Pkw und/oder Kräder, sowie mit Fahrzeugzubehör wie Warnleuchte, Warndreieck, Parkscheibe oder Parkwarntafel ausgestattet sein können. Ferner funktionsfähige Lehrmodelle der wichtigsten Fahrzeugbauteile wie:

- Modell für lichttechnische Einrichtungen eines PKW vorn und hinten
- Hydraulische Bremsanlage mit Trommel-, Scheiben- und Feststellbremse
- Auflaufbremse mit Zuggabel und Höheneinstellvorrichtung
- Anhängerkupplung
- Kugelkopfkupplung
- Sattelkupplung
- Zweikreis-Zweileitungs-Druckluftbremsanlage für einen Zug oder Sattelkraftfahrzeug.

Lehrfahrzeuge

Nach § 11 Abs. 1 Nr. 6 FahrlG hat der Bewerber um eine Fahrschulerlaubnis den Nachweis zu führen, dass er über die erforderliche Art und Anzahl der Lehrfahrzeuge für die beantragte Fahrschulerlaubnis verfügt. Die Aufstellung muss für jede beantragte Fahrschulerlaubnisklasse einschließlich der Unterklassen, die zur Ausbildung angeboten werden, entsprechende Fahrzeuge beinhalten. Die Verfügbarkeit ist je Ausbildungsfahrzeug zu belegen. Die hierfür erforderlichen Ausbildungs- und Prüfungsfahrzeuge müssen entsprechend § 5 DV-FahrlG i. V. m. Anlage 7 Nr. 2.2 FeV bereitgehalten werden.

Hinweis

Eine »Fahrschule aller Klassen« muss auch alle Klassen ausbilden. Dazu muss sie entsprechende Ausbildungsfahrzeuge für alle Klassen »zur Verfügung« haben. Dies kann auf der Basis von Miet- und Leasingverträgen erfolgen.

Für die Fahrschulerlaubnis der Klasse BE muss mindestens ein Ausbildungs- und Prüfungsfahrzeug entsprechend Anlage 7 Nr. 2.2.4 FeV (PKW), für die Fahrschulerlaubnis der Klasse A mindestens ein Ausbildungs- und Prüfungsfahrzeug entsprechend Anlage 7 Nr. 2.2.2 FeV (leistungsbegrenztes Motorrad) ständig vorhanden sein. Für die Fahrschulerlaubnis der Klasse CE müssen hingegen Ausbildungs- und Prüfungsfahrzeuge entsprechend Anlage 7 Nr. 2.2.6 und 2.2.7 FeV »nur« zur Verfügung stehen. Gleiches

36 Verordnung zur Änderung der Fahrerlaubnis-Verordnung und anderer straßenverkehrsrechtlicher Vorschriften vom 7. Januar 2004 (BGBl I, S. 43)

37 BR-Drs 584/03

gilt für die Fahrschulerlaubnis der Klasse DE. Hier müssen Ausbildungs- und Prüfungsfahrzeuge entsprechend Anlage 7 Nr. 2.2.10 FeV zur Verfügung stehen. Die Nachweise hierüber sind durch die Vorlage von Miet- oder Nutzungsverträgen zu führen.

Hinweis
Freiwilligen Feuerwehren können rot angestrichene Feuerwehrfahrzeuge (früher Lkw) für Ausbildungs- und Prüfungszwecke verwenden. Diese Fahrzeuge können für den Erwerb der Klassen C, C1, CE, C1E eingesetzt werden.

Auch Ausbildungs- und Prüfungsfahrzeuge von weiteren angebotenen Fahrerlaubnisklassen müssen mindestens zur Verfügung stehen. Im Einzelnen sind folgende Ausbildungs- und Prüfungsfahrzeuge nachzuweisen:

Klasse	Ausbildungs- und Prüfungsfahrzeuge nach Anlage 7 FeV bis 30. Juni 2004	Ausbildungs- und Prüfungsfahrzeuge nach Anlage 7 FeV seit 1. Juli 2004
A	Krafträder der Klasse A (ohne Leistungsbeschränkung bei direktem Zugang) ■ Motorleistung mindestens 44 kW.	unverändert
A	Krafträder der Klasse A (mit Leistungsbeschränkung) ■ Motorleistung mindestens 20 kW, aber nicht mehr als 25 kW ■ Verhältnis Leistung/Leermasse von nicht mehr als 0,16 kW/kg ■ Hubraum mindestens 250 cm^3 ■ durch die Bauart bestimmte Höchstgeschwindigkeit mindestens 130 km/h.	unverändert
A1	Krafträder der Klasse A1 ■ Hubraum mindestens 95 cm^3 ■ durch die Bauart bestimmte Höchstgeschwindigkeit mindestens 100 km/h	unverändert
B	Für die Ausbildung Personenkraftwagen ■ durch die Bauart bestimmte Höchstgeschwindigkeit mindestens 130 km/h	unverändert
	Für Ausbildung und Prüfung Personenkraftwagen ■ durch die Bauart bestimmte Höchstgeschwindigkeit mindestens 130 km/h	unverändert

Klasse	Ausbildungs- und Prüfungsfahrzeuge nach Anlage 7 FeV bis 30. Juni 2004	Ausbildungs- und Prüfungsfahrzeuge nach Anlage 7 FeV seit 1. Juli 2004
	■ mindestens vier Sitzplätze ■ mindestens zwei Türen auf der rechten Seite	
BE	Fahrzeugkombinationen bestehend aus einem Prüfungsfahrzeug der Klasse B und einem Anhänger, die als Kombination nicht der Klasse B zuzurechnen sind ■ Länge der Fahrzeugkombination mindestens 7,5 m ■ durch die Bauart bestimmte Höchstgeschwindigkeit der Fahrzeugkombination mindestens 100 km/h ■ zulässige Gesamtmasse des Anhängers mindestens 1 300 kg ■ Anhänger mit eigener Bremsanlage ■ Aufbau des Anhängers kastenförmig oder damit vergleichbar, mindestens 1,2m Breite in 1,5m Höhe.	Fahrzeugkombinationen bestehend aus einem Prüfungsfahrzeug der Klasse B und einem Anhänger gemäß § 30a Abs. 2 Satz 1 StVZO, die als Kombination nicht der Klasse B zuzurechnen sind ■ Länge der Fahrzeugkombination mindestens 7,5 m ■ zulässige Gesamtmasse des Anhängers mindestens 1 300 kg ■ tatsächliche Gesamtmasse des Anhängers mindestens 800 kg ■ Anhänger mit eigener Bremsanlage ■ Aufbau des Anhängers kastenförmig oder damit vergleichbar, mindestens 1,2m Breite in 1,5m Höhe.
C	Fahrzeuge der Klasse C ■ Mindestlänge 7 m ■ zulässige Gesamtmasse mindestens 12 t ■ durch die Bauart bestimmte Höchstgeschwindigkeit mindestens 80 km/h ■ Zweileitungs-Bremsanlage ■ Aufbau kastenförmig oder damit vergleichbar, Seitenhöhe mindestens 0,5 m ■ Sicht nach hinten nur über Außenspiegel.	Fahrzeuge der Klasse C ■ Mindestlänge 8,0 m ■ Mindestbreite 2,4 m ■ zulässige Gesamtmasse mindestens 12 t ■ tatsächliche Gesamtmasse mindestens 10 t ■ durch die Bauart bestimmte Höchstgeschwindigkeit mindestens 80 km/h ■ mit Anti-Blockier-System (ABS) ■ Getriebe mit mindestens 8 Vorwärtsgängen ■ mit EG-Kontrollgerät ■ Aufbau kastenförmig oder vergleichbar, mindestens so breit und so hoch wie die Führerkabine ■ Sicht nach hinten nur über Außenspiegel.

Klasse	Ausbildungs- und Prüfungsfahrzeuge nach Anlage 7 FeV bis 30. Juni 2004	Ausbildungs- und Prüfungsfahrzeuge nach Anlage 7 FeV seit 1. Juli 2004
CE	Fahrzeugkombinationen bestehend aus einem Prüfungsfahrzeug der Klasse C und einem Anhänger ■ Länge der Fahrzeugkombination mindestens 14 m ■ zulässige Gesamtmasse der Fahrzeugkombination mindestens 18 t ■ Zweileitungs-Bremsanlage ■ Höchstgeschwindigkeit der Fahrzeugkombination mindestens 80 km/h ■ Anhänger mit eigener Lenkung ■ Länge des Anhängers mindestens 5 m ■ Aufbau des Anhängers kastenförmig oder damit vergleichbar, Seitenhöhe mindestens 0,5 m ■ Sicht nach hinten nur über Außenspiegel	Fahrzeugkombinationen bestehend aus einem Prüfungsfahrzeug der Klasse C mit selbsttätiger Kupplung und einem Anhänger mit eigener Lenkung oder mit einem Starrdeichselanhänger mit Tandem-/Doppelachse ■ Länge der Fahrzeugkombination mindestens 14,0 m ■ zulässige Gesamtmasse der Fahrzeugkombination mindestens 20 t ■ tatsächliche Gesamtmasse der Fahrzeugkombination mindestens 15 t ■ Zweileitungs-Bremsanlage ■ durch die Bauart bestimmte Höchstgeschwindigkeit der Fahrzeugkombination mindestens 80 km/h ■ Anhänger mit Anti-Blockier-System (ABS) ■ Länge des Anhängers mindestens 7,5 m ■ Mindestbreite des Anhängers 2,4 m ■ Aufbau des Anhängers kastenförmig oder vergleichbar, mindestens so breit und so hoch wie die Führerkabine des Zugfahrzeugs ■ Sicht nach hinten nur über Außenspiegel
	oder Sattelkraftfahrzeuge ■ Länge mindestens 12 m ■ zulässige Gesamtmasse mindestens 18 t ■ durch die Bauart bestimmte Höchstgeschwindigkeit mindestens 80 km/h ■ Aufbau kastenförmig oder damit vergleichbar, Seitenhöhe mindestens 0,5 m ■ Sicht nach hinten nur über Außenspiegel.	oder Sattelkraftfahrzeuge ■ Länge mindestens 14 m ■ Mindestbreite der Sattelzugmaschine und des Sattelanhängers 2,4 m ■ zulässige Gesamtmasse mindestens 20 t ■ tatsächliche Gesamtmasse mindestens 15 t ■ durch die Bauart bestimmte Höchstgeschwindigkeit mindestens 80 km/h ■ Sattelzugmaschine und Sattelanhänger mit Anti-Blockier-System (ABS)

Klasse	Ausbildungs- und Prüfungsfahrzeuge nach Anlage 7 FeV bis 30. Juni 2004	Ausbildungs- und Prüfungsfahrzeuge nach Anlage 7 FeV seit 1. Juli 2004
		■ Getriebe mit mindestens 8 Vorwärtsgängen ■ mit EG-Kontrollgerät ■ Aufbau kastenförmig oder vergleichbar, mindestens so breit und so hoch wie die Führerkabine ■ Sicht nach hinten nur über Außenspiegel.
C1	Fahrzeuge der Klasse C1 ■ Länge mindestens 5,5 m ■ zulässige Gesamtmasse mindestens 5,5 t ■ durch die Bauart bestimmte Höchstgeschwindigkeit mindestens 80 km/h ■ Aufbau kastenförmig oder damit vergleichbar, Seitenhöhe mindestens 0,3 m ■ Sicht nach hinten nur über Außenspiegel.	Fahrzeuge der Klasse C1 ■ Länge mindestens 5,5 m ■ zulässige Gesamtmasse mindestens 5,5 t ■ durch die Bauart bestimmte Höchstgeschwindigkeit mindestens 80 km/h ■ mit Anti-Blockier-System (ABS) ■ mit EG-Kontrollgerät ■ Aufbau kastenförmig oder vergleichbar, mindestens so breit und so hoch wie die Führerkabine ■ Sicht nach hinten nur über Außenspiegel.
C1E	Fahrzeugkombinationen bestehend aus einem Prüfungsfahrzeug der Klasse C1 und einem Anhänger ■ Länge der Fahrzeugkombination mindestens 9 m ■ Höchstgeschwindigkeit der Fahrzeugkombination mindestens 80 km/h ■ zulässige Gesamtmasse des Anhängers mindestens 2 000 kg ■ Anhänger mit eigener Bremsanlage ■ Aufbau des Anhängers kastenförmig oder damit vergleichbar, Seitenhöhe mindestens 0,3 m ■ Sicht nach hinten nur über Außenspiegel.	Fahrzeugkombinationen bestehend aus einem Prüfungsfahrzeug der Klasse C1 und einem Anhänger ■ Länge der Fahrzeugkombination mindestens 9 m ■ durch die Bauart bestimmte Höchstgeschwindigkeit der Fahrzeugkombination mindestens 80 km/h ■ zulässige Gesamtmasse des Anhängers mindestens 1 300 kg ■ tatsächliche Gesamtmasse des Anhängers mindestens 800 kg ■ Anhänger mit eigener Bremsanlage ■ Aufbau des Anhängers kastenförmig oder vergleichbar, mindestens so hoch und etwa so breit wie die Führerkabine des Zugfahrzeugs (der Aufbau kann geringfügig weniger breit sein) ■ Sicht nach hinten nur über Außenspiegel.

Klasse	Ausbildungs- und Prüfungsfahrzeuge nach Anlage 7 FeV bis 30. Juni 2004	Ausbildungs- und Prüfungsfahrzeuge nach Anlage 7 FeV seit 1. Juli 2004
D	Fahrzeuge der Klasse D ■ Länge mindestens 10 m ■ durch die Bauart bestimmte Höchstgeschwindigkeit von mindestens 80 km/h.	Fahrzeuge der Klasse D ■ Länge mindestens 10 m ■ Mindestbreite 2,4 m ■ durch die Bauart bestimmte Höchstgeschwindigkeit mindestens 80 km/h. ■ mit Anti-Blockier-System (ABS) mit EG-Kontrollgerät.
DE	Fahrzeugkombinationen bestehend aus einem Prüfungsfahrzeug der Klasse D und einem Anhänger ■ Länge der Fahrzeugkombination mindestens 13,5 m ■ Höchstgeschwindigkeit der Fahrzeugkombination mindestens 80 km/h ■ zulässige Gesamtmasse des Anhängers mindestens 2 000 kg ■ Anhänger mit eigener Bremsanlage ■ Aufbau des Anhängers kastenförmig oder damit vergleichbar, Seitenhöhe mindestens 0,3 m ■ Sicht nach hinten nur über Außenspiegel.	Fahrzeugkombinationen bestehend aus einem Prüfungsfahrzeug der Klasse D und einem Anhänger ■ Länge der Fahrzeugkombination mindestens 13,5 m ■ Mindestbreite des Anhängers 2,4 m ■ durch die Bauart bestimmte Höchstgeschwindigkeit der Fahrzeugkombination mindestens 80 km/h ■ zulässige Gesamtmasse des Anhängers mindestens 1 300 kg ■ tatsächliche Gesamtmasse des Anhängers mindestens 800 kg ■ Anhänger mit eigener Bremsanlage ■ Aufbau des Anhängers kastenförmig oder vergleichbar, mindestens 2,0m breit und hoch ■ Sicht nach hinten nur über Außenspiegel.
D1	Fahrzeuge der Klasse D1 ■ Länge mindestens 5 m ■ durch die Bauart bestimmte Höchstgeschwindigkeit von mindestens 80 km/h.	Fahrzeuge der Klasse D1 ■ Länge mindestens 5 m, maximale Länge 8 m ■ durch die Bauart bestimmte Höchstgeschwindigkeit mindestens 80 km/h. ■ zulässige Gesamtmasse mindestens 4 t ■ mit Anti-Blockier-System (ABS) ■ mit EG-Kontrollgerät.
D1E	Fahrzeugkombinationen bestehend aus einem Prüfungsfahrzeug der Klasse D1 und einem Anhänger ■ Länge der Fahrzeugkombination mindestens 8,5 m	Fahrzeugkombinationen bestehend aus einem Prüfungsfahrzeug der Klasse D1 und einem Anhänger ■ Länge der Fahrzeugkombination mindestens 8,5 m

Klasse	Ausbildungs- und Prüfungsfahrzeuge nach Anlage 7 FeV bis 30. Juni 2004	Ausbildungs- und Prüfungsfahrzeuge nach Anlage 7 FeV seit 1. Juli 2004
	■ Höchstgeschwindigkeit der Fahrzeugkombination mindestens 80 km/h ■ zulässige Gesamtmasse des Anhängers mindestens 2 000 kg ■ Anhänger mit eigener Bremsanlage ■ Aufbau des Anhängers kastenförmig oder damit vergleichbar, Seitenhöhe ■ mindestens 0,3 m ■ Sicht nach hinten nur über Außenspiegel.	■ durch die Bauart bestimmte Höchstgeschwindigkeit der Fahrzeugkombination mindestens 80 km/h ■ zulässige Gesamtmasse des Anhängers mindestens 1 300 kg ■ tatsächliche Gesamtmasse des Anhängers mindestens 800 kg ■ Anhänger mit eigener Bremsanlage ■ Aufbau des Anhängers kastenförmig oder vergleichbar, mindestens 2,0m breit und hoch ■ Sicht nach hinten nur über Außenspiegel.

Ausbildungs- und Prüfungsfahrzeuge der Klassen C, C1, D und D1 müssen mit einem EG-Kontrollgerät nach der Verordnung (EWG) Nr. 3821/85 des Rates vom 20. Dezember 1985 über das Kontrollgerät im Straßenverkehr ausgestattet sein.

Hinweis

Vor dem Hintergrund der Einführung des digitalen Fahrtenschreibers kann der Begriff »EG-Kontrollgerät« bis zu einer redaktionellen Überarbeitung so ausgelegt werden, dass hierunter auch der digitale Fahrtenschreiber zu verstehen ist. Es kann folglich nach Einführung des digitalen Fahrtenschreibers auf Fahrzeugen ausgebildet und geprüft werden, die entweder das EG-Kontrollgerät nach der Verordnung (EWG) 3820/85 oder einen digitalen Fahrtenschreiber eingebaut haben.

Im Rahmen der theoretischen Ausbildung sollte auf beide Geräte eingegangen werden.

Klasse	Ausbildungs- und Prüfungsfahrzeuge nach Anlage 7 FeV bis 30. Juni 2004	Ausbildungs- und Prüfungsfahrzeuge nach Anlage 7 FeV seit 1. Juli 2004
M	Kleinkrafträder oder Fahrräder mit Hilfsmotor ■ mit einer durch die Bauart bestimmten Höchstgeschwindigkeit von mindestens 40 km/h (auch mit Getriebe mit automatischer Kraftübertragung).	unverändert
S		Fahrzeuge der Klasse S mit einer durch die Bauart bestimmten Höchstgeschwindigkeit von mindestens 40 km/h.

Klasse	Ausbildungs- und Prüfungsfahrzeuge nach Anlage 7 FeV bis 30. Juni 2004	Ausbildungs- und Prüfungsfahrzeuge nach Anlage 7 FeV seit 1. Juli 2004
T	Fahrzeugkombinationen bestehend aus einer zweiachsigen Zugmaschine der Klasse T und einem Anhänger ■ durch die Bauart bestimmte Höchstgeschwindigkeit der Zugmaschine von ■ mehr als 32 km/h bis höchstens 60 km/h ■ Höchstgeschwindigkeit der Fahrzeugkombination mehr als 32 km/h ■ Zweileitungs-Bremsanlage ■ Anhänger mit eigener Lenkung ■ Länge der Fahrzeugkombination mindestens 7,5m.	Fahrzeugkombinationen bestehend aus einer Zugmaschine der Klasse T und einem Anhänger ■ durch die Bauart bestimmte Höchstgeschwindigkeit der Zugmaschine mehr als 32 km/h ■ Höchstgeschwindigkeit der Fahrzeugkombination mehr als 32 km/h ■ Zweileitungs-Bremsanlage ■ Anhänger mit mindestens geschlossener Ladefläche (Fahrgestell ohne geschlossenen Boden nicht zulässig) ■ Länge des Anhängers bei Verwendung eines Starrdeichselanhänger mindestens 4,5 m ■ Länge der Fahrzeugkombination mindestens 7,5 m.

Übergangsvorschrift:
Die Vorschriften über die tatsächliche Gesamtmasse sind ab dem 1. Oktober 2004 anzuwenden. Prüfungsfahrzeuge, die den Vorschriften dieser Anlage in der bis zum 1. Juli 2004 geltenden Fassung entsprechen, dürfen bis zum 30. September 2013 verwendet werden.

Weitere Anforderungen an die Prüfungsfahrzeuge:

- Unter Länge des Fahrzeugs ist der Abstand zwischen serienmäßiger vorderer Stoßstange und hinterer Begrenzung des Aufbaus zu verstehen. Nicht zur Fahrzeuglänge zählen Anbauten wie Seilwinden, Wasserpumpen, Rangierkupplungen, zusätzlich angebrachte Stoßstangenhörner, Anhängekupplungen, Skiträger oder ähnliche Teile und Einrichtungen.
- Die Prüfungsfahrzeuge müssen ausreichende Sitzplätze für den amtlich anerkannten Sachverständigen oder Prüfer für den Kraftfahrzeugverkehr, den Fahrlehrer und den Bewerber bieten; das gilt nicht bei Fahrzeugen der Klassen A, A1, M, S und T. Es muss gewährleistet sein, dass der amtlich anerkannte Sachverständige oder Prüfer alle für den Ablauf der praktischen Prüfung wichtigen Verkehrsvorgänge beobachten kann.
- Bei der Prüfung auf Prüfungsfahrzeugen der Klassen A, A1, M, S und T muss eine Funkanlage zur Verfügung stehen, die es mindestens gestattet, den Bewerber während der Prüfungsfahrt anzusprechen (einseitiger Führungsfunk). Das gilt nicht für Prüfungsfahrzeuge der Klasse T, wenn auf diesen geeignete Plätze für den amtlich anerkannten Sachverständigen oder Prüfer und den Fahrlehrer vorhanden sind.
- Als Prüfungsfahrzeuge für die Zweiradklassen dürfen nur Fahrzeuge verwendet werden, für die eine Helmtragepflicht besteht.

- Prüfungsfahrzeuge der Klassen B, C, C1, D und D1 müssen mit akustisch oder optisch kontrollierbaren Einrichtungen zur Betätigung der Pedale (Doppelbedienungseinrichtungen) ausgerüstet sein.
- Prüfungsfahrzeuge der Klasse B müssen ferner mit einem zusätzlichen Innenspiegel sowie mit zwei rechten Außenspiegeln, gegebenenfalls in integrierter Form, oder einem gleichwertigen Außenspiegel ausgerüstet sein.
- Prüfungsfahrzeuge der Klassen BE, C, C1, D und D1 müssen mit je einem zusätzlichen rechten und linken Außenspiegel ausgestattet sein, soweit die Spiegel für den Fahrer dem Fahrlehrer keine ausreichende Sicht nach hinten ermöglichen.
- Die Kennzeichnung der zu Prüfungsfahrten verwendeten Kraftfahrzeuge als Schulfahrzeuge nach § 5 Abs. 4 DV-FahrlG muss entfernt sein. Alle vom Fahrzeughersteller lieferbaren Ausstattungen und Systeme sind grundsätzlich unter Berücksichtigung der Anlage 12 der Prüfungsrichtlinie zugelassen. Dies gilt auch für den nachträglichen Einbau gleicher oder ähnlicher Produkte.
- Bei Zweiradprüfungen muss der Bewerber geeignete Schutzkleidung (Schutzhelm, Handschuhe, anliegende Jacke, mindestens knöchelhohes festes Schutzwerk – z. B. Stiefel) tragen.
- Bei Prüfungsfahrten mit Fahrzeugen der Klasse S mit offenem Aufbau und ohne Sicherheitsgurte ist ein Schutzhelm zu tragen.

Ablastung von Ausbildungs- und Prüfungsfahrzeugen

Seitens der Fahrschulen besteht ein verständliches Interesse, eine Ablastung der Ausbildungs- und Prüfungsfahrzeuge in den Klassen C1, C1E und C, CE vorzunehmen. Die Erteilung einer Ausnahmegenehmigung ist auf Antrag möglich.

Der Verfahrensweg ist:

1. Für die erforderlichen Änderungen in der Zulassungsbescheinigung Teil 1 und Teil 2 ist es notwendig, dass der Antragsteller ein durch die Technische Prüfstelle erstelltes Gutachten nach §§ 19 Abs. 2 i. V. m. 21 StVZO vorlegt.

Hinweis

Die Vorlage eines Zulassungsscheins nach altem Recht der StVZO wird bei Änderung von Eintragungen umgeschrieben.

2. Antrag auf Erteilung einer Ausnahmegenehmigung zur Ablastung eines LKW oder Anhängers bei der zuständigen Erlaubnisbehörde. Diese prüft den Antrag und erteilt Ausnahmegenehmigung. In keinem Fall darf durch die Ablastung die Grenze zur nächsten unteren Klasse überschritten werden. Auch nach der Ablastung muss z. B. zum Führen eines Ausbildungs- und Prüfungsfahrzeuges der Klasse C die Fahrerlaubnis der Klasse C erforderlich sein. Vor dem Hintergrund der zum 1. Oktober 2013 auslaufenden Übergangsregelung, die die Nutzung von Prüfungsfahrzeugen, die den Vorschriften in der Fassung zum 1. Juli 2004 entsprechen, erlaubt, sollte eine entsprechende Befristung erfolgen. Schließlich darf die Ablastung nicht unter der tatsächlichen Masse der einzelnen Fahrzeuge in der jeweilige Klasse unterschreiten.
3. Eintragung bzw. Änderung der Zulassungsbescheinigung Teil 1 und Teil 2 in der Zulassungsstelle.

Das Muster für eine Ausnahmegenehmigung finden sie im Online-Forum.

Erklärung Fahrschulerlaubnis
Voraussetzung:

Antragsunterlage:	(§ 12 Abs. 1 Nr. 3 FahrlG)	eine Erklärung, ob und von welcher Behörde bereits eine Fahrschulerlaubnis erteilt worden ist

Die Erklärung muss schriftlich abgegeben werden. Wurde irgendwann eine Fahrschulerlaubnis erteilt, muss neben der erteilenden Erlaubnisbehörde auch die Zeitdauer angegeben werden.

Name der Fahrschule
Voraussetzung:

Antragsunterlage:	(§ 12 Abs. 1 FahrlG)	Im Antrag hat der Bewerber den Namen und die Anschrift der Fahrschule mitzuteilen

Der Name der Fahrschule kann frei gewählt werden. Dabei sind Hervorhebungen, Ortsbezogenheit oder die Nennung oder Zuordnung zu bestimmten Personengruppen entsprechend des Gesetzes gegen den unlauteren Wettbewerb nicht zu lässig. Da über die Erteilung oder Genehmigung des Namens der Fahrschule im Fahrlehrergesetz nichts festgelegt ist, gilt die Gewerbeordnung (GewO).

Nach § 15a GewO sind Gewerbetreibende, die eine offene Betriebsstätte haben, verpflichtet, ihren Familiennamen mit mindestens einem ausgeschriebenen Vornamen an der Außenseite oder am Eingang der offenen Betriebsstätte in deutlich lesbarer Schrift anzubringen. Gewerbetreibende, für die keine Firma im Handelsregister eingetragen ist, müssen auf allen Geschäftsbriefen, ihren Familiennamen mit mindestens einem ausgeschriebenen Vornamen und ihre ladungsfähige Anschrift angeben.

Durch die Fahrschulerlaubnisbehörde muss der Name der Fahrschule genehmigt werden. Schon bei der Antragstellung sollte die Erlaubnisbehörde den Namen der Fahrschule vorab bestätigen oder beanstanden. In der Regel wird der Name der Fahrschule in Verbindung mit dem Namen des selbstständigen Fahrlehrers (Gewerbetreibenden) bezeichnet (z. B. Fahrschule Lehmann). Bei neutralen Bezeichnungen wie »fun-Fahrschule«, ist der Gewerbetreibende namentlich an den gewählten Fahrschulnamen anzuhängen (z. B. fun-Fahrschule, Inhaber Uwe Müller oder Happy Fahrschule, Inhaber Udo Freude).

Die **Anschrift der Fahrschule** ist die Anschrift der Betriebsstätte. In der Regel ist dies der Unterrichtsraum der Fahrschule. Sie ist als genaue Adresse anzugeben. Werden weitere Anschriften angegeben, sind diese für den Zweck, z. B. Postanschrift, zu beschreiben.

C.1.2.3 Voraussetzungen und Antragsunterlagen bei juristischen Personen

Nicht nur natürlichen Personen, sondern auch juristischen Personen ist die Beantragung einer Fahrschulerlaubnis möglich. Als mit dem Fahrlehrergesetz vereinbar gelten beispielsweise folgende Gesellschaftsformen:

- Gesellschaft mit beschränkter Haftung (GmbH)
- Aktiengesellschaft (AG)
- eingetragene Vereine (e.V.)

Ist der Antragsteller eine juristische Person, sind nach § 11 Abs. 2 Satz 1 FahrlG von ihr zunächst die in § 11 Abs. 1 Nr. 6 FahrlG genannten Voraussetzungen zu erfüllen. Das heißt, es ist der Nachweis zu führen, dass der erforderliche Unterrichtsraum, die erforderlichen Lehrmittel und die zur Fahrausbildung in der betreffenden Fahrerlaubnisklasse bestimmten Lehrfahrzeuge zur Verfügung stehen.

Ungeachtet der Erfüllung dieser sächlichen Voraussetzungen dürfen keine Tatsachen vorliegen, die **alle** zur Vertretung berechtigten Personen als unzuverlässig erscheinen lassen. Eine von diesen zur Vertretung berechtigten Personen ist darüber hinaus zum verantwortlichen Leiter des Ausbildungsbetriebs zu bestellen.

Übergangsregelung:
Hat eine juristische Person als Inhaberin der Fahrschulerlaubnis vor dem 1. Januar 1999 mehr als einen verantwortlichen Leiter des Ausbildungsbetriebs bestellt, darf sie den Ausbildungsbetrieb in der an diesem Tage vorhandenen Organisationsform bis spätestens zwei Jahre nach dem genannten Zeitpunkt fortsetzen. Hiermit wird der Besitzstand bezüglich mehrerer verantwortlicher Leiter aufgehoben nach § 49 Abs. 9 FahrlG.

Von dieser einen, zur Vertretung berechtigte Person, sind nachfolgende, an dieser Stelle nur noch stichwortartig genannten Voraussetzungen des § 11 Abs. 1 Satz 1 Nr. 1 bis 5 FahrlG zu erfüllen (eine umfassende Erläuterung finden sie unter C 1.2.1.)
- mindestens 25 Jahre alt,
- es keine Tatsachen vorliegen, die ihn für die Führung einer Fahrschule als unzuverlässig erscheinen lassen.

Die zur Vertretung der juristischen Person berechtigten Personen (z. B. bei einer GmbH alle Geschäftführer, bei einem eingetragenen Verein alle Vorstandsmitglieder) müssen gemäß § 12 Abs. 2 Satz 3 FahrlG ein Führungszeugnis vorlegen.
- es keine Tatsachen vorliegen, welche die Annahme rechtfertigen, dass der Bewerber die Pflichten nach § 16 nicht erfüllen kann,
- es muss der Besitz der Fahrlehrerlaubnis für die Klasse, für die er die Fahrschulerlaubnis beantragt, vorhanden sein.

Eine Erklärung, ob und von welcher Behörde bereits eine Fahrschulerlaubnis erteilt worden ist, muss somit zweimal, einmal vom Inhaber und einmal vom verantwortlichen Leiter des Ausbildungsbetriebs, abgegeben werden.

Es müssen folgende Voraussetzungen erfüllt sein:
- Nachweis mindestens zwei Jahre lang im Rahmen eines Beschäftigungsverhältnisses mit dem Inhaber einer Fahrschulerlaubnis hauptberuflich als Fahrlehrer tätig gewesen zu sein,
- Teilnahme an einem Lehrgang von mindestens 70 Stunden zu 45 Minuten über Fahrschulbetriebswirtschaft.

Ergänzend zu den sonst üblichen Unterlagen ist nach § 12 Abs. 2 Satz 1 FahrlG ein Auszug aus dem Handels- oder Vereinsregister vorzulegen.

Entsprechend § 11 Abs. 2 Satz 2 FahrlG muss der verantwortliche Leiter nach den Umständen, insbesondere bei Berücksichtigung seiner beruflichen Verpflichtungen, die Gewähr dafür bieten, dass die Pflichten nach § 16 FahrlG erfüllt werden. Zu berücksichtigen ist in diesem Zusammenhang, ob der zukünftige verantwortliche Leiter andere berufliche Verpflichtungen hat und wie weit diese die Erfüllung seiner fahrlehrerrechtlichten Pflichten beeinträchtigen. Möglich wäre die Konstellation, dass der Inhaber einer Fahrschule (natürliche Person) zum verantwortlichen Leiter eines Ausbildungsbetriebs bestellt wird. Von den Erlaubnisbehörden ist daher in Ausübung pflichtgemäßen Ermessens zu beurteilen, ob – unter Berücksichtigung der vorliegenden objektiven Tatsachen – die Ausübung des Fahrschulbetriebes möglich ist.

Name der Fahrschule
Ist der Name in ein Handels- oder Vereinsregister eingetragen, z. B. bei juristischen Personen, so ist mit dem eingetragenen Namen aufzutreten.

Limited
Bei der Gesellschaftsform einer englischen »Limited« handelt es sich um eine **juristische Person** im Sinne von § 11 Abs. 2 FahrlG.

Grundsätzlich ist die englische »Limited« eine Kapitalgesellschaft englischen Rechts. Sie ist im Hinblick auf ihre Rechtsform mit der deutschen GmbH vergleichbar. Im Bereich des Rechts der Zweigniederlassung nach den §§ 13 ff. HGB ist die englische »Limited« seit der Rechtsangleichung in der EU durch den Companies Act von 1985 als GmbH zu qualifizieren. Für die »Limited« ist das englische Gesellschaftsstatut maßgeblich. Sonach bestimmen sich die Gründung der Gesellschaft, ihre Organisationsverfassung, insbesondere ihre Vertretung, sowie die gesellschaftsrechtliche Haftung nach dem geltenden englischen Recht. Nach der Rechtsprechung des Europäischen Gerichtshofs in den Rechtssachen »Überseering« (Urteil v. 5. November 2002; Az.: Rs. C-208/00; NJW 2003, S. 1461) und »Inspire Art« (Urteil v. 30. September 2003, Az.: Rs. C.167/01; NJW 2003, S. 3331) verlangt die Niederlassungsfreiheit (Art. 43, 48 EG), dass eine in einem anderen EU-Mitgliedstaat wirksam gegründete Gesellschaft unter Anwendung des Rechts des Gründungsstaats unabhängig davon anzuerkennen ist, ob sich der Sitz der tatsächlichen Hauptverwaltung dieser Gesellschaft im Gründungsstaat oder im Anerkennungsstaat befindet. Zudem dürfen im Mitgliedstaat bestehende Kapital- und Haftungsvorschriften für Kapitalgesellschaften den EU-ausländischen Kapitalgesellschaften nicht vorgeschrieben werden. Insofern ist eine in England wirksam gegründete »Limited«, die ihren tatsächlichen Verwaltungssitz in der BRD hat, im deutschen Rechtsverkehr vollständig als rechtsfähige Kapitalgesellschaft nach englischem Recht und damit als juristische Person des Privatrechts nach englischem Recht anzuerkennen.

In den meisten Fällen wird die »Limited« (nur) im Inland gesellschaftlich tätig werden und eine Zweigniederlassung begründen. Davon ist auszugehen, wenn eine räumliche Selbstständigkeit, Gleichartigkeit des Geschäftsgegenstandes mit der Hauptniederlassung am statutarischen Sitz, eine gewisse Dauer und eine äußere Einrichtung ähnlich einer Hauptniederlassung bestehen. Defacto wird die inländische Einrichtung die Hauptniederlassung darstellen. An der Rechtsform einer juristischen Person im Sinne des § 11 Abs. 2 FahrlG ändert dies nichts. Die Errichtung der Zweigniederlassung durch eine englische »Limited« im Inland ist verpflichtend gemäß §§ 13 ff. HGB zum Handelsregister anzumelden. Im Rahmen der Anmeldung der Zweigniederlassung zum Handelsregister sind das Bestehen der Gesellschaft und die Legitimation ihrer Geschäftsführer (directors) nachzuweisen. Nach europäischem Recht darf die Eintragung der Zweigniederlassung im Handelsregister jedoch nicht vom Vorliegen einer etwa nach öffentlichem Recht erforderlichen Genehmigung – hier nach dem Fahrlehrergesetz – abhängig gemacht werden.

Zudem muss eine von den zur Vertretung berechtigten Personen, die die Voraussetzungen des § 11 Abs. 1 Nr. 1 bis 5 FahrlG erfüllt, zum **verantwortlichen Leiter des Ausbildungsbetriebes** bestellt worden sein. Für eine »Limited« bedeutet dies, dass der verantwortliche Leiter des Ausbildungsbetriebes zugleich »director« (Geschäftsführer) der »Limited« sein muss. Da der verantwortliche Leiter des Ausbildungsbetriebes allgemein und gegenüber den staatlichen Aufsichtsorganen die alleinige Verantwortung für die Betätigung der juristischen Person im Fahrschulbereich trägt, darf er bei der fachlichen Leitung des Fahrschulbetriebs nicht an Weisungen oder sonstige Einschränkungen seiner Befugnis gebunden sein (Bouska/Weibrecht, Er. 6 zu § 11 Abs. 2 FahrlG).

Auch bei satzungsmäßigem Sitz der Gesellschaft in England, können die Pflichten des § 16 FahrlG dadurch erfüllt werden, dass der Betrieb der Fahrschule durch den gemäß § 11 Abs. 2 FahrlG zu bestellenden verantwortlichen Leiter von der in Deutschland gelegenen Niederlassung erfolgt.

Für Behörden besteht die Informationsmöglichkeit per online über eingetragene »Limiteds« auch direkt online beim dortigen Gesellschaftsregister (Companies House) http://www.companieshouse.gov.uk/infoAndGuide/langGuidance.shtml#German abzurufen (kostenloses Registerblatt: WebCHeck, sonstige Daten und Geschäftsberichte gegen Gebühr).

Gesellschaft des bürgerlichen Rechts (BGB Gesellschaft)

Nach § 11 Abs. 3 FahrlG können bis zu fünf Inhaber einer Fahrschulerlaubnis der gleichen Klassen eine Fahrschule in der Rechtsform einer Gesellschaft bürgerlichen Rechts betreiben (Gemeinschaftsfahrschule). Jeder Gesellschafter ist dabei berechtigt, seine Fahrschüler von einem Mitgesellschafter oder von den bei dem Mitgesellschafter beschäftigten Fahrlehrern ausbilden zu lassen. Eine zusätzliche Fahrschulerlaubnis ist nicht erforderlich. Der Gesellschaftsvertrag bedarf der Schriftform (weitere Ausführungen in Kapitel C 5).

Achtung

In seiner Entscheidung vom 24. November 1992 hat das BVerwG[38] entschieden, dass eine BGB-Gesellschaft nicht Inhaber einer Fahrschulerlaubnis sein kann. Zu-

38 Urteil des BVerwG vom 24. November 1992, Az.: 1 C 9.91 (VkBl. 1993; S. 233, NJW 1993 S. 1151)

lässig ist jedoch, dass sich mehrere Inhaber einer Fahrschulerlaubnis zusammenschließen, um eine Fahrschule gemeinschaftlich zu betreiben.

C.1.2.4 Überprüfung der Antragsunterlagen

Die Prüfung der eingereichten Unterlagen erfordert hinsichtlich

- des Unterrichtsraums mit seiner Ausstattung,
- der Lehrmittel und
- der Lehrfahrzeuge

nach § 12 Abs. 3 FahrlG eine Überprüfung an Ort und Stelle durch die Erlaubnisbehörde. Sie kann diese selbst oder durch eine von ihr bestimmte Person oder Stelle durchführen. Zu prüfen sind die in § 3 i. V. m. Anlage 2 DV-FahrlG gesetzlich geregelten Anforderungen sowie die Regelungen der Ausstattungsrichtlinie. Insgesamt ist die Beschaffenheit und Einrichtung des Unterrichtsraumes zu beurteilen und die vorgeschriebenen Lehrmittel sind auf Vorhandensein und Funktionstüchtigkeit zu überprüfen. Die Ausbildungsfahrzeuge sind in Augenschein zu nehmen und die Fahrzeugbescheinigung Teil 1 ist einzusehen.

Der beantragte Unterrichtsraum ist bezüglich der Grundfläche (abzüglich nicht beweglicher Gegenstände) und der Raumhöhe (gemessen an der niedrigsten Deckenhöhe) durch den Prüfer zu vermessen.

Hinweis

Die Regelungen der Verordnung über Arbeitsstätten (Arbeitsstättenverordnung – ArbStättV, vom 24. August 2004, in der Fassung vom 20. Juli 2007) können dann Anwendung finden, wenn die Mindestanforderungen gemäß Anlage 2 zu § 3 DV-FahrlG nicht eingehalten werden.

Im Geschäftsraum der Fahrschule (Raum, in dem der Vertragabschluss über die Ausbildung in einer Fahrerlaubnisklasse oder über die Teilnahme an einem Aufbauseminar erfolgt), der Unterrichtsraum oder ein Büro sein kann, müssen ein Preisaushang, die Geschäftsbedingungen und die Ausbildungspläne für den theoretischen und den praktischen Unterricht je beantragte Fahrschulerlaubnisklasse ausgehängt oder ausgelegt sein.

Hinweis

Der Prüfer sollte unabhängig von Dritten in Lage sein, mit einem geeigneten Messgerät (z. B. Infrarotentfernungsmessgerät o. ä.) allein eine Vermessung für die Länge, die Breite und die Höhe durchführen zu können. Diese Geräte besitzen weiterhin die Möglichkeit eine Fläche aus zwei und das Volumen aus allen Werten zu berechnen.

Über das Ergebnis der Überprüfung sollte ein schriftlicher Bericht verfasst werden. der im Unterrichtsraum vollständig ausgefüllt wird. Dem Inhaber einer Fahrschule/ verantwortlichen Leiter eines Ausbildungsbetriebes kann eine Kopie des Berichtes überreicht werden.

Der Antragsteller oder ein Beauftragter des Antragstellers sollte den Bericht gegenzeichnen. Im Anschluss wird eine Nachbesprechung durchgeführt. (Weitere Ausführen zur Überwachung einschließlich eines Berichts befindet sich im Kapitel F Überwachung.)

Nach Überprüfung des Unterrichtsraumes kann der Antragsteller in seiner Werbung darauf hinweisen, dass in Kürze eine Fahrschule eröffnet wird.

C.1.3 Erteilung der Fahrschulerlaubnis

Rechtliche Grundlagen:

Fahrlehrergesetz (FahrlG)

§ 12 insbesondere Abs. 3	Antrag auf Erteilung der Fahrschulerlaubnis	
§ 13	Erteilung der Fahrschulerlaubnis	
Durchführungs-Verordnung zum Fahrlehrergesetz (DV-FahrlG)		**Ermächtigungsnormen**
§ 3	Unterrichtsraum	§ 12 Abs. 3 FahrlG
§ 4	Lehrmittel	§ 12 Abs. 3 FahrlG
§ 5	Ausbildungsfahrzeuge	§ 12 Abs. 3 FahrlG

Vor Erteilung der Fahrschulerlaubnis sollten noch einmal summarisch die vom Antragsteller eingereichten Unterlagen, in jedem Fall aber der Bericht über die Formalüberwachung – Eröffnung –, sofern er durch einen Dritten erfolgt ist, abschließend geprüft werden.

Die Fahrschulerlaubnis wird gemäß § 13 Abs. 1 FahrlG durch Aushändigung oder Zustellung der Erlaubnisurkunde erteilt. Gemäß § 13 Abs. 2 FahrlG muss die Urkunde den Namen und die Anschrift der Fahrschule, den Namen und die Anschrift des Inhabers der Fahrschulerlaubnis – bei natürlichen Personen auch die Vornamen und den Geburtstag und -ort – sowie die Angabe enthalten, für welche Klasse von Kraftfahrzeugen die Erlaubnis gilt.

Mit der Erlaubnisurkunde, welche nach der Eröffnung einer Fahrschule ausgestellt wird, etabliert sich die Fahrschule. Erst mit Ausstellung der Erlaubnisurkunde wird der Besitzstand begründet. Alle weiteren Urkunden, die danach für diese Fahrschule ausgestellt werden, sind mit einem fortlaufenden Änderungsvermerk, z. B.: »5. Änderung der Ersterteilung vom [Ersterteilungsdatum eintragen]«, z. B.: »5. Änderung der Ersterteilung vom 1. Dezember 1969« zu versehen.

Auf der Fahrschulerlaubnis ist die Registriernummer festzuhalten.

Ist der Inhaber der Fahrschulerlaubnis eine natürliche Person, so ist die Erteilung der Fahrschulerlaubnis in seinem Fahrlehrerschein zu vermerken. Hierzu ist dieser gemäß § 13 Abs. 3 FahrlG unverzüglich nach der Erteilung der Fahrschulerlaubnis der Erlaubnisbehörde vorzulegen.

Hinweis
Ist eine juristische Person Inhaberin, erfolgt keine Eintragung der Fahrschulerlaubnis in einen Fahrlehrerschein. Es wird für die juristische Person kein Fahrlehrerschein ausgestellt.

Der verantwortliche Leiter des Ausbildungsbetriebs besitzt in erster Linie einen Anstellungsvertrag als Geschäftsführer. Nach dem GmbH-Gesetz wird er bestellt. Somit erfolgt auch bei ihm keine Eintragung im Fahrlehrerschein. Will er als Fahrlehrer für die juristische Person tätig werden, muss der Anstellungsvertrag auf die Beschäftigung als Fahrlehrer erweitert werden. Mit der Anzeige des Inhabers, Aufnahme eines Beschäftigungsverhältnisses, erfolgt durch die Erlaubnisbehörde die Eintragung eines Beschäftigungsverhältnisses in dem Fahrlehrerschein des verantwortlichen Leiters des Ausbildungsbetriebs.

Die Eröffnung der Fahrschule ist gemäß § 17 Nr. 1 FahrlG der Erlaubnisbehörde unverzüglich anzuzeigen.

C.1.4 Registervorschriften

Rechtliche Grundlagen:

Fahrlehrergesetz (FahrlG)

§ 37	Registerführung
§ 38	Zweck der Registrierung
§ 39 Abs. 3 Nr. 3	Inhalt der Registrierung

C.1.4.1 Örtliches Fahrlehrerregister

Nach § 37 Abs. 1 FahrlG dürfen die zuständigen Erlaubnisbehörden ein örtliches Fahrlehrerregister führen, in dem die Daten über Fahrschulen gespeichert werden. Sie umfassen nach § 38 FahrlG i. V. m. § 16 DV-FahrlG:

1. bei Erlaubnissen und Anerkennungen
   - **zur Person des Inhabers der Erlaubnis sowie zur Person des verantwortlichen Leiters des Ausbildungsbetriebes einer Fahrschule folgende Angaben:** Familienname, Geburtsname, sonstige frühere Namen, Vornamen, Doktorgrad, Geschlecht, Geburtsdatum und Geburtsort, Anschrift und Staatsangehörigkeit
   - **von juristischen Personen und Behörden:** Name oder Bezeichnung und Anschrift sowie zusätzlich bei juristischen Personen die nach Gesetz, Vertrag oder Satzung zur Vertretung berechtigten Personen mit den oben genannten Angaben
   - **von Vereinigungen:** Name oder Bezeichnung und Anschrift sowie die nach Gesetz, Vertrag oder Satzung zur Vertretung berechtigten Personen mit den oben genannten Angaben
   - die entscheidende Stelle, Tag der Entscheidung und Geschäftsnummer oder Aktenzeichen
2. **bei der Zugehörigkeit zu einer Gemeinschaftsfahrschule bei Beschäftigungs- und Ausbildungsverhältnissen:**

Name oder Bezeichnung und Anschrift sowie Inhaber und verantwortlicher Leiter des Ausbildungsbetriebes der betreffenden Fahrschule mit den Angaben nach Nr. 1 sowie der beschäftigte oder auszubildende Fahrlehrer und der Ausbildungsfahrlehrer mit den Angaben nach Nr. 1

3. gemäß § 39 Abs. 3 Nr. 10 des Fahrlehrergesetzes, die im Rahmen von § 42 Abs. 2 des Fahrlehrergesetzes übermittelten Daten nach § 59 Abs. 1 und 2 der Fahrerlaubnis- Verordnung.

Diese Daten sind dem Kraftfahrt-Bundesamt mitzuteilen. Es vermerkt

1. im Zentralen Fahrerlaubnisregister, ob ein Fahrerlaubnisinhaber auch Fahrlehrer ist,
2. im Verkehrszentralregister die in § 39 Abs. 2 näher bestimmten Maßnahmen, Entscheidungen und Erklärungen auf dem Gebiet des Fahrlehrerrechts.

C.1.4.2 Verkehrszentralregister (VZR)

Im VZR (§ 28 StVG) werden rechtskräftige Entscheidungen wegen einer Ordnungswidrigkeit nach § 36 Abs. 1 FahrlG, wenn gegen den Betroffenen eine Geldbuße von mindestens **150 €** festgesetzt worden ist, eingetragen.

C.2 Erweiterung einer Fahrschulerlaubnis

Für die Erweiterung einer Fahrschulerlaubnis gelten – bezogen auf die beantragte Klasse – die gleichen Voraussetzungen wie für die Erteilung.

C.3 Zweigstellenerlaubnis

Rechtliche Grundlagen:

Fahrlehrergesetz (FahrlG)		
§ 32 Abs. 1	Zuständigkeit	
Gebührenordnung für Maßnahmen im Straßenverkehr (GebOSt)		**Ermächtigungsnormen**
2. Abschnitt Kapitel D	Gebührentarife	§ 34a Abs. 2 und 3

C.3.1 Allgemeine Grundsätze

Zuständigkeiten

Gemäß § 32 Abs. 1 FahrlG sind für die Ausführung des Fahrlehrergesetzes und der auf ihm beruhenden Rechtsverordnungen die obersten Landesbehörden, die von ihnen bestimmten oder die nach Landesrecht zuständigen Stellen zuständig. Die Ausführung des § 30 FahrlG – Fahrschulen bei Behörden – obliegt dem Bund, den Ländern, den Gemeinden und anderen Gebietskörperschaften in eigener Zuständigkeit. Nach § 32 Abs. 2 Nr. 3 FahrlG sind in Angelegenheiten der Zweigstellen ausschließlich die Erlaubnisbehörden des Sitzes der Zweigstelle örtlich zuständig.

Antragsverfahren

Auch die Erteilung einer Zweigstellenerlaubnis einer Fahrschule wird nur auf Antrag erteilt, ist aber nach dem Wortlaut des Gesetzes (§§ 14 Abs. 3 i. V. m. 10 Abs. 2 FahrlG) an keine Form gebunden. Der Antrag sollte schriftlich gestellt werden. Er muss die Zweigstellenerlaubnisklasse beinhalten, in denen die Ausbildung erfolgen soll. Nachweise und Unterlagen gemäß §§ 14 Abs. 3 i. V. m. 12 FahrlG, welche die zu erfüllenden Voraussetzungen nach § 11 FahrlG belegen, sind einzureichen.

Das sich anschließende Verfahren wird gemäß Verwaltungsverfahrensgesetz (VwVfG)[39] geführt. Paragraph 9 bestimmt danach, das Verwaltungsverfahren im Sinne dieses Gesetzes die nach außen wirkende Tätigkeit der Behörden ist, die auf die Prüfung der Voraussetzungen, die Vorbereitung und den Erlass eines Verwaltungsaktes gerichtet ist; es schließt den Erlass des Verwaltungsaktes ein. Nach § 35 VwVfG ist dabei unter einem Verwaltungsakt jede Verfügung, Entscheidung oder andere hoheitliche Maßnahme, die eine Behörde zur Regelung eines Einzelfalls auf dem Gebiet des öffentlichen Rechts trifft und die auf unmittelbare Rechtswirkung nach außen gerichtet ist, zu verstehen. Bei der Erteilung einer Zweigstellenerlaubnis und bei der Ablehnung der Erteilung handelt es sich folglich um einen Verwaltungsakt.

Abgeschlossen wird das Verfahren mittels Bescheid. Dabei handelt es sich um eine besondere Form des Verwaltungsaktes am Ende eines Verwaltungsverfahrens.

Gebühren

Die gebührenpflichtigen Tatbestände und die Gebührensätze ergeben sich aus dem Gebührentarif für Maßnahmen im Straßenverkehr. Gemäß § 1 der GebOSt[40] dürfen danach für Amtshandlungen, einschließlich der Prüfungen und Untersuchungen im Sinne des § 34a des Fahrlehrergesetzes Gebühren erhoben werden. Soweit im Gebührentarif nichts anderes bestimmt ist, hat nach § 2 GebOSt der Kostenschuldner (hier der Inhaber der Zweigstellenerlaubnis) auch die dort aufgeführten Auslagen wie »Entgelte für Zustellungen durch die Post mit Postzustellungsurkunde und für Nachnahmen sowie im Einschreibeverfahren« oder für den »Einsatz von Dienstwagen bei Dienstgeschäften außerhalb der Dienststelle« zu tragen. Die für die Erteilung einer Fahrschulerlaubnis einschlägigen Gebührentarife sind im dem für die Gebühren des Landes relevanten 2. Abschnitt unter Kapitel D »Fahrlehrerrecht« aufgeführt.

302	Erteilung (außer der etwaigen Gebühr nach 308)	
302.4	der Zweigstellenerlaubnis einschließlich der Ausfertigung einer Erlaubnisurkunde	84,40 €
302.6	der Zweigstellenerlaubnis einschließlich der Ausfertigung einer Erlaubnisurkunde nach vorangegangener Versagung, Rücknahme oder Widerruf oder nach vorangegangenem Verzicht	33,20 bis 256,00 €

39 Verwaltungsverfahrensgesetz in der Fassung der Bekanntmachung vom 23. Januar 2003 (BGBl. I S. 102), geändert durch Artikel 4 Abs. 8 des Gesetzes vom 5. Mai 2004 (BGBl. I S. 718)

40 Gebührenordnung für Maßnahmen im Straßenverkehr (GebOSt) vom 26. Juni 1970 (BGBl. I S. 865, 1298), zuletzt geändert durch Artikel 3 der Verordnung vom 22. August 2006 (BGBl. I S. 2108)

303	Erweiterung	
303.3	der Zweigstellenerlaubnis einschließlich der Ausfertigung einer Erlaubnisurkunde	40,90 €
304	Berichtigung einer Erlaubnisurkunde	7,70 €
305	Ausfertigung einer Erlaubnisurkunde als Ersatz für eine(n) verlorene(n) oder unbrauchbar gewordene(n), außer den Kosten einer etwaigen öffentlichen Ungültigkeitserklärung	15,30 bis 38,30 €
306	Rücknahme oder Widerruf der Zweigstellenerlaubnis	33,20 bis 256,00 €
307	Zwangsweise Einziehung einer Erlaubnisurkunde	14,30 bis 286,00 €

Hinweis
Diese Gebühr ist auch fällig, wenn die Voraussetzung für die zwangsweise Einziehung erst nach Einleiten der Zwangsmaßnahme beseitigt worden ist.

308	Überprüfung	
308.1	einer Zweigstelle	30,70 bis 511,00 €
309	Erteilung oder Versagung einer Ausnahme von den Vorschriften über das Fahrlehrerwesen	5,10 bis 511,00 €
310	Versagung (außer der etwaigen Gebühr nach Nr. 308) der der Zweigstellenerlaubnis oder deren Erweiterung	33,20 bis 256,00 €

Hinweis
Nach § 6 GebOSt sind die Vorschriften des Verwaltungskostengesetzes anzuwenden, soweit sie nicht die §§ 1 bis 5 GebOSt abweichende Regelungen über die Kostenerhebung, die Kostenbefreiung, den Umfang der zu erstattenden Auslagen, der Kostengläubiger- und Kostenschuldnerschaft enthalten. Insbesondere bei der Ausgestaltung der unter Gebührentarif Nr. 302.6, 305 bis 310 ausgewiesenen Margengebühren gilt es deshalb § 3 des Verwaltungskostengesetzes (VwKostG)[41] zu beachten. Danach sind die Gebührensätze sind so zu bemessen, dass zwischen der den Verwaltungsaufwand berücksichtigenden Höhe der Gebühr einerseits und der Bedeutung, dem wirtschaftlichen Wert oder dem sonstigen Nutzen der Amtshandlung andererseits ein angemessenes Verhältnis besteht. Ist gesetzlich vorgesehen, dass Gebühren nur zur Deckung des Verwaltungsaufwandes erhoben

41 Verwaltungskostengesetz vom 23. Juni 1970 (BGBl. I S. 821), zuletzt geändert durch Artikel 4 Abs. 9 des Gesetzes vom 5. Mai 2004 (BGBl. I S. 718)

werden, sind die Gebührensätze so zu bemessen, dass das geschätzte Gebührenaufkommen den auf die Amtshandlungen entfallenden durchschnittlichen Personal- und Sachaufwand für den betreffenden Verwaltungszweig nicht übersteigt.

399	Für andere als die in diesem Abschnitt aufgeführten Maßnahmen können Gebühren nach den Sätzen für vergleichbare Maßnahmen oder, soweit solche nicht bewertet sind, nach dem Zeitaufwand mit 12,80 € je angefangene Viertelstunde Arbeitszeit erhoben werden.	

C.3.2 Voraussetzungen und Antragsunterlagen

Rechtliche Grundlagen:

Fahrlehrergesetz (FahrlG)

§ 14	Zweigstellen
§ 12	Voraussetzungen
§ 13	Erteilung

Durchführungs-Verordnung zum Fahrlehrergesetz (DV-FahrlG)		**Ermächtigungsnormen**
§ 3	Unterrichtsräume	§ 14 Abs. 3 FahrlG
§ 4	Lehrmittel	§ 14 Abs. 3 FahrlG
§ 5	Ausbildungsfahrzeuge	§ 14 Abs. 3 FahrlG

Wer als Inhaber einer Fahrschule Zweigstellen der Fahrschule betreibt, bedarf gemäß § 14 Abs. 1 FahrlG der Zweigstellenerlaubnis. Sie wird nach § 10 Abs. 2 FahrlG wie die Fahrschulerlaubnis in den Klassen A, BE, CE und DE erteilt. Obwohl im § 14 FahrlG keine Antragstellung gefordert wird, sollte die Erlaubnisbehörde analog der Erteilung einer Fahrschulerlaubnis verfahren. Vom Antragsteller sind in diesem Zusammenhang nach § 14 Abs. 3 FahrlG ausschließlich nachfolgende fahrschulgebundene Voraussetzungen und Antragsunterlagen zu erfüllen (bezüglich der detaillierten Darstellung wird auf Kapitel C 1.2.2. verwiesen):

§ 12 Abs. 1 Nr. 3 FahrlG	eine Erklärung, ob und von welcher Behörde bereits eine Fahrschulerlaubnis erteilt worden ist
§ 12 Abs. 1 Nr. 4, 5, 6 FahrlG	ein maßstabgerechter Plan der Unterrichtsräume mit Angaben über ihre Ausstattung; eine Erklärung, dass die vorgeschriebenen Lehrmittel zur Verfügung stehen; eine Aufstellung über Anzahl und Art der Lehrfahrzeuge

Nur der Inhaber der Fahrschule bei natürlichen Personen und der verantwortliche Leiter des Ausbildungsbetriebs bei juristischen Personen können selbst Inhaber einer Zweigstelle bzw. verantwortlicher Leiter einer Zweigstelle sein.

Weitaus größere Bedeutung bei der Erteilung der Zweigstellenerlaubnis besitzt die Tatsache, dass nach den Umständen, insbesondere wegen der Anzahl der Zweigstellen oder ihrer räumlichen Entfernung, gewährleistet sein muss, dass der verantwortliche Leiter des Ausbildungsbetriebs seinen Pflichten nach § 16 FahrlG nachkommen kann (§ 14 Abs. 2 Satz 1 FahrlG). Die Anzahl der Zweigstellen soll dabei gemäß § 14 Abs. 2 Satz 2 FahrlG drei, bei Gemeinschaftsfahrschulen pro Gesellschafter zwei, nicht übersteigen. Eine Regelung hinsichtlich der räumlichen Entfernung wurde seitens des Gesetzgebers jedoch nicht getroffen. Gleichwohl kann sie Einfluss die Erfüllung der Pflichten nach § 16 FahrlG nehmen. Der bloße Verdacht oder die Unterstellung, der Inhaber der Fahrschule/der verantwortliche Leiter des Ausbildungsbetriebs könnte seinen Pflichten nicht nachkommen, ist kein Grund für eine Ablehnung des Antrags.

C.3.3 Überprüfung der Antragsunterlagen

Rechtliche Grundlagen:

Fahrlehrergesetz (FahrlG)

§ 14	Zweigstellen	
§ 12	Voraussetzungen	
§ 13	Erteilung	
Durchführungs-Verordnung zum Fahrlehrergesetz (DV-FahrlG)		**Ermächtigungsnormen**
§ 3	Unterrichtsräume	§ 14 Abs. 3 FahrlG
§ 4	Lehrmittel	§ 14 Abs. 3 FahrlG
§ 5	Ausbildungsfahrzeuge	§ 14 Abs. 3 FahrlG

Die Prüfung der eingereichten Unterlagen erfordert – wie bei der Fahrschulerlaubnis – hinsichtlich

- des Unterrichtsraums mit seiner Ausstattung,
- der Lehrmittel und
- der Lehrfahrzeuge

nach § 12 Abs. 3 FahrlG eine Überprüfung an Ort und Stelle durch die Erlaubnisbehörde. Sie kann diese selbst oder durch eine von ihr bestimmte Person oder Stelle durchführen. Zu prüfen sind die in § 3 i. V. m. Anlage 2 DV-FahrlG gesetzlich geregelten Anforderungen sowie die Regelungen der Ausstattungsrichtlinie. Insgesamt ist die Beschaffenheit und Einrichtung des Unterrichtsraumes zu beurteilen und die vorgeschriebenen Lehrmittel sind auf Vorhandensein und Funktionstüchtigkeit zu überprüfen. Die Ausbildungsfahrzeuge sind in Augenschein zu nehmen und die Fahrzeugbescheinigung Teil 1 ist einzusehen.

Der beantragte Unterrichtsraum ist bezüglich der Grundfläche (abzüglich nicht beweglicher Gegenstände) und der Raumhöhe (gemessen an der niedrigsten Deckenhöhe) durch den Prüfer zu vermessen.

Hinweis

Die Regelungen der Verordnung über Arbeitsstätten (Arbeitsstättenverordnung – ArbStättV, vom 24. August 2004, in der Fassung vom 20. Juli 2007) können dann Anwendung finden, wenn die Mindestanforderungen gemäß Anlage 2 zu § 3 DV-FahrlG nicht eingehalten werden.

Im Geschäftsraum der Fahrschule (Raum, in dem der Vertragabschluss über die Ausbildung in einer Fahrerlaubnisklasse oder über die Teilnahme an einem Aufbauseminar erfolgt), der Unterrichtsraum oder ein Büro sein kann, muss ein Preisaushang, die Geschäftsbedingungen und die Ausbildungspläne für den theoretischen und den praktischen Unterricht je beantragte Zweigstellenerlaubnisklasse ausgehängt oder ausgelegt sein.

Hinweis
Der Prüfer sollte unabhängig von Dritten in Lage sein, mit einem geeigneten Messgerät (z. B. Infrarotentfernungsmessgerät o. ä.) allein eine Vermessung für die Länge, die Breite und die Höhe durchführen zu können. Diese Geräte besitzen weiterhin die Möglichkeit eine Fläche aus zwei und das Volumen aus allen Werten zu berechnen.

Über das Ergebnis der Überprüfung sollte ein schriftlicher Bericht verfasst werden, der im Unterrichtsraum vollständig ausgefüllt wird. Dem Inhaber einer Fahrschule/ verantwortlichen Leiter eines Ausbildungsbetriebes sollte eine Kopie des Berichtes überreicht werden.

Der Antragsteller oder ein Beauftragter des Antragstellers sollte den Bericht gegenzeichnen. Im Anschluss wird eine Nachbesprechung durchgeführt. (Weitere Ausführungen zur Überwachung einschließlich eines Berichts befindet sich im Kapitel F Überwachung.)

C.3.4 Erteilung der Zweigstellenerlaubnis

Rechtliche Grundlagen:

Fahrlehrergesetz (FahrlG)

§ 14	Zweigstellen
§ 12	Voraussetzungen
§ 13	Erteilung
§ 14	Zweigstellen

Durchführungs-Verordnung zum Fahrlehrergesetz (DV-FahrlG)		**Ermächtigungsnormen**
§ 3	Unterrichtsräume	§ 14 Abs. 3 FahrlG
§ 4	Lehrmittel	§ 14 Abs. 3 FahrlG
§ 5	Ausbildungsfahrzeuge	§ 14 Abs. 3 FahrlG

Vor Erteilung der Zweigstellenerlaubnis sollten noch einmal summarisch die vom Antragsteller eingereichten Unterlagen, in jedem Fall aber der Bericht über die Formalüberwachung – Eröffnung –, sofern er durch einen Dritten erfolgt ist, abschließend geprüft werden.

Die Zweigstellenerlaubnis wird gemäß §§ 14 Abs. 3 i. V. m. 13 Abs. 1 FahrlG durch Aushändigung oder Zustellung der Erlaubnisurkunde erteilt. Gemäß § 13 Abs. 2 FahrlG muss die Urkunde den Namen und die Anschrift der Zweigstelle, den Namen und die Anschrift des Inhabers der Zweigstellenerlaubnis – bei natürlichen Personen auch die Vornamen und den Geburtstag und -ort – sowie die Angabe enthalten, für welche Klasse von Kraftfahrzeugen die Erlaubnis gilt.

Hinweis
Eine Zweigstelle kann nicht einen anderen Namen tragen als die Fahrschule (Hauptstelle). An den Namen der Hauptstelle wird nur das Kürzel »Zweigstelle (Ort der Zweigstelle)« angefügt.

Mit der Erlaubnisurkunde, welche nach der Eröffnung einer Zweigstelle ausgestellt wird, etabliert sich die Zweigstelle. Erst mit Ausstellung der Erlaubnisurkunde wird der Besitzstand begründet. Alle weiteren Urkunden, die danach für diese Zweigstelle ausgestellt werden, sind mit einem fortlaufenden Änderungsvermerk, z. B.: »5. Änderung der Ersterteilung vom [Datum der Erteilung der Zweigstellenerlaubnis]«, z. B.: »5. Änderung der Ersterteilung vom 1. Dezember 1969« zu versehen. Auf der Zweigstellenerlaubnis ist die Registriernummer festzuhalten.

Ist der Inhaber der Zweigstellenerlaubnis eine natürliche Person, so ist die Erteilung der Zweigstellenerlaubnis in seinem Fahrlehrerschein zu vermerken. Hierzu ist er gemäß § 13 Abs. 3 FahrlG unverzüglich nach der Erteilung der Zweigstellenerlaubnis der Erlaubnisbehörde vorzulegen. Sollte die Zweigstelle im Zuständigkeitsbereich einer anderen Erlaubnisbehörde als der der Hauptstelle liegen, ist diese nach § 40 Abs. 2 FahrlG hierüber – soweit dies für die Überwachung notwendig ist – zu informieren.

Sind mehr als drei Zweigstellenerlaubnisse im Fahrlehrerschein gleichzeitig einzutragen, ist ein Beiblatt zum Fahrlehrerschein zu verwenden. Auf einem unbefristeten Fahrlehrerschein sind der Überschrift »Fahrlehrerschein« die Worte »Beiblatt zum« voranzusetzen. Die Inhalte, die nur einmal erteilt werden, »Der Inhaber besitzt die Fahrlehrerlaubnis der Klassen«, »Seminarerlaubnis«, »Fahrschulerlaubnis« sind zu streichen.

Hinweis
Ist eine juristische Person Inhaberin, erfolgt keine Eintragung der Zweigstellenerlaubnis in einen Fahrlehrerschein. Es wird für die juristische Person kein Fahrlehrerschein ausgestellt. Der verantwortliche Leiter des Ausbildungsbetriebs besitzt in erster Linie einen Anstellungsvertrag als Geschäftsführer. Nach dem GmbH-Gesetz wird er bestellt. Somit erfolgt auch bei ihm keine Eintragung im Fahrlehrerschein. Will er als Fahrlehrer für die juristische Person tätig werden, muss der Anstellungsvertrag auf die Beschäftigung als Fahrlehrer erweitert werden. Mit der Anzeige des Inhabers, Aufnahme eines Beschäftigungsverhältnisses, erfolgt durch die Erlaubnisbehörde die Eintragung eines Beschäftigungsverhältnisses in dem Fahrlehrerschein des verantwortlichen Leiters des Ausbildungsbetriebs.

Die Eröffnung der Zweigstelle ist gemäß § 17 Nr. 1 FahrlG der Erlaubnisbehörde unverzüglich anzuzeigen.

C.4 Erweiterung einer Zweigstellenerlaubnis

Für die Erweiterung einer Zweigstellenerlaubnis gelten – bezogen auf die beantragte Klasse – die gleichen Voraussetzungen wie für die Erteilung.

C.5 Gemeinschaftsfahrschule

Rechtliche Grundlagen:

Fahrlehrergesetz (FahrlG)

§ 11 Abs. 3	Voraussetzungen der Fahrschulerlaubnis
§ 16 Abs. 3	Allgemeine Pflichten des Inhabers der Fahrschule
§ 17 Nr. 9	Anzeigepflichten des Inhabers der Fahrschule

Nach einer Entscheidung des BVerwG[42] vom 24. November 1992 konnten sich mehrere Inhaber einer Fahrschulerlaubnis zum Zwecke des gemeinschaftlichen Betriebs **einer** Fahrschule, in der Rechtsform der Gesellschaft des bürgerlichen Rechts (§§ 705ff. BGB), zusammenschließen. Nach § 705 des BGB wird eine Gesellschaft des bürgerlichen Rechts (GbR) definiert als ein vertraglicher Zusammenschluss mehrerer Personen zur Erreichung eines gemeinschaftlichen Zwecks. Erst mit dem in Kraft treten der Änderungen des Fahrlehrergesetzes zum 1. Januar 1999 wurde jedoch das Verfahren und die dabei zu berücksichtigenden Rahmenbedingungen rechtlich geregelt.

Voraussetzungen

Infolge einer fehlenden Erwähnung in § 12 FahrlG ist das Betreiben einer Fahrschule in der Form einer Gemeinschaftsfahrschule nicht an einen Antrag, gleichwohl gemäß § 17 Nr. 9 FahrlG an eine Anzeigepflicht gebunden. Der Anzeige ist beizufügen:

- *eine beglaubigte Abschrift des Gesellschaftsvertrages*
  Für den Gesellschaftsvertrag ist im Bürgerlichen Gesetzbuch grundsätzlich keine bestimmte Form vorgeschrieben. Allerdings sollte allgemein – nicht zuletzt wegen der Beweisführung im Streitfall – immer die Schriftform gewählt werden. Für die Gemeinschaftsfahrschule ist jedoch in § 11 Abs. 3 Satz 4 FahrlG die Schriftform vorgeschrieben.
- *die einzelnen Fahrschulerlaubnisurkunden der Gesellschafter.*
  Dieser Nachweis ist erforderlich, weil der Zusammenschluss zu einer Gemeinschaftsfahrschule voraussetzt, dass alle Gesellschafter im Besitz einer Fahrschulerlaubnis für die Klassen sind, in denen Fahrschüler in der Gemeinschaftsfahrschule unterrichtet werden sollen.

---

42 Urteil des BVerwG vom 24. November 1992, Az.: 1 C 9.91 (VkBl. 1993; S. 233, NJW 1993 S. 1151)

Da eine eigenständige Fahrschulerlaubnis nicht erteilt wird, sind weitergehende personen- oder fahrschulgebundene Anforderungen nicht nachzuweisen, zumal es sich bei dem Zusammenschluss um Inhaber einer Fahrschulerlaubnis handelt. Als Obergrenze für den Zusammenschluss gelten nach § 11 Abs. 3 FahrlG fünf Fahrschulen. Folglich kann eine Gemeinschaftsfahrschule aus mindestens zwei und höchstens fünf Gesellschaftern bestehen. Jeder Gesellschafter muss jedoch im Besitz einer Fahrschulerlaubnis für die in der Rechtsform der OHG oder GbR betriebene Gemeinschaftsfahrschule sein. Ein Fahrschulinhaber, der nur über die Fahrschulerlaubnis der Klassen BE und CE verfügt, kann demnach mit dem Inhaber einer Fahrschulerlaubnis der Klasse DE keine Gemeinschaftsfahrschule für die Klasse CE gründen. Unter Berücksichtigung dieser gesetzlichen Rahmenbedingungen können sich folgende Konstellationen ergeben:

Klassen	**Fahrschule I**	**Fahrschule II**	**Fahrschule III**	**Fahrschule IV**
A	Ja	Ja	Ja	Nein
BE	Ja	Ja	Ja	Ja
CE	Nein	Ja	Ja	Ja
DE	Nein	Nein	Nein	Ja

Folgende Möglichkeiten ergeben sich:
1. Alle Fahrschulen bilden eine Gemeinschaftsfahrschule der Klasse BE.
2. Die Fahrschulen I, II und III bilden zusätzlich eine Gemeinschaftsfahrschule der Klasse A.
3. Die Fahrschulen II, III und IV bilden zusätzlich eine Gemeinschaftsfahrschule der Klasse CE.
4. Für die Klasse DE kann keine Gemeinschaftsfahrschule gebildet werden. Der Inhaber der Fahrschule IV und seine beschäftigten Fahrlehrer müssen die Fahrschüler der Klasse DE allein ausbilden.

Jeder Gesellschafter ist berechtigt, seine Schüler von einem Mitgesellschafter oder von einem bei dem Mitgesellschafter beschäftigten Fahrlehrer ausbilden zu lassen. Folglich begründen die Gesellschafter untereinander kein Beschäftigungsverhältnis im Sinne von § 1 Abs. 4 FahrlG, der Eintrag nach § 5 Abs. 2 Satz 2 FahrlG im Fahrlehrerschein entfällt. Allerdings müssen beschäftigte Fahrlehrer bei mindestens jeweils einem Gesellschafter in einem Beschäftigungsverhältnis stehen, ein Beschäftigungsverhältnis mit allen Gesellschaftern ist nicht erforderlich. Da ein Fahrlehrer von seiner Fahrlehrerlaubnis nur im Rahmen eines Beschäftigungsverhältnisses mit dem Inhaber einer Fahrschule (§ 1 Abs. 4 Satz 1 FahrlG) Gebrauch machen darf, kann die Gesellschaft als solche in Ermangelung der Fahrschulerlaubnis keine Fahrlehrer beschäftigen.

Trotz des Zusammenschlusses zur Gemeinschaftsfahrschule müssen die Fahrschüler mit einem Gesellschafter den Ausbildungsvertrag eingehen. Dieser Gesellschafter unterzeichnet am Ende der Ausbildung den Ausbildungsnachweis und die Ausbildungsbescheinigung.

Überwachung

Um Überwachungen oder andere im Zusammenhang mit der Gesellschaft stehende auftretende Fragen und Probleme zu erörtern, haben die Gesellschafter entsprechend § 16 Abs. 3 FahrlG aus ihrer Mitte einen Gesellschafter zu benennen und ihn der Erlaubnisbehörde mitzuteilen. Er vertritt die Gemeinschaftsfahrschule gegenüber der Erlaubnisbehörde soweit sie von der Überwachung nach § 33 FahrlG betroffen ist. Seine Aufgaben sind:

- die Abgabe und Entgegennahme von Erklärungen im Rahmen von § 33 FahrlG mit der Wirkung für und gegen sämtliche Gesellschafter,
- die Verwahrung aller Aufzeichnungen und Nachweise für sämtliche Gesellschafter nach § 18 FahrlG und
- die Vorlage der Aufzeichnungen und Nachweise bei der Erlaubnisbehörde.

Ungeachtet dessen ist jeder Gesellschafter für den Betrieb der Gemeinschaftsfahrschule verantwortlich. Das heißt jeder Gesellschafter ist für die Erfüllung der oben genannten Pflichten in der Gemeinschaftsfahrschule verantwortlich.

Einer der Unterrichtsräume ist als Hauptstelle zu bestimmen, für die alle Gesellschafter die Fahrschulerlaubnis benötigen. Die Anschrift dieses Raumes ist die Anschrift der Gemeinschaftsfahrschule nach § 13 Abs. 2 FahrlG. Wo die büromäßige Verwaltung erfolgt, ist nicht entscheidend. Alle fahrlehrerrechtlichen Zuständigkeiten, insbesondere die Fahrschulüberwachung, knüpfen an den Ort des Unterrichtsraumes der Hauptstelle an. Im Gegensatz dazu muss die Gemeinschaftsfahrschule keinen zentralen Betriebssitz benennen. Gemäß § 16 Abs. 3 Fahrlehrergesetz handelt es sich um eine Gesamthandelsgemeinschaft, bei der jeder Gesellschafter für den Betrieb der Gemeinschaftsfahrschule verantwortlich ist. Eine rechtliche Verpflichtung zur Benennung eines zentralen Betriebssitzes kann mithin aus dem Fahrlehrergesetz nicht entnommen werden.

Hinweis

Wird für die Gemeinschaftsfahrschule ein neuer Name gewählt, so müssen alle Inhaber (Gesellschafter der Gemeinschaftsfahrschule) namentlich in diesem Namen genannt werden. Die Gewerbeordnung legt, gemäß § 15a GewO, fest: »Gewerbetreibende ... sind verpflichtet, ihren Familiennamen mit mindestens einem ausgeschriebenen Vornamen an der Außenseite oder am Eingang ... der offenen Betriebsstätte in deutlich lesbarer Schrift anzubringen.« Weiter im § 15b Abs. 1 GewO: »Gewerbetreibende, für die keine Firma im Handelsregister eingetragen ist, müssen auf allen Geschäftsbriefen, ... ihren Familiennamen mit mindestens einem ausgeschriebenen Vornamen angeben.«

Die Gestaltung der Unterrichtsentgelte nach § 19 FahrlG gilt für die Gemeinschaftsfahrschule entsprechend. Es wird nur noch ein Preisaushang der Gemeinschaftsfahrschule ausgehängt.

C.5.1 Pflichten

Jeder Gesellschafter ist für den gesamten Betrieb der Gemeinschaftsfahrschule verantwortlich. Er muss also darauf achten, dass sowohl bei seinen Mitgesellschaftern als auch bei seinen und bei den Mitgesellschaftern angestellten Fahrlehrern

- die Ausbildung überwacht wird,
- die beschäftigten Fahrlehrer sachgerecht angeleitet und überwacht werden,
- die Ausbildung der Fahrschüler und der Fahrlehrer mit befristeter Fahrlehrerlehrerlaubnis den Anforderungen des § 6 Abs. 1 und 3 FahrlG entspricht,
- die erforderlichen Unterrichtsräume, Lehrmittel und Lehrfahrzeuge sich in einem ordnungsgemäßen Zustand befinden,
- die beschäftigten Fahrlehrer den Pflichten nach § 6 Abs. 2 Satz 1 und § 33a Abs. 1 FahrlG nachkommen,
- die Zeiten, nach § 6 Abs. 2 Satz 2 und 3 FahrlG, nicht überschritten werden.

C.5.2 Gemeinschaftsfahrschule und Zweigstellen

Die Anzahl der Zweigstellen soll nach § 14 Abs. 2 Satz 2 FahrlG bei Gemeinschaftsfahrschulen je Gesellschafter zwei nicht übersteigen. Dies ist rein rechnerisch zu sehen. Alle Zweigstellen sind gemeinschaftliche Zweigstellen, für die alle Gesellschafter verantwortlich sind. Jeder Gesellschafter braucht für alle Zweigstellen der Gemeinschaftsfahrschule eine Zweigstellenerlaubnis. § 16 FahrlG ist zu beachten. Im Gesellschaftsvertrag können nähere Regelungen bezüglich der Ausübung der Verantwortung getroffen werden, wobei die Gesamtverantwortung jedes Gesellschafters nicht berührt werden darf. Auch bei einer Vielzahl von Zweigstellen darf der räumliche Bezug vom Sitz der Hauptstelle aus gesehen nicht unbeachtet bleiben.

Hinweis

Zur Frage, wie viele eigene »Zweigstellen« zu einer Gemeinschaftsfahrschule gehören dürfen, ist eine Gesamtbetrachtung im Rahmen der Prüfung nach § 14 Abs. 2 FahrlG durchzuführen. Danach ist die Zahl der Gesellschafter (X) mit 2 zu multiplizieren, um die zulässige Zahl der Zweigstellen zu ermitteln. Nach dieser Betrachtungsweise ist es also je nach Fallgestaltung auch möglich, dass ein Gesellschafter drei Zweigstellen betreibt bzw. in die Gemeinschaftsfahrschule einbringt.

C.5.3 Versagung der Tätigkeit

Eine Versagung der Tätigkeit als Gemeinschaftsfahrschule ist aus behördlicher Sicht nicht möglich. Da der Zusammenschluss zur Gemeinschaftsfahrschule zivilrechtlich erfolgt, kann eine Erlaubnisbehörde nur fahrlehrerrechtliche Maßnahmen durchführen.

C.5.4 Ausbildungsfahrschule

§ 21a Abs. 1 Satz 1 Fahrlehrergesetz knüpft an das Vorhandensein einer Fahrschule und nicht an die Fahrschulerlaubnis an. Die Gemeinschaftsfahrschule ist nach § 11 Abs. 3 Satz 1 als Fahrschule im Sinne des Fahrlehrerrechts anzusehen. Wird nun eine Fahrschule in der Rechtsform einer BGB-Gesellschaft betrieben, müssen alle Gesellschafter die Voraussetzungen nach § 21a Abs. 1 FahrlG erfüllen, wenn die Gemeinschaftsfahrschule als Ausbildungsfahrschule tätig werden will. Die Ausbildung der Fahrlehreranwärter kann nicht von dem gemeinsamen Ausbildungsbetrieb, der Zweck der Gemeinschaftsfahrschule ist, getrennt werden.

C.5.5 Seminarerlaubnis

Nur wenn alle Gesellschafter Inhaber der Seminarerlaubnis sind, kann sich der Gesellschaftszweck auch auf die Durchführung von Aufbauseminaren erstrecken. Sollten jedoch nicht alle Gesellschafter Inhaber der Seminarerlaubnis sein, kann ein einzelner Gesellschafter nur in eigener Verantwortung außerhalb der Gemeinschaftsfahrschule Seminare durchführen. Bezüglich z. B. der Nutzung von Räumen werden entsprechende Regelungen im Gesellschaftsvertrag erforderlich. Vertragspartner des einzelnen Seminarteilnehmers ist in diesem Fall der einzelne Gesellschafter als Inhaber einer Fahrschulerlaubnis.

C.6 Ausbildungsfahrschule

Seit der Einführung der zweiphasigen Ausbildung für den Erwerb der Fahrlehrerlaubnis Klasse BE müssen die Fahrlehreranwärter an einem mindestens vier Monate dauernden Praktikum in einer Ausbildungsfahrschule, dessen Umfang und inhaltliche Ausgestaltung in einer Richtlinie verankert ist,[43] teilnehmen. Während dieser praktischen Ausbildung soll der Fahrlehreranwärter vor allem lernen, die in der Ausbildungsstätte erworbenen Kenntnisse, wie Grundsätze der Pädagogik, Lehrmethoden und Unterrichtsgestaltung bei der Ausbildung von Fahrschülern, die eine Fahrerlaubnis der Klasse B erwerben wollen, umzusetzen. Die Ausbildung selbst wird dabei von einem besonders qualifizierten Ausbildungsfahrlehrer durchgeführt. Die Ausbildung in einer Ausbildungsfahrschule erfolgt auf der Grundlage eines bestätigten Ausbildungsplanes nach § 3 Abs. 1 FahrlAusbO. Dieser muss bei der Erlaubnisbehörde vor Aufnahme des Betriebs als Ausbildungsfahrschule vorliegen.

Über die Ausbildung ist ein Berichtsheft gemäß § 9a Abs. 3 FahrlG zu führen. Jede Ausbildungsstunde muss in diesem Berichtsheft belegt sein, damit die Durchführung der Ausbildung nachvollziehbar ist. Die Ausbildungsstunden sind zu 45 Minuten nachzuweisen. Die Ausbildungsstunden sind Wochenweise zu führen. Der Ausbildungsfahrlehrer und der Inhaber der Ausbildungsfahrschule müssen auf dem Wochenarbeitsblatt die nachgewiesene Ausbildung des Fahrlehreranwärters gegenzeichnen. Die Bundesvereinigung der Fahrlehrerverbände e.V. hat ein Musterberichtsheft erarbeitet, das kostenfrei über die Fahrlehrerverbände bezogen werden kann.

Hinweis
Voraussetzungen zum Betrieb einer Ausbildungsfahrschule gemäß § 21a FahrlG; Es ist auch Fahrschulinhabern, die hauptsächlich Unterricht nur noch für die Klassen C oder D erteilen, die Gründung einer Ausbildungsfahrschule zu gestatten.

C.6.1 Voraussetzungen

Voraussetzung für den Betrieb einer Ausbildungsfahrschule, an der ein Fahrlehrer mit befristeter Fahrlehrerlaubnis tätig ist, ist gemäß § 21a Abs. 1 Satz 1 Nr. 1 bis 3 FahrlG, dass der Inhaber der Fahrschule/der verantwortliche Leiter des Ausbildungsbetriebes

43 Richtlinie für die Durchführung der Ausbildung in einer Ausbildungsfahrschule für die Fahrlehreranwärter (Praktikum) vom 18. Juni 1999 (VkBl. 1999 S. 445)

- innerhalb der letzten fünf Jahre mindestens drei Jahre lang Fahrschüler, welche die Klasse B erwerben wollen, hauptberuflich theoretischen und praktischen Unterricht erteilt hat;
- seit mindestens drei Jahren die Fahrschulerlaubnis besitzt oder als verantwortlicher Leiter des Ausbildungsbetriebs einer Fahrschule tätig ist;
- an einem dreitägigen Einweisungsseminar in einer amtlich anerkannten Fahrlehrerausbildungsstätte oder von einem Berufsverband der Fahrlehrer, sofern er hierfür anerkannt ist, teilgenommen hat.

Der Inhaber der Fahrschule/der verantwortliche Leiter des Ausbildungsbetriebs muss somit selbst Ausbildungsfahrlehrer sein.

Hinweis
Nach § 34 FahrlG können auch andere Träger als Fahrlehrerausbildungsstätten oder Berufsverbände durch Ausnahmegenehmigung eine Anerkennung zur Durchführung von Einweisungsseminaren für Ausbildungsfahrlehrer nach § 9b Abs. 1 Satz 1 FahrlG erhalten. Dies ist durch die uneingeschränkte Nennung des § 9b Abs. 1 FahrlG im § 34 Abs. 1 FahrlG möglich (anders bezüglich der Ausnahmemöglichkeit für § 21 Abs. 1 FahrlG. Diese wird ausdrücklich auf die Nrn. 1 und 2 eingeschränkt und ist somit für Nr. 3 nicht möglich). Die Erteilung sollte jedoch nur in Betracht kommen, wenn die materiell rechtlichen Voraussetzungen für die Anerkennung als Fahrlehrerausbildungsstätte als erfüllt angesehen werden können.

Der Inhaber der Ausbildungsfahrschule oder der verantwortliche Leiter des Ausbildungsbetriebes muss ferner zuverlässig sein und die Gewähr für die ordnungsgemäße Ausbildung von Fahrlehrern mit befristeter Fahrerlaubnis, gemäß § 21a Abs. 1 Satz 2 FahrlG, bieten.

C.6.2 Pflichten

1. Der Inhaber einer Ausbildungsfahrschule oder der verantwortliche Leiter des Ausbildungsbetriebes hat, gemäß § 21a Abs. 2 FahrlG, dafür zu sorgen, dass der Ausbildungsfahrlehrer seinen Verpflichtungen nach § 9b FahrlG nachkommt.
2. Der Inhaber einer Ausbildungsfahrschule oder der verantwortliche Leiter des Ausbildungsbetriebes hat, gemäß § 17 Nr. 10 FahrlG, der Erlaubnisbehörde unverzüglich anzuzeigen: Beginn und Ende als Ausbildungsfahrschule und Angabe der Ausbildungsfahrlehrer und Vorlage von Nachweisen zu den Voraussetzungen nach § 21a Abs. 1 Nr. 1 bis 3 FahrlG. Gemäß § 17 Nr. 2 ist Beginn und Ende des Ausbildungsverhältnisses mit einem Fahrlehrer anzuzeigen.
3. Der Inhaber einer Ausbildungsfahrschule oder der verantwortliche Leiter des Ausbildungsbetriebes hat, gemäß § 9a Abs. 3 FahrlG, wöchentlich sowie nach Abschluss der Ausbildung das Berichtsheft des Fahrlehrers mit einer befristeten Fahrlehrerlaubnis abzuzeichnen.
4. Die Ausbildungsfahrschule hat, gemäß § 3 Abs. 1 Satz 1 FahrlAusbO, die Ausbildung des Fahrlehrers mit einer befristeten Fahrlehrerlaubnis nach einem zu genehmigenden Ausbildungsplan durchzuführen.

5. Die wöchentliche Dauer der Ausbildung des Fahrlehrers mit der befristeten Fahrlehrerlaubnis darf gemäß § 3 Abs. 2 FahrlAusbO 20 Unterrichtsstunden nicht unterschreiten und 40 Unterrichtsstunden nicht überschreiten. Eine Unterrichtsstunde beträgt 45 Minuten.

Hinweis
Ausbildung im Sinne von § 3 Abs. 2 Satz 1 FahrlAusbO erfasst nur die in § 3 Abs. 1 FahrlAusbO genannten Tätigkeiten. Da der danach erforderliche Ausbildungsplan nicht die Führung eines Berichtshefts beinhaltet, fällt diese Tätigkeit nicht unter § 3 Abs. 2 Satz 1 FahrlAusbO. Sie ist jedoch Arbeitszeit im Sinne von § 6 FahrlG bzw. im Sinne des Arbeitszeitgesetzes. Die Vor- und Nachbesprechung (§ 3 Abs. 1 Nrn. 2 und 3 FahrlAusbO) ist Unterricht; sonstige Vor- und Nachbereitung – namentlich Lernzeiten – fallen weder unter Unterrichts- noch unter Arbeitszeiten.

6. Zu Beginn der Ausbildung (im 1. Monat) des Fahrlehrerwärters soll, gemäß § 3 Abs. 3 FahrlAusbO, der Ausbildungsfahrlehrer insbesondere nur einen Fahrlehreranwärter ausbilden; im Übrigen darf er nicht mehr als zwei Fahrlehreranwärter gleichzeitig ausbilden.
7. Der Inhaber einer Ausbildungsfahrschule oder der verantwortliche Leiter des Ausbildungsbetriebes hat, gemäß § 16 Abs. 1 Satz 1 FahrlG dafür zu sorgen, dass die Ausbildung der Fahrlehrer mit befristeter Fahrlehrerlaubnis den Anforderungen des § 6 Abs. 1 und 3 FahrlG entspricht.

C.6.3 Versagung des Betriebs

Eine Versagung kommt in Betracht, wenn:

- die Anforderungen nach § 21a Abs. 1 FahrlG nicht erfüllt werden nach § 21a Abs. 3 FahrlG,
- der Inhaber der Fahrschule/der verantwortliche Leiter des Ausbildungsbetriebs nicht die Gewähr bietet, seinen Verpflichtungen nach § 21a Abs. 2 FahrlG nachzukommen, nämlich dafür zu sorgen, dass die Ausbildungsfahrlehrer ihren Verpflichtungen nicht nachkommen nach § 9b Abs. 3 FahrlG oder
- beim Wechsel des Inhabers der Ausbildungsfahrschule/verantwortlichen Leiters der Ausbildungsfahrschule, wenn der neue Inhaber der Ausbildungsfahrschule/verantwortlichen Leiter des Ausbildungsbetriebs kein Ausbildungsfahrlehrer ist.

Eine Versagung ist mittels Verwaltungsakt gemäß Verwaltungsverfahrensgesetz einschließlich Rechtsbehelfsbelehrung zu verfügen.

C.7 Pflichten des Inhabers einer Fahrschule/verantwortlichen Leiters eines Ausbildungsbetriebes

Die ordnungsgemäße Ausbildung ist auch nach Einschätzung des Gesetzgebers von großer Bedeutung für die Verkehrssicherheit und für die Bekämpfung von Unfällen im Straßenverkehr. Diese Anforderung, gepaart mit dem staatlichen eingeräumten Ausbildungsmonopol für Fahrschulen erfordert eine fortwährende intensive Überprüfung der Einhaltung der gesetzlichen Rahmenbedingungen. Dem Inhaber einer Fahrschule/verantwortlichen Leiter eines Ausbildungsbetriebes obliegen daher allgemeine Pflichten (§ 16 FahrlG) und eine Vielzahl von Anzeigepflichten (§ 17 FahrlG), die in vollem Umfang auch auf Zweigstellen gemäß § 14 Abs. 3 FahrlG Anwendung finden.

C.7.1 Allgemeine Pflichten

Rechtliche Grundlagen:

Fahrlehrergesetz (FahrlG)

§ 16	Allgemeine Pflichten des Inhabers der Fahrschule	
§ 17	Anzeigepflichten des Inhabers der Fahrschule	
§ 18 Abs. 1	Aufzeichnungen (Ausbildungsnachweis)	
§ 18 Abs. 2 i. V. m. § 6	Aufzeichnungen (Tagesnachweis)	
Durchführungs-Verordnung zum Fahrlehrergesetz (DV-FahrlG)		**Ermächtigungsnormen**
§ 6 Abs. 1	Ausbildungsnachweis	§ 18 Abs. 4 FahrlG
Anlage 3 zu § 6 Abs. 1	Muster Ausbildungsnachweis	
§ 6 Abs. 2	Tagesnachweis	§ 18 Abs. 4 FahrlG
Anlage 3 zu § 6 Abs. 2	Muster Tagesnachweis	

Zu den allgemeinen Pflichten des Inhabers einer Fahrschule/verantwortlichen Leiters eines Ausbildungsbetriebes gehört es, dafür Sorge zu tragen, dass die Ausbildung der Fahrschüler und der Fahrlehrer mit befristeter Fahrlehrerlaubnis den Anforderungen des § 6 Abs. 1 und 3 FahrlG entspricht. Danach hat der Fahrlehrer die Fahrschüler gewissenhaft auszubilden. Er hat ihnen die Kenntnisse, Fähigkeiten und Verhaltensweisen zu vermitteln, die das Straßenverkehrsgesetz und die auf diesem sowie auf dem Fahrlehrergesetz beruhenden Rechtsverordnungen für die Ausbildung und Prüfung der Bewerber um die Erlaubnis zum Führen von Kraftfahrzeugen fordern. Ferner hat der Inhaber/verantwortliche Leiter die beschäftigten Fahrlehrer über die Folgen von Zuwiderhandlungen gegen die Verkehrsvorschriften und über die Pflichtversicherung von Kraftfahrzeugen und Kraftfahrzeuganhängern zu unterrichten.

Eine weitere Aufgabe des Inhabers einer Fahrschule/des verantwortlichen Leiters eines Ausbildungsbetriebes ist es nach § 16 Abs. 1 FahrlG:

- die beschäftigten Fahrlehrer gründlich in die Aufgaben einer Fahrschule einzuführen und sie bei der Ausbildung der Fahrschüler sowie der Fahrlehrer mit befristeter Fahrlehrerlaubnis sachgerecht anzuleiten und zu überwachen,
- die beschäftigten Fahrlehrer bei der Durchführung von Aufbauseminaren im Sinne des Straßenverkehrsgesetzes sachgerecht anzuleiten und zu überwachen,
- dafür zu sorgen, dass sich die erforderlichen Unterrichtsräume, Lehrmittel und Lehrfahrzeuge in ordnungsgemäßen Zustand befinden,

- dafür zu sorgen, dass die beschäftigten Fahrlehrer den Pflichten nach § 6 Abs. 2 Satz 1 FahrlG nachkommen. Danach darf der Fahrlehrer täglich nur so lange praktischen Fahrunterricht erteilen, wie er in der Lage ist, die Verantwortung für die Ausbildungsfahrt zu übernehmen und den Fahrschüler sachgerecht zu unterrichten.
- dafür zu sorgen, dass die beschäftigten Fahrlehrer den Pflichten nach § 33a Abs. 1 FahrlG nachkommen. Danach hat jeder Fahrlehrer alle vier Jahre an einem jeweils dreitägigen Fortbildungslehrgang – oder bei Abweichung an vier Tagen Fortbildung – teilzunehmen,
- dafür zu sorgen, dass die beschäftigten Fahrlehrer den Pflichten nach § 6 Abs. 2 Satz 2 und 3 FahrlG nachkommen. Danach darf die tägliche Gesamtdauer des praktischen Fahrunterrichts einschließlich der Fahrten nach § 2 Abs. 15 des Straßenverkehrsgesetzes 495 Minuten nicht überschreiten; sie muss durch Pausen von ausreichender Dauer unterbrochen sein. Soweit andere berufliche Tätigkeiten an diesem Tag ausgeübt worden sind, darf die Gesamtarbeitszeit zehn Stunden nicht überschreiten.

Achtung
Wer entgegen § 16 Abs. 2 FahrlG nicht dafür sorgt, dass gemäß § 6 Abs. 2 FahrlG die tägliche Gesamtdauer des praktischen Fahrunterrichts oder gemäß § 6 Abs. 2 Satz 3 FahrlG die tägliche Gesamtarbeitszeit nicht überschritten wird, handelt ordnungswidrig nach § 36 Abs. 1 Nr. 4 FahrlG. Bei einer Ahndung der Ordnungswidrigkeit kann eine Geldbuße bis 2 500 € festgesetzt werden.

Die Erfüllung dieser Pflichten zählt zu den in § 11 Abs. 1 Nr. 2 FahrlG aufgeführten Voraussetzungen für die Erteilung einer Fahrschulerlaubnis. Verstößt daher der Inhaber einer Fahrschule/verantwortliche Leiter eines Ausbildungsbetriebes gegen diese ihm obliegen Pflichten, ist je nach Schwere und Zahl der Verletzung(en), in Ausübung des pflichtgemäßen Ermessens eine Überprüfung der Eignung gemäß § 11 Abs. 1 Nr. 2 oder 3 FahrlG bei natürlichen Personen und gemäß § 11 Abs. 2 Satz 2 FahrlG für verantwortliche Leiter eines Ausbildungsbetriebs zu prüfen. Verstöße, bei denen eine Unzuverlässigkeit festgestellt wird, sind nicht Bußgeld bewährt. Deshalb muss bei schweren Verstößen ein Widerruf eingeleitet werden. Bei leichteren Verstößen können nachträgliche Auflagen erlassen werden. Diese können im Wiederholungsfall gemäß § 36 Abs. 1 Nr. 2 FahrlG mit einer Geldbuße bis 500 € geahndet werden.

C.7.2 Anzeigepflichten

Rechtliche Grundlagen:

Fahrlehrergesetz (FahrlG)
§ 17 Anzeigepflichten des Inhabers der Fahrschule

Zu den Anzeigepflichten des Inhabers einer Fahrschule/verantwortlichen Leiters eines Ausbildungsbetriebes die unverzüglich, d. h. ohne schuldhaftes Verzögern, erfolgen müssen, gehören nach § 17 FahrlG:

- die Eröffnung, Verlegung, Stilllegung und Schließung der Fahrschule,
- die Verlegung, Erweiterung oder Verkleinerung der Unterrichtsräume,

Eine *Verlegung* des Unterrichtsraumes gilt es zunächst nach der Art der Verlegung zu unterscheiden. § 17 Nr. 1 FahrlG zielt auf die Verlegung der Unterrichtsräume, bei denen sich die Hausnummer ändert. Hier muss in jedem Fall eine neue Erlaubnisurkunde ausgestellt werden. § 17 Nr. 3 FahrlG zielt auf die Verlegung, Erweiterung oder Verkleinerung von Unterrichtsräumen, die im selben Gebäude verbleiben (Verlegung innerhalb der Hausnummer) bzw. durch bauliche Veränderungen verkleinert werden. Da sich die Anschrift nicht ändert und wenn die Platzkapazität gleich bleibt, muss keine neue Erlaubnisurkunde ausgestellt werden. Voraussetzung ist, dass die Anzeige der Verlegung spätestens bei der Erlaubnisbehörde eingegangen sein muss, sobald die Fahrschule am neuen Ort den Betrieb aufnimmt. Grundsätzlich sollte die Anzeige in Schriftform erfolgen. Die Anzeige auf Verlegung eines Unterrichtsraumes muss alle relevanten Bestimmungen analog einer Eröffnung bezüglich des Unterrichtsraumes betreffen. Der Anzeige ist daher gemäß § 12 Abs. 1 Satz 2 FahrlG ein maßstabgerechten Plan der Unterrichtsräume mit Angaben über ihrer Ausstattung und eine Erklärung, dass die vorgeschriebenen Lehrmittel zur Verfügung stehen, beizufügen.

Gemäß § 12 Abs. 3 FahrlG hat die Erlaubnisbehörde die Angaben in den Unterlagen nach § 12 Absatz 1 Nr. 4 bis 6 FahrlG an Ort und Stelle zu prüfen. § 33 Abs. 1 Satz 2 FahrlG gilt entsprechend.

Die Überprüfung zur Verlegung einer Fahrschule kann mit der Überwachung nach § 33 Abs. 2 Satz 1 FahrlG verbunden werden, da diese die Überprüfung des Unterrichtsraumes beinhaltet.

Hinweis

Die Überprüfung zur Verlegung kann zu einem späteren Zeitpunkt erfolgen. Es sollte jedoch ein Vorbehalt als Auflage geltend gemacht werden, etwa in der Art: »Die Fahrschulerlaubnis wird vorbehaltlich des Widerrufs erteilt, befristet bis zur endgültigen Überprüfung an Ort und Stelle.«

Bei der Ausstellung der geänderten Fahrschulerlaubnis bzw. Zweigstellenerlaubnis wird auf der Erlaubnisurkunde ein fortlaufender Änderungsvermerk, z. B.: »5. Änderung der Ersterteilung vom [Datum der Erteilung der Zweigstellenerlaubnis]«, z. B.: »5. Änderung der Ersterteilung vom 1. Dezember 1969« eingefügt.

- der Beginn und das Ende des Beschäftigungsverhältnisses oder Ausbildungsverhältnisses mit einem Fahrlehrer,

Anmerkung

Diese Anzeige regelt nicht die Eintragung eines Beschäftigungsverhältnisses des angestellten Fahrlehrers in seinen Fahrlehrerschein. Trotz der Anzeige, Aufnahme eines Beschäftigungsverhältnisses, darf der betroffene Fahrlehrer erst eine Ausbildungstätigkeit in dieser Fahrschule aufnehmen, wenn tatsächlich ein Beschäftigungsverhältnis besteht, also durch die zuständige Erlaubnisbehörde eingetragen ist. Dies ergibt sich aus § 1 Abs. 4 FahrlG, wonach nur im Rahmen eines Beschäftigungsverhältnis, also eines eingetragenen, von der Fahrlehrerlaubnis Gebrauch gemacht werden darf!

- die Änderung im Bestand der Lehrfahrzeuge,
- die Fortführung der Fahrschule nach § 15 Abs. 1 FahrlG,
- die Bestellung oder Entlassung des verantwortlichen Leiters des Ausbildungsbetriebs,
- bei juristischen Personen oder nicht rechtsfähigen Vereinen als Fahrschulinhaber: die Bestellung oder das Ausscheiden von Personen, die nach Gesetz oder Satzung zur Vertretung berufen sind,
- die Ausübung, Aufnahme und Beendigung anderer hauptberuflicher Tätigkeiten durch den verantwortlichen Leiter oder Inhaber einer Fahrschule unter Angabe der Art und des Umfangs,
- die Aufnahme des Betriebs einer Gemeinschaftsfahrschule (§ 11 Abs. 3 FahrlG) und Änderungen des Gesellschaftsvertrags; der Anzeige ist eine beglaubigte Abschrift des Gesellschaftsvertrags und der einzelnen Fahrschulerlaubnisurkunden beizufügen,
- Beginn und Ende des Betriebes als Ausbildungsfahrschule unter Angabe der Ausbildungsfahrlehrer und Vorlage von Nachweisen zu den Voraussetzungen nach § 21a Abs. 1 Nr. 1 bis 3 FahrlG.

Hinweis
Unverzüglich heißt gemäß § 121 Abs. 1 BGB ohne schuldhafte Verzögerung. Die Rechtsprechung (OLG Hamm NJW-RR 1990, 523) hat für »unverzüglich« ein Tätigwerden innerhalb von zwei Wochen festgelegt. Die Frist wird gemessen ab Tag des Eintritts des Sachverhaltes bzw. der Änderung bis Vorlage der Anzeige bei der zuständigen Erlaubnisbehörde.

Achtung
Wer einer Anzeigepflicht nach § 17 FahrlG zuwider handelt, handelt ordnungswidrig nach § 36 Abs. 1 Nr. 7 FahrlG. Bei einer Ahndung der Ordnungswidrigkeit kann eine Geldbuße bis 500 € festgesetzt werden.

C.7.3 Aufzeichnungen

Rechtliche Grundlagen:

Fahrlehrergesetz (FahrlG)

§ 18 Abs. 1	Aufzeichnungen (Ausbildungsnachweis)	
§ 18 Abs. 2 i. V. m. § 6	Aufzeichnungen (Tagesnachweis)	
Durchführungs-Verordnung zum Fahrlehrergesetz (DV-FahrlG)		**Ermächtigungsnormen**
§ 6 Abs. 1	Ausbildungsnachweis	§ 18 Abs. 4 FahrlG
Anlage 3 zu § 6 Abs. 1	Muster Ausbildungsnachweis	
§ 6 Abs. 2	Tagesnachweis	§ 18 Abs. 4 FahrlG
Anlage 3 zu § 6 Abs. 2	Muster Tagesnachweis	

Neben dieser Vielzahl von Pflichten hat der Inhaber einer Fahrschule/der verantwortliche Leiter eines Ausbildungsbetriebes darüber hinaus Aufzeichnungen über die Ausbildung in seiner Fahrschule zu führen (§ 18 FahrlG i. V. m. § 6 DV-FahrlG).

Die Aufzeichnungen müssen für **jeden Fahrschüler** für **jede ausgebildete Fahrerlaubnisklasse** umfassen:

- Art, Inhalt, Umfang und Dauer der theoretischen und praktischen Ausbildung,
- den Namen des den Unterricht erteilenden Fahrlehrers,
- Art und Typ der verwendeten Lehrfahrzeuge,
- Tag und Ergebnis der Prüfungen,
- die erhobenen Entgelte für die Ausbildung und die Vorstellung zur Prüfung.

Diese Aufzeichnungen müssen vom Fahrschüler gegengezeichnet oder sonst bestätigt sein. Darüber hinaus sind die Aufzeichnungen dem Fahrschüler nach Abschluss der Ausbildung zur Unterschrift vorzulegen. Eine Kopie ist dem Fahrschüler nach auszuhändigen. Ein entsprechend festgelegtes Muster für den zu führenden Ausbildungsnachweis, der für alle verbindlich ist, ist als Anlage 3 zu § 6 Abs. 1 in der DV-FahrlG abgebildet.

Achtung

Wer entgegen § 18 FahrlG auch i. V. m. § 14 Abs. 3 FahrlG die vorgeschriebenen Aufzeichnungen (Ausbildungsnachweise) nicht führt, nicht vorlegt oder nicht aufbewahrt, handelt ordnungswidrig nach § 36 Abs. 1 Nr. 10 FahrlG. Bei einer Ahndung der Ordnungswidrigkeit kann eine Geldbuße bis 500 € festgesetzt werden.

Weiterhin hat der Fahrlehrer, der praktischen Unterricht erteilt, den Ausbildungsstand des Fahrschülers zu dokumentieren. Der Fahrlehrer kann sich dabei des Ausbildungsnachweises bedienen oder auf separate Nachweise, z. B. die Ausbildungsdiagrammkarte, zurückgreifen. Werden separate Nachweise genutzt, sind diese an den Ausbildungsnachweis nach Abschluss der Ausbildung beizuheften.

Der Inhaber einer Fahrschule/der verantwortliche Leiter eines Ausbildungsbetriebes hat nach § 18 Abs. 2 FahrlG für jeden Fahrlehrer täglich einen Nachweis (Tagesnachweis) zu führen. Die **Aufzeichnungen** umfassen **für jeden Fahrlehrer, der praktischen Fahrunterricht erteilt:**

- täglich die Anzahl der Fahrstunden unter namentlicher Nennung der ausgebildeten Fahrschüler,
- die Gesamtdauer des praktischen Fahrunterrichts einschließlich der Prüfungsfahrten gemäß § 2 Abs. 15 StVG,
- die Dauer der beruflichen Tätigkeiten in Minuten.

Für diese Aufzeichnungen hat der Fahrlehrer die Dauer seiner an diesem Tag geleisteten anderen beruflichen Tätigkeiten anzugeben. Der Tagesnachweis ist vom Inhaber der Fahrschule/verantwortlichen Leiter des Ausbildungsbetriebes und vom Fahrlehrer zu unterschreiben sowie vom Fahrschüler bezüglich seiner Ausbildung gegenzuzeichnen oder sonst zu bestätigen. Ein entsprechend festgelegtes Muster für den zu führenden Tagesnachweis, der für alle verbindlich ist, ist als Anlage 4 zu § 6 Abs. 2

in der DV-FahrlG abgebildet. Der Tagesnachweis kann auch mittels einer Datenverarbeitungsanlage erstellt werden.

Achtung

Wer entgegen § 18 FahrlG auch i. V. m. § 14 Abs. 3 FahrlG die vorgeschriebenen Aufzeichnungen (Tagesnachweise) nicht führt, nicht vorlegt oder nicht aufbewahrt, handelt ordnungswidrig nach § 36 Abs. 1 Nr. 10 FahrlG. Bei einer Ahndung der Ordnungswidrigkeit kann eine Geldbuße bis 500 € festgesetzt werden.

Hinweis

Muster der Ausbildungsnachweise für Fahrschüler und Tagesnachweise für Fahrlehrer nach Anlagen 3 und 4 DV-FahrlG; Im Rahmen der Überwachung durch die zuständigen Erlaubnisbehörden ist darauf hinzuweisen, dass kleinere Abweichungen auf Formularen hingenommen werden.

Ausbildungsnachweise und Tagesnachweise sind so zu gestalten, dass sie miteinander verknüpft oder auf andere Weise hinsichtlich der einzelnen Daten und Angaben aufeinander bezogen werden können.

Hinweis

Doppelte Aufzeichnungspflicht (§ 18 FahrlG/§ 5 FahrschAusbO. Aus den Aufzeichnungspflichten aus § 18 FahrlG (Ausbildungsbescheinigungen, Tagesnachweise etc.) und § 5 Abs. 1 Satz 6 FahrschAusbO (Dokumentation des Ausbildungsstandes durch Aufzeichnungen) ergibt sich eine »doppelte« Aufzeichnungspflicht. Das Amtsgericht Wernigerode hat z. B. in einem Fall, in dem der Fahrlehrer keine gesonderten Aufzeichnungen über den Stand der Ausbildung geführt hat, ein Bußgeld verhängt.

Die Aufzeichnungen sind vom Inhaber einer Fahrschule/verantwortlichen Leiter eines Ausbildungsbetriebes nach Ablauf des Jahres, in welchem der Unterricht abgeschlossen worden ist, vier Jahre lang aufzubewahren und der Erlaubnisbehörde oder den von ihr beauftragten Personen oder Stellen (§ 33 FahrlG) auf Verlangen zur Prüfung vorzulegen.

Nach Abschluss der Ausbildung hat der Fahrlehrer dem Fahrschüler eine Bescheinigung über die durchgeführte theoretische und praktische Ausbildung nach Anlage 7.1 bis 7.3 DV-FahrlG auszustellen. Wird die Ausbildung nicht abgeschlossen, sind dem Fahrschüler die durchlaufenen Ausbildungsteile schriftlich zu bestätigen. Die Bescheinigungen sind vom Inhaber der Fahrschule oder vom verantwortlichen Leiter des Ausbildungsbetriebes gegenzuzeichnen, gemäß § 6 Abs. 2 DV-FahrlG. Der Fahrschüler erhält immer das Original. Entweder wird das Original dem amtlich anerkannten Sachverständigen zur Fahrerlaubnisprüfung übergeben oder bei einem Fahrschulwechsel dem neuen Inhaber der Fahrschulerlaubnis. Eine Kopie der

Ausbildungsbescheinigung ist als Nachweis über die Aushändigung den Ausbildungsnachweis beizuheften.

[Muster s. Online-Forum]

C.8 Verzicht, Ruhen, Erlöschen, Rücknahme und Widerruf

C.8.1 Verzicht auf eine Fahrschul- oder Zweigstellenerlaubnis

Auf die Fahrschulerlaubnis oder Zweigstellenerlaubnis kann der Inhaber verzichten. Er sollte dies durch eine schriftlich Erklärung gegenüber der zuständigen Erlaubnisbehörde oder zu Protokoll bei der Erlaubnisbehörde tun. Der Erklärung oder dem Protokoll ist die Erlaubnisurkunde beizufügen. Der Fahrlehrerschein ist der Erlaubnisbehörde zur Austragung der Fahrschulerlaubnis vorzulegen.

Hinweis
Erst mit Rückgabe der Erlaubnisurkunde bei der zuständigen Erlaubnisbehörde wird der Verzicht wirksam.

C.8.2 Ruhen einer Fahrschul- oder Zweigstellenerlaubnis

Rechtliche Grundlagen:

Fahrlehrergesetz (FahrlG)

§ 20 Abs. 1, 3 und 5	Ruhen der Fahrschulerlaubnis
§ 14 Abs. 3 i. V. m. § 20 Abs. 1, 3 und 5	Ruhen der Zweigstellenerlaubnis

Natürliche Person

Nach § 20 Abs. 1 FahrlG ruht die Fahrschulerlaubnis einer natürlichen Person, solange für den Inhaber

- ein Fahrverbot nach § 25 StVG oder § 44 Strafgesetzbuch besteht,
- der Führerschein nach § 94 der Strafprozessordnung in Verwahrung genommen, sichergestellt oder beschlagnahmt,
- die Fahrerlaubnis nach § 111a der Strafprozessordnung vorläufig entzogen oder
- bei einer Entziehung im Verwaltungsverfahren die sofortige Vollziehung angeordnet worden und die aufschiebende Wirkung eines Rechtsbehelfs nicht wiederhergestellt ist.

Während des Ruhens der Fahrschulerlaubnis darf der Inhaber von ihr keinen Gebrauch machen, sofern nicht die Erlaubnisbehörde § 20 Abs. 1 Satz 3 FahrlG die Weiterführung des Ausbildungsbetriebes erlaubt hat. Voraussetzung hierfür ist, dass eine andere Person (Fahrlehrer) zum verantwortlichen Leiter bestellt wurde.

Juristische Person

Ist der Inhaber der Fahrschulerlaubnis eine *juristische Person* und somit der Ausbildungsbetrieb von einem verantwortlichen Leiter geführt, so ruht die Fahrschulerlaubnis der gemäß § 20 Abs. 3 FahrlG, wenn

- ein Fahrverbot nach § 25 StVG oder § 44 Strafgesetzbuch für ihn besteht,
- sein Führerschein nach § 94 der Strafprozessordnung in Verwahrung genommen, sichergestellt oder beschlagnahmt,
- ihm die Fahrerlaubnis nach § 111a der Strafprozessordnung vorläufig entzogen wurde,
- ihm bei einer Entziehung im Verwaltungsverfahren die sofortige Vollziehung angeordnet wurde und die aufschiebende Wirkung eines Rechtsbehelfs nicht wiederhergestellt worden ist,
- ihm die Fahrerlaubnis rechtskräftig oder unanfechtbar entzogen wurde oder
- ihm die Fahrlehrerlaubnis unanfechtbar zurückgenommen oder widerrufen worden ist.

Während des Ruhens der Fahrschulerlaubnis gelten analog die vergleichbaren Regelungen wie bei einer natürlichen Person. Folglich darf von ihr kein Gebrauch gemacht werden, sofern nicht die Erlaubnisbehörde § 20 Abs. 1 Satz 3 FahrlG die Weiterführung des Ausbildungsbetriebes erlaubt hat. Voraussetzung hierfür ist, dass eine andere Person (Fahrlehrer) zum verantwortlichen Leiter bestellt wurde.

Die nach § 20 Abs. 1 Satz 3 FahrlG eingesetzte Person muss die Voraussetzungen gemäß § 11 Abs. 1 Nr. 1 – 5 und Abs. 2 Satz 2 FahrlG nachweisen. Diese sind im Einzelnen:

1. mindestens 25 Jahre alt sein
2. es dürfen keine Tatsachen vorliegen, die für die Führung einer Fahrschule als unzuverlässig erscheinen lassen,
3. es dürfen keine Tatsachen vorliegen, welche die Annahme rechtfertigen, dass er die Pflichten nach § 16 FahrlG nicht erfüllen kann,
4. der Bewerber muss die Fahrlehrerlaubnis für die Klasse(n) für die bestehende Fahrschulerlaubnis besitzen,
5. der Bewerber um eine Fahrschulerlaubnis hat den Nachweis zu führen, dass er mindestens zwei Jahre lang im Rahmen eines Beschäftigungsverhältnisses mit dem Inhaber einer Fahrschulerlaubnis hauptberuflich tätig war,
6. der Bewerber muss an einem Lehrgang von mindestens 70 Stunden zu 45 Minuten über Fahrschulbetriebswirtschaft teilgenommen haben.

Schließlich ist nach § 11 Abs. 2 Satz 2 FahrlG zu beachten, dass der verantwortliche Leiter unter Berücksichtigung seiner beruflichen Verpflichtungen die Gewähr dafür bietet, seine Pflichten nach § 16 FahrlG zu erfüllen.

Ausnahmen können gemäß § 34 Abs. 1 FahrlG von § 11 Abs. 1 Nr. 4 vom Erfordernis des Nachweises eines hauptberuflichen Beschäftigungsverhältnisses von mindestens zwei Jahren im Rahmen eines mit dem Inhaber einer Fahrschulerlaubnis und der Teilnahme an einem Lehrgang von mindestens 70 Stunden zu 45 Minuten über Fahrschulbetriebswirtschaft erteilt werden. Das Ermessen der Erlaubnisbehörde ist bei der Erteilung einer Ausnahmegenehmigung von § 11 Abs. 1 Nr. 5 FahrlG durch § 34 Abs. 2 Nr. 3 FahrlG eingeschränkt.

Hinweis
Verschiedentlich kann die Person, welche die Pflichten als verantwortlicher Leiter wahrnehmen soll, einen Fahrschulbetriebswirtschaftslehrgang oder einen vergleichbaren Abschluss nicht sofort nachweisen. Um eine Fortführung des Fahrschulbetriebs zu ermöglichen, könnte in diesen Fällen eine Ausnahmegenehmigung erteilt werden, wonach bis zu einem bestimmten Termin die Bescheinigung nachgewiesen werden muss. Dieser Lehrgang findet folglich für den vorübergehenden verantwortlichen Leiter statt, wenn er bereits seine Tätigkeit aufgenommen hat. Insgesamt sollte diese Frist nicht länger als drei Monate betragen.

Zweigstelle
Das Ruhen einer Zweigstellenerlaubnis ist immer im Zusammenhang mit der Fahrschulerlaubnis zu sehen. Gemäß § 14 Abs. 3 FahrlG gilt § 20 Abs. 1 FahrlG entsprechend.

Erlaubnisurkunde
Bei Ruhen der Fahrschulerlaubnis ist die Erlaubnisurkunde, gegebenenfalls auch die Erlaubnisurkunde(n) zum Betrieb der Zweigstelle(n) der Erlaubnisbehörde unverzüglich zurückzugeben. Während des Zeitraums der Abgabe bis zur Aushändigung der Erlaubnisurkunde(n), muss die gesamte Ausbildung einschließlich der Durchführung von Aufbauseminaren und Seminare nach der Verordnung über die freiwillige Fortbildung von Inhabern der Fahrerlaubnis auf Probe (Fahranfängerfortbildungsverordnung – FreiwFortbV) eingestellt werden, da diese an einem Fahrschulunterrichtsraum gebunden sind.

Hinweis
Die Hinterlegung der Erlaubnisse (Fahrlehr-, Fahrschul- und ggf. Zweigstellenerlaubnisse) bei der zuständigen Erlaubnisbehörde erfolgt ohne Verwaltungsakt kraft Gesetz. Der Erlaubnisinhaber ist in der Pflicht. Verstöße fallen unter § 36 Abs. 1 Nr. 1 FahrlG. Der Inhaber der Fahrschulerlaubnis/verantwortlicher Leiter des Ausbildungsbetriebs darf einerseits nicht von der Fahrlehrerlaubnis und andererseits nicht von der Fahrschulerlaubnis Gebrauch machen.

C.8.3 Erlöschen einer Fahrschul- oder Zweigstellenerlaubnis

Rechtliche Grundlagen:

Fahrlehrergesetz (FahrlG)

§ 20 Abs. 2, 4 und 5	Erlöschen der Fahrschulerlaubnis
§ 14 Abs. 3 i. V. m. § 20 Abs. 2, 4 und 5	Erlöschen der Zweigstellenerlaubnis

Natürliche Person
Nach § 20 Abs. 2 FahrlG erlischt die Fahrschulerlaubnis einer natürlichen Person, wenn

- dem Inhaber die Fahrerlaubnis rechtskräftig oder unanfechtbar entzogen wird oder

- dem Inhaber die Fahrlehrerlaubnis unanfechtbar zurückgenommen oder widerrufen wird.

Werden diese Maßnahmen wegen geistiger oder körperlicher Mängel des Inhabers der Erlaubnis getroffen, gilt § 21 Abs. 4 FahrlG. Danach kann die Erlaubnisbehörde von einem Widerruf absehen, wenn eine andere Person als verantwortlicher des Ausbildungsbetriebs bestellt wird.

Die nach § 21 Abs. 4 FahrlG eingesetzte Person muss die Voraussetzungen gemäß § 11 Abs. 1 Nr. 1 – 5 und Abs. 2 Satz 2 FahrlG nachweisen. Diese sind im Einzelnen:

1. mindestens 25 Jahre alt sein,
2. es dürfen keine Tatsachen vorliegen, die für die Führung einer Fahrschule als unzuverlässig erscheinen lassen,
3. der Bewerber muss die Fahrlehrerlaubnis für die Klasse(n) für die bestehende Fahrschulerlaubnis besitzen,
4. der Bewerber um eine Fahrschulerlaubnis hat den Nachweis zu führen, dass er mindestens zwei Jahre lang im Rahmen eines Beschäftigungsverhältnisses mit dem Inhaber einer Fahrschulerlaubnis hauptberuflich tätig war,
5. der Bewerber muss an einem Lehrgang von mindestens 70 Stunden zu 45 Minuten über Fahrschulbetriebswirtschaft teilgenommen haben.

Weiterhin dürfen keine Tatsachen vorliegen, welche die Annahme rechtfertigen, dass er die Pflichten nach § 16 FahrlG nicht erfüllen kann.

Schließlich ist nach § 11 Abs. 2 Satz 2 FahrlG zu beachten, dass der verantwortliche Leiter unter Berücksichtigung seiner beruflichen Verpflichtungen die Gewähr dafür bietet, seine Pflichten nach § 16 FahrlG zu erfüllen.

Juristische Person

Ist der Inhaber der Fahrschulerlaubnis eine juristische Person und somit der Ausbildungsbetrieb von einem verantwortlichen Leiter geführt, so erlischt die Fahrschulerlaubnis gemäß § 20 Abs. 3 FahrlG ebenfalls, wenn dem verantwortlichen Leiter die Fahrerlaubnis rechtskräftig oder unanfechtbar entzogen wird oder die Fahrlehrerlaubnis unanfechtbar zurückgenommen oder widerrufen wird.

Im Falle des § 20 Abs. 3 Nr. 2 FahrlG, sowie in den Fällen des § 11 Abs. 2, § 15 Abs. 2, § 20 Abs. 1 Satz 2, § 21 Abs. 4 und § 49 Abs. 3 FahrlG erlischt nach dem Ausscheiden des verantwortlichen Leiters des Ausbildungsbetriebs die Fahrschulerlaubnis, wenn nicht binnen drei Monaten eine andere Person nach den Vorschriften des Fahrlehrergesetzes zum verantwortlichen Leiter des Ausbildungsbetriebs bestellt wird, entsprechend § 20 Abs. 4 FahrlG. Wird keine andere Person zum veranwortlichen Leiter des Ausbildungsbetriebs bestellt, muss die Erlaubnisbehörde nach Ablauf der Frist die Rückgabe der Erlaubnisurkunde der Fahrschulerlaubnis und ggf. die Urkunde über die Erlaubnis zum Betrieb einer Zweigstelle einfordern und die Beendigung der Ausbildung durchsetzen.

Achtung
Erlöschen der Fahrerlaubnis der Klassen CE oder DE

Nach den seit dem 1. Januar 1999 geltenden gesetzlichen Bestimmungen werden die Fahrerlaubnisse der Klassen C1, C1E, C, CE und die der Klassen D1, D1E, D, DE befristet erteilt. Dabei gelten für Inhaber dieser Fahrerlaubnisklassen, deren Erteilung vor dem 1. Januar 1999 erteilt wurde, andere Fristen als für Erwerber nach dem 31. Dezember 1998.

Für alle Inhaber gleich ist jedoch, dass zur Verlängerung der Fahrerlaubnisklassen der Nachweis der gesundheitlichen Eignung zu führen ist. Erlischt die Fahrerlaubnis der Klassen CE oder DE, da ein Fahrlehrer diese gemäß §§ 23, 24 FeV freiwillig nicht mehr verlängert oder nicht mehr verlängern kann (z. B. aus gesundheitlichen Gründen) erlischt in der Regel nur die Fahrlehrerlaubnis der betreffenden Klasse. In diesen Fällen erlischt die Fahrschulerlaubnis gemäß § 20 Abs. 2 FahrlG nicht, da der Fall des Erlöschens der Fahrlehrerlaubnis dort *nicht* aufgeführt ist. Auch nach Erlöschen der Fahr- und Fahrlehrerlaubnis der Klasse CE könnte daher der Fahrschulinhaber grundsätzlich weiter im Besitz der Fahrschulerlaubnis bleiben und den Unterricht für Klasse CE beispielsweise durch einen angestellten Fahrlehrer (der nicht als verantwortlicher Leiter des Ausbildungsbetriebes bestellt werden muss) erteilen lassen.

Allerdings ist bei Erlöschen der Fahr- und Fahrschulerlaubnis der Klasse CE aus gesundheitlichen Gründen § 21 Abs. 2 i. V. m. § 11 Abs. 1 Nr. 2 FahrlG besonders zu prüfen, ob der Fahrschulinhaber noch seine Pflichten gemäß § 16 FahrlG erfüllen kann. Jedoch wird der Verlust der Fahr- und Fahrlehrerlaubnis Klasse CE in der Regel nicht dazu führen, dass der Fahrschulinhaber die Pflichten gemäß § 16 FahrlG nicht mehr erfüllen kann.

Zweigstelle
Das Erlöschen einer Zweigstellenerlaubnis ist immer im Zusammenhang mit der Fahrschulerlaubnis zu sehen. Gemäß § 14 Abs. 3 FahrlG gilt § 20 Abs. 1 und 3 FahrlG entsprechend.

Erlaubnisurkunde
Bei Erlöschen der Fahrschulerlaubnis ist die Erlaubnisurkunde, gegebenenfalls auch die Erlaubnisurkunde(n) zum Betrieb der Zweigstelle(n) der Erlaubnisbehörde unverzüglich zurückzugeben. Der Fahrlehrerschein ist der Erlaubnisbehörde zur Austragung der Fahrschulerlaubnis vorzulegen.

Hinweis
Die Abgabe der Erlaubnisse (Fahrschul- und Zweigstellenerlaubnisse) bei der zuständigen Erlaubnisbehörde erfolgt ohne Verwaltungsakt kraft Gesetz. Der Erlaubnisinhaber ist in der Pflicht. Verstöße fallen unter § 36 Abs. 1 Nr. 1 FahrlG. Der Inhaber der Fahrschulerlaubnis/verantwortlicher Leiter des Ausbildungsbetriebs darf einerseits nicht von der Fahrlehrerlaubnis und andererseits nicht von der Fahrschulerlaubnis Gebrauch machen.

C.8.4 Rücknahme einer Fahrschul- oder Zweigstellenerlaubnis

Rechtliche Grundlagen:

Fahrlehrergesetz (FahrlG)

§ 21 Abs. 1 und 7	Rücknahme der Fahrschulerlaubnis

Nach § 21 Abs. 1 Satz 1 FahrlG ist die Fahrschulerlaubnis zurückzunehmen, wenn diese zu Unrecht erteilt wurde, d. h., wenn bei ihrer Erteilung eine der Voraussetzungen nach § 11 FahrlG nicht vorgelegen hat und keine Ausnahme nach § 34 Abs. 1 FahrlG erteilt worden ist. Die Erlaubnisbehörde kann von der Rücknahme absehen,

1. wenn der Mangel nicht mehr besteht,
2. bei geistigen oder körperlichen Mängeln des Inhabers, wenn eine andere Person als verantwortlicher Leiter des Ausbildungsbetriebs bestellt wird. Die nach § 21 Abs. 4 FahrlG eingesetzte Person muss die Voraussetzungen gemäß § 11 Abs. 1 Nr. 1 bis 5 und Abs. 2 Satz 2 FahrlG nachweisen. Diese sind im Einzelnen:
   - mindestens 25 Jahre alt sein,
   - es dürfen keine Tatsachen vorliegen, die für die Führung einer Fahrschule als unzuverlässig erscheinen lassen,
   - es dürfen keine Tatsachen vorliegen, welche die Annahme rechtfertigen, dass er die Pflichten nach § 16 FahrlG nicht erfüllen kann,
   - der Bewerber muss die Fahrlehrerlaubnis für die Klasse(n) für die bestehende Fahrschulerlaubnis besitzen,
   - der Bewerber um eine Fahrschulerlaubnis hat den Nachweis zu führen, dass er mindestens zwei Jahre lang im Rahmen eines Beschäftigungsverhältnisses mit dem Inhaber einer Fahrschulerlaubnis hauptberuflich tätig war,
   - der Bewerber muss an einem Lehrgang von mindestens 70 Stunden zu 45 Minuten über Fahrschulbetriebswirtschaft teilgenommen haben.

Schließlich ist nach § 11 Abs. 2 Satz 2 FahrlG zu beachten, dass der verantwortliche Leiter unter Berücksichtigung seiner beruflichen Verpflichtungen die Gewähr dafür bietet, seine Pflichten nach § 16 FahrlG zu erfüllen.

Hinweis
Verschiedentlich kann die Person, welche die Pflichten als verantwortlicher Leiter wahrnehmen soll, einen Fahrschulbetriebswirtschaftslehrgang oder einen vergleichbaren Abschluss nicht sofort nachweisen. Um eine Fortführung des Fahrschulbetriebs zu ermöglichen, könnte in diesen Fällen eine Ausnahmegenehmigung erteilt werden, wonach bis zu einem bestimmten Termin die Bescheinigung nachgewiesen werden muss. Dieser Lehrgang findet folglich für den vorübergehenden verantwortlichen Leiter statt, wenn er bereits seine Tätigkeit aufgenommen hat. Insgesamt sollte diese Frist nicht länger als drei Monate betragen.

Bei Rücknahme der Fahrschulerlaubnis ist die Erlaubnisurkunde, gegebenenfalls auch die Erlaubnisurkunde(n) zum Betrieb der Zweigstelle(n) der Erlaubnisbehörde unverzüglich zurückzugeben (§ 21 Abs. 7 FahrlG). Der Fahrlehrerschein ist der Erlaubnisbehörde zur Austragung vorzulegen.

Die Rücknahme einer Zweigstellenerlaubnis ist im Zusammenhang mit der Fahrschulerlaubnis zu sehen, da in § 14 Abs. 3 FahrlG der § 21 Abs. 1 FahrlG nicht aufgeführt ist. D. h. mit der Rücknahme einer Fahrschulerlaubnis sind gleichzeitig alle Zweigstellenerlaubnisse zurückzugeben.

C.8.5 Widerruf einer Fahrschul- oder Zweigstellenerlaubnis

Rechtliche Grundlagen:

Fahrlehrergesetz (FahrlG)

§ 21 Abs. 2 – 7	Widerruf der Fahrschulerlaubnis

Nach § 21 Abs. 2 Satz 1 FahrlG ist die Fahrschulerlaubnis zu widerrufen, wenn diese rechtmäßig erteilt wurde und später Voraussetzungen weggefallen sind, d. h. nachträglich

- Tatsachen vorliegen, die ihn für die Führung einer Fahrschule als unzuverlässig erscheinen lassen, § 11 Abs. 1 Nr. FahrlG,
- Tatsachen vorliegen, welche die Annahme rechtfertigen, dass der Bewerber die Pflichten nach § 16 FahrlG nicht erfüllen kann, § 11 Abs. 1 Nr. 2 FahrlG,
- der Bewerber den erforderlichen Unterrichtsraum, die erforderlichen Lehrmittel und die zur Fahrausbildung bestimmten Lehrfahrzeuge nicht mehr zur Verfügung hat, § 11 Abs. 1 Nr. 6 FahrlG,
- Tatsachen vorliegen, die die zur Vertretung berechtigten Personen als unzuverlässig erscheinen lassen, § 11 Abs. 2 Satz 1 FahrlG,
- eine zur Vertretung berechtigten Person die Voraussetzungen des § 11 Abs. 1 Nr. 1 bis 5 FahrlG nicht mehr erfüllt, zum verantwortlichen Leiter des Ausbildungsbetriebs bestellt wurde.

Entsprechend § 11 Abs. 2 Satz 2 FahrlG muss der verantwortliche Leiter nach den Umständen, insbesondere bei Berücksichtigung seiner beruflichen Verpflichtungen, die Gewähr dafür bieten, dass die Pflichten nach § 16 FahrlG erfüllt werden. Unzuverlässig im Sinne des § 11 Abs. 1 Nr. 1 FahrlG ist der Erlaubnisinhaber insbesondere dann, wenn er wiederholt die Pflichten gröblich verletzt hat, die ihm nach diesem Gesetz oder den auf ihm beruhenden Rechtsverordnungen obliegen.

Die Fahrschulerlaubnis kann weiterhin widerrufen werden, wenn:

- der Ausbildungsbetrieb aus einem vom Inhaber zu vertretenden Grunde nicht binnen eines Jahres nach Erteilung der Erlaubnis eröffnet wird,
- über die Dauer eines Jahres hinaus stillliegt oder
- in den Fällen des § 11 Abs. 2, § 15 Abs. 2, § 20 Abs. 1 Satz 2, § 21 Abs. 4 und § 49 Abs. 3 FahrlG der verantwortliche Leiter des Ausbildungsbetriebs wiederholt die Pflichten gröblich verletzt hat, die ihm nach dem Fahrlehrergesetz oder den auf ihm beruhenden Rechtsverordnungen obliegen.

Die Erlaubnisbehörde kann, bei geistigen oder körperlichen Mängeln des Inhabers, vom Widerruf absehen, wenn eine andere Person als verantwortlicher Leiter des Ausbildungsbetriebs bestellt wird. Voraussetzung hierfür ist, dass ein anderer verantwortlicher Leiter bestellt wurde.

Die nach § 21 Abs. 4 FahrlG eingesetzte Person muss die Voraussetzungen gemäß § 11 Abs. 1 Nr. 1 – 5 und Abs. 2 Satz 2 FahrlG nachweisen. Diese sind im Einzelnen:

- mindestens 25 Jahre alt sein,
- es dürfen keine Tatsachen vorliegen, die für die Führung einer Fahrschule als unzuverlässig erscheinen lassen,
- es dürfen keine Tatsachen vorliegen, welche die Annahme rechtfertigen, dass er die Pflichten nach § 16 FahrlG nicht erfüllen kann,
- der Bewerber muss die Fahrlehrerlaubnis für die Klasse(n) für die bestehende Fahrschulerlaubnis besitzen,
- der Bewerber um eine Fahrschulerlaubnis hat den Nachweis zu führen, dass er mindestens zwei Jahre lang im Rahmen eines Beschäftigungsverhältnisses mit dem Inhaber einer Fahrschulerlaubnis hauptberuflich tätig war,
- der Bewerber muss an einem Lehrgang von mindestens 70 Stunden zu 45 Minuten über Fahrschulbetriebswirtschaft teilgenommen haben.

Schließlich ist nach § 11 Abs. 2 Satz 2 FahrlG zu beachten, dass der verantwortliche Leiter unter Berücksichtigung seiner beruflichen Verpflichtungen die Gewähr dafür bietet, seine Pflichten nach § 16 FahrlG zu erfüllen.

Hinweis

Verschiedentlich kann die Person, welche die Pflichten als verantwortlicher Leiter wahrnehmen soll, einen Fahrschulbetriebswirtschaftslehrgang oder einen vergleichbaren Abschluss nicht sofort nachweisen. Um eine Fortführung des Fahrschulbetriebs zu ermöglichen, könnte in diesen Fällen eine Ausnahmegenehmigung erteilt werden, wonach bis zu einem bestimmten Termin die Bescheinigung nachgewiesen werden muss. Dieser Lehrgang findet folglich für den vorübergehenden verantwortlichen Leiter statt, wenn er bereits seine Tätigkeit aufgenommen hat. Insgesamt sollte diese Frist nicht länger als drei Monate betragen.

Wird die Fahrschulerlaubnis gemäß § 21 Abs. 6 Satz 1 FahrlG zurückgenommen oder widerrufen, erlischt auch die Erlaubnis zum Betrieb der Zweigstellen.

Die Erlaubnis zum Betrieb von Zweigstellen ist gemäß § 21 Abs. 5 FahrlG zu widerrufen, wenn nachträglich Tatsachen bekannt werden, welche die Versagung der Erlaubnis nach § 14 Abs. 2 FahrlG rechtfertigen würden.

Hinweis

§ 21 Abs. 6 Satz 1 FahrlG gilt nicht, wenn die Fahrschulerlaubnis deswegen widerrufen wird, weil die Voraussetzungen des § 11 Abs. 1 Nr. 6 FahrlG (den erforderlichen Unterrichtsraum, die erforderlichen Lehrmittel und die zur Fahrausbildung bestimmten Lehrfahrzeuge) nicht mehr gegeben sind. In diesem Falle kann der Inhaber einer Zweigstellenerlaubnis nach § 21 Abs. 6 Satz 3 FahrlG verlangen, dass die Erlaubnis für eine nach § 14 Abs. 2 FahrlG zugelassene Zweigstelle durch eine Fahrschulerlaubnis ersetzt wird.

Beim Widerruf liegt kein Ermessen vor. Wohl aber kann der Beurteilungsspielraum der Auslegung der unbestimmten Rechtsbegriffe »Eignung« und »Zuverlässigkeit« verwaltungsgerichtlich nachgeprüft werden. Bei Widerruf der Fahrschulerlaubnis sind die Erlaubnisurkunde und gegebenenfalls auch die Erlaubnisurkunde(n) zum Betrieb der Zweigstelle(n) der Erlaubnisbehörde unverzüglich zurückzugeben (§ 21 Abs. 7 FahrlG). Der Fahrlehrerschein ist der Erlaubnisbehörde zur Austragung vorzulegen.

Anmerkung
Wird die Erlaubnisbehörde von anderen Behörden oder Institutionen aufgefordert, z. B. auf Grund von Schulden die Fahrschulerlaubnis zu widerrufen, ist eine Anhörung mit dem Ziel des Widerrufs gegen Unzuverlässigkeit im Sinne des § 11 Abs. 1 Nr. 1 FahrlG einzuleiten. In der Anhörung ist die Vorlage eines finanziellen Leistungsnachweises abzufordern. Der Inhaber hat in Rahmen einer Anhörung innerhalb von 4 Wochen Auskunft mittels Bescheinigungen vom Finanzamt, der Krankenkasse, der Berufsgenossenschaft und auch von der Erlaubnisbehörde nachzuweisen.

C.9 Fortführung nach dem Tode des Inhabers der Fahrschulerlaubnis

Rechtliche Grundlagen:

Fahrlehrergesetz (FahrlG)

§ 15	Fortführung der Fahrschule nach dem Tod des Inhabers der Fahrschulerlaubnis
§ 14 Abs. 3 i. V.m. § 15	Fortführung der Zweigstelle nach dem Tod des Inhabers der Zweigstellenerlaubnis

Nach dem Tode des Inhabers der Fahrschulerlaubnis kann die Fahrschule nach § 15 Abs. 1 FahrlG für eine Dauer von nicht mehr als sechs Monaten

1. für Rechnung des überlebenden Ehegatten oder Lebenspartners,
2. für Rechnung eines Erben, solange dieser noch nicht 26 Jahre alt ist oder seit dem Erbfall drei Jahre noch nicht verstrichen sind, oder
3. für Rechnung des Testamentsvollstreckers, Nachlassverwalters, Nachlasspflegers oder Nachlassinsolvenzverwalters während einer Testamentsvollstreckung, Nachlassverwaltung, Nachlasspflegschaft oder Nachlassinsolvenzverwaltung

fortgeführt werden.

Über diesen Zeitraum hinaus darf von der Fahrschulerlaubnis nur Gebrauch gemacht werden, wenn die oben genannten Personen oder eine andere als verantwortlicher Leiter des Ausbildungsbetriebs bestellte Person die Voraussetzungen des § 11 Abs. 1 Nr. 1 bis 5 und § 11 Abs. 2 Satz 2 FahrlG erfüllen. Diese sind im Einzelnen:

- mindestens 25 Jahre alt sein,
- es dürfen keine Tatsachen vorliegen, die für die Führung einer Fahrschule als unzuverlässig erscheinen lassen,
- es dürfen keine Tatsachen vorliegen, welche die Annahme rechtfertigen, dass er die Pflichten nach § 16 FahrlG nicht erfüllen kann,
- der Bewerber muss die Fahrlehrerlaubnis für die Klasse(n) für die bestehende Fahrschulerlaubnis besitzen,
- der Bewerber um eine Fahrschulerlaubnis hat den Nachweis zu führen, dass er mindestens zwei Jahre lang im Rahmen eines Beschäftigungsverhältnisses mit dem Inhaber einer Fahrschulerlaubnis hauptberuflich tätig war,
- der Bewerber muss an einem Lehrgang von mindestens 70 Stunden zu 45 Minuten über Fahrschulbetriebswirtschaft teilgenommen haben.

Schließlich ist nach § 11 Abs. 2 Satz 2 FahrlG zu beachten, dass der verantwortliche Leiter unter Berücksichtigung seiner beruflichen Verpflichtungen die Gewähr dafür bietet, seine Pflichten nach § 16 FahrlG zu erfüllen.

Ausnahmen können gemäß § 34 Abs. 1 FahrlG von § 11 Abs. 1 Nr. 4 vom Erfordernis des Nachweises eines hauptberuflichen Beschäftigungsverhältnisses von mindestens zwei Jahren im Rahmen eines mit dem Inhaber einer Fahrschulerlaubnis und der Teilnahme an einem Lehrgang von mindestens 70 Stunden zu 45 Minuten über Fahrschulbetriebswirtschaft erteilt werden. Das Ermessen der Erlaubnisbehörde ist bei der Erteilung einer Ausnahmegenehmigung von § 11 Abs. 1 Nr. 5 FahrlG durch § 34 Abs. 2 Nr. 3 FahrlG eingeschränkt.

Hinweis
Verschiedentlich kann die Person, welche die Pflichten als verantwortlicher Leiter wahrnehmen soll, einen Fahrschulbetriebswirtschaftslehrgang oder einen vergleichbaren Abschluss nicht sofort nachweisen. Um eine Fortführung des Fahrschulbetriebs zu ermöglichen, könnte in diesen Fällen eine Ausnahmegenehmigung erteilt werden, wonach bis zu einem bestimmten Termin die Bescheinigung nachgewiesen werden muss. Dieser Lehrgang findet folglich für den vorübergehenden verantwortlichen Leiter statt, wenn er bereits seine Tätigkeit aufgenommen hat. Insgesamt sollte diese Frist nicht länger als drei Monate betragen.

C.10 Registervorschriften

C.10.1 Örtliches Fahrlehrregister

Nach § 37 Abs. 1 FahrlG dürfen die zuständigen Erlaubnisbehörden ein örtliches Fahrlehrerregister führen, in dem die Daten über Fahrschulen gespeichert werden. Sie umfassen nach § 38 FahrlG i. V. m. § 16 DV-FahrlG:

1. bei Erlaubnissen und Anerkennungen
   - **zur Person des Inhabers der Erlaubnis oder Anerkennung sowie zur Person des verantwortlichen Leiters des Ausbildungsbetriebes einer Fahrschule folgende Angaben:**
     Familienname, Geburtsname, sonstige frühere Namen, Vornamen, Doktorgrad, Geschlecht, Geburtsdatum und Geburtsort, Anschrift und Staatsangehörigkeit,
   - **von juristischen Personen und Behörden:**
     Name oder Bezeichnung und Anschrift sowie zusätzlich bei juristischen Personen die nach Gesetz, Vertrag oder Satzung zur Vertretung berechtigten Personen mit den oben genannten Angaben,
   - **von Vereinigungen:**
     Name oder Bezeichnung und Anschrift sowie die nach Gesetz, Vertrag oder Satzung zur Vertretung berechtigten Personen mit den oben genannten Angaben,
   - die entscheidende Stelle, Tag der Entscheidung und Geschäftsnummer oder Aktenzeichen.
2. **bei der Zugehörigkeit zu einer Gemeinschaftsfahrschule bei Beschäftigungs- und Ausbildungsverhältnissen, bei der Tätigkeit als Ausbildungsfahrlehrer und beim Betrieb als Ausbildungsfahrschule:**
   Name oder Bezeichnung und Anschrift sowie Inhaber und verantwortlicher Leiter des Ausbildungsbetriebes der betreffenden Fahrschule mit den Angaben nach Nr. 1 sowie der beschäftigte oder auszubildende Fahrlehrer und der Ausbildungsfahrlehrer mit den Angaben nach Nr. 1.
3. gemäß § 39 Abs. 3 Nr. 10 des Fahrlehrergesetzes, die im Rahmen von § 42 Abs. 2 des Fahrlehrergesetzes übermittelten Daten nach § 59 Abs. 1 und 2 der Fahrerlaubnis-Verordnung.

Ferner erlaubt § 39 Abs. 3 FahrlG den örtlich zuständigen Erlaubnisbehörden die Speicherung von

- Fahrschulerlaubnissen und Zugehörigkeit zu einer Gemeinschaftsfahrschulen,
- Zweigstellenerlaubnissen,
- Betrieb als Ausbildungsfahrschule,
- die nach § 42 FahrlG übermittelten Daten.

Diese Daten sind dem Kraftfahrt-Bundesamt mitzuteilen. Es vermerkt

1. im Zentralen Fahrerlaubnisregister, ob ein Fahrerlaubnisinhaber auch Fahrlehrer ist,
2. im Verkehrszentralregister die in § 39 Abs. 2 näher bestimmten Maßnahmen, Entscheidungen und Erklärungen auf dem Gebiet des Fahrlehrergesetzes.

C.11 Unterrichtsentgelte

Rechtliche Grundlagen:

Fahrlehrergesetz (FahrlG)
§ 19 Unterrichtsentgelte

Vom Inhaber einer Fahrschule sind die von ihm frei, in eigener Verantwortung und selbständig gebildeten Entgelte mit den Geschäftsbedingungen in den Geschäftsräumen durch Aushang bekannt zu geben (§ 19 FahrlG). Ein entsprechend festgelegtes Muster für den Preisaushang, der für alle verbindlich ist, ist als Anlage 5 zu § 7 in der DV-FahrlG abgebildet.

Das Entgelt ist wie folgt anzugeben:

- pauschaliert für die allgemeinen Aufwendungen des Fahrschulbetriebs einschließlich des gesamten theoretischen Unterrichts, für die Vorstellung zur Prüfung und für die Aufbauseminare (§ 31 FahrlG) sowie
- stundenbezogen für eine Fahrstunde im praktischen Unterricht und für die Unterweisung am Fahrzeug zu jeweils 45 Minuten.

Die Angaben über die Entgelte und deren Bestandteile sowie über die Geschäftsbedingungen müssen den Grundsätzen der Preisklarheit und Preiswahrheit entsprechen. Auf dem Preisaushang sind alle vorgesehenen Felder der jeweiligen Klasse auszufüllen. Der Preisaushang ist mit einem Datum zu versehen, ab wann die aufgeführten Entgelte gelten. Werden Entgelte veröffentlicht, müssen alle Entgelte bezogen auf die beworbene Klasse angegeben werden. Dies gilt auch für Werbezettel. Entweder alle Entgelte einer Klasse oder kein Entgelt.

Achtung

Wer entgegen § 19 FahrlG auch i. V. m. § 14 Abs. 3 FahrlG die Entgelte oder Geschäftsbedingungen nicht oder nicht in vorgeschriebener Weise bekannt gibt, handelt ordnungswidrig nach § 36 Abs. 1 Nr. 8 FahrlG. Bei einer Ahndung der Ordnungswidrigkeit kann eine Geldbuße bis 500 € festgesetzt werden.

Kapitel D
Der Fahrlehrerprüfungsausschuss

Rechtliche Grundlagen:

Fahrlehrergesetz (FahrlG)		
§ 32 Abs. 1	Zuständigkeit	
Gebührenordnung für Maßnahmen im Straßenverkehr (GebOSt)		**Ermächtigungsnormen**
2. Abschnitt Kapitel D	Gebührentarife	§ 34a Abs. 2 und 3

D.1 Allgemeine Grundsätze

Zuständigkeiten

Im Gegensatz zu allen anderen Zuständigkeiten regelt sich die Errichtung des Fahrlehrerprüfungsausschusses nicht nach dem Fahrlehrergesetz sondern nach der Prüfungsordnung für Fahrlehrer (FahrlPrüfO). § 1 regelt, dass für die Prüfung der fachlichen Eignung als Fahrlehrer (§ 2 Abs. 1 Nr. 7, § 4 des Fahrlehrergesetzes) bei der zuständigen obersten Landesbehörde, der von ihr bestimmten oder der nach Landesrecht zuständigen Stelle ein Prüfungsausschuss errichtet wird.

Für die Durchführung der Prüfungen und Lehrproben gemäß § 14 FahrlPrüfO ist gemäß § 6 des FahrlPrüfO jeweils der Prüfungsausschuss zuständig, in dessen Bezirk der Bewerber seinen Wohnsitz/sein Beschäftigungsverhältnis (vorrangige Zuständigkeit) oder die von ihm besuchte Fahrlehrerausbildungsstätte oder Ausbildungsfahrschule ihren Sitz hat.

Mitglieder des Prüfungsausschusses

Der Prüfungsausschuss besteht aus vier Mitgliedern. Die Mitglieder müssen für ihre Prüfungsgebiete sachkundig und als Prüfer geeignet sein. Dem Prüfungsausschuss müssen angehören:

- ein Mitglied mit der Befähigung zum Richteramt oder zum höheren nichttechnischen Verwaltungsdienst,
- ein amtlich anerkannter Sachverständiger für den Kraftfahrzeugverkehr, auch mit Teilbefugnissen,
- ein Mitglied mit abgeschlossenem Studium der Erziehungswissenschaft an einer Hochschule und mit der Fahrerlaubnis der Klasse BE und
- ein Fahrlehrer mit der Fahrlehrerlaubnis der von dem Bewerbern beantragten Klasse, der fünf Jahre lang Fahrschüler ausgebildet hat; bei der Prüfung von Bewerbern für die Fahrlehrerlaubnis der Klasse DE genügt eine ausreichende Praxis in der Ausbildung der Klasse DE.

Der Vorsitzende ist in der Regel das Mitglied mit der Befähigung zum Richteramt oder zum höheren nichttechnischen Verwaltungsdienst und soll nach § 3 Abs. 1 FahrlPrüfO der obersten Landesbehörde, der von ihr bestimmten oder der nach Landesrecht zuständigen Stelle angehören, bei der der Prüfungsausschuss seinen Sitz hat.

Gebühren
Die gebührenpflichtigen Tatbestände und die Gebührensätze ergeben sich aus dem Gebührentarif für Maßnahmen im Straßenverkehr. Gemäß § 1 der GebOSt[44] dürfen danach für Amtshandlungen, einschließlich der Prüfungen und Untersuchungen im Sinne des § 34a des Fahrlehrergesetzes Gebühren erhoben werden. Soweit im Gebührentarif nichts anderes bestimmt ist, hat nach § 2 GebOSt der Kostenschuldner (hier der Fahrlehreranwärter) auch die dort aufgeführten Auslagen wie »Entgelte für Zustellungen durch die Post mit Postzustellungsurkunde und für Nachnahmen sowie im Einschreibeverfahren« oder für den »Einsatz von Dienstwagen bei Dienstgeschäften außerhalb der Dienststelle« zu tragen. Die für die Erteilung einer Fahrschulerlaubnis einschlägigen Gebührentarife sind im dem für die Gebühren des Landes relevanten 2. Abschnitt unter Kapitel D »Fahrlehrerrecht« aufgeführt.

301	Fahrlehrerprüfung	
301.1	für die Klasse BE	
	■ für die fahrpraktische Prüfung	169,00 €
	■ für die Fachkundeprüfung	
	a) schriftlicher Teil	266,00 €
	b) mündlicher Teil	164,00 €
	■ für die Lehrproben	
	a) im theoretischen Unterricht	99,70 €
	b) im fahrpraktischen Unterricht	99,70 €
301.2	für die Erweiterung von der Klasse BE auf die Klasse A	
	■ für die fahrpraktische Prüfung	169,00 €
	■ für die Fachkundeprüfung	
	a) schriftlicher Teil	148,00 €
	b) mündlicher Teil	164,00 €
301.3	für die Erweiterung von Klasse BE auf die Klasse CE oder DE	
	■ für die fahrpraktische Prüfung	220,00 €
	■ für die Fachkundeprüfung	
	a) schriftlicher Teil	148,00 €
	b) mündlicher Teil	164,00 €

44 Gebührenordnung für Maßnahmen im Straßenverkehr (GebOSt) vom 26. Juni 1970 (BGBl. I S. 865, 1298), zuletzt geändert durch Artikel 3 der Verordnung vom 22. August 2006 (BGBl. I S. 2108)

Hinweis

Diese Gebühren schließen die Kosten für die Mitglieder des Prüfungsausschusses – mit Ausnahme der Auslagen – ein.

Sie beinhalten folglich alle drei Prüfungsteile (fahrpraktische Prüfung, schriftliche und mündliche Fachkundeprüfung) im Ersterwerb. Auslagen können im Zuge der Erstattung von anteiligen Reisekosten der Prüfer (öffentliche Verkehrsmittel zum Ort der Prüfungen) und zurück, einschließlich anteiliger Zustellungskosten in Höhe von ca. 7 € entstehen. Beim Erwerb der Fahrlehrerlaubnis der Klasse BE entstehen Auslagen durch die Anreise der beiden Prüfer mit ihrem Privatkraftfahrzeug von der Wohnung zur Ausbildungsfahrschule und zurück (zur Abnahme der theoretischen und praktischen Lehrproben). Je Kilometer werden 30 Cent berechnet. Bei 125 km Entfernung entstehen Auslagen in Höhe von 150 € (2 x 125 km * 0,30 € + 2 x 125 km * 0,30 €). Dazu kommen Zustellungskosten von ca. 5 €.

Die Gebühr ist auch für Teile zu entrichten, die ohne Verschulden des Prüfungsausschusses und ohne ausreichende Entschuldigung des Bewerbers am festgesetzten Termin nicht stattfinden oder nicht zu Ende geführt werden konnten.

309	Erteilung oder Versagung einer Ausnahme von den Vorschriften über das Fahrlehrerwesen	5,10 bis 511,00 €

Hinweis

Nach § 6 GebOSt sind die Vorschriften des Verwaltungskostengesetzes anzuwenden, soweit sie nicht die §§ 1 bis 5 GebOSt abweichende Regelungen über die Kostenerhebung, die Kostenbefreiung, den Umfang der zu erstattenden Auslagen, der Kostengläubiger- und Kostenschuldnerschaft enthalten. Insbesondere bei der Ausgestaltung der unter Gebührentarif Nr. 309 ausgewiesenen Margengebühren gilt es deshalb § 3 des Verwaltungskostengesetzes (VwKostG)[45] zu beachten. Danach sind die Gebührensätze sind so zu bemessen, dass zwischen der den Verwaltungsaufwand berücksichtigenden Höhe der Gebühr einerseits und der Bedeutung, dem wirtschaftlichen Wert oder dem sonstigen Nutzen der Amtshandlung andererseits ein angemessenes Verhältnis besteht. Ist gesetzlich vorgesehen, dass Gebühren nur zur Deckung des Verwaltungsaufwandes erhoben werden, sind die Gebührensätze so zu bemessen, dass das geschätzte Gebührenaufkommen den auf die Amtshandlungen entfallenden durchschnittlichen Personal- und Sachaufwand für den betreffenden Verwaltungszweig nicht übersteigt.

45 Verwaltungskostengesetz vom 23. Juni 1970 (BGBl. I S. 821), zuletzt geändert durch Artikel 4 Abs. 9 des Gesetzes vom 5. Mai 2004 (BGBl. I S. 718)

D.2 Berufung der Mitglieder

Die zuständige oberste Landesbehörde, die von ihr bestimmte oder die nach Landesrecht zuständige Stelle beruft die Mitglieder des Prüfungsausschusses und bestimmt den Vorsitzenden.

Verfahren zur Berufung

Nach § 2 FahrlPrüfO müssen die Mitglieder für ihre Prüfungsgebiete sachkundig und als Prüfer geeignet sein. Da seitens der zuständigen Landesbehörde regelmäßig keine Kenntnisse darüber vorliegen, welche Personen im jeweiligen Bundesland diese Voraussetzungen erfüllen, hat es sich in der Praxis als hilfreich erwiesen, von der Technischen Prüfstellen für den Kraftfahrzeugverkehr, dem Berufsverband der Fahrlehrer oder von den Erlaubnisbehörden Vorschläge zur Berufung von sachkundigen und geeigneten Personen zu erbitten. Unabhängig davon können sich auch Einzelpersonen bewerben.

Die Personen müssen zur ersten Berufung mittels Bewerbungsschreiben ihre Sachkunde und Eignung nachweisen. Weiterhin sind Nachweise und Unterlagen über die Qualifikation vorzulegen.

Die berufende Behörde oder behördliche Stelle muss die einschränkenden Regelungen des § 3 Abs. 2 FahrlPrüfO beachten; für die Prüfungsdurchführung muss der Vorsitzende des Prüfungsausschusses vorab prüfen, ob Ausschlussgründe oder Befangenheit gemäß § 4 FahrlPrüfO vorliegen. Die selbstverständliche Verschwiegenheit ist eine Pflicht aller Mitglieder des Prüfungsausschusses nach § 5 FahrlPrüfO.

Die Berufung sollte befristet, z. B. für drei Jahre, erfolgen. Einerseits kann dadurch die berufende Landesbehörde reagieren, wenn weitere Prüfer benötigt werden und dadurch verschiedene Berufungsfristen bestehen. Andererseits wird durch die Befristung der »Ausstieg« eines Prüfers aus dem Fahrlehrerprüfungsausschuss erleichtert. Vor Ablauf der Befristung müssen die Prüfer der berufenden Behörde ihre Bereitschaft über die weitere Mitarbeit im Fahrlehrerprüfungsausschuss mitteilen. Danach erhalten sie eine erneute Berufungsurkunde. Prüfer, die, aus welchen Gründen auch immer, ihre Tätigkeit im Fahrlehrerprüfungsausschuss beenden wollen, müssen diese Absicht schriftlich erklären.

Beschlussfähigkeit des Prüfungsausschusses

Die Beschlussfähigkeit des Prüfungsausschusses ist nur gegeben, wenn die vier in § 2 Abs. 2 FahrlPrüfO genannten Mitglieder anwesend sind; abweichend davon gibt es Ausnahmen bei der fahrpraktischen Prüfung und bei den Lehrproben gemäß § 2 Abs. 3 FahrlPrüfO.

D.3 Zulassung zur Fahrlehrerprüfung

Die Erläuterung des Zulassungsverfahrens erfolgte bereits im Kapitel B in den jeweiligen Verfahren zu Erteilung der

- Fahrlehrerlaubnis der Klasse BE befristet, siehe B.1.2,
- Fahrlehrerlaubnis der Klasse BE unbefristet, siehe B.1.3,
- Erweiterung auf die Fahrlehrerlaubnisklassen A, CE oder DE, siehe B.2.

D.3.1 Zulassung zu den Prüfungen und Lehrproben

Die Erlaubnisbehörde beauftragt nach Prüfung der eingereichten Unterlagen – wenn die Voraussetzungen gemäß §§ 2 und 3 FahrlG und § 8 FahrlPrüfO vorliegen – den Prüfungsausschuss mit der Durchführung der Prüfungen und Lehrproben. § 8 Abs. 5 FahrlPrüfO räumt dabei dem Prüfungsausschuss in Bezug auf die Voraussetzungen und die Vollständigkeit der eingereichten Unterlagen ein Nachprüfungsrecht ein. Gegebenenfalls kann so im Einzelfall ein Fehler oder Versehen der Erlaubnisbehörde korrigiert werden.

Achtung

Wird durch die Erlaubnisbehörde in der Zulassung zur Fahrlehrerprüfung verfügt, dass die Nachweise über die Teilnahme an der Ausbildung vom Fahrlehrerprüfungsausschuss zu prüfen sind, können ungeachtet dessen direkte Anordnungen, wie die Versagung zur Teilnahme an der Fahrlehrerprüfung wegen Fehlzeiten, dennoch nur durch die Erlaubnisbehörde selbst mittels Bescheid über die Rücknahme der Zulassung zur Fahrlehrerprüfung durchgeführt werden.

D.3.2 Allgemeines Prüfungsverfahren

Der Vorsitzende des Prüfungsausschusses legt nach § 9 Satz 1 FahrlPrüfO Ort und Zeit für Prüfungen und Lehrproben fest und lädt die Bewerber ein. Dabei hat er zu berücksichtigen, dass nach § 9 Satz 2 und 3 FahrlPrüfO die fahrpraktische Prüfung eines Bewerbers um die Fahrlehrerlaubnis der Klasse BE im zweiten oder dritten Monat der Ausbildung durchgeführt werden soll. In der Regel sollen die Fachkundeprüfung möglichst unmittelbar nach Abschluss der Ausbildung in der Fahrlehrerausbildungsstätte und die Lehrproben jeweils innerhalb eines Monats nach Abschluss der Ausbildung in der Ausbildungsfahrschule (§ 2 Abs. 5 Satz 3 des Fahrlehrergesetzes) durchgeführt werden. Ferner ist die in § 14 FahrlPrüfO festgelegte Gliederung der Prüfungen und Lehrproben einzuhalten.

Die Ladung sollte rechtzeitig durch Zustellung ggf. mit Postzustellungsurkunde oder durch persönliche Übergabe mit Empfangsbestätigung erfolgen. Die Ladungsfrist kann einen Monat betragen und sollte 2 Wochen nicht unterschreiten. Der Rücktritt von der Prüfung nach § 10 FahrlPrüfO vor der Ladung muss nicht begründet werden. Nach der Ladung oder nach Prüfungsbeginn oder nach Beginn der Lehrprobe gilt bei Rücktritt, dass die Prüfung als nicht bestanden zu bewerten ist. Nur der Vorsitzende kann, sofern ein wichtiger Grund vorliegt, davon absehen, ggf. sind die Kosten für die nicht durchgeführte Fahrlehrerprüfung zu erstatten.

Wird der Ablauf einer Prüfung oder einer Lehrprobe durch einen Bewerber erheblich gestört oder begeht er ein Täuschungshandlung, kann

- der Vorsitzende,
- das Aufsicht führende Mitglied des Prüfungsausschusses (bei der fahrpraktischen Prüfung und den Lehrproben) oder
- die Aufsicht führende Person, der Verwaltungsangestellte bei der Fachkundeprüfung schriftlicher Teil

von der Prüfung oder Lehrprobe ausschließen nach § 11 FahrlPrüfO. Über den endgültigen Ausschluss entscheidet der Prüfungsausschuss.

Die Prüfungen und Lehrproben sind nach § 12 FahrlPrüfO regelmäßig nicht öffentlich. Nur Beauftragte der Erlaubnisbehörde und deren Aufsichtsbehörde können jedoch jederzeit als Zuhörer teilnehmen. Bei mündlichen Fachkundeprüfungen und bei den Lehrproben kann der Vorsitzende, mit Zustimmung des Bewerbers, die Teilnahme folgender Zuhörer gestatten:

- Fahrlehreranwärtern,
- dem verantwortlichen Leiter von amtlich anerkannten Fahrlehrerausbildungsstätten,
- den hauptamtlichen Lehrkräften von amtlich anerkannten Fahrlehrerausbildungsstätten und
- den Ausbildungsfahrlehrern.

D.4 Gliederung der Prüfungen und Lehrproben

Die Prüfungen und Lehrproben sind wie folgt gegliedert nach §§ 14 – 18 FahrlPrüfO:

Bewerber um eine Fahrlehrerlaubnisklasse A, CE, DE oder BE befristet – fahrpraktische Prüfung	bei Klasse BE vor Fachkundeprüfung
Bewerber um eine Fahrlehrerlaubnisklasse A, CE, DE oder BE befristet – Fachkundeprüfung schriftlicher und mündlicher Teil	■ bei Klasse BE vor Lehrprobe; ■ schriftlicher Teil vor dem mündlichen Teil
Bewerber um eine Fahrlehrerlaubnisklasse BE unbefristet Lehrprobe im theoretischen Unterricht und Lehrprobe im fahrpraktischen Unterricht	Reihenfolge beliebig

Die Fähigkeiten und das Fachwissen, die vom Bewerber für eine Fahrlehrerlaubnis nachzuweisen sind, werden in den §§ 15 bis 18 FahrlPrüfO beschrieben. Auf diese soll nicht weiter eingegangen werden.

D.5 Bewertung der Prüfungen und Lehrproben

Die Mitglieder des Prüfungsausschusses bewerten die Prüfungsteile und Lehrproben einzeln. Aus den Einzelbewertungen wird vom Vorsitzenden oder den Verantwortlichen bei der fahrpraktischen Prüfung und den Lehrproben die Gesamtbewertung festgestellt. Ergibt sich ein Mittelwert wird bis 0,49 ab- und ab 0,50 aufgerundet nach § 19 Abs. 3 FahrlPrüfO. Für die Leistungen können folgende Noten vergeben werden:

- mit sehr gut (1), gut (2), befriedigend (3) und ausreichend (4) gelten die Prüfungsteile als bestanden,
- mit mangelhaft (5) und ungenügend (6) gelten die Prüfungsteile als nicht bestanden. Bei den Fachkundeprüfungen in allen Fahrlehrerprüfungen wird eine mangelhafte Leistung im schriftlichen Teil durch eine mindestens befriedigende Leistung im

mündlichen Teil, eine mangelhafte Leistung im mündlichen Teil durch eine mindestens befriedigende Leistung im schriftlichen Teil ausgeglichen gemäß § 19 Abs. 5 FahrlPrüfO.

Am Ende des Prüfungsteils, jeder Lehrprobe muss dem Bewerber die Bewertung bekannt gegeben werden. Mit mangelhaft oder mit ungenügend bewertete Prüfungsteile sind zu erläutern und zu begründen gemäß § 21 FahrlPrüfO. Nicht bestandene Prüfungen oder Lehrproben sind mit einem schriftlichen Bescheid einschließlich Rechtsbehelfsbelehrung zuzustellen nach § 23 FahrlPrüfO. Nichtbestandene Prüfungen und Lehrproben können höchstens zwei Mal wiederholt werden gemäß § 24 FahrlPrüfO.

Erneute Fahrlehrerprüfungen können frühestens fünf Jahre nach Abschluss der nicht bestandenen Prüfung erneut abgelegt werden, wenn der Bewerber sich einer erneuten Ausbildung für die beantragte Klasse unterzogen hat gemäß § 25 FahrlPrüfO.

D.6 Durchführung der Prüfungen und Lehrproben

Der Vorsitzende bestimmt Ort und Zeit der Prüfungen und Lehrproben und lädt den Bewerber.

Über den Verlauf der Prüfungen und Lehrproben führt der Vorsitzende oder der Verantwortliche eine Niederschrift. Hier wird neben der Belehrung und der Vorstellung der Prüfungsausschussmitglieder, Beginn und Ende, die Aufgaben und die nachgewiesen Leistung, sowie die Verkündung des Ergebnisses gerichtsfest festgehalten. Alle Mitglieder, die an dem Prüfungsteil oder der Lehrprobe teilgenommen haben, zeichnen in der Niederschrift gegen.

Prüfungsteil	Vorsitzender	Sachverständiger	Pädagoge	Fahrlehrer
fahrpraktische Prüfung	(x)*	X		X
Fachkundeprüfung schriftlicher Teil	X**	X**	X**	X**
Fachkundeprüfung mündlicher Teil	X**	X**	X**	X**
Lehrproben im theoretischen und fahrpraktischen Unterricht	(x)*		X	X

* Mindestens sind zwei Prüfer vorgesehen. Der Vorsitzende kann selbstverständlich auch an diesen Prüfungsteilen teilnehmen.

** Die Prüfer, welche die Korrekturen der Fachkundeprüfung schriftlicher Teil durchführen, müssen auch spätestens zur Fachkundeprüfung mündlicher Teil zusammen die Note für die Fachkundeprüfung schriftlicher Teil festlegen.

Weiterhin erhält der Bewerber eine Gebührenrechnung einschließlich der angefallenen anteiligen Auslagen. Die Gebühren können auch vor jeden Prüfungsteil erhoben werden.

D.6.1 Fahrpraktischen Prüfung

Bewerber um eine Fahrlehrerlaubnis der Klasse BE sollen im zwei oder dritten Monat die fahrpraktische Prüfung durchführen. Die fahrpraktische Prüfung wird von zwei Prüfungsausschussmitgliedern einen Sachverständigen, welcher gleichzeitig der Verantwortliche ist und einen Fahrlehrer durchgeführt. Jeder Prüfer vergibt eine Note. Aus beiden Teilnoten bildet der Verantwortliche die Gesamtnote. Der Sachverständige, der vom Vorsitzenden zum Verantwortlichen benannt wird, führt die Niederschrift und verkündet das Ergebnis. Weiterhin führt jeder Prüfer selbst Aufzeichnungen zum Verlauf der Prüfung. Diese Aufzeichnungen können ggf. in Verwaltungsgerichtsverfahren über die Fahrlehrerprüfung hinzugezogen werden. Selbstverständlich kann der Vorsitzende diesen Prüfungen beiwohnen.

Die fahrpraktischen Prüfungen finden in den vier Hauptklassen A, BE, CE und DE statt. Deshalb dürfen die Prüfungen nur Fahrzeugen dieser Klassen absolviert werden. Als Prüfungsfahrzeuge gelten nach § 15 Abs. 1 Sätze 2 und 3 FahrlPrüfO die Prüfungsfahrzeuge nach Anlage 7 Nr. 2.2 FeV. Die verwendenden Prüfungsfahrzeuge müssen folgende Anforderungen erfüllen:

Klasse	Ausbildungs- und Prüfungsfahrzeuge nach Anlage 7 FeV bis 30. Juni 2004	Ausbildungs- und Prüfungsfahrzeuge nach Anlage 7 FeV seit 1. Juli 2004
A	Krafträder der Klasse A (ohne Leistungsbeschränkung bei direktem Zugang) ■ Motorleistung mindestens 44 kW.	unverändert
B	Für die Ausbildung Personenkraftwagen ■ durch die Bauart bestimmte Höchstgeschwindigkeit mindestens 130 km/h. Für Ausbildung und Prüfung Personenkraftwagen ■ durch die Bauart bestimmte Höchstgeschwindigkeit mindestens 130 km/h ■ mindestens vier Sitzplätze ■ mindestens zwei Türen auf der rechten Seite.	unverändert
BE	Fahrzeugkombinationen bestehend aus einem Prüfungsfahrzeug der Klasse B und einem Anhänger, die als Kombination nicht der Klasse B zuzurechnen sind	Fahrzeugkombinationen bestehend aus einem Prüfungsfahrzeug der Klasse B und einem Anhänger gemäß § 30a Abs. 2 Satz 1 StVZO, die als Kombination nicht der Klasse B zuzurechnen sind

Klasse	Ausbildungs- und Prüfungsfahrzeuge nach Anlage 7 FeV bis 30. Juni 2004	Ausbildungs- und Prüfungsfahrzeuge nach Anlage 7 FeV seit 1. Juli 2004
	■ Länge der Fahrzeugkombination mindestens 7,5 m ■ durch die Bauart bestimmte Höchstgeschwindigkeit der Fahrzeugkombination mindestens 100 km/h ■ zulässige Gesamtmasse des Anhängers mindestens 1 300 kg ■ Anhänger mit eigener Bremsanlage ■ Aufbau des Anhängers kastenförmig oder damit vergleichbar, mindestens 1,2m Breite in 1,5m Höhe.	■ Länge der Fahrzeugkombination mindestens 7,5 m ■ zulässige Gesamtmasse des Anhängers mindestens 1 300 kg ■ tatsächliche Gesamtmasse des Anhängers mindestens 800 kg ■ Anhänger mit eigener Bremsanlage ■ Aufbau des Anhängers kastenförmig oder damit vergleichbar, mindestens 1,2m Breite in 1,5m Höhe.
C	Fahrzeuge der Klasse C ■ Mindestlänge 7 m ■ zulässige Gesamtmasse mindestens 12 t ■ durch die Bauart bestimmte Höchstgeschwindigkeit mindestens 80 km/h ■ Zweileitungs-Bremsanlage ■ Aufbau kastenförmig oder damit vergleichbar, Seitenhöhe mindestens 0,5 m ■ Sicht nach hinten nur über Außenspiegel.	Fahrzeuge der Klasse C ■ Mindestlänge 8 m ■ Mindestbreite 2,4 m ■ zulässige Gesamtmasse mindestens 12 t ■ tatsächliche Gesamtmasse mindestens 10 t ■ durch die Bauart bestimmte Höchstgeschwindigkeit mindestens 80 km/h ■ mit Anti-Blockier-System (ABS) ■ Getriebe mit mindestens 8 Vorwärtsgängen ■ mit EG-Kontrollgerät ■ Aufbau kastenförmig oder vergleichbar, mindestens so breit und so hoch wie die Führerkabine ■ Sicht nach hinten nur über Außenspiegel.
CE	Fahrzeugkombinationen bestehend aus einem Prüfungsfahrzeug der Klasse C und einem Anhänger ■ Länge der Fahrzeugkombination mindestens 14 m ■ zulässige Gesamtmasse der Fahrzeugkombination mindestens 18 t	Fahrzeugkombinationen bestehend aus einem Prüfungsfahrzeug der Klasse C mit selbsttätiger Kupplung und einem Anhänger mit eigener Lenkung oder mit einem Starrdeichselanhänger mit Tandem-/Doppelachse ■ Länge der Fahrzeugkombination mindestens 14 m ■ zulässige Gesamtmasse der Fahrzeugkombination mindestens 20 t

Klasse	Ausbildungs- und Prüfungsfahrzeuge nach Anlage 7 FeV bis 30. Juni 2004	Ausbildungs- und Prüfungsfahrzeuge nach Anlage 7 FeV seit 1. Juli 2004
	■ Zweileitungs-Bremsanlage ■ Höchstgeschwindigkeit der Fahrzeugkombination mindestens 80 km/h ■ Anhänger mit eigener Lenkung ■ Länge des Anhängers mindestens 5 m ■ Aufbau des Anhängers kastenförmig oder damit vergleichbar, Seitenhöhe mindestens 0,5 m ■ Sicht nach hinten nur über Außenspiegel	■ tatsächliche Gesamtmasse der Fahrzeugkombination mindestens 15 t ■ Zweileitungs-Bremsanlage ■ durch die Bauart bestimmte Höchstgeschwindigkeit der Fahrzeugkombination mindestens 80 km/h ■ Anhänger mit Anti-Blockier-System (ABS) ■ Länge des Anhängers mindestens 7,5 m ■ Mindestbreite des Anhängers 2,4 m ■ Aufbau des Anhängers kastenförmig oder vergleichbar, mindestens so breit und so hoch wie die Führerkabine des Zugfahrzeugs ■ Sicht nach hinten nur über Außenspiegel
	oder Sattelkraftfahrzeuge ■ Länge mindestens 12 m ■ zulässige Gesamtmasse mindestens 18 t ■ durch die Bauart bestimmte Höchstgeschwindigkeit mindestens 80 km/h ■ Aufbau kastenförmig oder damit vergleichbar, Seitenhöhe mindestens 0,5 m ■ Sicht nach hinten nur über Außenspiegel.	oder Sattelkraftfahrzeuge ■ Länge mindestens 14 m ■ Mindestbreite der Sattelzugmaschine und des Sattelanhängers 2,4 m ■ zulässige Gesamtmasse mindestens 20 t ■ tatsächliche Gesamtmasse mindestens 15 t ■ durch die Bauart bestimmte Höchstgeschwindigkeit mindestens 80 km/h ■ Sattelzugmaschine und Sattelanhänger mit Anti-Blockier-System (ABS) ■ Getriebe mit mindestens 8 Vorwärtsgängen ■ mit EG-Kontrollgerät ■ Aufbau kastenförmig oder vergleichbar, mindestens so breit und so hoch wie die Führerkabine ■ Sicht nach hinten nur über Außenspiegel.

Klasse	Ausbildungs- und Prüfungsfahrzeuge nach Anlage 7 FeV bis 30. Juni 2004	Ausbildungs- und Prüfungsfahrzeuge nach Anlage 7 FeV seit 1. Juli 2004
D	Fahrzeuge der Klasse D ■ Länge mindestens 10 m ■ durch die Bauart bestimmte Höchstgeschwindigkeit von mindestens 80 km/h.	Fahrzeuge der Klasse D ■ Länge mindestens 10 m ■ Mindestbreite 2,4 m ■ durch die Bauart bestimmte Höchstgeschwindigkeit mindestens 80 km/h. ■ mit Anti-Blockier-System (ABS) mit EG-Kontrollgerät
DE	Fahrzeugkombinationen bestehend aus einem Prüfungsfahrzeug der Klasse D und einem Anhänger ■ Länge der Fahrzeugkombination mindestens 13,5 m ■ Höchstgeschwindigkeit der Fahrzeugkombination mindestens 80 km/h ■ zulässige Gesamtmasse des Anhängers mindestens 2 000 kg ■ Anhänger mit eigener Bremsanlage ■ Aufbau des Anhängers kastenförmig oder damit vergleichbar, Seitenhöhe mindestens 0,3 m ■ Sicht nach hinten nur über Außenspiegel.	Fahrzeugkombinationen bestehend aus einem Prüfungsfahrzeug der Klasse D und einem Anhänger ■ Länge der Fahrzeugkombination mindestens 13,5 m ■ Mindestbreite des Anhängers 2,4 m ■ durch die Bauart bestimmte Höchstgeschwindigkeit der Fahrzeugkombination mindestens 80 km/h ■ zulässige Gesamtmasse des Anhängers mindestens 1 300 kg ■ tatsächliche Gesamtmasse des Anhängers mindestens 800 kg ■ Anhänger mit eigener Bremsanlage ■ Aufbau des Anhängers kastenförmig oder vergleichbar, mindestens 2,0m breit und hoch ■ Sicht nach hinten nur über Außenspiegel.

Ausbildungs- und Prüfungsfahrzeuge der Klassen C, C1, D und D1 müssen mit einem EG-Kontrollgerät nach der Verordnung (EWG) Nr. 3821/85 des Rates vom 20. Dezember 1985 über das Kontrollgerät im Straßenverkehr ausgestattet sein.

Hinweis

Vor dem Hintergrund der Einführung des digitalen Fahrtenschreibers kann der Begriff »EG-Kontrollgerät« bis zu einer redaktionellen Überarbeitung so ausgelegt werden, dass hierunter auch der digitale Fahrtenschreiber zu verstehen ist. Es kann folglich nach Einführung des digitalen Fahrtenschreibers auf Fahrzeugen ausgebildet und geprüft werden, die entweder das EG-Kontrollgerät nach der Verordnung (EWG) 3820/85 oder einen digitalen Fahrtenschreiber eingebaut haben.

Weitere Anforderungen an die Prüfungsfahrzeuge:

- Unter Länge des Fahrzeugs ist der Abstand zwischen serienmäßiger vorderer Stoßstange und hinterer Begrenzung des Aufbaus zu verstehen. Nicht zur Fahrzeuglänge zählen Anbauten wie Seilwinden, Wasserpumpen, Rangierkupplungen, zusätzlich angebrachte Stoßstangenhörner, Anhängekupplungen, Skiträger oder ähnliche Teile und Einrichtungen.
- Die Prüfungsfahrzeuge müssen ausreichende Sitzplätze für die Prüfer und den Bewerber bieten; das gilt nicht bei Fahrzeugen der Klasse A. Es muss gewährleistet sein, dass die Prüfer alle für den Ablauf der praktischen Prüfung wichtigen Verkehrsvorgänge beobachten können.
- Bei der Prüfung auf Prüfungsfahrzeugen der Klasse A muss eine Funkanlage zur Verfügung stehen, die es mindestens gestattet, den Bewerber während der Prüfungsfahrt anzusprechen (einseitiger Führungsfunk).
- Als Prüfungsfahrzeuge für die Zweiradklassen dürfen nur Fahrzeuge verwendet werden, für die eine Helmtragepflicht besteht.
- Prüfungsfahrzeuge der Klassen B, C, und D müssen mit akustisch oder optisch kontrollierbaren Einrichtungen zur Betätigung der Pedale (Doppelbedienungseinrichtungen) ausgerüstet sein.
- Prüfungsfahrzeuge der Klasse B müssen ferner mit einem zusätzlichen Innenspiegel sowie mit zwei rechten Außenspiegeln, gegebenenfalls in integrierter Form, oder einem gleichwertigen Außenspiegel ausgerüstet sein.
- Prüfungsfahrzeuge der Klassen BE, C und D müssen mit je einem zusätzlichen rechten und linken Außenspiegel ausgestattet sein, soweit die Spiegel für den Fahrer dem Fahrlehrer keine ausreichende Sicht nach hinten ermöglichen.
- Die Kennzeichnung der zu Prüfungsfahrten verwendeten Kraftfahrzeuge als Schulfahrzeuge nach § 5 Abs. 4 DV-FahrlG muss entfernt sein. Alle vom Fahrzeughersteller lieferbaren Ausstattungen und Systeme sind grundsätzlich unter Berücksichtigung der Anlage 12 der Prüfungsrichtlinie zugelassen. Dies gilt auch für den nachträglichen Einbau gleicher oder ähnlicher Produkte.
- Bei Zweiradprüfungen muss der Bewerber geeignete Schutzkleidung (Schutzhelm, Handschuhe, anliegende Jacke, mindestens knöchelhohes festes Schutzwerk – z. B. Stiefel) tragen.

In der fahrpraktischen Prüfung muss nachgewiesen werden, dass ein Fahrzeug und eine Fahrzeugkombination vorschriftsmäßig, sicher, gewandt und umweltschonend geführt werden kann. Bei einem Abbruch der fahrpraktischen Prüfung gelten die Bestimmungen der Fahrerlaubnisprüfung.

D.6.2 Fachkundeprüfung schriftlicher Teil

Die Fachkundeprüfungschriftlicher Teil soll unmittelbar nach der Ausbildung zum Fahrlehrer durchgeführt werden. Sie soll vor der Fachkundeprüfung mündlicher Teil durchgeführt werden. Die Aufsicht führt der Verwaltungsangestellte der Geschäftsstelle oder ein vom Vorsitzenden festgelegtes Mitglied des Fahrlehrerprüfungsausschusses.

Jede Fachkundeprüfung schriftlicher Teil beginnt mit der Belehrung der Teilnehmer zu ihrer Prüfungsfähigkeit (körperlichen Verfassung) und über die Ahndung von Täuschungshandlungen während der Fachkundeprüfung. Neben den weiteren allgemeinen Bestimmungen über Dauer der Prüfung, das Verhalten während der Prüfung und nach der Abgabe der Arbeiten, die Teilnehmer müssen das Grundstück verlassen, soll auch auf Abschaltung der Kommunikationsmittel und das Ablegen aller Geräte auf den Prüfungstisch hingewiesen werden. Weiterhin dürfen die Prüflinge nur einzeln den Raum zum Rauchen oder zum aufsuchen einer Toilette verlassen. Darüber führt die Aufsicht in der Niederschrift des betreffenden Prüflings einen Vermerk. Neben dem gemeinsamen Beginn ist von jedem einzelnen Prüfling die Abgabezeit in der Niederschrift zu vermerken.

Die 1. Korrektur der schriftlichen Fachkundeprüfung wird getrennt von dem Prüfungsausschussmitglied durchgeführt, das für dieses Sachgebiet zuständig ist. Die 2. Korrektur von einem weiteren Prüfungsausschussmitglied. Beide Prüfer vergeben einzelne Noten. Besteht eine Frage aus Unterfragen sind aus diesen Unterfragen Teilnoten mit zwei Kommastellen zubilden. Die Rundung erfolgt nach dem letzten Rechenschritt.

Zum Schluss bilden die Prüfungsausschussmitglieder im Prüfungsausschuss vor der Verkündung des Ergebnisses die Gesamtnote.

Klasse BE	1. Korrektur	Teilgesamt 1. Korrektur	2. Korrektur	Teilgesamt 2. Korrektur	Teilgesamtnote
1. Sachgebiet	Frage a) 2 Frage b) 3	2,5	Frage a) 3 Frage b) 3	3	2,75
2. Sachgebiet	Frage a) 4 Frage b) 4 Frage c) 3	3,66	Frage a) 4 Frage b) 4 Frage c) 2	3,333	3,5
3. Sachgebiet	Frage a) 5 Frage b) 3 Frage c) 4	4	Frage a) 5 Frage b) 3 Frage c) 4	4	4
4. Sachgebiet	Frage a) 2 Frage b) 3 Frage c) 3	2,66	Frage a) 3 Frage b) 3 Frage c) 4	3,333	3
Gesamtteilnote					3,31
Gesamtnote nach Rundung					3

Spätestens zur Fachkundeprüfung mündlicher Teil wird durch die Prüfer, welche die Korrekturen durchgeführt haben, gemeinsam die Endnote der Fachkundeprüfung schriftlicher Teil festgelegt. Der Vorsitzende verkündet das Ergebnis. Auch die Erläuterungen zu einem eventuellen Ausgleich einer mangelhaften Fachkundeprüfung schriftlicher Teil. Deshalb muss die Verkündung spätestens am Ende der Fachkundeprüfung mündlicher Teil erfolgen.

Einmal im Jahr setzt sich der Fahrlehrerprüfungsausschuss zusammen, um die Fragen für die schriftliche Fachkundeprüfung zusammen zu stellen. Zu jedem Sachgebiet sollen mindestens vier verschiedene Fragen mit Musterlösungen erarbeitet werden. Damit wird sichergestellt, dass bei eventuellen Wiederholungsprüfungen unter verschiedenen Fragen ausgewählt werden kann. Dafür sind 120 Minuten vorgesehen. Die Vergütung für die Mitglieder ist in der Prüfungsgebühr der Fachkundeprüfung (schriftlicher Teil) aller Prüfungen und Klassen anteilig enthalten.

D.6.3 Fachkundeprüfung mündlicher Teil

Alle vier Prüfungsausschussmitglieder sind gemeinsam in der Fachkundeprüfung mündlicher Teil anwesend. Der Vorsitzende führt die Niederschrift über den Verlauf der Prüfung. Er begrüßt den Fahrlehreranwärter, belehrt ihn über den Ablauf der Prüfung und befragt ihn zu seiner körperlichen Verfassung (Prüfungsfähigkeit). Erst danach beginnt die Prüfungszeit. Jeder Prüfer stellt zwischen 3 und 4 Fragen aus seinem Sachgebiet. Die Fragen sollten mit einem Einleitungssatz, kurz und verständlich, gestellt werden. Nachfragen sollten nicht übertrieben werden, da allen Prüfern in der Prüfung Zeit zum Stellen ihrer Fragen eingeräumt werden muss. Somit könnten in einer Prüfung bis zu 20 Fragen gestellt werden. Je nach Wertigkeit der Fragen wird von den einzelnen Prüfern die Einzelnote festgelegt. Aus allen vier Teilnoten bildet der Vorsitzende, der auch die Niederschrift führt, die Gesamtnote.

Jeder Prüfer führt selbst Aufzeichnungen zum Verlauf der Prüfung, insbesondere zu seinen Fragen und den gegebenen Antworten. Diese Aufzeichnungen können ggf. in Verwaltungsgerichtsverfahren über die Fahrlehrerprüfung hinzugezogen werden. Der Vorsitzende verkündet am Ende der Prüfung das Ergebnis. Auch die Erläuterungen zu einem eventuellen Ausgleich einer mangelhaften Fachkundeprüfung mündlichen Teil.

Der Verwaltungsangestellte, welcher die Geschäftsstelle führt, nimmt an der Fachkundeprüfung mündlicher Teil ebenfalls teil. Seine Aufgabe ist es hauptsächlich dafür Sorge zu tragen, dass die allgemeinen Bedingungen zum Prüfungsraum wie Beleuchtung, Belüftung, Beheizung, ausreichende Größe und Ausstattung gewährleistet wird. Weiterhin inwieweit die allgemeinen Bestimmungen zu dem Prüfungsteil eingehalten werden, wie Dauer der Prüfung, Klima zwischen den Prüfern und dem Prüfling, das so genannte »Fangfragen« nicht gestellt werden, usw.

Der Prüfungsraum kann mit Lehrmitteln, Anschauungsmaterialien, Modellen, einer Schreibtafel, für die Darstellung und der Lösung von Vorfahrtsituationen, und einem Flipchart analog § 11 DV-FahrlG ausgestattet sein.

Als besondere Regelung ist hervorzuheben, mit bis zu sechs Bewerbern eine gemeinsame Fachkundeprüfung mündlicher Teil durchgeführt werden kann, nach § 16 Abs. 6 Satz 2 FahrlPrüfO. Die Zeitdauer von 30 Minuten ist dann mit der Anzahl der Prüflinge zu multiplizieren. Für die Bewertung sind 5 Minuten vorgesehen. Bei einer Gruppenprüfung muss auch die Auswertezeit mit der Anzahl der Prüflinge multipliziert werden.

D.6.4 Lehrproben

Vor Durchführung der Lehrproben muss der Vorsitzende des Fahrlehrerprüfungsausschusses oder ein von ihm bestimmtes Mitglied die Nachweise gemäß § 8 Abs. 2 Satz 2 FahrlPrüfO zu prüfen. Die Nachweise sind nach Prüfung an die Erlaubnisbehörde weiterzuleiten.

Hinweis

Die Mitglieder des Fahrlehrerprüfungsausschuss sind keine Personen oder Stellen gemäß § 33 Abs. 1 Satz 2 FahrlG, die durch eine Erlaubnisbehörde als Personen oder der Prüfungssausschuss als Stelle berechtigt sind, für die Erlaubnisbehörden Überprüfungen der Nachweise gemäß § 18 FahrlG durchzuführen. Schon gar nicht unmittelbar vor einer Lehrprobe in der Ausbildungsfahrschule. Sollten denn doch Nachweise eingesehen werden und Verstöße festgestellt werden, z. B. die Tagesnachweise stimmen nicht mit dem Berichtsheft überein, sind diese nicht heilbar, da eine nachträgliche Veränderung der Nachweise gegen § 36 Abs. 1 Nr. 10 FahrlG verstößt und ordnungswidrig ist. Gleichwohl muss die Lehrprobe durchgeführt werden, weil die Mitglieder des Fahrlehrerprüfungsausschusses nicht berechtigt sind, Sanktionen zu erheben. Eine Nichtdurchführung der Lehrprobe(n) wäre zudem nicht verhältnismäßig.

D.6.4.1 Lehrprobe im theoretischen Unterricht

Die Lehrprobe muss innerhalb eines Monats nach Abschluss des Praktikums durchgeführt werden. Die Lehrprobe im theoretischen Unterricht wird von zwei Prüfungsausschussmitgliedern, einen Pädagogen, welcher vom Vorsitzenden zum Verantwortlichen benannt wird, und einen Fahrlehrer durchgeführt. Jeder Prüfer vergibt eine Note. Aus beiden Teilnoten bildet der Verantwortliche die Gesamtnote. Der Pädagoge führt die Niederschrift und verkündet das Ergebnis. Die Prüfer führen selbst Aufzeichnungen zum Verlauf der Prüfung. Diese Aufzeichnungen können ggf. in Verwaltungsgerichtsverfahren über die Fahrlehrerprüfung hinzugezogen werden. Selbstverständlich kann der Vorsitzende der Lehrprobe beiwohnen.

Die Lehrprobe findet in einer Ausbildungsfahrschule statt. Aus dem laufenden Unterricht heraus wird ein Thema ausgewählt und halbiert. Mit diesem »Halben«-Thema zu 45 Minuten führt der Fahrlehreranwärter mit Fahrschülern, die er bereits in der Ausbildungsfahrschule unterrichtet hat, den Unterricht, der als Lehrprobe bewertet wird, nach § 17 Abs. 1 FahrlPrüfO durch. Es muss eine Gruppe von mehr als 4 Fahrschülern anwesend sein.

Der Fahrlehreranwärter muss nachweisen, dass er in der Lage ist, theoretischen Unterricht zu erteilen. Medienvielfalt und verschiedene Unterrichtsmethoden müssen dabei genauso gezeigt werden, wie fachlich sicheres Auftreten. Der Fahrlehreranwärter soll jeden Fahrschüler im Unterricht erreichen. Ebenso ist er verpflichtet selbst das Zeitmanagement einzuhalten und den Unterricht mit Einführung, Hauptteil und Schlussbemerkung bzw. einer Zusammenfassung der Unterrichtsstunde durchführen. Weiterhin muss er die Nachweise gemäß den fahrlehrerrechtlichen Bestimmungen führen. Sein Unterrichtskonzept ist den Prüfern vorzulegen. In jedem Fall gilt jedoch das gesprochene Wort!

D.6.4.2 Lehrprobe im fahrpraktischen Unterricht

Die Lehrprobe muss innerhalb eines Monats nach Abschluss des Praktikums durchgeführt werden. Die Lehrprobe im fahrpraktischen Unterricht wird von zwei Prüfungsausschussmitgliedern, einem Pädagogen, welcher vom Vorsitzenden zum Verantwortlichen benannt wird, und einem Fahrlehrer durchgeführt. Jeder Prüfer vergibt eine Note. Aus beiden Teilnoten bildet der Verantwortliche die Gesamtnote. Der Pädagoge führt die Niederschrift und verkündet das Ergebnis. Die Prüfer führen selbst Aufzeichnungen zum Verlauf der Prüfung. Diese Aufzeichnungen können ggf. in Verwaltungsgerichtsverfahren über die Fahrlehrerprüfung hinzugezogen werden. Selbstverständlich kann der Vorsitzende der Lehrprobe beiwohnen.

Die Lehrprobe im fahrpraktischen Unterricht findet im Ausbildungsbezirk der Ausbildungsfahrschule statt. Der Fahrlehreranwärter führt mit einem Fahrschüler, welcher seine Zustimmung zur Durchführung der Fahrlehrerprüfung geben muss, eine allgemeine Fahrstunde zu 45 Minuten durch. Es soll ein Fahrschüler sein, der bei dem Fahrlehreranwärter in Ausbildung ist und am Anfang der Ausbildung steht. Der Fahrschüler sollte in der Übungsstufe stehen und bereits ca. 10 Fahrstunden absolviert haben.

Der Fahrlehreranwärter soll in der Lehrprobe im fahrpraktischen Unterricht nachweisen, dass er in der Lage ist, Fahrschülern praktischen Unterricht zu erteilen. Dabei ist ein Kraftfahrzeug mit Schaltgetriebe zu verwenden nach § 18 FahrlAusbO. Der Fahrlehreranwärter muss neben der pädagogischen Leistung fachlich sicher auftreten und rechtskundig im Sinne der Straßenverkehrsordnung sein. Darunter fallen auch die Verkehrsbeobachtung und die Einflussnahme auf den Fahrschüler in besonderen Verkehrssituationen. In der Fahrstunde soll eine Grundfahraufgabe erstmalig mit dem Fahrschüler durchgeführt werden. Dabei wird bewertet, wie die Aufgabe erläutert, geübt und ausgewertet wird. Schließlich ist er verpflichtet selbst das Zeitmanagement einzuhalten und den Unterricht mit Einführung, Hauptteil und Schlussbemerkung bzw. einer Zusammenfassung der Fahrstunde durchführen. Weiterhin muss er die Nachweise gemäß den fahrlehrerrechtlichen Bestimmungen führen.

D.6.5 Dauer der einzelnen Prüfungsteile

Klassen	fahrpraktische Prüfung	Fachkundeprüfung schriftlicher Teil	Fachkundeprüfung mündlicher Teil
Prüfungszeiten Klasse A	60 Minuten	2,5 Stunden*	30 Minuten
Prüfungszeiten Klasse BE befristet	60 Minuten	5 Stunden*	30 Minuten
Prüfungszeiten Klasse CE	90 Minuten	2,5 Stunden*	30 Minuten
Prüfungszeiten Klasse DE	90 Minuten	2,5 Stunden*	30 Minuten
Vor- und Nachbesprechung	30 Minuten	15 Minuten für die Belehrung	5 Minuten
* Eine Stunde entspricht 60 Minuten.			

Klasse BE unbefristet	Lehrprobe im theoretischen Unterricht	Lehrprobe im fahrpraktischen Unterricht
Prüfungszeiten	45 Minuten	45 Minuten
Vor- und Nachbesprechung	15 Minuten	15 Minuten

D.7 Aufbewahrung der Prüfungsunterlagen

Die Prüfungsunterlagen sind nach § 26 FahrlPrüfO 10 Jahre lang, ab der Verkündung des Ergebnisses des letzten Prüfungsteils, aufzubewahren. Der Bewerber kann jeder Zeit seine Prüfungsunterlagen einsehen. In der Regel werden die Unterlagen beim Fahrlehrerprüfungsausschuss aufbewahrt. Die zuständigen Erlaubnisbehörden können jedoch auch die Prüfungsunterlagen neben der Fahrlehrerakte aufbewahren. Die Frist gilt auch hier.

D.8 Zusammenfassung der Niederschriften

Der Bewerber erhält nach dem letzten Prüfungsteil eine Zusammenfassung der Niederschriften mit den verkündeten Noten (Zeugnis).

Bei Nichtbestehen eines Prüfungsteils ist die gesamte Fahrlehrerprüfung als nicht bestanden zu bewerten. Die Erlaubnisbehörde erhält eine Kopie des Schreibens an den Bewerber mit seinen Noten und den durchgeführte Prüfungsteilen.

Wechselt der Bewerber den Fahrlehrerprüfungsausschuss mit Zulassungsrücknahme bei dem bisherigen Fahrlehrerprüfungsausschuss und Zulassung beim neuen Fahrlehrerprüfungsausschuss, erhalten der aufnehmende Fahrlehrerprüfungsausschuss vom abgebenden Fahrlehrerprüfungsausschuss und der Bewerber eine Zusammenfassung aller Prüfungsteile einschließlich des Umfangs der einzelnen Prüfungsteile (Anzahl der Wiederholungen).

Kapitel E
Die Seminarerlaubnis

Bei der Seminarerlaubnis handelt es sich um eine das Tätigkeitsfeld des Fahrlehrers ergänzende Aufgabe. Sie ermöglicht ihm nicht die Fahrerlaubnisbewerber auszubilden, sondern auch bei möglichen Verfehlungen nachzusteuern. Dabei gilt es zwischen den beiden Arten von Aufbauseminaren zu unterscheiden:

- Aufbauseminare im System der Fahrerlaubnis auf Probe
- Aufbauseminare im Rahmen des Punktsystems.

Für jedes Aufbauseminar wird eine Seminarerlaubnis erteilt.

Vor dem Hintergrund der mit der Wahrnehmung verbundenen besonderen pädagogischen Qualifikation des Fahrlehrers einerseits, und der besonders engen Verbindung dieser Tätigkeit mit dem Fahrerlaubnisrecht andererseits, wird nachfolgend die Einbettung in die Systeme der Fahrerlaubnis auf Probe und des Punktsystems erläutert.

Fahrerlaubnis auf Probe

In seiner Bewährungszeit unterliegt der Fahranfänger besonderen Maßnahmen, die in einem gestuften Verfahren von der Anordnung eines Aufbauseminars bis zur Entziehung der Fahrerlaubnis durch die Fahrerlaubnisbehörde reichen. Sie sind in § 2a StVG geregelt. Erwartet wird, dass der Fahranfänger während seiner Bewährung keine im Verkehrszentralregister eintragungspflichtigen Verstöße – also Verstöße ab 40 € – begeht. Tut er dies dennoch und liegen somit rechtskräftige Eintragungen im Verkehrszentralregister vor, werden die Daten mit dem Fahranfängerregister abgeglichen. Liegt ein Verstoß vor, der zur Anordnung von Maßnahmen nach § 2a StVG führen kann, übersendet das Kraftfahrt-Bundesamt (KBA) eine Mitteilung aus dem Verkehrszentralregister an die für den Wohnort des Inhabers der Fahrerlaubnis auf Probe örtlich zuständige Fahrerlaubnisbehörde (§ 2c StVG), die dann die notwendige Maßnahme anordnet.

Bei der Bewertung der Straftaten und Ordnungswidrigkeiten im Rahmen der Fahrerlaubnis auf Probe gilt es zunächst, zwischen schwer wiegenden und weniger schwer wiegenden Verstößen zu unterschieden. Sie sind in der Anlage 12 zu § 34 FeV katalogisiert.

Ist gegen den Inhaber einer Fahrerlaubnis wegen einer innerhalb der Probezeit begangenen Straftat oder Ordnungswidrigkeit eine rechtskräftige Entscheidung ergangen, wird diese in das Verkehrszentralregister eingetragen. Hiervon wird die Fahrerlaubnisbehörde unterrichtet. Auch wenn die Probezeit zwischenzeitlich abgelaufen ist, wird als erste Stufe, bei einer schwer wiegenden Auffälligkeit oder zwei weniger schwer wiegenden Auffälligkeiten, die Teilnahme an einem Aufbauseminar nach § 2a Abs. 2 Nr. 1 StVG angeordnet. Bei diesem Seminar handelt es sich um das in § 31 Abs. 1 FahrlG benannte Seminar nach § 2a Straßenverkehrsgesetz. Grundlage für die Durchführung bildet das Kursleiterhandbuch »Aufbauseminare für Fahrschulen ASF

Handbuch für Seminarleiter« des Deutschen Verkehrsicherheitsrates (DVR). Es muss in der jeweils aktuellen Fassung vorliegen.

Achtung

Auch wenn der Wortlaut nur den Begriff »Aufbauseminar« verwendet, ist doch zwischen einem *Aufbauseminar* und einem *»besonderen« Aufbauseminar* zu unterscheiden (§ 2b Abs. 2 StVG). Während sich das Aufbauseminar an Fahranfänger richtet, die allgemein gegen verkehrs- oder strafrechtliche Bestimmungen verstoßen haben, richtet sich das »besondere« Aufbauseminar an Fahranfänger, die, auch wenn sie noch andere Verkehrszuwiderhandlungen begangen haben, einen Verstoß unter Einfluss von Alkohol oder anderen berauschenden Mitteln begangen haben. Nachfolgende Zuwiderhandlungen führen zur Anordnung eines besonderen Aufbauseminars nach § 2b Abs. 2 StVG i. V. m. § 36 FeV:

1. § 315c Abs. 1 Nr. 1 Buchstabe a StGB (Gefährdung des Straßenverkehrs, infolge des Genusses von Alkohol oder anderer berauschender Mittel)
2. § 316 StGB (Trunkenheit im Straßenverkehr)
3. § 323a StGB (Vollrausch)
4. § 24a StVG (0,5 Promille/Einfluss berauschender Mittel)
5. § 24c StVG (Alkoholverbot für Fahranfänger)

Diese Seminare dürfen nicht von Fahrlehrern, sondern ausschließlich von dafür amtlich anerkannten Psychologen durchgeführt werden.

Punktsystem

Das derzeitige Punktsystem hat das Ziel einer einheitlichen Behandlung von Verkehrsteilnehmern, die mehrfach gegen die geltenden verkehrsrechtlichen Bestimmungen verstoßen haben. Die Gleichbehandlung der Betroffenen wird durch eine einheitliche Bepunktung der Verkehrszuwiderhandlungen sowie durch einen einheitlichen Maßnahmenkatalog gewährleistet. Es soll außerdem durch general- und spezialpräventive Wirkung zu einer Verbesserung der Verkehrssicherheit beitragen.[46]

Die seit 1999 geltende Systematik des Punktsystems unterscheidet sich erheblich von den bis zum 31. Dezember 1998 gültigen Maßnahmen des Mehrfachtäterpunktsystems. Sie ist getragen von der seit 1974 gewonnen Erkenntnis, dass bei vielen Mehrfachpunktetätern die Ursache ihres häufigen Fehlverhaltens und der überdurchschnittlichen Unfallbelastung weniger in der mangelnden Kenntnis der Verkehrsvorschriften und/oder unzureichenden Beherrschung des Fahrzeugs zu suchen ist.[47]

Die Gründe liegen vielmehr in einer falschen Einstellung zum Straßenverkehr, einer fehlerhaften Selbsteinschätzung und einer erhöhten Risikobereitschaft. Vor diesem Hintergrund wurden aufeinander aufbauend verkehrserzieherische Hilfestellungen, wie das Aufbauseminar, gepaart mit psychoedukativen Maßnahmen, wie der verkehrspsychologischen Beratung, eingeführt. Ergänzend wurde ein Bonussystem

46 BR-Drs 821/96
47 BR-Drs 821/96

entwickelt, das durch die Teilnahme an diesen Maßnahmen seine Wirkung entfaltet.

Bei Erreichen von 8, aber nicht mehr als 13 Punkten, wird der Betroffene schriftlich durch die Fahrerlaubnisbehörde über seinen Punktestand unterrichtet und verwarnt. Gleichzeitig wird der Betroffene auf die Möglichkeit der Teilnahme an einem Aufbauseminar hingewiesen. Die Teilnahme an einem Aufbauseminar erfolgt in dieser Phase noch auf freiwilliger Basis. Die Anordnung zur Teilnahme erfolgt bei einem Punktestand von 14 bis 17 Punkten. Bei diesem Seminar handelt es sich um das in § 31 Abs. 1 FahrlG benannte Seminar nach § 4 Straßenverkehrsgesetz. Grundlage für die Durchführung bildet das Kursleiterhandbuch »Aufbauseminare für Fahrschulen ASP Handbuch für Seminarleiter« des Deutschen Verkehrsicherheitsrates (DVR). Es muss in der jeweils aktuellen Fassung vorliegen.

Achtung
Wie bei der Fahrerlaubnis auf Probe gilt es auch im Maßnahmekatalog des Punktsystems zwischen einem Aufbauseminar und einem »besonderen« Aufbauseminar zu unterscheiden (§ 4 Abs. 8 StVG). Während sich das Aufbauseminar an Betroffene richtet, die allgemein gegen verkehrs- oder strafrechtliche Bestimmungen verstoßen haben, richtet sich das »besondere« Aufbauseminar an Betroffene, die, auch wenn sie noch andere Verkehrszuwiderhandlungen begangen haben, einen Verstoß unter Einfluss von Alkohol oder anderen berauschenden Mitteln begangen haben.

E.1 Allgemeine Grundsätze

Rechtliche Grundlagen:

Fahrlehrergesetz (FahrlG)		
§ 32 Abs. 1	Zuständigkeit	
Gebührenordnung für Maßnahmen im Straßenverkehr (GebOSt)		**Ermächtigungsnormen**
2. Abschnitt Kapitel D	Gebührentarife	§ 34a Abs. 2 und 3

Zuständigkeiten
Gemäß § 32 Abs. 1 FahrlG sind für die Ausführung des Fahrlehrergesetzes und der auf ihm beruhenden Rechtsverordnungen die obersten Landesbehörden, die von ihnen bestimmten oder die nach Landesrecht zuständigen Stellen zuständig. Die Ausführung des § 30 FahrlG – Fahrschulen bei Behörden – obliegt dem Bund, den Ländern, den Gemeinden und anderen Gebietskörperschaften in eigener Zuständigkeit. Nach § 32 Abs. 2 Nr. 1 FahrlG sind in Angelegenheiten der Seminarerlaubnis die Erlaubnisbehörde des Wohnsitzes oder in Ermangelung eines Wohnsitzes die des Aufenthaltsorts des Bewerbers oder Erlaubnisinhabers örtlich zuständig; die Zuständigkeit geht auf die Erlaubnisbehörde des Beschäftigungsortes über, sobald der Erlaubnisinhaber seine Tätigkeit als Fahrlehrer aufnimmt.

Antragsverfahren

Die Erteilung einer Seminarerlaubnis zur Durchführung von Aufbauseminaren nach §§ 2a oder 4 StVG erfolgt nur auf Antrag, ist aber nach dem Wortlaut des Gesetzes (§ 31 Abs. 1 FahrlG) an keine Form gebunden. Er sollte schriftlich gestellt werden. Der Antrag muss die Nachweise und Unterlagen gemäß § 31 Abs. 2 FahrlG enthalten.

Das sich anschließende Verfahren wird gemäß Verwaltungsverfahrensgesetz (VwVfG)[48] geführt. Paragraph 9 bestimmt danach, das Verwaltungsverfahren im Sinne dieses Gesetzes die nach außen wirkende Tätigkeit der Behörden ist, die auf die Prüfung der Voraussetzungen, die Vorbereitung und den Erlass eines Verwaltungsaktes gerichtet ist; es schließt den Erlass des Verwaltungsaktes ein. Nach § 35 VwVfG ist dabei unter einem Verwaltungsakt jede Verfügung, Entscheidung oder andere hoheitliche Maßnahme, die eine Behörde zur Regelung eines Einzelfalls auf dem Gebiet des öffentlichen Rechts trifft und die auf unmittelbare Rechtswirkung nach außen gerichtet ist, zu verstehen. Bei der Erteilung einer Seminarerlaubnis und bei der Ablehnung der Erteilung handelt es sich folglich um einen Verwaltungsakt.

Abgeschlossen wird das Verfahren mittels Bescheid. Dabei handelt es sich um eine besondere Form des Verwaltungsaktes am Ende eines Verwaltungsverfahrens.

Gebühren

Die gebührenpflichtigen Tatbestände und die Gebührensätze ergeben sich aus dem Gebührentarif für Maßnahmen im Straßenverkehr. Gemäß § 1 der GebOSt[49] dürfen danach für Amtshandlungen, einschließlich der Prüfungen und Untersuchungen im Sinne des § 34a des Fahrlehrergesetzes Gebühren erhoben werden. Soweit im Gebührentarif nichts anderes bestimmt ist, hat nach § 2 GebOSt der Kostenschuldner (hier der Inhaber der Seminarerlaubnis) auch die dort aufgeführten Auslagen wie »Entgelte für Zustellungen durch die Post mit Postzustellungsurkunde und für Nachnahmen sowie im Einschreibeverfahren« zu tragen. Die für die Erteilung einer Seminarerlaubnis einschlägigen Gebührentarife sind im dem für die Gebühren des Landes relevanten 2. Abschnitt unter Kapitel D »Fahrlehrerrecht« aufgeführt.

302	Erteilung (außer der etwaigen Gebühr nach 308)	
302.2	der Seminarerlaubnis	40,90 €
304	Berichtigung eines Fahrlehrerscheins	7,70 €
305	Ausfertigung einer Erlaubnisurkunde als Ersatz für eine(n) verlorene(n) oder unbrauchbar gewordene(n), außer den Kosten einer etwaigen öffentlichen Ungültigkeitserklärung	15,30 bis 38,30 €
306	Rücknahme oder Widerruf, der Seminarerlaubnis (§ 31 FahrlG)	33,20 bis 256,00 €

48 Verwaltungsverfahrensgesetz in der Fassung der Bekanntmachung vom 23. Januar 2003 (BGBl. I S. 102), geändert durch Artikel 4 Abs. 8 des Gesetzes vom 5. Mai 2004 (BGBl. I S. 718)

49 Gebührenordnung für Maßnahmen im Straßenverkehr (GebOSt) vom 26. Juni 1970 (BGBl. I S. 865, 1298), zuletzt geändert durch Artikel 3 der Verordnung vom 22. August 2006 (BGBl. I S. 2108)

309	Erteilung oder Versagung einer Ausnahme von den Vorschriften über das Fahrlehrerwesen	5,10 bis 511,00 €
310	Versagung (außer der etwaigen Gebühr nach Nr. 308) der Fahrschulerlaubnis oder deren Erweiterung	33,20 bis 256,00 €

Hinweis
Nach § 6 GebOSt sind die Vorschriften des Verwaltungskostengesetzes anzuwenden, soweit sie nicht die §§ 1 bis 5 GebOSt abweichende Regelungen über die Kostenerhebung, die Kostenbefreiung, den Umfang der zu erstattenden Auslagen, der Kostengläubiger- und Kostenschuldnerschaft enthalten. Insbesondere bei der Ausgestaltung der unter Gebührentarif Nr. 305, 306, 309 und 310 ausgewiesenen Margengebühren gilt es deshalb § 3 des Verwaltungskostengesetzes (VwKostG)[50] zu beachten. Danach sind die Gebührensätze sind so zu bemessen, dass zwischen der den Verwaltungsaufwand berücksichtigenden Höhe der Gebühr einerseits und der Bedeutung, dem wirtschaftlichen Wert oder dem sonstigen Nutzen der Amtshandlung andererseits ein angemessenes Verhältnis besteht. Ist gesetzlich vorgesehen, dass Gebühren nur zur Deckung des Verwaltungsaufwandes erhoben werden, sind die Gebührensätze so zu bemessen, dass das geschätzte Gebührenaufkommen den auf die Amtshandlungen entfallenden durchschnittlichen Personal- und Sachaufwand für den betreffenden Verwaltungszweig nicht übersteigt.

E.2 Voraussetzungen und Antragsunterlagen

Beim Stellen des Antrages ist vom Bewerber anzugeben, für welche(s) Aufbauseminar(e) die Seminarerlaubnis gelten soll. Weiterhin sind Nachweise und Unterlagen gemäß § 31 Abs. 2 Satz 1 Nr. 1 bis 3 FahrlG einzureichen:

Besitz Fahrlehrerlaubnis A und BE
Als ausreichend gilt eine aktuelle Kopie des bestehenden Fahrlehrerscheins. Der Fahrlehrerschein muss zur Einsichtnahme vorgelegt werden, wenn der Nachweis aus einer einfachen Kopie besteht.

Nachweis hauptberuflichen Unterrichts
Der Antragsteller muss nachweisen, dass er innerhalb der letzten fünf Jahre drei Jahre lang Fahrschüler, welche die Fahrerlaubnisklassen A **und** B erwerben wollen, hauptberuflich theoretischen **und** praktischen Unterricht erteilt hat. Der Nachweis ist für die Klassen A und BE getrennt zu führen, d. h. in den letzten fünf Jahre müssen je Klasse jeweils drei Jahre hauptberuflich theoretischer und praktischer Unterricht erteilt worden sein. Nachweise für Fahrlehrer in einem Beschäftigungsverhältnis können über die Inhaber der Fahrschulerlaubnis/verantwortlichen Leiter des Aus-

50 Verwaltungskostengesetz vom 23. Juni 1970 (BGBl. I S. 821), zuletzt geändert durch Artikel 4 Abs. 9 des Gesetzes vom 5. Mai 2004 (BGBl. I S. 718)

bildungsbetriebes bestätigt werden. Inhaber einer Fahrschulerlaubnis weisen ihre Tätigkeiten mittels Berichten über die Fahrschulüberwachung nach.

Einweisungslehrgang
Schließlich ist der Nachweis über die erfolgreiche Teilnahme innerhalb der letzen zwei Jahre an einem Einweisungslehrgang vorzulegen. Der Einweisungslehrgang besteht aus

- einem viertägigen Grundkurs,
- je einem viertägigen programmspezifischen Kurs.

Auf der Bescheinigung muss die erfolgreiche Teilnahme ausgewiesen sein. Die Kurse sind an jeweils vier zusammenhängenden Tagen durchzuführen. Maßgeblich für den Beginn der zweijährigen Frist ist der erste Tag des Grundkurses. Der Einweisungslehrgang ist von einem amtlich anerkannten Träger durchzuführen.

In den Einweisungslehrgängen zum Erwerb der Seminarerlaubnis sollen den Teilnehmern nach § 13 DV-FahrlG die zur Durchführung der Seminare erforderlichen Kenntnisse und Fähigkeiten vermittelt werden. Wesentlicher Inhalt der Lehrgänge ist die in der Fahrerlaubnis-Verordnung vorgeschriebene Gestaltung der Seminare. Die Lehrgänge sind unter Anwendung gruppenorientierter Lehrmethoden durchzuführen. Die Teilnehmer sind vor allem mit Methodik und Technik der Kursmoderation als Arbeitsform vertraut zu machen. Sie sollen durch aktive Mitarbeit, insbesondere durch Teilnahme an Rollenspielen und Moderationsübungen einschließlich eigener Moderation fremde Verhaltensweisen verstehen lernen und eigene Verhaltensweisen, die für eine Erfolg versprechende, eigenverantwortliche Durchführung von Seminaren von Bedeutung sind, einüben.

- Ausnahmen nach § 34 Abs. 1 FahrlG sind für die Nr. 2 und 3 möglich! Zu beachten ist, dass die Nr. 3 über § 34 Abs. 2 Nr. 4 FahrlG eingeschränkt ist!

E.3 Erteilung einer Seminarerlaubnis

Die Erteilung der Seminarerlaubnis oder deren Ablehnung muss mittels Bescheid erfolgen. In jedem Fall sind in dem Bescheid zur Erteilung der Seminarerlaubnis Auflagen zur Durchführung der Aufbauseminare zu erlassen. Beginnend mit der Anzeige über die beabsichtigte Durchführung eines Aufbauseminars, der Durchführung des Aufbauseminars (Dauer mindestens zwei, nicht mehr als vier Wochen, die Dauer der Sitzungen je 135 Minuten und der Beobachtungsfahrt [30 Minuten Fahren plus 15 Minuten Gespräch zur Auswertung, gemäß dem Kursleiterhandbuch]), die Nachweisführung, die Vertragsgestaltung sowie die konsequente Umsetzung der Inhalte des Kursleiterhandbuchs.

Das Muster einer Seminarerlaubnis befindet sich im Onlinebereich.

Die erteilte Seminarerlaubnis ist im Fahrlehrerschein einzutragen. Die Eintragung erfolgt in dem gelben Fahrlehrerschein, Muster siehe Anlage 1.1 zu § 2 Abs. 1 DV-FahrlG und muss beinhalten:

- welche Seminarerlaubnis wurde erteilt,
- der Tag der Erteilung,
- die erteilende Erlaubnisbehörde,
- ggf. Auflagen.

Inhaber einer Seminarerlaubnis können diese nur im Rahmen eines Beschäftigungsverhältnisses mit dem Inhaber einer Fahrschule oder als Inhaber der Fahrschule/verantwortlicher Leiter des Ausbildungsbetriebs in Anspruch nehmen. Der Inhaber einer Fahrschule/verantwortlicher Leiter des Ausbildungsbetriebs muss ebenfalls die Seminarerlaubnis besitzen, wenn Fahrlehrer mit einem Beschäftigungsverhältnis dieser Fahrschule vom ihrer Seminarerlaubnis Gebrauch machen wollen.

Übergangsregelung:
Nach § 49 Abs. 11 FahrlG bedarf, wer als Inhaber einer Fahrschule vor dem 1. Januar 1999 durch von ihm beschäftigte Fahrlehrer Nachschulungskurse (heißen seit 1999 Aufbauseminare) hat durchführen lassen, ohne selbst Inhaber der Nachschulungserlaubnis nach § 31 Abs. 1 FahrlG a. F. zu sein, auch weiterhin keiner eigenen Seminarerlaubnis.

E.4 Nachweisführung über die Aufbauseminare

Die Aufzeichnungen sollen beinhalten:
- eine Anwesenheitsliste je Sitzung mit Dauer der Sitzung und deren Teilnehmern,
- ein Nachweis der Fahrproben nach Gruppen,
- die Dauer der einzelnen Fahrprobe je Teilnehmer,
- eine Durchschrift der Teilnahmebescheinigung.

Im Tagesnachweis gilt die Durchführung des Aufbauseminars (Sitzungen und Fahrprobe) als sonstige berufliche Tätigkeiten.

E.5 Fortbildung der Inhaber einer Seminarerlaubnis

Inhaber einer Seminarerlaubnis unterliegen einer generellen Fortbildungspflicht. Sie kann durch keine anderen Lehrgänge oder Ausbildungen ersetzt werden. Die Dauer der Fortbildungslehrgänge beträgt jeweils 3 Tage, bestehend aus einem zweitägigen allgemeinen Teil und je einen eintägigen programmspezifischen Teil ASF und ASP. Finden die beiden programmspezifischen Teile innerhalb eines Jahres statt, entfällt nach § 33a Abs. 2 FahrlG ein allgemeiner Teil. Folglich muss der zweite programmspezifische Teil im gleichen Jahr durchgeführt werden, der Zeitpunkt selbst kann aber später sein. Ein durchgehender Besuch des Fortbildungslehrgangs ist somit nicht erforderlich.

Schwieriger ist da schon die Berechnung der konkreten Frist für jeden Einzelnen Inhaber der Seminarerlaubnis. Nach dem Wortlaut in § 33a Abs. 2 FahrlG hat der Inhaber der Seminarerlaubnis binnen zwei Jahren nach Erlaubniserteilung und sodann bis zum Ablauf des vierten auf das Ende der vorhergehenden Frist folgenden Jahres wiederkehrend an einem Fortbildungslehrgang teilzunehmen.

Stichtag für den Beginn der Frist für die erste Fortbildung ist die Erlaubniserteilung. Danach ist »binnen« zwei Jahren eine neue programmspezifische Fortbildung nachzuweisen. Für jede weitere programmspezifische Fortbildung ist für die Bestimmung des Zeitpunktes *des Endes des folgenden Jahres der vorhergehenden Frist* entscheidend. Folglich bildet die Grundlage für die Berechnung der weiteren Fristen der 31. Dezember des auf die Teilnahme an der ersten Fortbildung folgenden Jahres.

Beispiel zur Berechnung Fortbildungsfristen der Seminarerlaubnis

2. Mai 2006	**2. Mai 2008**	**31. Dezember 2013**	**31. Dezember 2018**
Erteilung der Seminarerlaubnis	spätestens 1. Fortbildung	spätestens 2. Fortbildung	spätestens 3. Fortbildung

Wer nicht an den Fortbildungslehrgängen teilnimmt, handelt ordnungswidrig nach § 36 Abs. 1 Nr. 16 FahrlG. Bei nachgewiesenem Vorsatz können bis 500 € Geldbuße erhoben werden. Wird zwei Mal gegen die Fortbildungspflicht nach § 36 Abs. 2 FahrlG verstoßen, kann die Seminarerlaubnis nach § 33a Abs. 4 Satz 2 FahrlG widerrufen werden.

E.6 Verzicht, Ruhen, Erlöschen, Rücknahme und Widerruf der Seminarerlaubnis

E.6.1 Verzicht auf die Seminarerlaubnis

Auf die Seminarerlaubnis kann verzichtet werden. Der Verzicht sollte durch eine schriftliche Erklärung gegenüber der Erlaubnisbehörde erfolgen oder zu Protokoll bei der Erlaubnisbehörde gegeben werden. Der Erklärung oder dem Protokoll ist die Seminarerlaubnis beizufügen. Der Verzicht kann eine oder beide Seminarerlaubnisse gleichzeitig betreffen. Der Fahrlehrerschein ist der Erlaubnisbehörde zur Austragung vorzulegen.

E.6.2 Ruhen der Seminarerlaubnis

Nach § 31 Abs. 5 Satz 2 FahrlG gilt § 7 FahrlG für die Seminarerlaubnis analog. Die Seminarerlaubnis ruht danach, solange

- ein Fahrverbot nach § 25 StVG oder § 44 Strafgesetzbuch besteht,
- der Führerschein nach § 94 der Strafprozessordnung in Verwahrung genommen, sichergestellt oder beschlagnahmt,
- die Fahrerlaubnis nach § 111a der Strafprozessordnung vorläufig entzogen oder
- bei einer Entziehung im Verwaltungsverfahren die sofortige Vollziehung angeordnet worden und die aufschiebende Wirkung eines Rechtsbehelfs nicht wiederhergestellt ist.

Die Seminarerlaubnis ist bei Ruhen unverzüglich der Erlaubnisbehörde zurückzugeben. Hierzu ist der Erlaubnisinhaber verpflichtet. Das Ruhen gilt immer für alle erteilten Seminarerlaubnisse gleichzeitig.

E.6.3 Erlöschen der Seminarerlaubnis

Nach § 31 Abs. 5 Satz 2 FahrlG gilt § 7 FahrlG für die Seminarerlaubnis analog. Die Seminarerlaubnis erlischt danach, wenn dem Inhaber der Seminarerlaubnis die Fahrerlaubnis rechtskräftig oder unanfechtbar entzogen wird oder die Fahrerlaubnis auf andere Weise erlischt. Die Seminarerlaubnis ist bei Erlöschen unverzüglich der Erlaubnisbehörde zurückzugeben. Der Fahrlehrerschein ist der Erlaubnisbehörde zur Austragung der Seminarerlaubnis vorzulegen.

E.6.4 Rücknahme der Seminarerlaubnis

Nach § 31 Abs. 5 Satz 2 FahrlG gilt § 8 FahrlG für die Seminarerlaubnis analog. Die Seminarerlaubnis ist danach zurückzunehmen, wenn bei ihrer Erteilung eine der Voraussetzungen nicht vorgelegen hat und keine Ausnahme nach § 34 Abs. 1 FahrlG erteilt worden ist. Die Erlaubnisbehörde kann von der Rücknahme absehen, wenn der Mangel nicht mehr besteht. Die Rücknahme der Seminarerlaubnis ist ein Verwaltungsakt, der den Rechtsbehelfen der Verwaltungsgerichtsordnung unterliegt. Die Seminarerlaubnis ist bei Rücknahme unverzüglich der Erlaubnisbehörde zurückzugeben. Der Fahrlehrerschein ist der Erlaubnisbehörde zur Austragung der Seminarerlaubnis vorzulegen.

E.6.5 Widerruf der Seminarerlaubnis

Nach § 31 Abs. 5 Satz 2 FahrlG gilt § 8 FahrlG für die Seminarerlaubnis analog. Die Seminarerlaubnis ist danach zu widerrufen, wenn nachträglich eine der in § 2 Abs. 1 Satz 1 Nr. 2 FahrlG genannten Voraussetzungen weggefallen ist. Unzuverlässig im Sinne des § 2 Abs. 1 Satz 1 Nr. 2 FahrlG ist der Erlaubnisinhaber insbesondere dann, wenn er wiederholt die Pflichten gröblich verletzt hat, die ihm nach diesem Gesetz oder den auf ihm beruhenden Rechtsverordnungen obliegen. Der Widerruf der Seminarerlaubnis ist ein Verwaltungsakt, der den Rechtsbehelfen der Verwaltungsgerichtsordnung unterliegt.

Beim Widerruf liegt kein Ermessen vor. Wohl aber kann der Beurteilungsspielraum der Auslegung der unbestimmten Rechtsbegriffe Eignung und Zuverlässigkeit verwaltungsgerichtlich nachgeprüft werden. Die Seminarerlaubnis ist bei Widerruf unverzüglich der Erlaubnisbehörde zurückzugeben. Der Fahrlehrerschein ist der Erlaubnisbehörde zur Austragung der Seminarerlaubnis vorzulegen.

E.7 Ordnungswidrigkeiten

Für Inhaber einer Seminarerlaubnis können die Nrn. 1, 2, 3, 4 und 16 des § 36 Abs. 1 FahrlG bei der Durchführung der Aufbauseminare in Betracht kommen. Die Nrn. 1 und 4 können mit einer Geldbuße bis 2 500 € geahndet werden, die Übrigen bis 500 €. In der Regel wird ein rechtskräftiges Ordnungswidrigkeitsverfahren die Prüfung der Zuverlässigkeit gemäß § 31 Abs. 5 i. V. m. § 8 FahrlG nach sich ziehen.

E.8 Registervorschriften

E.8.1 Örtliches Fahrlehrregister

Nach § 37 Abs. 1 FahrlG dürfen die zuständigen Erlaubnisbehörden ein örtliches Fahrlehrerregister führen, in dem die Daten über Fahrlehrer gespeichert werden. Sie umfassen nach § 38 FahrlG i. V. m. § 16 DV-FahrlG bei Erlaubnissen und Anerkennungen

- **zur Person des Inhabers der Erlaubnis folgende Angaben:**
  Familienname, Geburtsname, sonstige frühere Namen, Vornamen, Doktorgrad, Geschlecht, Geburtsdatum und Geburtsort, Anschrift und Staatsangehörigkeit.

Ferner erlaubt § 39 Abs. 3 FahrlG den örtlich zuständigen Erlaubnisbehörden die Speicherung von

- Seminarerlaubnissen,
- die nach § 42 FahrlG übermittelten Daten.

Diese Daten sind dem Kraftfahrt-Bundesamt mitzuteilen. Es vermerkt

1. im Zentralen Fahrerlaubnisregister, ob ein Fahrerlaubnisinhaber auch Fahrlehrer ist,
2. im Verkehrszentralregister die in § 39 Abs. 2 näher bestimmten Maßnahmen, Entscheidungen und Erklärungen auf dem Gebiet des Fahrlehrerrechts.

E.8.2 Verkehrszentralregister (VZR)

Im VZR (§ 28 StVG) werden u. a. rechtskräftige Entscheidungen wegen einer Ordnungswidrigkeit nach § 36 Abs. 1 FahrlG, wenn gegen den Betroffenen eine Geldbuße von mindestens **150 €** festgesetzt worden ist, vermerkt.

Unberührt bleiben die Eintragungen nach § 28 Abs. 3 des Straßenverkehrsgesetzes. Das Kraftfahrt-Bundesamt prüft und stellt fest, ob im Verkehrszentralregister enthaltene Eintragungen Fahrlehrer betreffen. Sollten auf Fahrlehrer bezogene Daten aus dem Verkehrszentralregister ermittelt werden, teilt dies das Amt den zuständigen Erlaubnisbehörden mit. Hierbei werden die Personendaten des Betreffenden, Art und Umfang der Eintragung, Datum der betreffenden Maßnahmen Entscheidung oder Erklärung sowie Aktenzeichen der Behörden oder des Gerichts mitgeteilt.

Kapitel F
Die Überprüfung und Überwachung von Fahrlehrern, Fahrschulen und Fahrlehrerausbildungsstätten

F.1 Allgemeine Grundlagen

Rechtliche Grundlagen:

Fahrlehrergesetz (FahrlG)		
§ 32 Abs. 1	Zuständigkeit	
Gebührenordnung für Maßnahmen im Straßenverkehr (GebOSt)		**Ermächtigungsnormen**
2. Abschnitt Kapitel D	Gebührentarife	§ 34a Abs. 2 und 3

Zuständigkeiten
Gemäß § 32 Abs. 1 FahrlG sind für die Ausführung des Fahrlehrergesetzes und der auf ihm beruhenden Rechtsverordnungen die obersten Landesbehörden, die von ihnen bestimmten oder die nach Landesrecht zuständigen Stellen zuständig. Die Ausführung des § 30 FahrlG – Fahrschulen bei Behörden – obliegt dem Bund, den Ländern, den Gemeinden und anderen Gebietskörperschaften in eigener Zuständigkeit. Nach § 32 Abs. 2 Nr. 1 FahrlG sind

1. in Angelegenheiten der Fahrlehrerlaubnis und der Seminarerlaubnis die Erlaubnisbehörde des Wohnsitzes oder in Ermangelung eines Wohnsitzes die des Aufenthaltsorts des Bewerbers oder Erlaubnisinhabers; die Zuständigkeit geht auf die Erlaubnisbehörde des Beschäftigungsorts über, sobald der Erlaubnisinhaber seine Tätigkeit als Fahrlehrer aufnimmt,
2. in Angelegenheiten der Fahrschulerlaubnis die Erlaubnisbehörde des Sitzes der Fahrschule,
3. in Angelegenheiten der Zweigstellen die Erlaubnisbehörde des Sitzes der Zweigstelle,
4. in Angelegenheiten der Fahrlehrerausbildungsstätten die Erlaubnisbehörde des Sitzes der Ausbildungsstätte

zuständig.

Zu diesen Angelegenheiten zählen auch die Überprüfung bzw. Überwachung. Sollten mehrere Behörden tätig werden müssen, was insbesondere bei Fahrlehrern der Fall sein kann, die in verschiedenen Erlaubnisbereichen tätig sind oder bei Fahrschulen, deren Zweigstelle in einem anderen Erlaubnisbereich liegt, ist ein entsprechender Informationsaustausch dringend anzuraten.

Verfahren
Die Überprüfung/Überwachung sollte bis auf wenige Ausnahmen angekündigt sein. Dies ist notwendig, da der Inhaber der Fahrschule/verantwortliche Leiter des Ausbildungsbetriebs anwesend sein sollte. Es sollte nicht in das Belieben des Betroffenen gestellt werden. Gleiches gilt natürlich für Fahrlehrer, deren Durchführung des

Unterrichts überwacht wird oder bei Kursleitern bezüglich der Durchführung ihrer Aufbauseminare.

Hinweis
In der Ladung sollten der Ort der Überprüfung/Überwachung, der Beginn, die etwaige Dauer und der Anlass aufgeführt sein. In jedem Fall ist – sofern dies Gegenstand des Überprüfungs-/Überwachungsumfangs ist – auf die Inaugenscheinnahme der Ausbildungs- und Prüfungsfahrzeuge hinzuweisen. Die Ladung soll vier Wochen spätestens zwei Wochen vor dem Termin erfolgen. Der Termin sollte schriftlich bestätigt werden.

Bei besonderen Sachverhalten kann die Erlaubnisbehörde durch eine kurzfristige fernmündliche Ankündigung einer Überwachung z. B. zu einem besonderen Sachverhalt, den Inhaber der Fahrschule oder den verantwortlichen Leiter des Ausbildungsbetriebs zu einem Termin laden. Es steht der Erlaubnisbehörde frei, auch unangemeldet eine Fahrschule aufzusuchen. Nicht immer wird sie jedoch in der Fahrschule einen Ansprechpartner finden. Genutzt werden können auch die Sprechzeiten der Fahrschule, um zumindest eine Auskunft zu erhalten.

Das Verfahren der Überprüfung/Überwachung wird durch die Ausfertigung eines Protokolls in der Form eines Bescheides, in dem die festgestellten Tatsachen gewürdigt werden, abgeschlossen. Das sich daraus ergebende Verfahren wird gemäß Verwaltungsverfahrensgesetz (VwVfG)[51] geführt. Paragraph 9 bestimmt danach, das Verwaltungsverfahren im Sinne dieses Gesetzes die nach außen wirkende Tätigkeit der Behörden ist, die auf die Prüfung der Voraussetzungen, die Vorbereitung und den Erlass eines Verwaltungsaktes gerichtet ist; es schließt den Erlass des Verwaltungsaktes ein. Nach § 35 VwVfG ist dabei unter einem Verwaltungsakt jede Verfügung, Entscheidung oder andere hoheitliche Maßnahme, die eine Behörde zur Regelung eines Einzelfalls auf dem Gebiet des öffentlichen Rechts trifft und die auf unmittelbare Rechtswirkung nach außen gerichtet ist, zu verstehen.

Bei dem Protokoll, das anlässlich der Eröffnung/Erweiterung/Verlegung einer Fahrschule, Zweigstelle oder Fahrlehrerausbildungsstätte erstellt wird, und das mit Auflagen zur Beseitigung der festgestellten Mängel versehen werden kann, handelt es sich folglich um einen Verwaltungsakt. Gleiches gilt für das Protokoll einer Überwachung.

Abgeschlossen wird das Verfahren mittels Bescheid. Dabei handelt es sich um eine besondere Form des Verwaltungsaktes am Ende eines Verwaltungsverfahrens.

Gebühren
Die gebührenpflichtigen Tatbestände und die Gebührensätze ergeben sich aus dem Gebührentarif für Maßnahmen im Straßenverkehr. Gemäß § 1 der GebOSt[52] dürfen danach für Amtshandlungen, einschließlich der Prüfungen und Untersuchungen im

51 Verwaltungsverfahrensgesetz in der Fassung der Bekanntmachung vom 23. Januar 2003 (BGBl. I S. 102), geändert durch Artikel 4 Abs. 8 des Gesetzes vom 5. Mai 2004 (BGBl. I S. 718)
52 Gebührenordnung für Maßnahmen im Straßenverkehr (GebOSt) vom 26. Juni 1970 (BGBl. I S. 865, 1298), zuletzt geändert durch Artikel 3 der Verordnung vom 22. August 2006 (BGBl. I S. 2108)

Sinne des § 34a des Fahrlehrergesetzes Gebühren erhoben werden. Soweit im Gebührentarif nichts anderes bestimmt ist, hat nach § 2 GebOSt der Kostenschuldner (hier der Inhaber der Fahrschule/verantwortliche Leiter des Ausbildungsbetriebs, auch Fahrlehrer oder Inhaber einer Seminarerlaubnis) auch die dort aufgeführten Auslagen wie »Entgelte für Zustellungen durch die Post mit Postzustellungsurkunde und für Nachnahmen sowie im Einschreibeverfahren« oder für den »Einsatz von Dienstwagen bei Dienstgeschäften außerhalb der Dienststelle« zu tragen. Die für die Überwachung einschlägigen Gebührentarife sind in dem für die Gebühren des Landes relevanten 2. Abschnitt unter Kapitel D »Fahrlehrerrecht« aufgeführt.

308	Überprüfung	
308.1	einer Fahrschule oder Zweigstelle, eines Aufbauseminars, einer Aus- oder Fortbildungsveranstaltung nach § 31 Abs. 2 Satz 4 oder § 33a Abs. 3 Satz 5 FahrlG	30,70 bis 511,00 €
308.2	einer Fahrlehrerausbildungsstätte	30,70 bis 511,00 €

F.2 Rechtliche Grundlagen

Nach § 12 Abs. 3 FahrlG hat die Erlaubnisbehörde vor der Erteilung/Erweiterung der Fahrschulerlaubnis an Ort und Stelle die vom Antragsteller gemachten Angaben und eingereichten Unterlagen zu prüfen. Gleiches gilt bei der amtlichen Anerkennung als Fahrlehrerausbildungsstätte (§ 24 Abs. 3 FahrlG) und analog auch bei der Erteilung der Zweigstellenerlaubnis. Sie kann sich hierbei geeigneter Personen oder Stellen bedienen (§ 33 Abs. 1 Satz 2 FahrlG). Auch wenn nicht ausdrücklich auf § 33 Abs. 2 Satz 2 FahrlG verwiesen wird, ergibt sich doch aus dem Gesamtzusammenhang, dass die mit der Prüfung beauftragten Personen befugt sind, Grundstücke und Geschäftsräume des Erlaubnisinhabers zu betreten, dort Prüfungen und Besichtigungen vorzunehmen, dem Unterricht beizuwohnen und in die vorgeschriebenen Aufzeichnungen Einsicht zu nehmen. Der Erlaubnisinhaber hat diese Maßnahmen zu ermöglichen.

Nach § 33 Abs. 1 FahrlG hat die Erlaubnisbehörde zudem die Fahrlehrer, die Fahrschulen und deren Zweigstellen sowie die Fahrlehrerausbildungsstätten zu überwachen. Nach Absatz 2 hat sie dazu wenigstens alle zwei Jahre an Ort und Stelle zu prüfen, ob die Ausbildung und die Aufbauseminare ordnungsgemäß betrieben werden, die Unterrichtsräume, Lehrmittel und Lehrfahrzeuge zur Verfügung stehen und den gesetzlichen Vorschriften entsprechen und ob die sonstigen Pflichten auf Grund dieses Gesetzes und der auf ihm beruhenden Rechtsverordnungen erfüllt werden. Auch hierbei kann sie sich geeigneter Personen oder Stellen bedienen.

Diese vom Gesetzgeber gewählte Formulierung macht deutlich, dass es zwischen dem »Überwachen« und dem »Überprüfen« eines Fahrlehrers, einer Fahrschule oder einer Fahrlehrerausbildungsstätte nur sprachlich einen Unterschied gibt. In der Sache jedoch, und somit hinsichtlich der konkreten Ausgestaltung der Maßnahme, lassen sich für die beiden Begriffe Unterschiede nur schwer definieren. Vielleicht lässt sich der Unterschied so darstellen, dass im Vorfeld der Aufnahme der Tätigkeit eine Überprüfung stattfindet, die den Status Quo feststellt. Aufgabe der Überwachung hingegen ist es, nicht nur erneut den Status Quo, sondern ergänzend dazu die Einhaltung der gesetzlichen Bestimmungen im laufenden Fahrschulbetrieb/der Tätigkeit als Fahrlehrer/im Betrieb in der Fahrlehrerausbildungsstätte festzustellen.

F.3 Die Überprüfung

Gegenstand der Überprüfung ist nach dem Wortlaut des Gesetzes festzustellen, ob die vom Antragsteller gemachten Angaben und eingereichten Unterlagen stimmen.

Im Falle der Eröffnung/Erweiterung/Verlegung einer Fahrschule, Zweigstelle oder Fahrlehrerausbildungsstätte hat dabei der Inhaber einer Fahrschule/verantwortliche Leiter eines Ausbildungsbetriebes oder einer Fahrlehrerausbildungsstätte den Nachweis zu führen, dass die Unterrichtsräume nach Größe, Beschaffenheit und Einrichtung einen sachgerechten Ausbildungsbetrieb zulassen. Die entsprechenden Unterlagen wurden gemäß § 12 Abs. 1 Nr. 4 bis 6 FahrlG/§ 24 Abs. 1 Nr. 3 bis 5 FahrlG eingereicht und liegen vor. Sie bilden die Grundlagen und den Ausgangspunkt der Überprüfung.

Hinweis
Bei einer Überprüfung zur Erweiterung einer Fahrschulerlaubnis/amtlichen Anerkennung als Fahrlehrerausbildungsstätte sollte geprüft werden, ob diese nicht zusammen mit einer periodischen Überwachung der Fahrschule/Fahrlehrerausbildungsstätte (Formalüberwachung) durchgeführt werden kann. Dadurch können die Kosten für den Antragsteller gesenkt werden.

F.3.1 Unterrichtsraum

Die Anforderungen sind als erfüllt anzusehen, wenn der Unterricht in einem ortsfesten Gebäuden erteilt wird und die Unterrichtsräume nach Inaugenscheinnahme nach Größe, Beschaffenheit und Einrichtung einen sachgerechten Ausbildungsbetrieb zulassen. Im Einzelnen sind nach Anlage 2 zu § 3 DV-FahrlG folgende Mindestanforderungen an dem Unterrichtsraum einer Fahrschule/Zweigstelle zu stellen:

- Arbeitsfläche je Fahrschüler 1 m^2
- Arbeitsfläche für Fahrlehrer und Platzbedarf für Lehrmittel 8 m^2
- Gesamtlehrraumfläche 25 m^2
- Raumhöhe 2,4 m
- Luftvolumen je Person 3 m^3

Für Unterrichtsräume der Fahrlehrerausbildungsstätten ist die Anlage 2 zu § 3 DV-FahrlG nicht anwendbar. Hier gilt nur, dass die Unterrichtsräume einen sachgerechten Ausbildungsbetrieb nach Größe, Beschaffenheit und Einrichtung zulassen. Der beantragte Unterrichtsraum ist bezüglich der Grundfläche (abzüglich nicht beweglicher Gegenstände) und der Raumhöhe (gemessen an der niedrigsten Deckenhöhe) durch den Prüfer zu vermessen.

Weiterhin ist zu prüfen ob der Unterrichtsraum nach Beschaffenheit und Einrichtung
- nicht Teil einer Gastwirtschaft und kein Wohnraum ist,
- einen eigenen Zugang besitzt und nicht als Durchgang dient,
- vor Beeinträchtigungen durch Lärm, Staub und Geruch geschützt ist,
- gut beleuchtet ist,
- ausreichend belüftet werden kann sowie
- gut beheizbar ist.

Eine ausreichend bemessene Kleiderablage muss vorhanden sein. In unmittelbarer Nähe des Unterrichtsraumes muss mindestens ein WC mit Waschgelegenheit zur Verfügung stehen. Für jeden Schüler muss mindestens eine Sitzgelegenheit mit Rückenlehne und eine Schreibunterlage (Mindestgröße DIN A 4) vorhanden sein. Der Antragsteller sollte, wenn er nur eine Schreibunterlage nachweist, darauf hingewiesen werden, dass im Falle der Durchführung von Aufbauseminaren, Tische in Kreisform aufgestellt werden müssen.

Hinweis
Die Regelungen der Verordnung über Arbeitsstätten (Arbeitsstättenverordnung – ArbStättV, vom 24. August 2004, in der Fassung vom 20. Juli 2007) können ebenfalls Anwendung finden

In den Unterrichtsräumen müssen nach § 4 DV-FahrlG während des theoretischen Unterrichts Lehrmittel zur Gestaltung des Unterrichts und zur Visualisierung vorhanden sein. Zur Darstellung des Lehrstoffes müssen wahlweise Modelle, Lehrtafeln, Sichtfolien, Video- oder andere Filme, Diapositive, elektronische Datenträger sowie die jeweils erforderlichen Vorführgeräte vorhanden sein. Die detaillierten Mindestanforderungen werden in der »Richtlinie für die Ausstattung von Fahrschulen mit Lehrmitteln«[53] geregelt. Zur Darstellung der Gesetzestexte müssen, wenn elektronische Medien verwendet werden, die erforderlichen Vorführgeräte vorhanden sein. Ein Bezug der Gesetzestexte aus dem Internet ist möglich. Ein Zugang zum Internet muss während des Unterrichts gewährleistet sein. Der Fahrlehrer, welcher den Unterricht durchführt, muss in der Lage sein, das Vorführgerät zu bedienen!

Seit einer Änderung von § 4 DV-FahrlG, die am 1. Juli 2004 in Kraft getreten ist[54], ist es nicht mehr erforderlich, dass die Lehrmittel ständig vorhanden sein müssen. Begründet wurde dies damit, dass es zur Durchführung eines effektiven Unterrichts genügt, wenn die Lehrmittel nur während der Unterrichtszeiten gefordert werden. Hierdurch werden die Fahrschulen von finanziellen Belastungen durch das unnötige Vorhalten mehrerer Exemplare derselben Unterrichtsmittel, deren Vorführgeräte einschließlich der Software oder laufend zu aktualisierenden Foliensätzen entlastet.[55] Vor diesem Hintergrund ist es möglich, dass in Fahrschulen weiterhin mit einem Verkehrstisch mit Zubehör und Reifenausschnitten für Pkw und/oder Kräder, sowie mit

---

53 Richtlinie für die Ausstattung von Fahrschulen mit Lehrmitteln vom 20. November 2003 (VkBl. 2003 S. 785)

54 Verordnung zur Änderung der Fahrerlaubnis-Verordnung und anderer straßenverkehrsrechtlicher Vorschriften vom 7. Januar 2004 (BGBl I, S. 43)

55 BR-Drs 584/03

Fahrzeugzubehör wie Warnleuchte, Warndreieck, Parkscheibe oder Parkwarntafel ausgestattet sein können. Ferner funktionsfähige Lehrmodelle der wichtigsten Fahrzeugbauteile wie:

- Modell für lichttechnische Einrichtungen eines PKW vorn und hinten,
- Hydraulische Bremsanlage mit Trommel-, Scheiben- und Feststellbremse,
- Auflaufbremse mit Zuggabel und Höheneinstellvorrichtung,
- Anhängerkupplung,
- Kugelkopfkupplung,
- Sattelkupplung,
- Zweikreis-Zweileitungs-Druckluftbremsanlage für einen Zug oder Sattelkraftfahrzeug.

Die Beschaffenheit und Einrichtung des Unterrichtsraumes ist zu beurteilen und die vorgeschriebenen Lehrmittel sind auf Vorhandensein und Funktionstüchtigkeit zu überprüfen.

Eine Änderung des § 11 DV-FahrlG erfolgte am 1. Juli 2004 nicht. Aus diesem Grund müssen die Fahrlehrerausbildungsstätten die o. g. Lehrmodelle weiterhin nachweisen.

Im Geschäftsraum der Fahrschule, der Raum, wo der Vertragsabschluss erfolgt, das kann der Unterrichtsraum oder ein Büro sein, müssen ein Preisaushang, die Geschäftsbedingungen und die Ausbildungspläne für den theoretischen und den praktischen Unterricht je beantragte Fahrschulerlaubnisklasse ausgehängt oder ausgelegt sein.

Im Geschäftraum der Fahrlehrerausbildungsstätte erfolgt der Vertragsabschluss. Ein Preisaushang ist nicht vorgeschrieben, Gleichwohl müssen die Geschäftsbedingungen einsehbar sein. Ein Abdruck des Ausbildungsplans ist dem Fahrlehreranwärter vor Abschluss des Ausbildungsvertrags auszuhändigen (§ 26 Abs. 2 Satz 2 FahrlG).

F.3.2 Lehrfahrzeuge

Die Aufstellung muss für jede beantragte Fahrschulerlaubnisklasse einschließlich der Unterklassen, die zur Ausbildung angeboten werden, entsprechende Fahrzeuge beinhalten. Die Verfügbarkeit ist je Ausbildungsfahrzeug zu belegen. Die hierfür erforderlichen Ausbildungs- und Prüfungsfahrzeuge müssen entsprechend § 5 DV-FahrlG i. V. m. Anlage 7 Nr. 2.2 FeV bereitgehalten werden.

Hinweis

Eine »Fahrschule aller Klassen« muss auch alle Klassen ausbilden. Dazu muss sie entsprechende Ausbildungsfahrzeuge für alle Klassen »zur Verfügung« haben. Dies kann auf der Basis von Miet- und Leasingverträgen erfolgen.

Für die Fahrschulerlaubnis der Klasse BE muss mindestens ein Ausbildungs- und Prüfungsfahrzeug entsprechend Anlage 7 Nr. 2.2.4 FeV (PKW), für die Fahrschulerlaubnis der Klasse A mindestens ein Ausbildungs- und Prüfungsfahrzeug entsprechend Anlage 7 Nr. 2.2.2 FeV (leistungsbegrenztes Motorrad) ständig vorhanden sein. Für die Fahrschulerlaubnis der Klasse CE müssen hingegen Ausbildungs- und Prüfungsfahrzeuge entsprechend Anlage 7 Nr. 2.2.6 und 2.2.7 FeV »nur« zur Verfügung stehen. Gleiches gilt für die Fahrschulerlaubnis der Klasse DE. Hier müssen Ausbildungs- und

Prüfungsfahrzeuge entsprechend Anlage 7 Nr. 2.2.10 FeV zur Verfügung stehen. Die Nachweise hierüber sind durch die Vorlage von Miet- oder Nutzungsverträgen zu führen.

Die Ausbildungsfahrzeuge sind in Augenschein zu nehmen und die Fahrzeugbescheinigung Teil 1 sind einzusehen.

F.3.3 Berichtsführung

Über die an Ort und Stelle festgestellten Tatsachen ist ein Bericht zu fertigen. Inhalt des Berichtes kann daher nur die Momentaufnahme des Ist-Zustandes der Fahrschule, einer Zweigstelle, oder der Fahrlehrerausbildungsstätte sein. Es soll daher keine Bewertung vor, während und nach der Überprüfung erfolgen. Entscheidungserhebliche Umstände müssen gerichtsfest dokumentiert werden. In dem Bericht sollte nicht auf Aussagen des Inhabers der Fahrschule/verantwortlichen Leiter eines Ausbildungsbetriebes abgestellt werden. Er ist in der Fahrschule/Zweigstelle/Fahrlehrerausbildungsstätte vollständig auszufüllen. Nicht zutreffendes ist zu streichen.

Dem Inhaber einer Fahrschule/verantwortlichen Leiter eines Ausbildungsbetriebes kann, nach seiner Aufforderung, eine Kopie des Berichtes übergeben werden. Der Antragsteller oder ein Beauftragter des Antragstellers sollte den Bericht gegenzeichnen. Im Anschluss wird eine Nachbesprechung durchgeführt.

Muster eines Berichtes

Nachfolgend ist ein Muster für einen Bericht zur Eröffnung, Verlegung oder Erweiterung einer Fahrschule oder Zweigstelle dargestellt. Er wurde so aufgebaut, dass alle Feststellungen nur mit »ja« oder »nein« beantwortet werden, da ein »teilweise« zu Diskussionen führt. Die Abfragen sind dabei so formuliert, dass die Antwort mit »ja« immer positiv ist. Eine Antwort mit »nein« ist unter Bemerkungen zu erläutern.

Kopfbogen der Erlaubnisbehörde
oder Stelle, die die Überprüfung durchführt

Bericht über die Überprüfung

Anlass: Eröffnung Erweiterung Verlegung

gemäß §§ 12 Abs. 3 und 14 Fahrlehrergesetz (FahrlG) vom 25. August 1969 (BGBl. I Seite 1336) in der zurzeit gültigen Fassung

am: ____________ Prüfer: ____________

Anwesend war(en): ____________________________

Beginn der Überprüfung: ____________ Ende der Überprüfung: ____________

I. Allgemeine Angaben

1. Fahrschule/Zweigstelle Fahrschul-/Zweigstellenverzeichnisnr.: ____________

Name der Fahrschule: ____________________________

Fahrschul-/Zweigstellenerlaubnisklasse(n): ____________________

Überprüfung/Überwachung v. Fahrlehrern/Fahrschulen/Fahrlehrerausbildungsstätten ___

beantragte Fahrschul-/Zweigstellenerlaubnisklasse(n): ____________________

Anschrift der Fahrschule: ____________________

Anschrift des Unterrichtsraums: ____________________

Telefonnummer der Fahrschule: __________ Funk: __________ Fax: __________

Ausbildungsfahrschule: ____________________

Gemeinschaftsfahrschule: ____________________

2. Erlaubnisinhaber/Verantwortlicher Leiter des Ausbildungsbetriebs

Vorname, Name: ____________________

Fahrlehrerschein-Nr.: __________ Fahrlehrerlaubnisklassen: ______

Anschrift: ____________________

Inhaber der Seminarerlaubnis nach § 31 Abs. 1 FahrlG: ❑ § 2a StVG ❑ § 4 StVG

Berechtigung als Ausbildungsfahrlehrer: ❑ ja ❑ nein

andere Beschäftigungen/Tätigkeiten: ____________________

3. Postanschrift

Inhaber, Unterrichtsraum, Sonstige Anschrift: ____________________

4. Weitere Angaben

4.1 Geschäftszeiten

Ausbildung	Montag	Dienstag	Mittwoch	Donnerstag	Freitag	Sonnabend
Anmeldung						
Wer?						

4.2 Zweigstellen

Lfd. Nr.	Anschrift	Erlaubnis am	Erteilte Klasse(n)	Erlaubnis-behörde

Bermerkungen: ____________________

— Überprüfung/Überwachung v. Fahrlehrern/Fahrschulen/Fahrlehrerausbildungsstätten

4.3 Fahrlehrer

Name, Vorname	FLS-Nr. Kl. FLS eingesehen	Haupt- o. nebenbeschäftigt, weitere Beschäftigung(en)	Inhaber einer Seminarerlaubnis	Ausbildungsfahrlehrer

Bemerkungen:

___

___

II. Ausstattung des Fahrschulunterrichtsraumes

1. Unterrichtsraum entsprechend § 3 und der Anlage 2 DV-FahrlG

Gesamtfläche: m^2	Raumhöhe: m	Luftvolumen: m^3	Zulässige Schülerzahl ______ unter Vorbehalt
mind. 25 m^2	mind. 2,40 m	mind. 3 m^3/Person	

Arbeitsfläche für FL und Lehrmittel mindestens 8 qm/Arbeitsfläche je Fahrschüler mindestens 1 qm

1.1 Beschaffenheit und Einrichtung des Unterrichtsraumes entsprechend Anlage 2 DV-FahrlG ❑ ja ❑ nein

1.2 Veränderung zum Unterrichtsraum
Seit der letzten Prüfung an Ort und Stelle am: ____________ ❑ ja ❑ nein

1.3 Zusätzlich für die Durchführung von Aufbauseminaren:
Kann im Raum Gruppenarbeit durchgeführt werden? ❑ ja ❑ nein

1.4 Sind folgende Ausrüstungsgegenstände vorhanden:
- a) Ausreichend große Fläche zur Visualisierung der Arbeitergebnisse ❑ ja ❑ nein
- b) Flipchart ❑ ja ❑ nein
- c) geeignete Materialien zur Visualisierung der Redebeiträge (Metaplankarten, Stifte) ❑ ja ❑ nein

Bemerkungen:

___

___

2. Lehrmittel entsprechend § 4 DV-FahrlG

2.1 Sind eine Magnet- oder Schreibtafel oder eine andere Visualisierungsmöglichkeit vorhanden? ❑ ja ❑ nein

2.2 Zur Darstellung des Lehrstoffes müssen wahlweise Modelle, Lehrtafeln, Sichtfolien, Video- oder andere Filme, Dias, elektron. Datenträger u. die erforderlichen Vorführgeräte vorhanden sein.

a) Sind diese Lehrmittel **für den Grundstoff** vorhanden für alle Klassen; Ziffer 2.1 AusstattRichtl)? ❑ ja ❑ nein

b) Sind diese Lehrmittel **für den klassenspezifischen Stoff** vorhanden (Ziffer 2.2 AusstattRichtl)? ❑ ja ❑ nein

Allgemeiner Teil	Verlag	Art
Alle Klassen		

Zusätzlicher Teil in den Klassen	Verlag	Art
A1, A, M		
B, S		
C1, C		
CE		
D1, D		
L		
T		

2.3 Ist eine straßenverkehrsrechtliche Textsammlung (Ziffer 2.3 AusstattRichtl) vorhanden? ❑ ja ❑ nein

2.4 Wird Anschauungsmaterial (z. B. Datenträger, Folien) verwendet, das in anderen Unterrichträumen benutzt wird? ❑ ja ❑ nein

Bemerkungen:

____

____

3. Unterrichtsentgelte entsprechend § 19 FahrlG i. V. m. § 7 und Anlage 5 DV-FahrlG

3.1 Entsprechen die Unterrichtsentgelte den Grundsätzen der Preisklarheit? ❑ ja ❑ nein

3.2 Entsprechen die Unterrichtsentgelte den Grundsätzen der Preiswahrheit? ❑ ja ❑ nein

3.3 Wurde die Preistafel entsprechend dem Muster der Anlage 5 DV-FahrlG erstellt? ❑ ja ❑ nein

Bemerkungen:

____

____

— Überprüfung/Überwachung v. Fahrlehrern/Fahrschulen/Fahrlehrerausbildungsstätten

4. Angaben zum Geschäftsraum entsprechend § 19 FahrlG i. V. m. § 7 und Anlage 5 DV-FahrlG

4.1 Sind die Geschäftsbedingungen im Geschäftsraum angebracht? ❑ ja ❑ nein

4.2 Ist der Preisaushang in den Geschäftsräumen ausgehängt? ❑ ja ❑ nein

4.3 Sind die Ausbildungspläne für die theoretische Ausbildung im Geschäftsraum ausgehängt oder ausgelegt? ❑ ja ❑ nein

4.4 Sind die Ausbildungspläne für die praktische Ausbildung im Geschäftsraum ausgehängt oder ausgelegt? ❑ ja ❑ nein

4.5 Sind die Ausbildungspläne für die Funktions- und Sicherheitskontrolle im Geschäftsraum ausgehängt oder ausgelegt? ❑ ja ❑ nein

4.6 Gibt es weitere Geschäftsräume? ❑ ja ❑ nein

Bemerkungen:

____

____

III. Ausbildungsfahrzeuge gemäß § 5 DV-FahrlG i. V. m. Anlage 7 Abschnitt 2.2 der FeV

- Die Fahrzeugscheine wurden vorgelegt. ❑ ja ❑ nein
- Die Ausbildungsfahrzeuge besichtigt. ❑ ja ❑ nein
- Ist Werbung an Vorder- oder Rückseite des Ausbildungsfahrzeuges angebracht? ❑ ja ❑ nein

Klasse A ohne Leistungsbeschränkung bei direkten Zugang: Bestand: ______
Krafträder der Klasse A

- Motorleistung mindestens 44 kW.

Nachfolgende weitere Anforderungen werden an die Ausbildungs- und Prüfungsfahrzeuge gestellt:

- Ausbildungs- und Prüfungsfahrzeug mindestens einseitiger Führungsfunk: vorhanden und funktionstüchtig? ❑ ja ❑ nein

Typ Kennzeichen Bemerkungen

____

____

Klasse A mit Leistungsbeschränkung: Bestand: ______
Krafträder der Klasse A

- Motorleistung mindestens 20 kW, aber nicht mehr als 25 kW
- Verhältnis Leistung/Leermasse von nicht mehr als 0,16 kW/kg
- Hubraum mindestens 250 cm^3
- durch die Bauart bestimmte Höchstgeschwindigkeit mindestens 130 km/h.

Nachfolgende weitere Anforderungen werden an die Ausbildungs- und Prüfungsfahrzeuge gestellt:

- Ausbildungs- und Prüfungsfahrzeug mindestens einseitiger Führungsfunk: vorhanden und funktionstüchtig? ❑ ja ❑ nein

Typ Kennzeichen Bemerkungen

____

____

Klasse A1: Bestand: ______

Krafträder der Klasse A1

- Hubraum mindestens 95 cm^3
- durch die Bauart bestimmte Höchstgeschwindigkeit mindestens 100 km/h.

Nachfolgende weitere Anforderungen werden an die Ausbildungs- und Prüfungsfahrzeuge gestellt:

- Ausbildungs- und Prüfungsfahrzeug mindestens einseitiger Führungsfunk: vorhanden und funktionstüchtig?

Typ Kennzeichen Bemerkungen

____

____

Klasse B: Bestand: ______

Personenkraftwagen

- durch die Bauart bestimmten Höchstgeschwindigkeit mindestens 130 km/h
- mindestens 4 Sitzplätze
- mindestens 2 Türen auf der rechten Seite.
- Als **Ausbildungsfahrzeuge** können alle Personenkraftwagen verwendet werden, die eine durch die Bauart bestimmten Höchstgeschwindigkeit mindestens 130 km/h erreichen, diese müssen keine Prüfungsfahrzeuge sein.

Nachfolgende weitere Anforderungen werden an die Ausbildungs- und Prüfungsfahrzeuge gestellt:

- Ausbildungsfahrzeuge mit akustisch oder optisch kontrollierbaren Einrichtungen zur Betätigung der Pedale (Doppelpedaleinrichtungen) ❑ ja ❑ nein
- Prüfungsfahrzeug: ausreichende Sitzplätze für den aaSoP, den Fahrlehrer und den Bewerber ❑ ja ❑ nein
- Prüfungsfahrzeug: zusätzlicher Innenspiegel sowie zwei rechte Außenspiegel ggf. in integrierter Form oder ein gleichwertiger Außenspiegel ❑ ja ❑ nein

Typ	Kennzeichen	Prüfungsfahrzeug ❑ ja ❑ nein	Bemerkungen

Klasse BE: Bestand: ______

Fahrzeugkombinationen bestehend aus einem Prüfungsfahrzeug der Klasse B und einem Anhänger gemäß § 30a Abs. 2 Satz 1 StVZO, die als Kombination nicht der Klasse B zuzurechnen sind

- Länge der Fahrzeugkombination mindestens 7,5 m
- zulässige Gesamtmasse des Anhängers mindestens 1 300 kg
- tatsächliche Gesamtmasse des Anhängers mindestens 800 kg
- Anhänger mit eigener Bremsanlage
- Aufbau des Anhängers kastenförmig oder damit vergleichbar, mindestens 1,2 m Breite in 1,5 m Höhe
- Sicht nach hinten nur über Außenspiegel

Nachfolgende weitere Anforderungen werden an die Ausbildungs- und Prüfungsfahrzeuge gestellt:

- Prüfungsfahrzeug: ausreichende Sitzplätze für den aaSoP, den Fahrlehrer und den Bewerber ❑ ja ❑ nein
- Prüfungsfahrzeug: zusätzlicher Innenspiegel sowie zwei rechte Außenspiegel ggf. in integrierter Form oder ein gleichwertiger Außenspiegel ❑ ja ❑ nein

Achtung:

Ausbildungs- und Prüfungsfahrzeuge, die den Vorschriften der Anlage 7 in der bis zum 30. Juni 2004 geltenden Fassung entsprechen, Fahrzeugkombinationen bestehend aus einem Ausbildungsfahrzeug der Klasse B und einem Anhänger, die als Kombination nicht der Klasse B zuzurechnen sind.

- *Länge der Fahrzeugkombination mindestens 7,5 m*
- *durch die Bauart bestimmte Höchstgeschwindigkeit mindestens 100 km/h*
- *zulässige Gesamtmasse des Anhängers mindestens 1 300 kg*
- *Anhänger mit eigener Bremsanlage*
- *Aufbau des Anhängers kastenförmig oder damit vergleichbar, mindestens 1,2m Breite in 1,5 Höhe.*

dürfen bis zum 30. September 2013 verwendet werden. Die Vorschriften über die tatsächliche Gesamtmasse sind ab dem 1. Oktober 2004 anzuwenden.

Typ	Kennzeichen	Bemerkungen

Klasse C: Bestand: ______

Fahrzeuge der Klasse C

- Mindestlänge 8,0 m
- Mindestbreite 2,4 m
- zulässige Gesamtmasse mindestens 12 t
- tatsächliche Gesamtmasse mindestens 10 t
- durch die Bauart bestimmte Höchstgeschwindigkeit mindestens 80 km/h
- mit Anti-Blockier-System (ABS)
- Getriebe mit mindestens 8 Vorwärtsgängen

- mit EG-Kontrollgerät
- Aufbau kastenförmig oder vergleichbar, mindestens so breit und so hoch wie die Führerkabine
- Sicht nach hinten nur über Außenspiegel

Nachfolgende weitere Anforderungen werden an die Ausbildungs- und Prüfungsfahrzeuge gestellt:

- Ausbildungsfahrzeuge müssen mit akustisch oder optisch kontrollierbaren Einrichtungen zur Betätigung der Pedale (Doppelpedaleinrichtungen) ❑ ja ❑ nein
- Prüfungsfahrzeug: ausreichende Sitzplätze für den aaSoP, den Fahrlehrer und den Bewerber ❑ ja ❑ nein
- Prüfungsfahrzeug: zusätzlicher rechter und linker Innenspiegel und Außenspiegel soweit die Spiegel für den Fahrer, dem Fahrlehrer keine ausreichende Sicht nach hinten ermöglichen ❑ ja ❑ nein

Achtung:

Ausbildungs- und Prüfungsfahrzeuge, die den Vorschriften der Anlage 7 in der bis zum 30. Juni 2004 geltenden Fassung entsprechen, Fahrzeuge der Klasse C

- *Mindestlänge 7 m*
- *zulässige Gesamtmasse mindestens 12 t*
- *durch die Bauart bestimmte Höchstgeschwindigkeit mindestens 80 km/h*
- *Zweileitungs-Bremsanlage*
- *Aufbau kastenförmig oder damit vergleichbar, Seitenhöhe mindestens 0,5 m*
- *Sicht nach hinten nur über Außenspiegel.*

dürfen bis zum 30. September 2013 verwendet werden.

Typ	Kennzeichen	Bemerkungen

Klasse CE: Bestand: ______

Fahrzeugkombinationen bestehend aus einem Prüfungsfahrzeug der Klasse C mit selbsttätiger Kupplung und einem Anhänger mit eigener Lenkung oder mit einem Starrdeichselanhänger mit Tandem-/Doppelachse

- Länge der Fahrzeugkombination mindestens 14,0 m
- zulässige Gesamtmasse der Fahrzeugkombination mindestens 20 t
- tatsächliche Gesamtmasse der Fahrzeugkombination mindestens 15 t
- Zweileitungs-Bremsanlage
- durch die Bauart bestimmte Höchstgeschwindigkeit der Fahrzeugkombination mindestens 80 km/h
- Anhänger mit Anti-Blockier-System (ABS)
- Länge des Anhängers mindestens 7,5 m
- Mindestbreite des Anhängers 2,4 m
- Aufbau des Anhängers kastenförmig oder vergleichbar, mindestens so breit und so hoch wie die Führerkabine des Zugfahrzeugs
- Sicht nach hinten nur über Außenspiegel.

— Überprüfung/Überwachung v. Fahrlehrern/Fahrschulen/Fahrlehrerausbildungsstätten

oder
Sattelkraftfahrzeuge

- Länge mindestens 14 m
- Mindestbreite der Sattelzugmaschine und des Sattelanhängers 2,4 m
- zulässige Gesamtmasse mindestens 20 t
- tatsächliche Gesamtmasse mindestens 15 t
- durch die Bauart bestimmte Höchstgeschwindigkeit mindestens 80 km/h
- Sattelzugmaschine und Sattelanhänger mit Anti-Blockier-System (ABS)
- Getriebe mit mindestens 8 Vorwärtsgängen
- mit EG-Kontrollgerät
- Aufbau kastenförmig oder vergleichbar, mindestens so breit und so hoch wie die Führerkabine
- Sicht nach hinten nur über Außenspiegel.

Achtung:

Ausbildungs- und Prüfungsfahrzeuge, die den Vorschriften der Anlage 7 in der bis zum 30. Juni 2004 geltenden Fassung entsprechen, Fahrzeugkombinationen bestehend aus einem Ausbildungsfahrzeug der Klasse C und einem Anhänger

- *Länge der Fahrzeugkombination mindestens 14 m*
- *zulässige Gesamtmasse der Fahrzeugkombination mindestens 18 t*
- *Zweileitungs-Bremsanlage*
- *Höchstgeschwindigkeit der Fahrzeugkombination mindestens 80 km/h*
- *Anhänger mit eigener Lenkung*
- *Länge des Anhängers mindestens 5 m*
- *Aufbau kastenförmig oder damit vergleichbar, Seitenhöhe mindestens 0,5 m*
- *Sicht nach hinten nur über Außenspiegel*

oder
Sattelkraftfahrzeug

- *Länge von mindestens 12 m*
- *zulässigen Gesamtmasse mindestens 18 t*
- *durch die Bauart bestimmte Höchstgeschwindigkeit mindestens 80 km/h*
- *Aufbau kastenförmig oder damit vergleichbar, Seitenhöhe mindestens 0,5 m*
- *Sicht nach hinten nur über Außenspiegel.*

dürfen bis zum 30. September 2013 verwendet werden. Die Vorschriften über die tatsächliche Gesamtmasse sind ab dem 1. Oktober 2004 anzuwenden.

Typ	Kennzeichen	Bemerkungen

Klasse C1: Bestand: ______

Fahrzeuge der Klasse C1

- Länge mindestens 5,5 m
- zulässige Gesamtmasse mindestens 5,5 t
- durch die Bauart bestimmte Höchstgeschwindigkeit mindestens 80 km/h
- mit Anti-Blockier-System (ABS)

- mit EG-Kontrollgerät
- Aufbau kastenförmig oder vergleichbar, mindestens so breit und so hoch wie die Führerkabine
- Sicht nach hinten nur über Außenspiegel

Nachfolgende weitere Anforderungen werden an die Ausbildungs- und Prüfungsfahrzeuge gestellt:

- Ausbildungsfahrzeuge müssen mit akustisch oder optisch kontrollierbaren Einrichtungen zur Betätigung der Pedale (Doppelpedaleinrichtungen) ❑ ja ❑ nein
- Prüfungsfahrzeug: ausreichende Sitzplätze für den aaSoP, den Fahrlehrer und den Bewerber ❑ ja ❑ nein
- Prüfungsfahrzeug: zusätzlicher rechter und linker Innenspiegel und Außenspiegel soweit die Spiegel für den Fahrer dem Fahrlehrer keine ausreichende Sicht nach hinten ermöglichen ❑ ja ❑ nein

Achtung:

Ausbildungs- und Prüfungsfahrzeuge, die den Vorschriften der Anlage 7 in der bis zum 30. Juni 2004 geltenden Fassung entsprechen, Fahrzeuge der Klasse C1

- *Mindestlänge 5,5 m*
- *zulässige Gesamtmasse mindestens 5,5 t*
- *durch die Bauart bestimmte Höchstgeschwindigkeit mindestens 80 km/h*
- *Aufbau kastenförmig oder damit vergleichbar, Seitenhöhe mindestens 0,3 m*
- *Sicht nach hinten nur über Außenspiegel.*
- *dürfen bis zum 30. September 2013 verwendet werden.*

Typ	Kennzeichen	Bemerkungen

Klasse C1E: Bestand: ______

Fahrzeugkombinationen bestehend aus einem Prüfungsfahrzeug der Klasse C1 und einem Anhänger

- Länge der Fahrzeugkombination mindestens 9 m
- durch die Bauart bestimmte Höchstgeschwindigkeit der Fahrzeugkombination mindestens 80 km/h
- zulässige Gesamtmasse des Anhängers mindestens 1 300 kg
- tatsächliche Gesamtmasse des Anhängers mindestens 800 kg
- Anhänger mit eigener Bremsanlage
- Aufbau des Anhängers kastenförmig oder vergleichbar, mindestens so hoch u. etwa so breit wie die Führerkabine des Zugfahrzeugs (der Aufbau kann geringfügig weniger breit sein)
- Sicht nach hinten nur über Außenspiegel.

Achtung:

Ausbildungs- und Prüfungsfahrzeuge, die den Vorschriften der Anlage 7 in der bis zum 30. Juni 2004 geltenden Fassung entsprechen, Fahrzeugkombinationen bestehend aus einem der Klasse C1 und einem Anhänger

- *Länge der Fahrzeugkombination mindestens 9 m*
- *Höchstgeschwindigkeit der Fahrzeugkombination mindestens 80 km/h*
- *zulässige Gesamtmasse des Anhängers mindestens 2 000 kg*
- *Anhänger mit eigener Bremsanlage*
- *Aufbau des Anhängers kastenförmig oder damit vergleichbar, Seitenhöhe mindestens 0,3 m*
- *Sicht nach hinten nur über Außenspiegel.*

dürfen bis zum 30. September 2013 verwendet werden. Die Vorschriften über die tatsächliche Gesamtmasse sind ab dem 1. Oktober 2004 anzuwenden.

Typ	Kennzeichen	Bemerkungen

Klasse D: Bestand: ______

Fahrzeuge der Klasse D

- Länge mindestens 10 m
- Mindestbreite 2,4 m
- durch die Bauart bestimmte Höchstgeschwindigkeit mindestens 80 km/h.
- mit Anti-Blockier-System (ABS)
- mit EG-Kontrollgerät

Nachfolgende weitere Anforderungen werden an die Ausbildungs- und Prüfungsfahrzeuge gestellt:

- Ausbildungsfahrzeuge müssen mit akustisch oder optisch kontrollierbaren Einrichtungen zur Betätigung der Pedale (Doppelpedaleinrichtungen) ❑ ja ❑ nein
- Prüfungsfahrzeug: ausreichende Sitzplätze für den aaSoP, den Fahrlehrer und den Bewerber ❑ ja ❑ nein
- Prüfungsfahrzeug: zusätzlicher rechter und linker Innenspiegel und Außenspiegel soweit die Spiegel für den Fahrer dem Fahrlehrer keine ausreichende Sicht nach hinten ermöglichen ❑ ja ❑ nein

Achtung:

Ausbildungs- und Prüfungsfahrzeuge, die den Vorschriften der Anlage 7 in der bis zum 30. Juni 2004 geltenden Fassung entsprechen, Fahrzeuge der Klasse D

- *Länge mindestens 10 m*
- *durch die Bauart bestimmte Höchstgeschwindigkeit von mindestens 80 km/h.*

dürfen bis zum 30. September 2013 verwendet werden.

Typ	Kennzeichen	Bemerkungen

Klasse DE: Bestand: ______

Fahrzeugkombinationen bestehend aus einem Prüfungsfahrzeug der Klasse D und einem Anhänger

- Länge der Fahrzeugkombination mindestens 13,5 m
- Mindestbreite des Anhängers 2,4 m
- durch die Bauart bestimmte Höchstgeschwindigkeit der Fahrzeugkombination mindestens 80 km/h
- zulässige Gesamtmasse des Anhängers mindestens 1 300 kg
- tatsächliche Gesamtmasse des Anhängers mindestens 800 kg
- Anhänger mit eigener Bremsanlage
- Aufbau des Anhängers kastenförmig oder vergleichbar, mindestens 2,0 m breit und hoch
- Sicht nach hinten nur über Außenspiegel

Achtung:

Ausbildungs- und Prüfungsfahrzeuge, die den Vorschriften der Anlage 7 in der bis zum 30. Juni 2004 geltenden Fassung entsprechen, Fahrzeugkombinationen bestehend aus einem Ausbildungsfahrzeug der Klasse D und einem Anhänger
- *Länge der Fahrzeugkombination mindestens 13,5 m*
- *Höchstgeschwindigkeit der Fahrzeugkombination mindestens 80 km/h*
- *zulässige Gesamtmasse des Anhängers mindestens 2 000 kg*
- *Anhänger mit eigener Bremsanlage*
- *Aufbau des Anhängers kastenförmig oder damit vergleichbar, Seitenhöhe mindestens 0,3 m*
- *Sicht nach hinten nur über Außenspiegel.*

dürfen bis zum 30. September 2013 verwendet werden. Die Vorschriften über die tatsächliche Gesamtmasse sind ab dem 1. Oktober 2004 anzuwenden.

Typ	Kennzeichen	Bemerkungen

Klasse D1: Bestand: ______

Fahrzeuge der Klasse D1
- Länge mindestens 5m, maximale Länge 8 m
- durch die Bauart bestimmte Höchstgeschwindigkeit mindestens 80 km/h.
- zulässige Gesamtmasse mindestens 4 t
- mit Anti-Blockier-System (ABS)
- mit EG-Kontrollgerät

Nachfolgende weitere Anforderungen werden an die Ausbildungs- und Prüfungsfahrzeuge gestellt:
- Ausbildungsfahrzeuge müssen mit akustisch oder optisch kontrollierbaren Einrichtungen zur Betätigung der Pedale (Doppelpedaleinrichtungen) ❑ ja ❑ nein
- Prüfungsfahrzeug: ausreichende Sitzplätze für den aaSoP, den Fahrlehrer und den Bewerber ❑ ja ❑ nein
- Prüfungsfahrzeug: zusätzlicher rechter und linker Innenspiegel und Außenspiegel soweit die Spiegel für den Fahrer dem Fahrlehrer keine ausreichende Sicht nach hinten ermöglichen ❑ ja ❑ nein

Achtung:

Ausbildungs- und Prüfungsfahrzeuge, die den Vorschriften der Anlage 7 in der bis zum 30. Juni 2004 geltenden Fassung entsprechen, Fahrzeuge der Klasse D1

- *Länge mindestens 5 m*
- *zugelassen für eine Höchstgeschwindigkeit von mindestens 80 km/h.*

dürfen bis zum 30. September 2013 verwendet werden.

Typ Kennzeichen Bemerkungen

____

____

Klasse D1E: Bestand: ______

Fahrzeugkombinationen bestehend aus einem Prüfungsfahrzeug der Klasse D1 und einem Anhänger

- Länge der Fahrzeugkombination mindestens 8,5 m
- durch die Bauart bestimmte Höchstgeschwindigkeit der Fahrzeugkombination mindestens 80 km/h
- zulässige Gesamtmasse des Anhängers mindestens 1 300 kg
- tatsächliche Gesamtmasse des Anhängers mindestens 800 kg
- Anhänger mit eigener Bremsanlage
- Aufbau des Anhängers kastenförmig oder vergleichbar, mindestens 2,0 m breit und hoch
- Sicht nach hinten nur über Außenspiegel.

Achtung:

Ausbildungs- und Prüfungsfahrzeuge, die den Vorschriften der Anlage 7 in der bis zum 30. Juni 2004 geltenden Fassung entsprechen, Fahrzeugkombinationen bestehend aus einem Ausbildungsfahrzeug der Klasse D1 und einem Anhänger

- *Länge der Fahrzeugkombination mindestens 8,5 m*
- *Höchstgeschwindigkeit der Fahrzeugkombination mindestens 80 km/h*
- *zulässige Gesamtmasse des Anhängers mindestens 2 000 kg*
- *Anhänger mit eigener Bremsanlage*
- *Aufbau des Anhängers kastenförmig oder damit vergleichbar, Seitenhöhe mindestens 0,3 m*
- *Sicht nach hinten nur über Außenspiegel.*

dürfen bis zum 30. September 2013 verwendet werden. Die Vorschriften über die tatsächliche Gesamtmasse sind ab dem 1. Oktober 2004 anzuwenden.

Typ Kennzeichen Bemerkungen

____

____

Klasse M: Bestand: ______

Zweirädrige Kleinkrafträder oder Fahrräder mit Hilfsmotor mit einer durch die Bauart bestimmten Höchstgeschwindigkeit von mindestens 40 km/h.

Nachfolgende weitere Anforderungen werden an die Ausbildungs- und Prüfungsfahrzeuge gestellt:

- Ausbildungs- und Prüfungsfahrzeug mindestens einseitiger Führungsfunk vorhanden und funktionstüchtig ❑ ja ❑ nein

Typ Versicherungskennzeichen Bemerkungen

____

____

Klasse S: Bestand: ______

Fahrzeuge der Klasse S mit einer durch die Bauart bestimmten Höchstgeschwindigkeit von mindestens 40 km/h.

Typ Versicherungskennzeichen Bemerkungen

____

____

Nachfolgende weitere Anforderungen werden an die Ausbildungs- und Prüfungsfahrzeuge gestellt:

- Ausbildungs- und Prüfungsfahrzeug mindestens einseitiger Führungsfunk vorhanden und funktionstüchtig ❑ ja ❑ nein

Klasse T: Bestand: ______

Fahrzeugkombinationen bestehend aus einer Zugmaschine der Klasse T und einem Anhänger

- durch die Bauart bestimmte Höchstgeschwindigkeit der Zugmaschine mehr als 32 km/h
- Höchstgeschwindigkeit der Fahrzeugkombination mehr als 32 km/h
- Zweileitungs-Bremsanlage
- Anhänger mit mindestens geschlossener Ladefläche (Fahrgestell ohne geschlossenen Boden nicht zulässig)
- Länge des Anhängers bei Verwendung eines Starrdeichselanhänger mindestens 4,5 m
- Länge der Fahrzeugkombination mindestens 7,5 m

Nachfolgende weitere Anforderungen werden an die Ausbildungs- und Prüfungsfahrzeuge gestellt:

- Ausbildungs- und Prüfungsfahrzeug mindestens einseitiger Führungsfunk vorhanden und funktionstüchtig ❑ ja ❑ nein

Achtung:

Ausbildungs- und Prüfungsfahrzeuge, die den Vorschriften der Anlage 7 in der bis zum 30. Juni 2004 geltenden Fassung entsprechen, Fahrzeugkombinationen bestehend aus einer zweiachsigen Zugmaschine der Klasse T und einem Anhänger

- *durch die Bauart bestimmte Höchstgeschwindigkeit der Zugmaschine von mehr als 32 km/h bis höchstens 60 km/h*
- *Höchstgeschwindigkeit der Fahrzeugkombination mehr als 32 km/h*
- *Zweileitungs-Bremsanlage*
- *Anhänger mit eigener Lenkung*

__ Überprüfung/Überwachung v. Fahrlehrern/Fahrschulen/Fahrlehrerausbildungsstätten

- *Länge der Fahrzeugkombination mindestens 7,5 m.*
- *dürfen bis zum 30. September 2013 verwendet werden.*

Typ	Kennzeichen	Bemerkungen

IV. Hinweise, Bemerkungen, Zusammenfassung

Ort

Datum

Inhaber der Fahrschule/Verantwortlicher Leiter des Ausbildungsbetriebs

Prüfer

Stempel der Fahrschule

Hinweise zum Bericht:

- Nichtzutreffende Punkte im Bericht können zur Verringerung des Umfangs weggelassen werden. So können z. B. bei der Beantragung der Fahrschulerlaubnis der Klasse BE, alle Angaben zu den Klassen A, CE und DE im Bericht herausgenommen werden.
- Die allgemeinen Angaben unter Ziffer I sind ebenfalls in der Fahrschule auszufüllen bzw. zu überprüfen.
- An Hand der Geschäfts- und Unterrichtszeiten kann Einfluss auf Störungen des Unterrichts durch Publikumsverkehr genommen werden.
- Alle beschäftigten Fahrlehrer sind aufzuführen.
- Die Maße des Unterrichtsraumes sind einzeln aufzuführen. Der Unterrichtsraum wird nur einmal, zur Eröffnung oder Verlegung, vermessen! Die Platzkapazität wird vorläufig im Bericht eingetragen. Sie kann höher sein als die Bestuhlung. Die Platzkapazität wird erst endgültig in der Behörde festgesetzt.

- Zur Überprüfung der Lehrmittel muss die Richtlinie für die Ausstattung von Fahrschulen mit Lehrmitteln vom 20. November 2003, VkBl. 2003 S. 785, mitgeführt werden. Die Lehrmittel und gesetzlichen Bestimmungen werden mittels Stichproben geprüft.
- Wird ein Internetzugang für die straßenverkehrsrechtliche Textsammlung angegeben muss:
  - der Zugang immer gewährleistet sein,
  - die entsprechende Hardware vorhanden sein,
  - für alle Fahrlehrer Zugang zur Hardware und dem Internetzugang vorhanden sein,
  - gewährleistet sein, dass die Fahrlehrer sicher mit der Hardware umgehen können, um unverzüglich Auskunft geben zu können.
- Die Preistafel, die Geschäftsbedingungen und die Ausbildungspläne für den theoretischen und praktischen Unterricht je Fahrschulerlaubnisklasse müssen im Geschäftsraum, der Raum, wo der Vertragsabschluss erfolgt, ausliegen oder aufgehängt sein.
- Die Ausbildungsfahrzeuge sollen immer in Augenschein genommen werden. Auf Grund der Verhältnismäßigkeit sollte die Erlaubnisbehörde Ausbildungsfahrzeuge, die gemietet sind, nicht extra nur zur Überprüfung oder Überwachung eine Inaugenscheinnahme anordnen. Diese Ausbildungsfahrzeuge können auch während der Ausbildung in Augenschein genommen werden. Die Verfügbarkeit bei gemieteten Fahrzeugen muss unverzüglich sein.
- Unter Hinweise können weitere Eintragungen, die für Überprüfung relevant sind, aufgeführt werden.

Ein Bericht zur Eröffnung, Verlegung oder Erweiterung einer Fahrlehrerausbildungsstätte befindet sich im Onlinebereich.

F.3.4 Würdigung der Überprüfung

In der Behörde wird der Bericht durch ein Protokoll (in Form eines Bescheides) gewürdigt. Wurden Beanstandungen festgestellt, werden diese im Protokoll auf der Grundlage des Berichtes ausführlich beschrieben. Zur Beseitigung dieser Beanstandungen erfolgt eine Aufforderung im Protokoll. Die angemessene Frist für die Anzeige der Beseitigung sollte in der Regel einen Monat betragen. Im Protokoll wird die Zustimmung zur Eröffnung/Erweiterung/Verlegung festgehalten.

Bei geringfügigen Beanstandungen kann dem Antrag auf Eröffnung/Erweiterung/Verlegung einer Fahrschule/Zweigstelle/Fahrlehrerausbildunkstätte trotzdem zugestimmt werden. Mit der Zustimmung wird das Antragsverfahren abgeschlossen und die beantragte Erlaubnis erteilt.

Sollten schwerwiegende Beanstandungen festgestellt worden sein, kann der Antrag ausgesetzt werden. Wird die Beseitigung der Beanstandungen angezeigt, kann durch eine gebührenpflichtige Nachkontrolle die Zustimmung zum Antrag erreicht werden.

Sind die festgestellten Beanstandungen gravierend und können nicht in absehbarer Zeit behoben oder durch die Erteilung einer Ausnahme geheilt werden, ist der Antrag abzulehnen. Die Ablehnung des Antrages ist ausführlich zu begründen Der Antragsteller ist anzuhören. Die Möglichkeit einer weiteren gebührenpflichtigen Nachkontrolle ist einzuräumen.

F.4 Die Überwachung

Im Gegensatz zur Überprüfung, deren Aufgabe es ist festzustellen, ob die vom Antragsteller gemachten Angaben und eingereichten Unterlagen stimmen, ist es Aufgabe der Überwachung, nicht nur die Einhaltung dieses Status Quo erneut zu kontrollieren, sondern ergänzend dazu die Einhaltung der gesetzlichen Bestimmungen im laufenden Fahrschulbetrieb/der Tätigkeit als Fahrlehrer/im Betrieb in der Fahrlehrerausbildungsstätte.

Vor dem Hintergrund des sich aus dieser Aufgabenstellung ergebenden unterschiedlichen Umfangs und Inhalts der Überwachungen wird in der Praxis zwischen nachfolgenden Arten unterschieden:

- *Formalüberwachungen:*
  a) periodische Überwachung,
  b) Überwachung zu einem besonderen Sachverhalt,
  c) Nachkontrolle.
- *Qualitätskontrollen:*
  a) die Überwachung eines Kursleiters während der Durchführung von Aufbauseminaren,
  b) die Überwachung eines Fahrlehrers während der Durchführung des theoretischen oder des praktischen Unterrichts.

F.4.1 Formalüberwachung

Gegenstand der »Formalüberwachung« ist es, wie der Name schon sagt, die Einhaltung der formalen, sich aus dem Fahrlehrergesetz ergebenden allgemeinen Pflichten (§§ 16, 26 FahrlG), Anzeigepflichten (§§ 17, 27 FahrlG) und Aufzeichnungspflichten (§ 18 FahrlG) zu kontrollieren. Die Überwachung umfasst daher u. a. die Einhaltung der täglichen Arbeitszeit, die über jeden Fahrschüler zu führenden Aufzeichnungen, die Einhaltung des verpflichtenden Ausbildungsumfangs in Theorie und Praxis und den Preisaushang. Die bereits bei der Überprüfung getroffenen Feststellungen sollten daher, sofern sich keine Änderungen ergeben haben, nur summarisch in die Formalüberwachung einbezogen werden.

> **Hinweis**
> Liegen die Unterrichtsräume in unterschiedlichen Zuständigkeitsbereichen, ist die Behörde der Hauptstelle federführend, wobei jede zuständige Behörde selbst die Überprüfung im Zuständigkeitsbereich durchführt. Die anderen Fahrschulbehörden können dieser Überwachung beiwohnen. In jedem Fall sollte eine Unterrichtung über die beabsichtigte Überwachung erfolgen. Hat die Erlaubnisbehörde einer Zweigstelle in den Auflagen der Zweigstellenerlaubnis die Überwachung der Nachweise geltend gemacht, muss der Inhaber der Fahrschule/verantwortliche Leiter des Ausbildungsbetriebs in diesem Fall alle zusammenhängenden Nachweise auch dieser Erlaubnisbehörde vorlegen.

Bei der Überwachung von Fahrschulen mit Zweigstellen ist für jeden Unterrichtsraum ein Bericht über die Formalüberwachung aufzufüllen, bei einer Fahrschule mit zwei Zweigstellen somit insgesamt drei Berichte. Für die Überprüfung der Nachweise der

Fahrschule mit zwei Zweigstellen ist das einmalige Ausfüllen der Anlage (Überwachung der Nachweise) ausreichend.

Der Bericht und die Anlage (Überwachung der Nachweise) sind zusammen auszufertigen, wenn im Unterrichtsraum auch die Nachweise vorgelegt werden. Werden die:

- Nachweise des Inhabers der Fahrschule/des verantwortlichen Leiters des Ausbildungsbetriebs über die Einführung, Anleitung und Überwachung der beschäftigen Fahrlehrer,
- Tagesnachweise,
- Ausbildungsnachweise und
- Ausbildungsbescheinigungen

aller Unterrichtsräume zusammen in einem Unterrichtsraum vorgelegt, fertigt diese zuständige Erlaubnisbehörde die Anlage (Überwachung der Nachweise) aus. Den Behörden, welche in den Unterrichtsräumen keine Nachweise überprüft haben, ist diese Anlage (Überwachung der Nachweise) zugänglich zumachen.

F.4.1.1 Berichtsführung

Über die an Ort und Stelle festgestellten Tatsachen sollte ein Bericht gefertigt werden. Inhalt des Berichtes die Momentaufnahme des Ist-Zustandes der Fahrschule, einer Zweigstelle, der Fahrlehrerausbildungsstätte sein. Es sollte daher keine Bewertung vor, während und nach der Überprüfung erfolgen. Entscheidungserhebliche Umstände müssen gerichtsfest dokumentiert werden. In dem Bericht sollte nicht auf Aussagen des Inhabers der Fahrschule/verantwortlichen Leiter eines Ausbildungsbetriebes abgestellt werden. Er sollte noch in der Fahrschule/Zweigstelle/Fahrlehrerausbildungsstätte vollständig ausgefüllt werden. Nicht zutreffendes ist zu streichen. Dem Inhaber einer Fahrschule/verantwortlichen Leiter eines Ausbildungsbetriebes kann, nach seiner Aufforderung, eine Kopie des Berichtes übergeben werden. Der Antragsteller oder ein Beauftragter des Antragstellers sollte den Bericht gegenzeichnen. Im Anschluss wird eine Nachbesprechung durchgeführt.

Muster eines Berichtes

Nachfolgend ist ein das Muster für einen Bericht zur Überwachung der Nachweise dargestellt. Er ergänzt den Bericht über die Eröffnung, Verlegung oder Erweiterung einer Fahrschule oder Zweigstelle. Beide Berichte sind bei einer Formalüberwachung auszufüllen.

Er wurde so aufgebaut, dass alle Feststellungen nur mit »ja« oder »nein« beantwortet werden, da ein »teilweise« zu Diskussionen führt. Die Abfragen sind dabei so formuliert, dass die Antwort mit »ja« immer positiv ist. Eine Antwort mit »nein« ist unter Bemerkungen zu erläutern.

Anlage zum Bericht der Überwachung vom:

Überprüfung der Nachweise
gemäß § 33 Fahrlehrergesetz (FahrlG) vom 25. August 1969 (BGBl. I Seite 1336) in der zurzeit gültigen Fassung

1. **Anleitung und Überwachung der angestellten Fahrlehrer,**
   entsprechend § 16 Abs. 1 Satz 2 FahrlG

1.1 Beschäftigungsverhältnis — OWi nach § 36 (1) Nr. 1, 3 u. 7 FahrlG

- Ist in den Fahrlehrerscheinen der angestellten Fahrlehrer das Beschäftigungsverhältnis eingetragen? ❑ ja ❑ nein

Bemerkungen:

1.2 Einweisung der beschäftigten Fahrlehrer, entsprechend § 16 FahrlG — OWi nach § 36 (1) Nr. 4 FahrlG

Werden die angestellten Fahrlehrer in die Aufgaben der Fahrschule eingeführt, bei der Ausbildung sachgerecht angeleitet und überwacht? ❑ ja ❑ nein

Bemerkungen:

---

2. **Tägliche Arbeitszeit** (entsprechend §§ 6 und 18 Abs. 2 Satz 3 FahrlG und § 6 Abs. 2 i. V. m. dem Muster der Anlage 4 DV-FahrlG) — OWi nach § 36 (1) Nr. 4 und 10 FahrlG

Die Tagesnachweise haben zu enthalten:

- die Anzahl der Fahrstunden in Minuten, ❑ ja ❑ nein
- die namentliche Nennung des Fahrschülers, ❑ ja ❑ nein
- die Gesamtdauer des praktischen Unterrichtes einschließlich der Prüfungsfahrten, gemäß § 2 Abs. 15 StVG, ❑ ja ❑ nein
- die Dauer der beruflichen Tätigkeiten (einschließlich der Kurse mit Seminarerlaubnis), ❑ ja ❑ nein
- die geleisteten anderen beruflichen Tätigkeiten. ❑ ja ❑ nein

a) Die Tagesnachweise sind korrekt ausgefüllt? ❑ ja ❑ nein

b) Die tägliche Gesamtdauer des praktischen Fahrunterrichts, einschließlich der Prüfungsfahrten nach § 2 Abs. 15 StVG von 495 Minuten nicht überschritten? ❑ ja ❑ nein

c) Wird die tägliche Gesamtdauer des praktischen Fahrunterrichts durch Pausen von ausreichender Dauer unterbrochen? ❑ ja ❑ nein

d) Überschreitet die Gesamtarbeitszeit nicht zehn Stunden (600 Min.)? ❑ ja ❑ nein

e) Bestätigt oder zeichnet der Fahrschüler bezüglich seiner Ausbildung gegen? ❑ ja ❑ nein

f) Wird der Tagesnachweis vom Inhaber der Fahrschule oder dem verantwortlichen Leiter des Ausbildungsbetriebs unterschrieben? ❑ ja ❑ nein

g) Entspricht der Tagesnachweis dem Muster der Anlage 4 DV-FahrlG? ❑ ja ❑ nein

h) Konnten alle Tagesnachweise eingesehen werden (Mittels elektronische Medien oder in Papierform vorgelegt)? ❑ ja ❑ nein

Bemerkungen:

---

3. Aufzeichnungen, entsprechend § 18 FahrlG i. V. m. § 6 Abs. 1 i. V. m. dem Muster der Anlage 3 DV-FahrlG, sowie den §§ 5 und 6 FahrschAusbO — OWi nach § 36 (1) Nr. 10 u. 15 FahrlG

Die Aufzeichnungen müssen für jeden Fahrschüler erkennen lassen:

a) Name, Vorname, Tag der Geburt und Anschrift, ❑ ja ❑ nein
b) Art, Inhalt, Umfang und Dauer der theoretischen Ausbildung, ❑ ja ❑ nein
c) Art, Inhalt, Umfang und Dauer der praktischen Ausbildung, ❑ ja ❑ nein
d) den Namen des den Unterricht erteilenden Fahrlehrers, ❑ ja ❑ nein
e) Art und Typ des verwendeten Lehrfahrzeuges, ❑ ja ❑ nein
f) Tag und Ergebnis der Prüfungen, ❑ ja ❑ nein
g) die erhobenen Entgelte für die Ausbildung und die Vorstellung zur Prüfung. ❑ ja ❑ nein

- Werden die Aufzeichnungen vom Inhaber der Fahrschule oder vom verantwortlichen Leiter der Ausbildungsbetriebes gegengezeichnet oder sonst bestätigt? ❑ ja ❑ nein
- Werden die Aufzeichnungen vom Fahrschüler gegengezeichnet oder sonst bestätigt? ❑ ja ❑ nein
- Entspricht der Ausbildungsnachweis dem Muster der Anlage 3 zu § 6 Abs. 1 DV-FahrlG? ❑ ja ❑ nein

Bemerkungen:

---

4. Fahrschülerausbildung

4.1 Theoretischer Unterricht gemäß § 4 und den Anlagen 1 bis 2.8 FahrschAusbO — OWi nach § 36 (1) Nr. 2 u. 15 FahrlG i. V. m. § 8 (1) Nr. 1 u. 2 FahrschAusbO

a) Beträgt der Umfang des allgemeinen Teils (Grundstoff) die Mindeststundenanzahl entsprechend § 4 Abs. 3 FahrschAusbO? ❑ ja ❑ nein
b) Beträgt der Umfang des klassenspezifischen Teils (Zusatzstoff) die Mindeststundenanzahl entsprechend der Anlage 2.8 FahrschAusbO? ❑ ja ❑ nein
c) Testbögen (Prüfungsbogen, auch elektronische Medien) sind nicht Gegenstand des theoretischen Mindestunterrichts? ❑ ja ❑ nein
d) Werden Lernkontrollen zur Ergebnissicherung eingesetzt? ❑ ja ❑ nein
e) Besteht je Ausbildungsklasse ein gegliederter Ausbildungsplan nach Doppelstunden (90 Minuten)? ❑ ja ❑ nein
f) Richtet sich der Ausbildungsplan nach dem Rahmenplan und ist der Ausbildungsplan durch Aushang oder Auslegen im Geschäftsraum bekannt gegeben? ❑ ja ❑ nein

g) Werden nicht mehr als zwei Doppelstunden Unterricht täglich durchgeführt? ❑ ja ❑ nein
h) Wird der Ausbildungsplan nach Inhalt und Themendauer eingehalten? ❑ ja ❑ nein
i) Wird die Platzkapazität eingehalten? ❑ ja ❑ nein
j) Wird die Anwesenheit aufgezeichnet? ❑ ja ❑ nein

Bemerkungen:

4.2 Praktischer Unterricht gemäß § 5 und den Anlagen 3 bis 6 FahrschAusbO

OWi nach § 36 (1) Nr. 15 FahrlG i. V. m. § 8 (1) Nr. 2 bis 5 und (2) Nr. 1 bis 5 FahrschAusbO

a) Dokumentiert der Fahrlehrer den jeweiligen Ausbildungsstand durch Aufzeichnungen, die erkennen lassen, welche Inhalte behandelt wurden? ❑ ja ❑ nein
b) Ist die Grundausbildung beim jeweiligen Ersterwerb in den Klassen A (Direkteinstieg), A1 und B abgeschlossen, bevor die besonderen Ausbildungsfahrten durchgeführt werden? ❑ ja ❑ nein
c) Werden die besonderen Ausbildungsfahrten der übrigen Klassen gegen Ende der praktischen Ausbildung durchgeführt? ❑ ja ❑ nein
d) Werden besonderen Ausbildungsfahrten durchgeführt,
   - auf Bundes- oder Landstraßen? ❑ ja ❑ nein
   - auf Autobahnen oder Kraftfahrstraßen? ❑ ja ❑ nein
   - bei Dämmerung oder Dunkelheit? ❑ ja ❑ nein
e) Werden die besonderen Ausbildungsfahrten entsprechend Anlage 4 FahrschAusbO, für die Klassen A1, A, B, BE, C1, C1E, C und CE durchgeführt? ❑ ja ❑ nein
f) Werden die besonderen Ausbildungsfahrten entsprechend Anlage 5 FahrschAusbO, für die Klassen D1, D1E, D und DE durchgeführt? ❑ ja ❑ nein
g) Erfolgt eine praktische Unterweisung am Ausbildungsfahrzeug für die Klassen BE, C1, C1E, C, CE, D1, D1E, D, DE und T gemäß Anlage 6 FahrschAusbO? ❑ ja ❑ nein
h) Werden die besonderen Ausbildungsfahrten **einzeln** nachgewiesen? ❑ ja ❑ nein
i) Wird bei der Ausbildung in den Klassen C1, C1E, C, CE, D1, D1, D1E, D und DE das vorgeschriebene Kontrollgerät nach § 5 Abs. 3 DV-FahrlG i. V. m. § 5 Abs. 10 FahrschAusbO verwendet? ❑ ja ❑ nein
j) Wird die Ausbildung für die Klassen C1, C, D1 und D erst begonnen, wenn die Klasse B erworben oder die Voraussetzungen für die Prüfung in wesentlichen erfüllt sind? ❑ ja ❑ nein
k) Besteht je Ausbildungsklasse ein Ausbildungsplan und richtet sich der Unterricht nach diesem Ausbildungsplan? ❑ ja ❑ nein
l) Ist dieser Ausbildungsplan durch Aushang oder Auslegen im Geschäftsraum bekannt gegeben? ❑ ja ❑ nein

Bemerkungen:

____

____

4.3 Abschluss der Ausbildung (gemäß § 6 FahrschAusbO i. V. m. §§ 16 Abs. 3 Satz 2 und 17 Abs. 4 Satz 1 FeV) — OWi nach § 36 (1) Nr. 15 FahrlG i. V. m. § 8 (1) Nr. 5 u. (2) Nr. 6 FahrschAusbO

a) Wird dem Fahrschüler nach Abschluss der Ausbildung durch dem Fahrlehrer eine Bescheinigung über die durchgeführte theoretischen und praktische Ausbildung nach Anlage 7.1 bis 7.3 ausgestellt und vom Inhaber der Fahrschule oder vom verantwortlichen Leiter des Ausbildungsbetriebs gegengezeichnet? ❑ ja ❑ nein

b) Werden dem Fahrschüler bei nicht abgeschlossener Ausbildung die durchlaufenen Ausbildungsteile vom Fahrlehrer bestätigt und vom Inhaber der Fahrschule oder dem verantwortlichen Leiter des Ausbildungsbetriebs schriftlich bestätigt? ❑ ja ❑ nein

Bemerkungen:

____

____

5. Nachweise über die Durchführung von Kursen mit einer Seminarerlaubnis entsprechend § 31 Abs. 1 FahrlG i. V. m. §§ 2a und 4 StVG.

5.1 Seminarerlaubnis, für Kurse nach § 2a StVG i. V. m. § 35 FeV — OWi nach § 36 (1) Nr. 2 FahrlG (Auflagen)

Anzahl der durchgeführten Aufbauseminare im Überwachungszeitraum: ____________

- Sind alle Aufbauseminare, die in der o. g. Fahrschule durchgeführt wurden, angezeigt? ❑ ja ❑ nein
- Wird die Anwesenheit je Sitzung geführt? ❑ ja ❑ nein
- Beträgt die Dauer jeder Sitzungen mindestens 135 Minuten? ❑ ja ❑ nein
- Wird je Kalendertag nur eine Sitzung durchgeführt? ❑ ja ❑ nein
- Erfolgt die Fahrprobe zwischen 1. und 2. Sitzung? ❑ ja ❑ nein
- Wird die Fahrprobe in Gruppen nachgewiesen? ❑ ja ❑ nein
- Beträgt je Seminarteilnehmer die Dauer an der Fahrprobe mindestens 30 Minuten? ❑ ja ❑ nein
- Beträgt die Dauer des Kurses mindestens zwei Wochen ❑ ja ❑ nein
- und nicht mehr als vier Wochen? ❑ ja ❑ nein
- Sind die Verträge und die Teilnahmebescheinigungen den Nachweisen beigelegt? ❑ ja ❑ nein

Bemerkungen:

____

____

____

5.2 Seminarerlaubnis, für Kurse nach § 4 StVG i. V. m. § 42 FeV — OWi nach § 36 (1) Nr. 2 FahrlG (Auflagen)

Anzahl der durchgeführten Aufbauseminare im Überwachungszeitraum: ____________

- Sind alle Aufbauseminare, die in der o. g. Fahrschule durchgeführt wurden, angezeigt? ❑ ja ❑ nein
- Wird die Anwesenheit je Sitzung geführt? ❑ ja ❑ nein
- Beträgt die Dauer jeder Sitzungen mindestens 135 Minuten? ❑ ja ❑ nein
- Wird je Kalendertag nur eine Sitzung durchgeführt? ❑ ja ❑ nein
- Erfolgt die Fahrprobe zwischen 1. und 2. Sitzung? ❑ ja ❑ nein
- Wird die Fahrprobe in Gruppen nachgewiesen? ❑ ja ❑ nein
- Beträgt je Seminarteilnehmer die Dauer an der Fahrprobe mindestens 30 Minuten? ❑ ja ❑ nein
- Beträgt die Dauer des Kurses mindestens zwei Wochen ❑ ja ❑ nein
  und nicht mehr als vier Wochen? ❑ ja ❑ nein
- Sind die Verträge und die Teilnahmebescheinigungen den Nachweisen beigelegt? ❑ ja ❑ nein

Bemerkungen:

____

____

6. Preisaushang

entsprechend § 19 FahrlG i. V. m. § 7 und Anlage 5 DV-FahrlG — OWi nach § 36 (1) Nr. 8 FahrlG

6.1 Stimmen die erhobenen Entgelte im Preisaushang mit denen im Ausbildungsnachweise überein? ❑ ja ❑ nein

6.2 Wird der Preisaushang außerhalb der Geschäftsräume angebracht? ❑ ja ❑ nein
Wenn ja,
- sind Werbezettel mit Preisangaben vorhanden? ❑ ja ❑ nein
- sind andere Geschäftsräume vorhanden? ❑ ja ❑ nein

Bemerkungen:

____

____

7. Ausbildungsfahrschulen

gemäß § 21a i. V. m. § 18 Abs. 2 Satz 4 FahrlG und § 3 FahrlAusbO — OWi nach § 36 (1) Nr. 5, 10 u. 15 FahrlG

7.1 Werden durch den Ausbildungsfahrlehrer über den Fahrlehreranwärter folgende Aufzeichnungen vorgelegt:

a) Dauer der Einweisung ❑ ja ❑ nein

b) Anleitung und Beaufsichtigung durch den Ausbildungsfahrlehrer ❑ ja ❑ nein

c) Teilnahme am theoretischen und praktischen Unterricht (Hospitation) mit Vor- und Nachbesprechung (Auswertung) des Unterrichtes ❑ ja ❑ nein

d) Durchführung von theoretischen und praktischen Unterricht in Anwesenheit des Ausbildungsfahrlehrers mit Vor- und Nachbesprechung (Auswertung) des Unterrichtes ☐ ja ☐ nein
e) Durchführung von theoretischen und praktischen Unterricht ohne Anwesenheit des Ausbildungsfahrlehrers ☐ ja ☐ nein
f) Vorstellung von Fahrschülern zur Prüfung einschließlich Begleitung und Beaufsichtigung bei der praktischen Prüfung ☐ ja ☐ nein
g) Die wöchentliche Dauer der Ausbildung darf
20 Stunden nicht unterschreiten ☐ ja ☐ nein
und 40 Stunden nicht überschreiten. ☐ ja ☐ nein
h) Beträgt die Unterrichtsstunde für den Fahrlehreranwärter 45 Minuten ☐ ja ☐ nein
i) Werden nicht mehr als zwei Fahrlehreranwärter gleichzeitig von einem Ausbildungsfahrlehrer ausgebildet ☐ ja ☐ nein

Bemerkungen:

7.2 Tagesnachweise der Fahrlehreranwärter

Die Tagesnachweise der Fahrlehreranwärter haben zu enthalten:

- die Anzahl der Fahrstunden ☐ ja ☐ nein
- die namentliche Nennung des Fahrschülers ☐ ja ☐ nein
- die Gesamtdauer des praktischen Fahrunterrichtes einschließlich der Prüfungsfahrten gemäß § 2 Abs. 15 StVG ☐ ja ☐ nein
- die Dauer der beruflichen Tätigkeiten ☐ ja ☐ nein
- die geleisteten anderen beruflichen Tätigkeiten ☐ ja ☐ nein
- die Dauer der Einweisung, Anleitung und Beaufsichtigung durch den Ausbildungsfahrlehrer. ☐ ja ☐ nein

Bemerkungen:

Hinweise, Bemerkungen, Zusammenfassung

— Überprüfung/Überwachung v. Fahrlehrern/Fahrschulen/Fahrlehrerausbildungsstätten

Erklärung:
Der Prüfbericht (Anlage) wurde mir vorgelegt.

______________________________ ______________
Ort Datum

______________________________ ______________
Inhaber der Fahrschule/Verantwortlicher Leiter des Ausbildungsbetriebs Prüfer

Stempel der Fahrschule

Eine Anlage (Überwachung der Nachweise) zur Überwachung einer Fahrlehrerausbildungsstätte befindet sich im Onlinebereich.

F.4.1.2 Bewertung der Feststellungen

Hinsichtlich der Bewertung verschiedener, zunächst als Beanstandungen bewerteter Tatsachen, wurden zwischen den Bundesländern Interpretationshilfen formuliert, von denen die wichtigsten nachfolgend aufgeführt werden.

Unterschrift auf Ausbildungsbescheinigung, Ausbildungsnachweisen und Tagesnachweisen

Es bestehen keine Bedenken, wenn bei Abwesenheit im üblichen Rahmen, wie z. B. Fortbildung, Urlaub oder Krankheit, diese Unterschriftsbefugnis auf einen angestellten Fahrlehrer delegiert wird, der – soweit möglich – in die bisherigen Stunden der Ausbildung eingewiesen wurde. Hinsichtlich der Frage nach einer Unterschriftsleistung durch sonstige Mitarbeiter, die nicht Fahrlehrer sind, wird von den Bundesländern mehrheitlich die Auffassung vertreten, dass für die Unterschriften auf Ausbildungsbescheinigungen, Ausbildungsnachweise und Tagesnachweise allgemeines Vertretungsrecht gilt und eine höchstpersönliche Unterschrift durch das Gesetz nicht gefordert wird. Vor diesem Hintergrund ist jedwede Vertretung zulässig. Es fällt danach in den Verantwortungsbereich des Inhabers der Fahrschule/verantwortlichen Leiters des Fahrschulbetriebes, die Person zur Vertretung zu bevollmächtigen, der er sein uneingeschränktes Vertrauen schenkt.

Lehrfahrzeug Ausbildung A-unbeschränkt

Gemäß § 5 Abs. 1 Satz 1 DV-FahrlG sind als Ausbildungsfahrzeuge die Fahrzeuge zu verwenden, die den Prüfungsfahrzeugen der Anlage 7 zur FEV entsprechen. Nach § 5 Abs. 1 Satz 3 DV-FahrlG dürfen bei der Klasse A zu Beginn der Ausbildung leistungsbeschränkte Krafträder und Leichtkrafträder verwendet werden. Spätestens ab Beginn der vorgeschriebenen Sonderfahrten muss auf einem Fahrzeug der Klasse A ohne Leistungsbeschränkung ausgebildet werden, um den Anforderungen des § 5 Abs. 1 DV-FahrlG zu genügen und eine Ausbildungsbescheinigung nach Anlage 7.2 zu § 6 Abs. 2 Fahrschülerausbildungs-Ordnung ausstellen zu können.

Gewerblicher Gütertransport während der Fahrausbildung
Ausbildung- und Transportzwecke im Rahmen einer Fahrt schließen sich grundsätzlich gegenseitig aus. Die Wahl der Fahrtstrecke und der Ablauf der Fahrt haben sich bei einer Ausbildungsfahrt allein an den Zielen der Fahrschüler-Ausbildungsordnung zu orientieren. Dient dagegen die Fahrt auch dem gewerblichen Gütertransport, ist in aller Regel davon auszugehen, dass Fahrtstrecke und Ablauf der Fahrt sich an dessen Erfordernissen orientieren. Dies gilt insbesondere, wenn eine feste terminliche Einbindung in einen anderen Unternehmensablauf bzw. feste, insbesondere zeitliche Vorgaben des Auftraggebers bestehen. Nach dem Vorstehenden ist daher davon auszugehen, dass bei der Durchführung gewerblicher Gütertransporte auch gegen die vertraglichen Verpflichtungen aus dem Ausbildungsvertrag mit dem Fahrschüler verstoßen wird.

Sollte es daher im Zuge der Überwachung der Fahrschule zur Feststellung stattgefundener Gütertransporte kommen, die im Rahmen der Ausbildung erfolgt sind, ist unter Berücksichtigung der gesetzlichen Regelungen im § 6 FahrlG sowie der Regelungen der Fahrschüler-Ausbildungsordnung (§§ 2 u. 3) zu prüfen, ob gegen den Grundsatz der ordnungsgemäßen Ausfüllung verstoßen wurde.

Fremdsprachige Schulausbildung
Derzeit gibt es grundsätzlich keine entgegenstehenden Regelungen im Fahrlehrerrecht; jedoch muss eine ordnungsgemäße Überwachung möglich sein. Erhöhte Kosten (z. B. durch Bereitstellung eines Dolmetschers) hat ggf. die Fahrschule zu tragen.

F.4.1.3 Würdigung der Überwachung

In der Behörde wird der Bericht durch ein Protokoll (in Form eines Bescheides) gewürdigt. Wurden Beanstandungen festgestellt, werden diese im Protokoll auf der Grundlage des Berichtes ausführlich beschrieben. Zur Beseitigung dieser Beanstandungen erfolgt eine Aufforderung im Protokoll. Die angemessene Frist für die Anzeige der Beseitigung sollte in der Regel einen Monat betragen. Bei geringfügigen Beanstandungen erfolgt eine Ermahnung. Wird die Beseitigung der Beanstandungen angezeigt, kann dennoch nach Ausübung des pflichtgemäßen Ermessens eine gebührenpflichtige Nachkontrolle durchgeführt werden.

Hinweis
Nach § 33 Abs. 2 Satz 4 FahrlG kann von der Erlaubnisbehörde die in § 33 Abs. 2 Satz 1 FahrlG genannte Frist von 2 Jahren auf vier Jahre verlängert werden, wenn in zwei aufeinander folgenden Überprüfungen keine oder nur geringfügige Mängel festgestellt wurden.

Werden schwerwiegende Beanstandungen oder eine Vielzahl kleinerer Beanstandungen bei der Überwachung festgestellt, werden diese ebenfalls durch ein Protokoll gewürdigt. Gleichzeitig mit dem Protokoll erfolgt die Anhörung des Betroffenen und somit die offizielle Einleitung eines Ordnungswidrigkeitenverfahren. Mit der Anhörung wird zunächst die Verjährungsfrist unterbrochen. Im Ergebnis des Anhörungsverfahrens und unter Würdigung der Einlassungen des Betroffenen kann es zur Einstellung des Verfahrens, dem Aussprechen einer Verwarnung oder der Verhängung eines Bußgeldes kommen. Unter Beachtung des Grundsatzes der Verhältnismäßigkeit ist jedoch – je nach Schwere des Verstoßes/der Verstöße – auch der Widerruf der Fahrschulerlaubnis (§ 21 Abs. 2 FahrlG) bzw. der amtlichen Anerkennung als Fahrlehrerausbildungsstätte (§ 29 Abs. 2 FahrlG) möglich. Auch im Rahmen dieses Verfahrens kann eine Nachkontrolle erforderlich werden. Diese sollte innerhalb der nächsten 6 Monate nach der Anhörung erfolgen, da das Ergebnis der Nachkontrolle in einem möglichen folgenden Ordnungswidrigkeitenverfahren mit bewertet werden kann.

F.4.2 Vereinfachte Qualitätskontrolle

Bei der vereinfachten Qualitätskontrolle erfolgt in der Regel die Teilnahme am theoretischen und praktischen Unterricht oder der Sitzung eines Aufbauseminars.

F.4.2.1 Theoretischer und praktischer Unterricht

Die Überwachung des *theoretischen Unterrichts* bezieht sich hauptsächlich auf die Organisation und Durchführung des theoretischen Unterrichts über eine Doppelstunde von 90 Minuten. Neben der Aufzeichnung des Beginns und des Endes der Unterrichtseinheit und die Einsichtnahme in die daraus erstellten Nachweise wie Anwesenheitsliste, sind auch die Inhalte des Unterrichts mit dem Ausbildungsplan der Fahrschule abzugleichen. Der Unterrichtsraum, die Lehrmittel und die persönlichen Nachweise des Durchführenden sind ebenfalls zu überwachen.

Die Überwachung des *praktischen Unterrichts* ist die Teilnahme an einer Fahrstunde zu 45 Minuten. Die Ausbildungsklasse kann durch die Erlaubnisbehörde gewählt werden. Das Ausbildungsfahrzeug muss in jedem Fall ein Prüfungsfahrzeug sein. Neben der Aufzeichnung des Beginns und des Endes der Fahrstunde und die Einsichtnahme in die daraus erstellten Nachweise wie Tagesnachweis, Dokumentation des Ausbildungsstandes, sind auch die Inhalte des Unterrichts mit dem Ausbildungsplan der Fahrschule abzugleichen. Das Ausbildungsfahrzeug ist in Augenschein zu nehmen und die Fahrzeugbescheinigung Teil 1 einzusehen. Weiterhin sind die persönlichen Nachweise des Durchführenden ebenfalls zu überwachen.

In beiden Fällen erfolgt keine pädagogische Einschätzung oder Bewertung. Die einfache Qualitätskontrolle sollte immer mit einer Teilformalüberwachung, die sich auf die Beschaffenheit, Ausstattung und Einrichtung des Unterrichtsraumes bzw. des Ausbildungsfahrzeugs bezieht, gekoppelt werden.

Vor dem Hintergrund, dass der Inhaber der Fahrschule/verantwortliche Leiter des Ausbildungsbetriebs gemäß § 16 FahrlG die beschäftigten Fahrlehrer gründlich in die Aufgaben einer Fahrschule einzuführen und sie bei der Ausbildung der Fahrschüler sachgerecht anzuleiten und zu überwachen hat, sollte zuerst dieser bei der Durchführung des theoretischen und des praktischen Unterrichts überwacht werden.

Für die Teilnahme am Unterricht in einer Fahrlehrerausbildungsstätte gelten die gleichen Bedingungen und Feststellungen.

F.4.2.1.1 Berichtsführung

Über die an Ort und Stelle festgestellten Tatsachen sollte ein Bericht gefertigt werden. Inhalt des Berichtes die Momentaufnahme des Ist-Zustandes der Fahrschule, einer Zweigstelle, der Fahrlehrerausbildungsstätte sein. Es sollte daher keine Bewertung vor, während und nach der Überprüfung erfolgen. Entscheidungserhebliche Umstände müssen gerichtsfest dokumentiert werden. In dem Bericht sollte nicht auf Aussagen des Inhabers der Fahrschule/verantwortlichen Leiter eines Ausbildungsbetriebes abgestellt werden. Er sollte noch in der Fahrschule/Zweigstelle/Fahrlehrerausbildungsstätte vollständig ausgefüllt werden. Nicht zutreffendes ist zu streichen.

Dem Inhaber einer Fahrschule/verantwortlichen Leiter eines Ausbildungsbetriebes kann, nach seiner Aufforderung, eine Kopie des Berichtes übergeben werden. Der Antragsteller oder ein Beauftragter des Antragstellers sollte den Bericht gegenzeichnen. Im Anschluss wird eine Nachbesprechung durchgeführt.

F.4.2.1.2 Würdigung der Überwachung

In der Behörde wird der Bericht durch ein Protokoll (in Form eines Bescheides) gewürdigt. Wurden Beanstandungen festgestellt, werden diese im Protokoll auf der Grundlage des Berichtes ausführlich beschrieben. Zur Beseitigung dieser Beanstandungen erfolgt eine Aufforderung im Protokoll. Die angemessene Frist für die Anzeige der Beseitigung sollte in der Regel einen Monat betragen.

Bei geringfügigen Beanstandungen erfolgt eine Ermahnung. Auf die Einleitung eines Ordnungswidrigkeitenverfahrens kann auf Grund der Geringfügigkeit verzichtet werden. Wird die Beseitigung der Beanstandungen angezeigt, kann dennoch nach Ausübung des pflichtgemäßen Ermessens, eine gebührenpflichtige Nachkontrolle durchgeführt werden. Der Bescheid soll die Gebühren und die Rechtsbehelfsbelehrung beinhalten.

Bei schwerwiegenden Beanstandungen wird mit der Anhörung ein Ordnungswidrigkeitenverfahren eingeleitet. Damit wird die Verjährungsfrist unterbrochen. Im Ergebnis des Anhörungsverfahrens und unter Würdigung der Einlassungen des Betroffenen kann es zur Einstellung des Verfahrens, dem Aussprechen einer Verwarnung oder der Verhängung eines Bußgeldes kommen. Unter Beachtung des Grundsatzes der Verhältnismäßigkeit ist jedoch – je nach schwere des Verstoßes/der Verstöße – auch der Widerruf der Fahrlehrerlaubnis möglich. Ggf. müssen auch Verfahren gegen den Inhaber der Fahrschule/verantwortlichen Leiter des Ausbildungsbetriebs eingeleitet werden, wenn ein beschäftigter Fahrlehrer Ordnungswidrigkeiten begangen hat, da die Annahme besteht, dass er seinen Pflichten gemäß § 16 FahrlG nicht nachgekommen ist.

Analog ist auch bei den Fahrlehrerausbildungsstätten zu verfahren. Unter Beachtung des Grundsatzes der Verhältnismäßigkeit ist jedoch – je nach schwere des Verstoßes/der Verstöße – auch der Widerruf der Lehrtätigkeit möglich. Ggf. müssen auch Verfahren gegen den verantwortlichen Leiter des Ausbildungsbetriebs eingeleitet werden, wenn eine angestellte Lehrkraft Ordnungswidrigkeiten begangen hat, da die Annahme besteht, dass er seinen Pflichten gemäß § 26 FahrlG nicht nachgekommen ist.

Auch im Rahmen dieses Verfahrens kann eine Nachkontrolle erforderlich werden. Diese sollte innerhalb der nächsten 6 Monate nach der Anhörung erfolgen, da das

Ergebnis der Nachkontrolle im folgenden möglichen Ordnungswidrigkeitenverfahren mit bewertet werden kann.

F.4.2.2 Aufbauseminar

Zur Überwachung sollte die Erlaubnisbehörde den Kursleiter über die Fahrschule, wo die Aufbauseminare durchgeführt werden, laden. In der Ladung sollten der Ort der Überwachung, der Beginn, die etwaige Dauer und der Anlass aufgeführt sein. Gemäß den Auflagen in der Seminarerlaubnis kann die Erlaubnisbehörde zumindest wählen, zu welcher der drei verbleibenden Sitzungen die Überwachung stattfindet. Der Bericht ist im Unterrichtsraum während des Aufbauseminars vollständig auszufüllen. Nicht zutreffendes ist zu streichen. Es besteht die Möglichkeit den Unterrichtsraum, so weit möglich, zu überwachen.

Dem Kursleiter kann nach seiner Aufforderung eine Kopie des Berichtes übergeben werden. Im Anschluss wird eine Nachbesprechung durchgeführt. Der Kursleiter sollte den Bericht gegenzeichnen.

F.4.2.2.1 Würdigung der Überwachung

In der Behörde wird der Bericht durch ein Protokoll (in Form eines Bescheides) gewürdigt. Das Original des Protokolls wird dem Kursleiter, eine Kopie dem Inhaber der Fahrschule/verantwortlichen Leiters des Ausbildungsbetriebs übersandt. Wurden Beanstandungen festgestellt, werden diese im Protokoll auf der Grundlage des Berichtes ausführlich beschrieben. Zur Beseitigung dieser Beanstandungen erfolgt eine Aufforderung im Protokoll. Die angemessene Frist für die Anzeige der Beseitigung sollte in der Regel einen Monat betragen.

Bei geringfügigen Beanstandungen erfolgt eine Ermahnung. Auf die Einleitung eines Ordnungswidrigkeitenverfahrens kann auf Grund der Geringfügigkeit verzichtet werden. Wird die Beseitigung der Beanstandungen angezeigt, kann dennoch nach Ausübung des pflichtgemäßen Ermessens, eine gebührenpflichtige Nachkontrolle durchgeführt werden.

Bei schwerwiegenden Beanstandungen wird mit der Anhörung ein Ordnungswidrigkeitenverfahren eingeleitet. Damit wird die Verjährungsfrist unterbrochen. Im Ergebnis des Anhörungsverfahrens und unter Würdigung der Einlassungen des Betroffenen kann es zur Einstellung des Verfahrens, dem Aussprechen einer Verwarnung oder der Verhängung eines Bußgeldes kommen. Unter Beachtung des Grundsatzes der Verhältnismäßigkeit ist jedoch – je nach schwere des Verstoßes/der Verstöße – auch der Widerruf der Seminarerlaubnis möglich. Ggf. müssen auch Verfahren gegen ein Inhaber der Fahrschule/verantwortlichen Leiter des Ausbildungsbetriebs eingeleitet werden, wenn ein Kursleiter als beschäftigter Fahrlehrer Ordnungswidrigkeiten begangen hat, da die Annahme besteht, dass er seinen Pflichten gemäß § 16 FahrlG nicht nachgekommen ist.

Auch im Rahmen dieses Verfahrens kann eine Nachkontrolle erforderlich werden. Diese sollte innerhalb der nächsten 6 Monate nach der Anhörung erfolgen, da das Ergebnis der Nachkontrolle im folgenden möglichen Ordnungswidrigkeitenverfahren mit bewertet werden kann.

F.4.3 Volle Qualitätskontrolle

Pädagogisch-qualifizierte Fahrschulüberwachung

Im Unterschied zur Formalüberwachung beinhaltet diese Form der Überwachung die umfassende Beurteilung der fachlichen und pädagogischen Qualität der Fahrschulausbildung. Aufgabe ist es, durch die Beobachtung des theoretischen Unterrichts und der praktischen Ausbildung festzustellen, ob den Fahrschülern die für die Ausbildung nach den Vorschriften des Fahrlehrergesetzes und der Fahrschüler-Ausbildungsordnung erforderlichen Kenntnisse, Fähigkeiten und Verhaltensweisen vermittelt und hierbei die allgemeinen Ausbildungsgrundsätze nach § 3 FahrschAusbO beachtet werden.

Die Wahrnehmung dieser Aufgabe setzt eine substantielle pädagogisch-didaktische und methodische Expertise bei den durchführenden Kontrolleuren voraus. Unbestritten ist, dass die pädagogisch-didaktische Qualitätskontrolle der theoretischen und praktischen Fahrschulausbildung sowohl von Dienstkräften der Erlaubnisbehörde als auch von externen sachverständigen Dritten durchgeführt werden kann. In jedem Fall sollten die eingesetzten Qualitätskontrolleure jedoch vorher im Rahmen einer speziellen Fortbildung pädagogische Expertise erworben haben, die sie zur Einschätzung der Ausbildungsqualität befähigt.

Nach Kenntnis der Autoren gibt es derzeit nur ein Manual, das die Fahrschulüberwachung unter pädagogischen und methodischen Gesichtspunkten ausgestaltet hat. Das »Manual für die pädagogisch-qualifizierte Fahrschulüberwachung«[56] umfasst

- Grundlagen und Ausgestaltungsmöglichkeiten der »pädagogisch qualifizierten Fahrschulüberwachung«,
- Überwachungsberichte zur Formalüberwachung,
- Beobachtungsinventar und Checkliste zur Erfassung der Qualität der theoretischen Fahrschulausbildung,
- Beobachtungsinventar und Checkliste zur Erfassung der Qualität der praktischen Fahrschulausbildung.

Die Beobachtungsinventare erlauben es pädagogisch qualifizierten Personen, auf der Grundlage einer Hospitation im theoretischen beziehungsweise praktischen Unterricht die Unterrichtsqualität eines Fahrlehrers im Hinblick auf eine Unterrichtseinheit objektiv, zuverlässig (reliabel) und gültig (valide) zu beurteilen.

Nach § 33 Abs. 1 FahrlG können sich die Erlaubnisbehörden bei der Überwachung einer geeigneten Stelle bedienen, die sich ihrerseits geeigneter Personen bedienen sollte. An diese Personen (Prüfer) sind besondere Anforderungen zu stellen. Prüfer müssen geistig, körperlich und fachlich geeignet sein. Es erscheint daher gerechtfertigt, folgende persönliche Voraussetzungen zu stellen:

- Besitz der Fahrlehrerlaubnis der Klassen A und BE,
- dreijährige hauptberufliche theoretische und praktische Ausbildung von Fahrschülern,
- erfolgreiche Teilnahme an einer insgesamt zwölftägigen Einweisung in die pädagogisch-qualifizierte Fahrschulüberwachung,

56 Sturzbecher, D. (Hrsg., 2004) Manual für die pädagogisch – qualifizierte Fahrschulüberwachung

— Überprüfung/Überwachung v. Fahrlehrern/Fahrschulen/Fahrlehrerausbildungsstätten

- Nachweis der Eignung mittels aktuellen Auszugs aus dem Verkehrszentralregister und dem Bundeszentralregister,
- keine rechtskräftig oder bestandskräftig festgestellten Verfahren wegen Verstoßes gegen straßenverkehrsrechtliche oder fahrlehrerrechtliche Vorschriften oder darauf beruhende Rechtsvorschriften,
- eine schriftliche Erklärung, dass keine Verfahren wegen Verstoßes gegen straßenverkehrsrechtliche oder fahrlehrerrechtliche Vorschriften oder darauf beruhende Rechtsvorschriften anhängig sind.

Die pädagogisch-qualifizierte Fahrschulüberwachung findet zurzeit in den Ländern Brandenburg[57], Mecklenburg-Vorpommern, Sachsen-Anhalt und Thüringen Anwendung.

Überwachung von Aufbauseminaren

Ziel dieser Form der Überwachung ist es – entsprechend der Intention von § 33 FahrlG –, eine ordnungsgemäße Durchführung der Aufbauseminare mit einer inhaltlichen Mindestqualität sicherzustellen.[58]

Die Wahrnehmung dieser Aufgabe setzt in jedem Fall den Besitz einer Seminarerlaubnis und langjährige Erfahrung in der Durchführung von Aufbauseminaren voraus. Anders als noch bei der pädagogisch-qualifizierten Fahrschulüberwachung ist es daher hier unbestritten, dass diese Form der Überwachung ausschließlich von externen sachverständigen Dritten durchgeführt werden kann. Unabhängig von den erworbenen Vorkenntnissen müssen auch hier in jedem Fall die eingesetzten Prüfer vorher im Rahmen einer speziellen Fortbildung eine entsprechende Expertise erworben haben, die sie zur Einschätzung der ordnungsgemäßen Durchführung der Aufbauseminare befähigt.

Nach § 33 Abs. 1 FahrlG können sich die Erlaubnisbehörden bei der Überwachung einer geeigneten Stelle bedienen, die sich ihrerseits geeigneter Personen bedienen sollte. An diese Personen (Prüfer) sind besondere Anforderungen zu stellen. Prüfer müssen geistig, körperlich und fachlich geeignet sein. Es erscheint daher gerechtfertigt, folgende persönliche Voraussetzungen zu stellen:

- Besitz der Fahrlehrerlaubnis der Klassen A und BE,
- Inhaber der Seminarerlaubnis nach § 31 FahrlG für Aufbauseminare für Fahranfänger (ASF) und Aufbauseminare für das Punktsystem (ASP) seit mindestens fünf Jahren,
- Erfahrungen bei der Durchführung von Aufbauseminaren von mindestens je drei Aufbauseminaren (Kurse) je Erlaubnis in den letzten fünf Jahren,
- erfolgreiche Teilnahme an einer insgesamt zwölftägigen besonderen Einweisung für die Überwachung der Aufbauseminare,

57 »Pädagogisch – qualifizierte Überprüfung von Fahrlehrern, Fahrschulen und deren Zweigstellen nach dem Fahrlehrergesetz durch eine geeignete Stelle«, Runderlass des Ministeriums für Infrastruktur und Raumordnung vom 15. März 2005 (ABl. für Brandenburg vom 6. April 2005, S. 434)

58 »Überwachung von Inhabern einer Seminarerlaubnis nach dem Fahrlehrergesetz« Runderlass des Ministeriums für Infrastruktur und Raumordnung vom 15. August 2005 (ABl. für Brandenburg vom 14. September 2005, S. 884)

- Nachweis der Eignung mittels aktuellen Auszugs aus dem Verkehrszentralregister und dem Bundeszentralregister,
- keine rechtskräftig oder bestandskräftig festgestellten Verfahren wegen Verstoßes gegen straßenverkehrsrechtliche oder fahrlehrerrechtliche Vorschriften oder darauf beruhende Rechtsvorschriften,
- eine schriftliche Erklärung, dass keine Verfahren wegen Verstoßes gegen straßenverkehrsrechtliche oder fahrlehrerrechtliche Vorschriften oder darauf beruhende Rechtsvorschriften anhängig sind.

Die Überwachung von Aufbauseminaren wird zwischenzeitlich in einer Vielzahl von Bundesländern durchgeführt.

F.5 Nachkontrolle

Eine Nachkontrolle wird durchgeführt, wenn bei einer zuvor durchgeführte Überprüfung/Überwachung Beanstandungen festgestellt wurden, deren Abstellen eine erneute Kontrolle an Ort und Stelle erforderlich erscheinen lassen. Sie unterbricht nicht den Turnus einer Überwachung nach § 33 FahrlG und wird nur auf einzelne Punkte eingeschränkt (Teil-Formalüberwachung) erfolgen, welche den Anlass gaben. Zur Nachkontrolle sollte die Erlaubnisbehörde den Inhaber der Fahrschule bzw. den verantwortlichen Leiter des Ausbildungsbetriebs laden. In der Ladung sollten der Ort der Überwachung, der Beginn, die etwaige Dauer, der Anlass – Nachkontrolle – und die Inhalte der Überwachung aufgeführt sein. Die Ladung sollte vier Wochen spätestens zwei Wochen vor dem Termin erfolgen. Der Termin ist schriftlich zu bestätigen.

Hinweis
Werden während der Nachkontrolle weitere (andere) Mängel festgestellt, sind diese unter – Hinweise, Bemerkungen, Zusammenfassung – mit der Überschrift »Zusätzlich wurde festgestellt ...« festzuhalten.

Das nachfolgende Verfahren entspricht der Überprüfung/Überwachung.

F.6 Überwachung zu einem Sachverhalt

Das Bekanntwerden eines Sachverhaltes, welcher in die Zuständigkeit des Fahrlehrerrechtes fällt, zwingt die Behörde zum Handeln. Dieser Sachverhalt muss schwerwiegend sein. Die Überwachung zu einem Sachverhalt unterbricht nicht den Turnus einer Überwachung nach § 33 FahrlG und wird nur auf einzelne Punkte eingeschränkt (Teil-Formalüberwachung) erfolgen. Zur Überwachung zu einem Sachverhalt sollte die Erlaubnisbehörde den Inhaber der Fahrschule bzw. den verantwortlichen Leiter des Ausbildungsbetriebs laden. In der Ladung sollten der Ort der Überwachung, der Beginn, die etwaige Dauer und der Anlass – Überwachung zu einem besonderen Sachverhalt – aufgeführt sein. Sind spezielle Nachweise oder Unterlagen zu überwachen, sollte bei der Ankündigung der Überwachung darauf hingewiesen werden, dass bestimmte Nachweise eingesehen werden müssen. Die Ladung sollte vier Wochen spätestens zwei Wochen vor dem Termin erfolgen. Der Termin ist schriftlich zu bestätigen. Die Ladung kann bei einer kurzfristigen Handlungsnotwendigkeit fernmündlich mit dem Inhaber der Fahrschule bzw. den verantwortlichen Leiter des Ausbildungsbetriebs erfolgen.

Das nachfolgende Verfahren entspricht der Überprüfung/Überwachung.

F.7 Qualitätssicherungssystem

In § 34 Abs. 4 FahrlG wird das Bundesministerium für Verkehr, Bau und Stadtentwicklung ermächtigt, die Anforderungen an Qualitätssicherungssysteme für Fahrschulen und Regeln für die Durchführung der Qualitätssicherung zu bestimmen. In der Folge könnten die Erlaubnisbehörden nach § 34 Abs. 3 FahrlG **im Wege der Ausnahme** von der wiederkehrenden Überwachung nach § 33 Abs. 2 FahrlG absehen. Voraussetzung hierfür ist jedoch, dass sich eine Fahrschule einem von der zuständigen obersten Landesbehörde oder von einer durch sie bestimmten oder nach Landesrecht zuständigen Stelle genehmigten Qualitätssicherungssystem anschließt. Die Befugnis der für die Überwachung zuständigen Behörde, solche Fahrschulen im Rahmen einer Stichprobe oder bei besonderem Anlass einer Prüfung im Sinne des § 33 Abs. 2 FahrlG zu unterziehen, wird durch diese Regelung nicht berührt.

Bisher ist eine für die Umsetzung der Ermächtigung erforderliche »Verordnung Qualitätssicherungssysteme für Fahrschulen« nicht im Bundesgesetzblatt veröffentlicht. Die Vorbereitungen sind jedoch weit fortgeschritten. Qualitätssicherungssysteme bieten die Möglichkeit, die bisherige staatliche Kontrolle mit Elementen der Beratung sinnvoll und wirksam zu ergänzen. Auch der in das Ermessen der Erlaubnisbehörden gelegte Verzicht auf die staatliche Überwachung ist gerechtfertigt. Ein anerkanntes Qualitätssicherungssystem beinhaltet in jedem Fall Verfahrensregelungen und Vorgaben zur deren Einhaltung, die den ordnungsgemäßen Betrieb und die Einhaltung der gesetzlichen Vorschriften und sonstigen Pflichten auf Grund des Fahrlehrergesetzes und der auf ihm beruhenden Rechtsverordnungen beinhaltet. Ein anerkanntes Qualitätssicherungssystem deckt somit auch die Vorgaben der staatlichen Überwachung ab.

Kapitel G
Die amtliche Anerkennung als Fahrlehrerausbildungsstätte

G.1 Amtliche Anerkennung als Fahrlehrerausbildungsstätte

Voraussetzung für den Erwerb einer Fahrlehrerlaubnis ist u. a., dass der Bewerber innerhalb der letzten drei Jahre zum Fahrlehrer ausgebildet wurde. Diese Aufgabe wird von Fahrlehrerausbildungsstätten wahrgenommen. Nach § 22 Abs. 1 FahrlG bedarf, wer Fahrlehrer ausbildet oder Fahrlehrer ausbilden lässt, der amtlichen Anerkennung seines Betriebes durch die Erlaubnisbehörde. Die Anerkennung wird für einzelne oder sämtliche Klassen erteilt.

Rechtliche Grundlagen:

Fahrlehrergesetz (FahrlG)
§ 32 Abs. 1 Zuständigkeit

Gebührenordnung für Maßnahmen im Straßenverkehr (GebOSt)		**Ermächtigungsnormen**
2. Abschnitt Kapitel D	Gebührentarife	§ 34a Abs. 2 und 3

G.1.1 Allgemeine Grundsätze

Zuständigkeiten
Gemäß § 32 Abs. 1 FahrlG sind für die Ausführung des Fahrlehrergesetzes und der auf ihm beruhenden Rechtsverordnungen die obersten Landesbehörden, die von ihnen bestimmten oder die nach Landesrecht zuständigen Stellen zuständig. Die Ausführung des § 30 FahrlG – Fahrschulen bei Behörden – obliegt dem Bund, den Ländern, den Gemeinden und anderen Gebietskörperschaften in eigener Zuständigkeit. Nach § 32 Abs. 2 Nr. 4 FahrlG sind in Angelegenheiten der Fahrlehrerausbildungsstätten ausschließlich die Erlaubnisbehörden des Sitzes der Ausbildungsstätte örtlich zuständig.

Anmerkung
Das Bundesministerium des Innern, das Bundesministerium der Finanzen, das Bundesministerium der Verteidigung, das Bundesministerium für Verkehr und die für die Polizei zuständigen obersten Landesbehörden können anordnen, dass die Aufgaben der Erlaubnisbehörden und der Prüfungsausschüsse von Dienststellen ihres Geschäftsbereichs wahrgenommen und für Fahrlehreranwärter ihres Geschäftsbereichs Fahrlehrerausbildungsstätten eingerichtet werden. Diese Fahrlehrerausbildungsstätten bedürfen keiner Anerkennung.

Antragsverfahren
Die Erteilung einer amtlichen Anerkennung als Fahrlehrerausbildungsstätte wird nur auf Antrag erteilt, ist aber nach dem Wortlaut des Gesetzes (§ 24 Abs. 1 FahrlG) an keine Form gebunden. Er sollte schriftlich gestellt werden. Nachweise und Unterla-

gen gemäß § 24 FahrlG, welche die zu erfüllenden Voraussetzungen nach § 23 FahrlG belegen, sind einzureichen.

Das sich anschließende Verfahren wird gemäß Verwaltungsverfahrensgesetz (VwVfG)[59] geführt. Paragraph 9 bestimmt danach, das Verwaltungsverfahren im Sinne dieses Gesetzes die nach außen wirkende Tätigkeit der Behörden ist, die auf die Prüfung der Voraussetzungen, die Vorbereitung und den Erlass eines Verwaltungsaktes gerichtet ist; es schließt den Erlass des Verwaltungsaktes ein. Nach § 35 VwVfG ist dabei unter einem Verwaltungsakt jede Verfügung, Entscheidung oder andere hoheitliche Maßnahme, die eine Behörde zur Regelung eines Einzelfalls auf dem Gebiet des öffentlichen Rechts trifft und die auf unmittelbare Rechtswirkung nach außen gerichtet ist, zu verstehen. Bei der Erteilung einer Fahrschulerlaubnis und bei der Ablehnung der Erteilung handelt es sich folglich um einen Verwaltungsakt.

Abgeschlossen wird das Verfahren mittels Bescheid. Dabei handelt es sich um eine besondere Form des Verwaltungsaktes am Ende eines Verwaltungsverfahrens.

Gebühren
Die gebührenpflichtigen Tatbestände und die Gebührensätze ergeben sich aus dem Gebührentarif für Maßnahmen im Straßenverkehr. Gemäß § 1 der GebOSt[60] dürfen danach für Amtshandlungen, einschließlich der Prüfungen und Untersuchungen im Sinne des § 34a des Fahrlehrergesetzes Gebühren erhoben werden. Soweit im Gebührentarif nichts anderes bestimmt ist, hat nach § 2 GebOSt der Kostenschuldner (hier der Inhaber der Fahrlehrerausbildungsstätte) auch die dort aufgeführten Auslagen wie »Entgelte für Zustellungen durch die Post mit Postzustellungsurkunde und für Nachnahmen sowie im Einschreibeverfahren« oder für den »Einsatz von Dienstwagen bei Dienstgeschäften außerhalb der Dienststelle« zu tragen. Die für die Erteilung einer Fahrschulerlaubnis einschlägigen Gebührentarife sind im relevanten 2. Abschnitt unter Kapitel D »Fahrlehrerrecht« aufgeführt.

302	Erteilung (außer der etwaigen Gebühr nach 308)	
302.6	der amtlichen Anerkennung einer Fahrlehrerausbildungsstätte einschließlich der Ausfertigung der Anerkennungsurkunde nach vorangegangener Versagung, Rücknahme oder Widerruf oder nach vorangegangenem Verzicht	33,20 bis 256,00 €
303	Erweiterung	
303.4	der amtlichen Anerkennung einer Fahrlehrerausbildungsstätte (einschließlich der Ausfertigung einer Erlaubnisurkunde)	51,10 bis 169,00 €
304	Berichtigung einer Anerkennungsurkunde	7,70 €

59 Verwaltungsverfahrensgesetz in der Fassung der Bekanntmachung vom 23. Januar 2003 (BGBl. I S. 102), geändert durch Artikel 4 Abs. 8 des Gesetzes vom 5. Mai 2004 (BGBl. I S. 718)
60 Gebührenordnung für Maßnahmen im Straßenverkehr (GebOSt) vom 26. Juni 1970 (BGBl. I S. 865, 1298), zuletzt geändert durch Artikel 3 der Verordnung vom 22. August 2006 (BGBl. I S. 2108)

306	Rücknahme oder Widerruf der amtlichen Anerkennung einer Fahrlehrerausbildungsstätte	33,20 bis 256,00 €
307	Zwangsweise Einziehung einer Erlaubnisurkunde	14,30 bis 286,00 €

Hinweis
Diese Gebühr ist auch fällig, wenn die Voraussetzung für die zwangsweise Einziehung erst nach Einleiten der Zwangsmaßnahme beseitigt worden ist.

308	Überprüfung	
308.2	einer Fahrlehrerausbildungsstätte	30,70 bis 511,00 €
309	Erteilung oder Versagung einer Ausnahme von den Vorschriften über das Fahrlehrerwesen	5,10 bis 511,00 €
310	Versagung (außer der etwaigen Gebühr nach Nr. 308) der Anerkennung einer Fahrlehrerausbildungsstätte	33,20 bis 256,00 €

Hinweis
Nach § 6 GebOSt sind die Vorschriften des Verwaltungskostengesetzes anzuwenden, soweit sie nicht die §§ 1 bis 5 GebOSt abweichende Regelungen über die Kostenerhebung, die Kostenbefreiung, den Umfang der zu erstattenden Auslagen, der Kostengläubiger- und Kostenschuldnerschaft enthalten. Insbesondere bei der Ausgestaltung der unter Gebührentarif Nr. 302.6, 306 bis 310 ausgewiesenen Margengebühren gilt es deshalb § 3 des Verwaltungskostengesetzes (VwKostG)[61] zu beachten. Danach sind die Gebührensätze sind so zu bemessen, dass zwischen der den Verwaltungsaufwand berücksichtigenden Höhe der Gebühr einerseits und der Bedeutung, dem wirtschaftlichen Wert oder dem sonstigen Nutzen der Amtshandlung andererseits ein angemessenes Verhältnis besteht. Ist gesetzlich vorgesehen, dass Gebühren nur zur Deckung des Verwaltungsaufwandes erhoben werden, sind die Gebührensätze so zu bemessen, dass das geschätzte Gebührenaufkommen den auf die Amtshandlungen entfallenden durchschnittlichen Personal- und Sachaufwand für den betreffenden Verwaltungszweig nicht übersteigt.

61 Verwaltungskostengesetz vom 23. Juni 1970 (BGBl. I S. 821), zuletzt geändert durch Artikel 4 Abs. 9 des Gesetzes vom 5. Mai 2004 (BGBl. I S. 718)

G.2 Voraussetzung und Antragsunterlagen

Rechtliche Grundlagen:

Fahrlehrergesetz (FahrlG)

§ 22	Notwendigkeit und sachlicher Geltungsbereich der amtlichen Anerkennung von Fahrlehrerausbildungsstätten
§ 23	Voraussetzungen der amtlichen Anerkennung
§ 24	Antrag auf amtliche Anerkennung
§ 25	Erteilung der amtlichen Anerkennung

Durchführungs-Verordnung zum Fahrlehrergesetz (DV-FahrlG)		**Ermächtigungsnormen**
§ 8	Verantwortlicher Leiter	
§ 9	Lehrkräfte	§ 23 Abs. 2 FahrlG
§ 10	Unterrichtsräume	§ 23 Abs. 2 FahrlG
§ 11	Lehrmittel	§ 23 Abs. 2 FahrlG
§ 12	Lehrfahrzeuge	§ 23 Abs. 2 FahrlG

Nach § 23 FahrlG i. V. m. §§ 8 bis 12 DV-FahrlG sind vom Antragsteller um eine amtliche Anerkennung als Fahrlehrerausbildungsstätte einerseits verschiedene an seine Person gebundene Voraussetzungen zu erfüllen, andererseits Voraussetzungen, die mit dem Betrieb und der Rechtsform seiner Fahrschule in Verbindung stehen. Als Nachweise dienen dabei die in § 24 Abs. 1 FahrlG aufgeführten Unterlagen.

Für die Erteilung einer amtlichen Anerkennung müssen im Einzelnen folgende Voraussetzungen erfüllt sein:

G.2.1.1 Personengebundene Voraussetzungen und Antragsunterlagen

Eignung

Voraussetzung:	(§ 23 Abs. 1 Nr. 1 FahrlG)	Es dürfen keine Tatsachen vorliegen, die den Inhaber oder den verantwortlichen Leiter für die Führung einer Fahrlehrerausbildungsstätte als unzuverlässig erscheinen lassen.
Antragsunterlage:	(§ 24 Abs. 1 Nr. 1 FahrlG, § 24 Abs. 1 Satz 3 FahrlG)	Führungszeugnis
	(§ 8 Abs. 1 letzter Satz DV-FahrlG)	Außerdem dürfen keine Tatsachen vorliegen, die ihn für die Tätigkeit eines verantwortlichen Leiters einer Fahrlehrerausbildungsstätte als unzuverlässig erscheinen lassen.
	(§ 8 Abs. 1 Nr. 1 DV-FahrlG)	körperlich und geistig geeignet

Als Nachwies, dass **keine Tatsachen vorliegen, die den Antragsteller für die Führung einer Fahrschule als unzuverlässig erscheinen lassen,** hat der Bewerber die Erteilung eines Führungszeugnisses zur Vorlage bei der Erlaubnisbehörde nach den Vorschriften des Bundeszentralregistergesetzes zu beantragen.

Hinweis
Bei der Anforderung von Führungszeugnissen gilt es zwischen verschiedenen so genannten Belegarten zu unterscheiden.

Für persönliche Zwecke wird ein Zeugnis nach Belegart N ausgestellt (auch als »Privatführungszeugnis« bezeichnet). Wenn im Führungszeugnis steht: »Inhalt: Keine Eintragung«, dann bedeutet dies, dass man sich als nicht vorbestraft bezeichnen darf. Anderenfalls werden die wichtigsten Angaben aus der ergangenen rechtskräftigen Verurteilung, zum Beispiel das Datum der Verurteilung sowie das Gericht und das Geschäftszeichen, die Straftat und die Höhe der festgesetzten Strafe (Freiheitsstrafe oder Geldstrafe) vermerkt. Es werden aber nicht alle Verurteilungen ohne weiteres in das Führungszeugnis aufgenommen. So genannte kleinere Erstverurteilungen zu einer Geldstrafe von nicht mehr als 90 Tagessätzen oder einer Freiheitsstrafe von nicht mehr als 3 Monaten werden in der Regel nicht im Führungszeugnis aufgeführt, obwohl sie beim Bundeszentralregister eingetragen sind. Auch zur Bewährung ausgesetzte Jugendstrafen von bis zu 2 Jahren werden in der Regel überhaupt nicht ins Führungszeugnis eingetragen.

Zur Vorlage bei einer deutschen Behörde ist ein Zeugnis nach Belegart O zu beantragen (auch als »Behördenführungszeugnis« bezeichnet). In einem Behördenführungszeugnis können zusätzlich – anders als beim Privatführungszeugnis – auch bestimmte Entscheidungen von Verwaltungsbehörden, zum Beispiel der Widerruf eines Waffenscheins oder einer Gewerbeerlaubnis, enthalten sein. Auch Entscheidungen über eine mögliche Schuldunfähigkeit oder die gerichtlich angeordnete Unterbringung in einer psychiatrischen Anstalt können in einem Behördenführungszeugnis aufgeführt sein.[62]

Diese Eignung bezieht sich ausschließlich auf die Führung eines Unternehmens. Sind z. B. Eigentumsdelikte wie Diebstahl oder Unterschlagung, aber auch Steuerdelikte oder Urkundenfälschung aktenkundig, ist die Zuverlässigkeit grundsätzlich nicht gegeben.

Hinweis
Eine Abfrage des Gewerbezentralregisters ist nach den Bestimmungen des Fahrlehrergesetzes nicht vorgesehen. Sollten jedoch Verdachtsmomente bei der Erlaubnisbehörde vorliegen, kann diesen von Amts wegen gemäß § 150a Gewerbeordnung (GewO) nachgegangen werden.

- Ausnahmen können nicht erteilt werden.

62 Quelle: www.bundesjustizamt.de

Ein gesonderter Nachweis der **körperlichen und geistigen Eignung** ist nicht erforderlich, da der Bewerber nach § 8 Abs. 1 Nr. 3 DV-FahrlG den Nachweis des Besitzes aller Fahrlehrerlaubnisklassen (ausgenommen Klasse DE) erbringen muss. Der Bewerber hat vor diesem Hintergrund folglich im Zuge des Erwerbs seiner Fahrlehrerlaubnis den Nachweis seiner Eignung durch die Vorlage eines ärztlichen oder – auf Verlangen der Erlaubnisbehörde – eines fachärztlichen Zeugnisses oder durch das Gutachten einer amtlich anerkannten Begutachtungsstelle für Fahreignung erbracht.

Ferner unterliegt er als Inhaber einer Fahrerlaubnis der Klasse CE und ggf. DE den Bestimmungen des Fahrerlaubnisrechts. Danach ist er verpflichtet, sich regelmäßig alle fünf Jahre untersuchen zu lassen. Dabei erfolgt eine Verlängerung der Fahrerlaubnis nur, wenn

1. der Inhaber seine Eignung nach Maßgabe der Anlage 5 und die Erfüllung der Anforderungen an das Sehvermögen nach Anlage 6 nachweist und
2. keine Tatsachen vorliegen, die die Annahme rechtfertigen, dass eine der sonstigen aus den §§ 7 bis 19 ersichtlichen Voraussetzungen für die Erteilung der Fahrerlaubnis fehlt.

Mithin erfolgt auch eine regelmäßige Untersuchung der körperlichen und geistigen Eignung in Bezug auf die Ausübung seiner Tätigkeit als Fahrlehrer. Sollte die für Fahrlehrerrecht zuständige Erlaubnisbehörde nicht auch gleichzeitig Fahrerlaubnisbehörde sein, ist es daher wichtig einen diesbezüglichen Informationsaustausch zu pflegen.

Hauptberufliche Tätigkeit

Voraussetzung:	(§ 23 Abs. 1 Nr. 2 FahrlG)	Die Fahrlehrerausbildungsstätte muss einen verantwortlichen Leiter haben, der in der Lage ist, den Unterricht sachkundig zu überwachen.
Antragsunterlage:	(§ 8 Abs. 1 Nr. 4 DV-FahrlG)	Nachweis, dass der Bewerber ■ entweder drei Jahre lang Inhaber einer Fahrschulerlaubnis/verantwortlicher Leiter einer Fahrschule war o d e r ■ hauptberufliche Lehrkraft in einer Fahrlehrerausbildungsstätte war, ■ oder ein Studium, dass ausreichende Kenntnisse des Maschinenbaus vermittelt hat, (an einer Hochschule abgeschlossen) o d e r ■ die Befähigung zum Richteramt besitzt o d e r ■ ein Studium der Erziehungswissenschaften abgeschlossen hat.

Offen gelassen wurde vom Gesetzgeber, in welcher Form der Nachweis zu erbringen ist und was unter dem Begriff »hauptberuflich« zu verstehen ist. Das Verfahren kann sich jedoch an dem der Erteilung einer Fahrschulerlaubnis orientieren.

Pflichten

Voraussetzung:	(§ 23 Abs. 1 Nr. 2 FahrlG)	Die Fahrlehrerausbildungsstätte muss einen verantwortlichen Leiter haben, der die Gewähr dafür bietet, dass die Pflichten des § 26 erfüllt werden.
Antragsunterlage:	(§ 24 Abs. 1 Nr. 1 FahrlG)	Eine Erklärung darüber, welche beruflichen Verpflichtungen der vorgesehene verantwortliche Leiter sonst noch zu erfüllen hat.

Zu den nach § 26 FahrlG vom Inhaber der Fahrlehrerausbildungsstätte oder dem verantwortlichen Leiter einer Fahrlehrerausbildungsstätte zu erfüllenden Pflichten gehört es u. a. dafür zu sorgen, dass die Ausbildung die für Fahrlehrer erforderlichen rechtlichen und technischen Kenntnisse und pädagogischen Fähigkeiten vermittelt. Geeignete Lehrkräfte müssen in ausreichender Anzahl zur Verfügung stehen. Ferner müssen der Unterricht so gestaltet und die Lehrmittel und die sonstige Ausrüstung der Fahrlehrerausbildungsstätte so beschaffen und bemessen sein, dass das Unterrichtsziel erreicht werden kann.

Mit der Erfüllung dieser Anforderungen soll die Qualität der Ausbildung gesichert werden. Dies ist grundsätzlich nur bei einer hauptberuflichen Ausübung der Tätigkeit möglich. Das Fahrlehrergesetz schließt jedoch andere berufliche Tätigkeiten nicht aus. Von den Erlaubnisbehörden ist daher in Ausübung pflichtgemäßen Ermessens zu beurteilen, ob – unter Berücksichtigung der vorliegenden objektiven Tatsachen – die Ausübung des Betriebs einer Fahrlehrerausbildungsstätte möglich ist.

Mindestalter

Voraussetzung:	(§ 8 Abs. 1 Nr. 1 DV-FahrlG)	Mindestalter
Antragsunterlage:		

Als Nachweis des erforderlichen **Mindestalter**s von **28 Jahre**n gilt der Personalausweis oder Reisepass. Das jeweilige Dokument muss zur Einsichtnahme vorgelegt werden, wenn der Nachweis aus einer einfachen Kopie besteht.

Fahrlehrerschein

Voraussetzung:	(§ 8 Abs. 1 Nr. 3 DV-FahrlG)	Der Bewerber muss die Fahrlehrerlaubnis aller Klassen (ausgenommen Klasse DE) besitzen
Antragsunterlage:		

Anhand des Fahrlehrerscheines ist vom Bewerber der erforderliche Nachweis zu führen. Für den Fall, dass als Nachweis eine einfache Kopie vorgelegt wird, muss der Fahrlehrerschein einmalig zur Einsichtnahme vorgelegt werden.

Hinweis
Besitzt der verantwortliche Leiter aus gesundheitlichen Gründen keine Fahrerlaubnis der Klasse CE, genügt es nach § 8 Abs. 2 DV-FahrlG, dass er mindestens einmal die entsprechende Fahrerlaubnis erworben hat.

G.2.1.2 Ausbildungsstättengebundene Voraussetzungen und Antragsunterlagen

Lehrkräfte

Voraussetzung:	(§ 23 Abs. 1 Nr. 3 FahrlG)	Der Fahrlehrerausbildungsstätte müssen in ausreichender Anzahl Lehrkräfte zur Verfügung stehen, die in der Lage sind, in ihrem Aufgabenbereich den Fahrlehreranwärtern die nach § 4 notwendigen Kenntnisse und Fertigkeiten zu vermitteln.
Antragsunterlage:	(§ 24 Abs. 1 Nr. 2 FahrlG) (§ 9 Abs. 1 DV-FahrlG)	Ein Verzeichnis der Lehrkräfte und Unterlagen zum Nachweis der Eignung der Lehrkräfte.

Vom Antragsteller sind ein Verzeichnis und Unterlagen zum Nachweis der Eignung der Lehrkräfte einzureichen. Anhand der Nachweise ist zu belegen, dass die Lehrkräfte in der Lage sind, in ihrem Aufgabenbereich den Fahrlehreranwärtern gründliche Kenntnisse:

- der Verkehrspädagogik einschließlich der Didaktik,
- der Verkehrsverhaltenslehre einschließlich der Gefahrenlehre,
- der maßgebenden gesetzlichen Vorschriften,
- der umweltbewussten und energiesparenden Fahrweise und der Fahrphysik,
- ausreichende Kenntnisse der Kraftfahrzeugtechnik sowie

die Fähigkeit und Fertigkeit vermitteln, sachlich richtig, auf die Ziele der Fahrschülerausbildung bezogen und methodisch überlegt unterrichten zu können (§ 4 Abs. 1 Satz 2 Nr. 3 FahrlG).

Daher müssen der Fahrlehrerausbildungsstätte gemäß § 9 Abs. 1 Satz 1 DV-FahrlG folgende Lehrkräfte zur Verfügung stehen:

1. eine Lehrkraft mit der Befähigung zum Richteramt,
2. eine Lehrkraft mit einem abgeschlossenen technischen Studium an einer deutschen oder einer als gleichwertig anerkannten ausländischen Hochschule oder Ingenieurschule, das ausreichende Kenntnisse des Maschinenbaus vermittelt **und** mit mindestens zweijähriger Praxis auf dem Gebiet des Baus oder des Betriebs von Kraftfahrzeugen,

3. ein Fahrlehrer, der die Fahrlehrerlaubnis der Klassen A, BE und CE besitzt und drei Jahre lang hauptberuflich Fahrschüler theoretisch und praktisch ausgebildet hat,
4. ein Fahrlehrer mit entsprechender Fahrerlaubnis und Unterrichtserfahrung für die Ausbildung von Fahrlehreranwärtern, welche die Fahrlehrerlaubnis der Klasse DE erwerben wollen und
5. eine Lehrkraft mit abgeschlossenem Studium der Erziehungswissenschaft an einer Hochschule und mit der Fahrerlaubnis der Klasse BE.

Eine Lehrkraft kann mehrere der Anforderungen nach den Nrn. 1 bis 5 erfüllen. Es müssen jedoch **mindestens zwei** der genannten **Lehrkräfte** bei der Fahrlehrerausbildungsstätte **hauptberuflich** tätig sein.

Hinweis
Abweichend von den Nrn. 3 oder 4 kann die Erlaubnisbehörde einem Fahrlehrer, der aus gesundheitlichen Gründen keine zugrunde liegende Fahrerlaubnis mehr besitzt, gestatten, weiterhin an der Fahrlehrerausbildungsstätte theoretischen Unterricht zu erteilen, wenn er körperlich und geistig im Sinne von § 2 Abs. 1 Nr. 2 des Fahrlehrergesetzes geeignet ist. Die übrigen Voraussetzungen für die Fahrlehrerlaubnis bleiben gemäß § 9 Abs. 2 DV-FahrlG unberührt.

Unterrichtsraum, Lehrmittel, Lehrfahrzeuge

Voraussetzung:	(§ 23 Abs. 1 Nr. 4 FahrlG)	Der Fahrlehrerausbildungsstätte müssen der erforderliche Unterrichtsraum und die erforderlichen Lehrmittel und Lehrfahrzeuge zur Verfügung stehen.
Antragsunterlage:	(§ 24 Abs. 1 Nr. 3, 4, 5 FahrlG) (§§ 10, 11, 12 DV-FahrlG)	Ein maßstabgerechter Plan der Unterrichtsräume mit Angaben über deren Ausstattung, eine Erklärung, dass die vorgeschriebenen Lehrmittel zur Verfügung stehen, eine Aufstellung über Anzahl und Art der Lehrfahrzeuge.

Unterrichtsraum
Als Nachweis für den erforderlichen Unterrichtsraum sind ein maßstabgerechter Plan sowie der Mietvertrag, der den Unterrichtsraum als Gewerberaum ausweisen muss, vorzulegen. Hintergrund für die Notwendigkeit des Ausweisens als Gewerberaum ist, dass die Fahrschule nach GewO § 15a als offene Betriebsstätte gilt. Ferner muss der Inhaber mittels Gewerbeanmeldung die Ausübung seines Gewerbes genehmigen lassen und die Gewerbeaufsichtsämter können diese Räume ebenfalls überprüfen.

Ausstattung
Aus dem maßstabgerechten Plan muss ferner Angaben über die Ausstattung (Beleuchtung, Belüftung, Beheizung, Bestuhlung, usw.) beinhalten. Die konkreten Anforderungen an die Ausstattung eines Unterrichtsraumes sind in § 10 DV-FahrlG ge-

regelt. Für Unterrichtsräume der Fahrlehrerausbildungsstätten ist die Anlage 2 zu § 3 DV-FahrlG nicht anwendbar. Die Anforderungen sind als erfüllt anzusehen, wenn der Unterricht in einem ortsfesten Gebäuden erteilt wird und die Unterrichtsräume nach Inaugenscheinnahme nach Größe, Beschaffenheit und Einrichtung einen sachgerechten Ausbildungsbetrieb zulassen.

Weiterhin ist zu prüfen ob der Unterrichtsraum nach Beschaffenheit und Einrichtung

- nicht Teil einer Gastwirtschaft und kein Wohnraum ist,
- einen eigenen Zugang besitzt und nicht als Durchgang dient,
- vor Beeinträchtigungen durch Lärm, Staub und Geruch geschützt ist,
- gut beleuchtet ist,
- ausreichend belüftet werden kann sowie
- gut beheizbar ist.

Eine ausreichend bemessene Kleiderablage muss vorhanden sein. In unmittelbarer Nähe des Unterrichtsraumes muss mindestens ein WC mit Waschgelegenheit zur Verfügung stehen. Für jeden Schüler muss mindestens eine Sitzgelegenheit mit Rückenlehne und ein Tisch mit ausreichender Fläche (ca. 1 m^2) je Teilnehmer vorhanden sein.

- Ausnahmen können gemäß § 34 Abs. 1 FahrlG erteilt werden. Diese Ausnahmen sind von Vorschriften der auf § 23 Abs. 2 FahrlG beruhenden Rechtsverordnung (DV-FahrlG) zugelassen.

Lehrmittel

Weiter ist eine Erklärung abzugeben, dass die erforderlichen Lehrmittel zur Verfügung stehen. Die Erklärung ist schriftlich anzugeben und muss eine ständige Verfügbarkeit während der jeweiligen Ausbildung beinhalten.

In der Fahrlehrerausbildungsstätte müssen folgende Lehrmittel ständig vorhanden sein:

- Medien, die der visuellen und großflächigen Darstellung dienen,
- Anschauungsmaterial über Verkehrsvorschriften, Verkehrsvorgänge, fahrtechnische Vorgänge sowie Kraftfahrzeugbau und -betrieb,
- Lehrmodelle der wichtigsten Fahrzeugbauteile, je nach Ausbildungsklasse,
- das wichtigste Kraftfahrzeugzubehör im Original oder in Modellen,
- Gesetze, Verordnungen und Allgemeine Verwaltungsvorschriften des Straßenverkehrsrechts und der benachbarten Rechtsgebiete sowie die dazu erlassenen Richtlinien des Bundesministeriums für Verkehr,
- Erläuterungswerke zu den Gesetzen und Verordnungen des Straßenverkehrsrechts und
- eine fortlaufende Sammlung des Verkehrsblattes (Amtsblatt des Bundesministeriums für Verkehr, Bau und Wohnungswesen) und verkehrsrechtliche Entscheidungen sowie kraftfahrzeugtechnische und pädagogische Fachliteratur.

Die Lehrmittel müssen dem geltenden Recht und dem Stand der Technik entsprechen.

Die detaillierten Mindestanforderungen entsprechen nicht mehr den in der »Richtlinie für die Ausstattung von Fahrschulen mit Lehrmitteln«[63] geregelten Lehrmitteln in den Fahrschulen. Insbesondere müssen die Lehrmittel in den Fahrlehrerausbildungsstätten weiterhin ständig vorhanden sein. Ferner müssen, im Gegensatz zur Fahrschule, funktionsfähige Lehrmodelle und eine umfassende Textsammlung der rechtlichen Vorschriften vorhanden sein.

■ Ausnahmen können gemäß § 34 Abs. 1 FahrlG erteilt werden. Diese Ausnahmen sind von Vorschriften der auf § 23 Abs. 2 FahrlG beruhenden Rechtsverordnung (DV-FahrlG) zugelassen.

Lehrfahrzeuge

Nach § 24 Abs. 1 Nr. 5 FahrlG hat der Bewerber um die amtliche Anerkennung als Fahrlehrerausbildungsstätte den Nachweis zu führen, dass er über die erforderliche Art und Anzahl der Lehrfahrzeuge für die beantragte Fahrschulerlaubnis verfügt. Die Ausbildung findet nur in den vier Hauptklassen A, BE, CE und DE statt. Deshalb müssen nur Fahrzeuge dieser Klassen zur Verfügung stehen. Die Verfügbarkeit ist je Ausbildungsfahrzeug zu belegen. Die hierfür erforderlichen Ausbildungs- und Prüfungsfahrzeuge müssen entsprechend § 5 DV-FahrlG i. V. m. Anlage 7 Nr. 2.2 FeV bereitgehalten werden.

Im Einzelnen sind folgende Ausbildungs- und Prüfungsfahrzeuge nachzuweisen:

Klasse	Ausbildungs- und Prüfungsfahrzeuge nach Anlage 7 FeV bis 30. Juni 2004	Ausbildungs- und Prüfungsfahrzeuge nach Anlage 7 FeV seit 1. Juli 2004
A	Krafträder der Klasse A (ohne Leistungsbeschränkung bei direktem Zugang) ■ Motorleistung mindestens 44 kW.	unverändert
B	Für die Ausbildung Personenkraftwagen ■ durch die Bauart bestimmte Höchstgeschwindigkeit mindestens 130 km/h	unverändert
	Für Ausbildung und Prüfung Personenkraftwagen ■ durch die Bauart bestimmte Höchstgeschwindigkeit mindestens 130 km/h ■ mindestens vier Sitzplätze ■ mindestens zwei Türen auf der rechten Seite	unverändert

63 Richtlinie für die Ausstattung von Fahrschulen mit Lehrmitteln vom 20. November 2003 (VkBl. 2003 S. 785)

Klasse	Ausbildungs- und Prüfungsfahrzeuge nach Anlage 7 FeV bis 30. Juni 2004	Ausbildungs- und Prüfungsfahrzeuge nach Anlage 7 FeV seit 1. Juli 2004
BE	Fahrzeugkombinationen bestehend aus einem Prüfungsfahrzeug der Klasse B und einem Anhänger, die als Kombination nicht der Klasse B zuzurechnen sind ■ Länge der Fahrzeugkombination mindestens 7,5 m ■ durch die Bauart bestimmte Höchstgeschwindigkeit der Fahrzeugkombination mindestens 100 km/h ■ zulässige Gesamtmasse des Anhängers mindestens 1 300 kg ■ Anhänger mit eigener Bremsanlage ■ Aufbau des Anhängers kastenförmig oder damit vergleichbar, mindestens 1,2m Breite in 1,5m Höhe.	Fahrzeugkombinationen bestehend aus einem Prüfungsfahrzeug der Klasse B und einem Anhänger gemäß § 30a Abs. 2 Satz 1 StVZO, die als Kombination nicht der Klasse B zuzurechnen sind ■ Länge der Fahrzeugkombination mindestens 7,5 m ■ zulässige Gesamtmasse des Anhängers mindestens 1 300 kg ■ tatsächliche Gesamtmasse des Anhängers mindestens 800 kg ■ Anhänger mit eigener Bremsanlage ■ Aufbau des Anhängers kastenförmig oder damit vergleichbar, mindestens 1,2m Breite in 1,5m Höhe.
C	Fahrzeuge der Klasse C ■ Mindestlänge 7 m ■ zulässige Gesamtmasse mindestens 12 t ■ durch die Bauart bestimmte Höchstgeschwindigkeit mindestens 80 km/h ■ Zweileitungs-Bremsanlage ■ Aufbau kastenförmig oder damit vergleichbar, Seitenhöhe mindestens 0,5 m ■ Sicht nach hinten nur über Außenspiegel.	Fahrzeuge der Klasse C ■ Mindestlänge 8,0 m ■ Mindestbreite 2,4 m ■ zulässige Gesamtmasse mindestens 12 t ■ tatsächliche Gesamtmasse mindestens 10 t ■ durch die Bauart bestimmte Höchstgeschwindigkeit mindestens 80 km/h ■ mit Anti-Blockier-System (ABS) ■ Getriebe mit mindestens 8 Vorwärtsgängen ■ mit EG-Kontrollgerät ■ Aufbau kastenförmig oder vergleichbar, mindestens so breit und so hoch wie die Führerkabine ■ Sicht nach hinten nur über Außenspiegel.
CE	Fahrzeugkombinationen bestehend aus einem Prüfungsfahrzeug der Klasse C und einem Anhänger	Fahrzeugkombinationen bestehend aus einem Prüfungsfahrzeug der Klasse C mit selbsttätiger Kupplung und einem Anhänger mit eigener Lenkung oder mit einem Starrdeichselanhänger mit Tandem-/Doppelachse

Klasse	Ausbildungs- und Prüfungsfahrzeuge nach Anlage 7 FeV bis 30. Juni 2004	Ausbildungs- und Prüfungsfahrzeuge nach Anlage 7 FeV seit 1. Juli 2004
	■ Länge der Fahrzeugkombination mindestens 14 m ■ zulässige Gesamtmasse der Fahrzeugkombination mindestens 18 t ■ Zweileitungs-Bremsanlage ■ Höchstgeschwindigkeit der Fahrzeugkombination mindestens 80 km/h ■ Anhänger mit eigener Lenkung ■ Länge des Anhängers mindestens 5 m ■ Aufbau des Anhängers kastenförmig oder damit vergleichbar, Seitenhöhe mindestens 0,5 m ■ Sicht nach hinten nur über Außenspiegel	■ Länge der Fahrzeugkombination mindestens 14,0 m ■ zulässige Gesamtmasse der Fahrzeugkombination mindestens 20 t ■ tatsächliche Gesamtmasse der Fahrzeugkombination mindestens 15 t ■ Zweileitungs-Bremsanlage ■ durch die Bauart bestimmte Höchstgeschwindigkeit der Fahrzeugkombination mindestens 80 km/h ■ Anhänger mit Anti-Blockier-System (ABS) ■ Länge des Anhängers mindestens 7,5 m ■ Mindestbreite des Anhängers 2,4 m ■ Aufbau des Anhängers kastenförmig oder vergleichbar, mindestens so breit und so hoch wie die Führerkabine des Zugfahrzeugs ■ Sicht nach hinten nur über Außenspiegel
	oder Sattelkraftfahrzeuge ■ Länge mindestens 12 m ■ zulässige Gesamtmasse mindestens 18 t ■ durch die Bauart bestimmte Höchstgeschwindigkeit mindestens 80 km/h ■ Aufbau kastenförmig oder damit vergleichbar, Seitenhöhe mindestens 0,5 m ■ Sicht nach hinten nur über Außenspiegel.	oder Sattelkraftfahrzeuge ■ Länge mindestens 14 m ■ Mindestbreite der Sattelzugmaschine und des Sattelanhängers 2,4 m ■ zulässige Gesamtmasse mindestens 20 t ■ tatsächliche Gesamtmasse mindestens 15 t ■ durch die Bauart bestimmte Höchstgeschwindigkeit mindestens 80 km/h ■ Sattelzugmaschine und Sattelanhänger mit Anti-Blockier-System (ABS) ■ Getriebe mit mindestens 8 Vorwärtsgängen ■ mit EG-Kontrollgerät

Klasse	Ausbildungs- und Prüfungsfahrzeuge nach Anlage 7 FeV bis 30. Juni 2004	Ausbildungs- und Prüfungsfahrzeuge nach Anlage 7 FeV seit 1. Juli 2004
		■ Aufbau kastenförmig oder vergleichbar, mindestens so breit und so hoch wie die Führerkabine ■ Sicht nach hinten nur über Außenspiegel.
D	Fahrzeuge der Klasse D ■ Länge mindestens 10 m ■ durch die Bauart bestimmte Höchstgeschwindigkeit von mindestens 80 km/h.	Fahrzeuge der Klasse D ■ Länge mindestens 10 m ■ Mindestbreite 2,4 m ■ durch die Bauart bestimmte Höchstgeschwindigkeit mindestens 80 km/h. ■ mit Anti-Blockier-System (ABS) mit EG-Kontrollgerät.
DE	Fahrzeugkombinationen bestehend aus einem Prüfungsfahrzeug der Klasse D und einem Anhänger ■ Länge der Fahrzeugkombination mindestens 13,5 m ■ Höchstgeschwindigkeit der Fahrzeugkombination mindestens 80 km/h ■ zulässige Gesamtmasse des Anhängers mindestens 2 000 kg ■ Anhänger mit eigener Bremsanlage ■ Aufbau des Anhängers kastenförmig oder damit vergleichbar, Seitenhöhe mindestens 0,3 m ■ Sicht nach hinten nur über Außenspiegel.	Fahrzeugkombinationen bestehend aus einem Prüfungsfahrzeug der Klasse D und einem Anhänger ■ Länge der Fahrzeugkombination mindestens 13,5 m ■ Mindestbreite des Anhängers 2,4 m ■ durch die Bauart bestimmte Höchstgeschwindigkeit der Fahrzeugkombination mindestens 80 km/h ■ zulässige Gesamtmasse des Anhängers mindestens 1 300 kg ■ tatsächliche Gesamtmasse des Anhängers mindestens 800 kg ■ Anhänger mit eigener Bremsanlage ■ Aufbau des Anhängers kastenförmig oder vergleichbar, mindestens 2,0m breit und hoch ■ Sicht nach hinten nur über Außenspiegel.

Ausbildungs- und Prüfungsfahrzeuge der Klassen C, C1, D und D1 müssen mit einem EG-Kontrollgerät nach der Verordnung (EWG) Nr. 3821/85 des Rates vom 20. Dezember 1985 über das Kontrollgerät im Straßenverkehr ausgestattet sein.

Hinweis

Vor dem Hintergrund der Einführung des digitalen Fahrtenschreibers kann der Begriff »EG-Kontrollgerät« bis zu einer redaktionellen Überarbeitung so ausgelegt werden, dass hierunter auch der digitale Fahrtenschreiber zu verstehen ist. Es kann folglich nach Einführung des digitalen Fahrtenschreibers auf Fahrzeugen ausgebildet und geprüft werden, die entweder das EG-Kontrollgerät nach der Verordnung (EWG) 3820/85 oder einen digitalen Fahrtenschreiber eingebaut haben.

Übergangsvorschrift:
Die Vorschriften über die tatsächliche Gesamtmasse sind ab dem 1. Oktober 2004 anzuwenden. Prüfungsfahrzeuge, die den Vorschriften dieser Anlage in der bis zum 1. Juli 2004 geltenden Fassung entsprechen, dürfen bis zum 30. September 2013 verwendet werden.

Weitere Anforderungen an die Prüfungsfahrzeuge:

- Unter Länge des Fahrzeugs ist der Abstand zwischen serienmäßiger vorderer Stoßstange und hinterer Begrenzung des Aufbaus zu verstehen. Nicht zur Fahrzeuglänge zählen Anbauten wie Seilwinden, Wasserpumpen, Rangierkupplungen, zusätzlich angebrachte Stoßstangenhörner, Anhängekupplungen, Skiträger oder ähnliche Teile und Einrichtungen.
- Bei der Prüfung auf Prüfungsfahrzeugen der Klassen A muss eine Funkanlage zur Verfügung stehen, die es mindestens gestattet, den Bewerber während der Prüfungsfahrt anzusprechen (einseitiger Führungsfunk).
- Als Prüfungsfahrzeuge für die Zweiradklassen dürfen nur Fahrzeuge verwendet werden, für die eine Helmtragepflicht besteht.
- Prüfungsfahrzeuge der Klassen B, C, und D müssen mit akustisch oder optisch kontrollierbaren Einrichtungen zur Betätigung der Pedale (Doppelbedienungseinrichtungen) ausgerüstet sein.
- Prüfungsfahrzeuge der Klasse B müssen ferner mit einem zusätzlichen Innenspiegel sowie mit zwei rechten Außenspiegeln, gegebenenfalls in integrierter Form, oder einem gleichwertigen Außenspiegel ausgerüstet sein.
- Prüfungsfahrzeuge der Klassen BE, C, und D müssen mit je einem zusätzlichen rechten und linken Außenspiegel ausgestattet sein, soweit die Spiegel für den Fahrer dem Fahrlehrer keine ausreichende Sicht nach hinten ermöglichen.
- Bei Zweiradprüfungen muss der Bewerber geeignete Schutzkleidung (Schutzhelm, Handschuhe, anliegende Jacke, mindestens knöchelhohes festes Schutzwerk – z. B. Stiefel) tragen.

- Ausnahmen können gemäß § 34 Abs. 1 FahrlG erteilt werden. Diese Ausnahmen sind von Vorschriften der auf § 23 Abs. 2 FahrlG beruhenden Rechtsverordnung (DV-FahrlG) zugelassen.

Ausbildungsplan

Voraussetzung:	(§ 23 Abs. 1 Nr. 5 FahrlG)	sachgerechter Ausbildungsplan
Antragsunterlage:	(§ 24 Abs. 1 Nr. 6 FahrlG)	Vorlage des Ausbildungsplans

Von der Fahrlehrerausbildungsstätteist ein sachgerechter Ausbildungsplan vorzulegen, der von der Erlaubnisbehörde zu genehmigen ist. Er muss mindestens folgende Sachgebiete enthalten:

- Verkehrsverhalten
- Recht
- Technik
- Umweltschutz
- Fahren
- Verkehrspädagogik

Bezüglich der Stundenzahl des Rahmenplans ist die Anlage zu § 2 Abs. 1 FahrlAusbO maßgebend. Die wöchentliche Dauer der Ausbildung darf 32 Unterrichtsstunden zu je 45 Minuten nicht unter-, die tägliche Dauer der Ausbildung darf acht Unterrichtsstunden nicht überschreiten. Die Ausbildung erfolgt in einem geschlossenen Lehrgang für die Klassen A, BE und CE mit mindestens 6 bis maximal 32 Teilnehmern. Für die Ausbildung in der Klasse DE ist keine Mindestanzahl für einen Lehrgang vorgesehen.

Auch spätere Änderungen des Ausbildungsplans bedürfen nach § 23 Abs. 1 letzter Satz FahrlG der Genehmigung durch die Erlaubnisbehörde.

G.2.1.3 Voraussetzungen und Antragsunterlagen bei juristischen Personen

Nicht nur natürlichen Personen, sondern auch juristischen Personen ist die Beantragung einer amtlichen Anerkennung als Fahrlehrerausbildungsstätte möglich. Dem Antrag einer juristischen Person ist ergänzend zu den übrigen Unterlagen, gemäß § 24 Abs. 2 FahrlG ein beglaubigter Auszug aus dem Handelsregister oder Vereinsregister, dem Antrag eines nichtrechtsfähigen Vereins Unterlagen über die Vertretungsbefugnis der für ihn handelnden Personen beizufügen.

Im Übrigen wird auf die Ausführungen in Kapitel C 1.2. verwiesen.

G.2.2 Überprüfung der Antragsunterlagen

Die Prüfung der eingereichten Unterlagen erfordert hinsichtlich

- des Unterrichtsraums mit seiner Ausstattung,
- der Lehrmittel und
- der Lehrfahrzeuge

nach § 24 Abs. 3 FahrlG eine Überprüfung an Ort und Stelle durch die Erlaubnisbehörde. Sie kann diese selbst oder durch eine von ihr bestimmte Person oder Stelle durchführen. Zu prüfen sind die in § 3 i. V. m. Anlage 2 DV-FahrlG gesetzlich geregelten Anforderungen. Insgesamt ist die Beschaffenheit und Einrichtung des Unterrichtsraumes zu beurteilen und die vorgeschriebenen Lehrmittel sind auf Vorhandensein und Funktionstüchtigkeit zu überprüfen. Die Ausbildungsfahrzeuge sind in Augenschein zu nehmen und die Fahrzeugbescheinigung Teil 1 ist einzusehen.

Der beantragte Unterrichtsraum ist bezüglich der Grundfläche (abzüglich nicht beweglicher Gegenstände) und der Raumhöhe (gemessen an der niedrigsten Deckenhöhe) durch den Prüfer zu vermessen.

Hinweis
Der Prüfer sollte unabhängig von Dritten in Lage sein, mit einem geeigneten Messgerät (z. B. Infrarotentfernungsmessgerät o. ä.) allein eine Vermessung für die Länge, die Breite und die Höhe durchführen zu können. Diese Geräte besitzen weiterhin die Möglichkeit, eine Fläche aus zwei und das Volumen aus allen Werten zu berechnen.

Über das Ergebnis der Überprüfung sollte ein schriftlicher Bericht verfasst werden, der im Unterrichtsraum vollständig ausgefüllt wird. Dem Inhaber einer Fahrlehrerausbildungsstätte/verantwortlichen Leiter einer Fahrlehrerausbildungsstätte sollte eine Kopie des Berichtes überreicht werden. Der Antragsteller oder ein Beauftragter des Antragstellers sollte den Bericht gegenzeichnen. Im Anschluss wird eine Nachbesprechung durchgeführt. (Weitere Ausführungen zur Überwachung einschließlich eines Berichts befindet sich im Kapitel F 3.3.)

G.2.3 Erteilung der amtlichen Anerkennung

Vor Erteilung der amtlichen Anerkennung als Fahrlehrerausbildungsstätte sollten noch einmal summarisch die vom Antragsteller eingereichten Unterlagen, in jedem Fall aber der Bericht über die Überprüfung, sofern er durch einen Dritten erfolgt ist, abschließend geprüft werden.

Die amtliche Anerkennung als Fahrlehrerausbildungsstätte wird gemäß § 25 Abs. 1 FahrlG durch Aushändigung oder Zustellung der Anerkennungsurkunde erteilt. Gemäß § 25 Abs. 2 FahrlG muss die Urkunde den Namen und die Anschrift der amtlich anerkannten Fahrlehrerausbildungsstätte, den Namen und die Anschrift des Inhabers der amtlich anerkannten Fahrlehrerausbildungsstätte – bei natürlichen Personen auch die Vornamen und den Geburtstag und -ort – sowie die Angabe enthalten, für welche Klasse von Kraftfahrzeugen die Fahrlehreranwärter ausgebildet werden sollen und welche Auflagen bestehen.

Achtung
Nach der Richtlinie für die Durchführung des Lehrgangs Fahrschulbetriebswirtschaft nach § 11 Abs. 1 Nr. 5 Fahrlehrergesetz vom 23. Oktober 2000 (VkBl. 2000 S. 622) können insbesondere Fahrlehrerausbildungsstätten den nach § 11 Abs. 1 Nr. 5 FahrlG erforderlichen Lehrgang von mindestens 70 Stunden zu 45 Minuten über Fahrschulbetriebswirtschaft durchführen. Einer Anerkennung bedarf es nicht. Die inhaltliche Ausgestaltung des Lehrgangs wie auch die einzusetzenden Lehrkräfte wurden jedoch in der Richtlinie festgeschrieben.

Musterbescheid:

[Adressat
Frau/Herrn
Vorname Name
Straße
PLZ Ort]

[Datum der Erteilung]

Durchführung und Vollzug des Fahrlehrergesetzes (FahrlG)

Amtliche Anerkennung einer Fahrlehrerausbildungsstätte gemäß § 25 FahrlG

Ihr Antrag vom ...

Sehr geehrte(r) ____________________,

in oben genannter Angelegenheit ergeht folgender

Anerkennungsbescheid:

I. Allgemeines

1. Das [Name des Trägers der Fahrlehrerausbildungsstätte] wird mit dieser Anerkennung als Fahrlehrerausbildungsstätte zur Ausbildung von Fahrlehreranwärtern in den Klassen A, BE, CE und DE unbefristet anerkannt.
2. Vertreten wird das [Name des Trägers der Fahrlehrerausbildungsstätte] durch
   Herr, Frau Vorname Name
   geboren am
   wohnhaft in [Straße, PLZ Ort]
   als verantwortlicher Leiter.
3. Die Erlaubnis ist nicht übertragbar.
4. Die Anerkennung ist mit den nachfolgend aufgeführten Nebenbestimmungen verbunden. Die nachträgliche Aufnahme, Änderung oder Ergänzung von Nebenbestimmungen bleibt nach pflichtgemäßem Ermessen der Anerkennungsbehörde auch nach Erlass dieses Verwaltungsaktes vorbehalten.
5. Die Anerkennung gilt für den Bereich des [Erlaubnisbehördenbereich].
6. Der Bescheid ergeht kostenpflichtig. Es wird eine Gebühr in Höhe von ... festgesetzt.

II. Auflagen und Bedingungen

Die Anerkennung wird unter folgenden Nebenbestimmungen erteilt:

1. Die Anerkennung der Fahrlehrerausbildungsstätte wird vorbehaltlich des Widerrufs erteilt.
2. Gemäß § 36 Abs. 1 Verwaltungsverfahrensgesetz des Landes [Name] (VwVfG ...) können nachträglich Auflagen erteilt werden.
3. Die Ausbildung erfolgt nach einem vom [Name der Erlaubnisbehörde] als Erlaubnisbehörde zu genehmigenden Ausbildungsplan, der mindestens die Sachgebiete und Stundenzahlen des als Anlage zu § 2 Abs. 1 Fahrlehrer-Ausbildungsordnung (FahrlAusbO) veröffentlichten Rahmenplans enthalten muss.
4. Von der Fahrlehrerausbildungsstätte dürfen nur Lehrkräfte einsetzen, die die Voraussetzungen nach § 9 Abs. 1 Satz 1 Nr. 1 bis 5 Durchführungsverordnung zum Fahrlehrergesetz (DV-FahrlG) erfüllen. Die eingesetzten Lehrkräfte sind von der Fahrlehrerausbildungsstätte dem [Name der Erlaubnisbehörde] als Erlaubnisbehörde unter Bei-

fügung der erforderlichen Nachweise vor deren ersten Einsatz anzuzeigen. Erst nach Bestätigung durch die Erlaubnisbehörde dürfen diese Lehrkräfte eingesetzt werden.

5. Die Ausbildung erfolgt in einem geschlossenen Lehrgang. Die Teilnehmeranzahl in den Klassen A, BE und CE darf sechs nicht unterschreiten und soll in allen Klassen 32 nicht überschreiten. Die wöchentliche Ausbildung darf 32 Unterrichtsstunden zu je 45 Minuten nicht unterschreiten.

6. Der Beginn des Lehrgangs zur Ausbildung von Fahrlehreranwärtern ist spätestens zwei Wochen vor Beginn und die Namen der Teilnehmer innerhalb von zwei Wochen ab Beginn dem [Name der Erlaubnisbehörde] mitzuteilen.

7. Die Unterrichtsräume befinden sich am Sitz des [Name des Trägers der Fahrlehrerausbildungsstätte] in [Anschrift]. Die Zahl der Fahrlehreranwärter, die in den einzelnen Unterrichtsräumen gleichzeitig unterrichtet werden dürfen, wird für
   - Seminarraum 1 auf ..., Bestuhlung zur Zeit ...,
   - Seminarraum 2 auf ..., Bestuhlung zur Zeit ... und
   - dem Gruppen- und Besprechungsraum auf ... festgesetzt.

8. Bei Überschreitung der Anzahl der Teilnehmer über die aufgeführte Bestuhlung, ist die Bestuhlung auf die Anzahl der Teilnehmer zu erweitern, höchstens bis zur o. g. Beschränkung. Dies ist dem [Name der Erlaubnisbehörde] anzuzeigen.

9. Die Bestellung oder das Ausscheiden von Personen, die zur Vertretung berufen sind, ist dem [Name der Erlaubnisbehörde] unverzüglich anzuzeigen.

10. Weiterer Auflagen oder Bedingungen:
    a) Bis zur Anzeige weiterer Lehrmittel (Themensätze für die jeweiligen Fahrerlaubnisklassen) darf die Ausbildung von Fahrlehreranwärtern gleichzeitig jeweils nur einer Fahrlehrerlaubnisklasse durchgeführt werden.
    b) In den einzelnen Unterrichtsräumen sind jeweils zum Zeitpunkt der Ausbildung von Fahrlehreranwärtern die jeweiligen Lehrmittel gemäß § 11 und die jeweiligen Lehrfahrzeuge gemäß § 12 DV-FahrlG vorzuhalten.
    c) Spätere Änderungen des Ausbildungsplans bedürfen, gemäß § 23 Abs. 1 letzter Satz FahrlG, der Genehmigung durch das [Name der Erlaubnisbehörde].
    d) Aus den Aufzeichnungen gemäß § 28 Abs. 1 Nrn. 1 bis 4 FahrlG über den erteilten Unterricht muss zusätzlich ersichtlich sein:
       - die jeweilige Lehrkraft
       - die Wochentage und die Uhrzeiten
       - der behandelte Unterrichtsstoff mit Angabe des entsprechende Sachgebietes aus dem Ausbildungsplan
       - welche Lehrgangsteilnehmer jeweils anwesend waren.
    e) Diese Inhalte sind je Unterrichtstag auf einer Anwesenheitsliste nachzuweisen. Auf § 28 Abs. 2 FahrlG wird besonders verwiesen.
    f) Über die Anzeigepflichten nach § 27 FahrlG hinaus ist [Name der Erlaubnisbehörde] Veränderungen im Bestand der Lehrfahrzeuge der Ausbildungsstätte unverzüglich mitzuteilen.
    g) Über die Teilnahme an einem Ausbildungslehrgang hat der [Name des Trägers der Fahrlehrerausbildungsstätte] eine Bescheinigung zu erteilen.
    h) Die Bescheinigung muss folgende Angaben beinhalten:
       - Name und Anschrift der amtlich anerkannten Fahrlehrerausbildungsstätte,

- Name, Vorname, Geburtsdatum und Anschrift des Teilnehmers,
- die Fahrlehrerlaubnisklasse, in der die Ausbildung erfolgte,
- Beginn und Ende der Ausbildungsteilnahme und Anzahl der tatsächlich teilgenommen Ausbildungsstunden des Teilnehmers,
- Bezug auf die Bestätigung des angezeigten Ausbildungslehrgang, in dessen Ermangelung das Anerkennungsdatum der amtlichen Anerkennung als Fahrlehrerausbildungsstätte und den Namen der anerkennenden Erlaubnisbehörde,
- Datum der Ausstellung der Bescheinigung,
- unterzeichnet vom verantwortlichen Leiter der Fahrlehrerausbildungsstätte und einer Lehrkraft.

i) Die Anerkennung ist bei Rücknahme oder Widerruf unverzüglich an die Erlaubnisbehörde zurückzugeben.

III. Widerrufsvorbehalt

Die Anerkennung ergeht unter dem Vorbehalt des jederzeitigen Widerrufs. Sie kann insbesondere widerrufen werden, wenn

- das [Name des Trägers der Fahrlehrerausbildungsstätte] oder deren eingesetzte Lehrkräfte einer der vorgenannten Nebenbestimmungen zuwider gehandelt hat,
- Teilnahmebescheinigungen ausgegeben werden, die nicht oder nicht vollinhaltlich den Tatsachen und den Anforderungen der Anerkennung entsprechen,
- die Voraussetzungen nach § 23 FahrlG nicht mehr gegeben sind.

IV. Begründung

Der Entscheidung liegt der o. g. Antrag von [Name des Trägers der Fahrlehrerausbildungsstätte] zugrunde.

Gemäß § 22 Abs. 2 FahrlG bedürfen Fahrlehrerausbildungsstätten der Anerkennung durch die zuständigen obersten Landesbehörden oder die von ihnen bestimmten oder nach dem Landesrecht zuständigen Stellen. Das [Name der Erlaubnisbehörde] ist gemäß [Zuständigkeitsverordnung des Landes].

Mit den vorgelegten Unterlagen und Nachweisen wurden die notwendigen Voraussetzungen, ein Unterrichtsraum und die entsprechenden geeigneten Lehrkräfte der Verlegung nachgewiesen. Nach Inaugenscheinnahme der Unterrichtsräume und Prüfung der von Ihnen vorgelegten Nachweise und Unterlagen wird die Eröffnung bestätigt. Die Anerkennung war daher zu erteilen.

V. Gebührenfestsetzung

Dieser Bescheid ergeht kostenpflichtig. Es wird eine Gebühr in Höhe von

... € (in Worten: ... Euro) festgesetzt.

Die Kostenentscheidung beruht auf den §§ 1, 3 und 4 der Gebührenordnung für Maßnahmen im Straßenverkehr vom 26. Juni 1970 (BGBl. I S. 865) in der jeweils gültigen Fassung. Die Festsetzung der Gebühr erfolgt nach der Gebühren Nr. 302.5 des Gebührentarifs für Maßnahmen im Straßenverkehr für die Verlegung, der Überprüfung an Ort und Stelle gemäß § 24 Abs. 3 FahrlG, einschließlich der Ausfertigung der Anerkennungsurkunde. Bei der Bemessung der Gebühr wurden der erforderliche Verwaltungsaufwand sowie der

Die amtliche Anerkennung als Fahrlehrerausbildungsstätte ______________________

wirtschaftliche Nutzen für [Name des Trägers der Fahrlehrerausbildungsstätte] berücksichtigt.

Hierzu wird eine gesonderte Zahlungsaufforderung erstellt.

VI. Rechtsbehelfsbelehrung
Gegen diesen Bescheid kann innerhalb eines Monats nach Bekanntgabe Widerspruch erhoben werden. Der Widerspruch ist beim [Name und Anschrift der Erlaubnisbehörde] schriftlich oder zur Niederschrift einzulegen.

Mit freundlichen Grüßen
Im Auftrag

[Name] Siegel

G.2.4 Registervorschriften

Rechtliche Grundlagen:

Fahrlehrergesetz (FahrlG)

§ 25 Abs. 3	Erteilung der amtlichen Anerkennung, Mitteilung an das Kraftfahrt-Bundesamt
§ 37	Registerführung
§ 38	Zweck der Registrierung
§ 39 Abs. 3 Nr. 9	Inhalt der Registrierung

G.2.4.1 Örtliches Fahrlehrregister

Nach § 37 Abs. 1 FahrlG dürfen die zuständigen Erlaubnisbehörden ein örtliches Fahrlehrerregister führen, in dem die Daten über Fahrlehrerausbildungsstätten gespeichert werden. Sie umfassen nach § 38 FahrlG i. V. m. § 16 DV-FahrlG:

1. bei Erlaubnissen und Anerkennungen
   - **zur Person des Inhabers der Erlaubnis oder Anerkennung sowie zur Person des verantwortlichen Leiters des Ausbildungsbetriebes einer Fahrschule oder einer Fahrlehrerausbildungsstätte folgende Angaben:**
     Familienname, Geburtsname, sonstige frühere Namen, Vornamen, Doktorgrad, Geschlecht, Geburtsdatum und Geburtsort, Anschrift und Staatsangehörigkeit,
   - **von juristischen Personen und Behörden:**
     Name oder Bezeichnung und Anschrift sowie zusätzlich bei juristischen Personen die nach Gesetz, Vertrag oder Satzung zur Vertretung berechtigten Personen mit den oben genannten Angaben,
   - **von Vereinigungen:**
     Name oder Bezeichnung und Anschrift sowie die nach Gesetz, Vertrag oder Satzung zur Vertretung berechtigten Personen mit den oben genannten Angaben
   - die entscheidende Stelle, Tag der Entscheidung und Geschäftsnummer oder Aktenzeichen,

2. gemäß § 39 Abs. 3 Nr. 10 des Fahrlehrergesetzes, die im Rahmen von § 42 Abs. 2 des Fahrlehrergesetzes übermittelten Daten nach § 59 Abs. 1 und 2 der Fahrerlaubnis- Verordnung.

Ferner erlaubt § 39 Abs. 3 Nr. 9 FahrlG den örtlich zuständigen Erlaubnisbehörden die Speicherung von

- amtlichen Anerkennungen von Fahrlehrerausbildungsstätten, deren Inhaber und verantwortliche Leiter,
- die nach § 42 FahrlG übermittelten Daten.

Dem Kraftfahrt-Bundesamt ist gemäß § 25 Abs. 3 FahrlG für ein Verzeichnis mitzuteilen:

- Name und Anschrift der Fahrlehrerausbildungsstätte,
- Name des verantwortlichen Leiters.

Das Kraftfahrt-Bundesamt veröffentlicht regelmäßig das Verzeichnis der Fahrlehrerausbildungsstätten. Im Onlinebereich kann das Verzeichnis eingesehen werden.

G.2.4.2 Verkehrszentralregister (VZR)

Im VZR (§ 28 StVG) werden neben unanfechtbaren Versagungen oder sofort vollziehbare Widerrufe oder Rücknahmen der amtlichen Anerkennung einer Fahrlehrerausbildungsstätte sowie Verzichte auf die amtliche Anerkennung neben auch rechtskräftige Entscheidungen wegen einer Ordnungswidrigkeit nach § 36 Abs. 1 FahrlG, wenn gegen den Betroffenen eine Geldbuße von mindestens **150 €** festgesetzt worden ist, gespeichert.

G.3 Pflichten des Inhabers oder des verantwortlichen Leiters

G.3.1 Allgemeine Pflichten

Zu den vorrangigen Pflichten des Inhabers oder des verantwortlichen Leiters der amtlich anerkannten Fahrlehrerausbildungsstätte gehört es nach § 26 Abs. 1 FahrlG, dafür Sorge zu tragen, dass in der Ausbildung die für die Fahrlehrer erforderlichen rechtlichen und technischen Kenntnisse und pädagogischen Fähigkeiten vermittelt werden. Weiterhin müssen ständig ausreichende Lehrkräfte zur Verfügung stehen. Der Unterricht muss so gestaltet und die Lehrmittel und die sonstige Ausrüstung der Fahrlehrerausbildungsstätte so beschaffen und bemessen sein, dass das Unterrichtsziel erreicht werden kann.

Der Ausbildungsplan muss:

- von der Erlaubnisbehörde genehmigt sein (§ 26 Abs. 2 Satz 1 FahrlG und § 2 Abs. 1 FahrlAusbO),
- die Ausbildung muss nach dem Ausbildungsplan durchgeführt werden (§ 26 Abs. 2 Satz 1 FahrlG),
- sich nach dem Rahmenplan gemäß Anlage 1 zu § 2 Abs. 1 FahrlAusbO richten,
- dem Fahrlehreranwärter vor dem Abschluss des Ausbildungsvertrags ausgehändigt werden (§ 26 Abs. 2 Satz 2 FahrlG).

G.3.2 Anzeigepflichten

Der Inhaber der amtlich anerkannten Fahrlehrerausbildungsstätte hat nach § 27 FahrlG unverzüglich anzuzeigen:

1. die Eröffnung, die Verlegung, die Stilllegung und die Schließung der Fahrlehrerausbildungsstätte,
2. die Bestellung und die Entlassung eines verantwortlichen Leiters der Fahrlehrerausbildungsstätte; der Anzeige über die Bestellung sind Unterlagen zum Nachweis der Eignung und eine Erklärung darüber beizufügen, welche beruflichen Pflichten der verantwortliche Leiter sonst noch zu erfüllen hat,
3. Änderungen im Lehrpersonal; der Anzeige über die Einstellung einer Lehrkraft sind Unterlagen zum Nachweis der Eignung beizufügen,
4. Verlegung, Erweiterung oder Verkleinerung der Unterrichtsräume,
5. bei juristischen Personen oder nichtrechtsfähigen Vereinen als Inhabern der amtlich anerkannten Fahrlehrerausbildungsstätte:
   die Bestellung oder das Ausscheiden von Personen, die nach Gesetz oder Satzung zur Vertretung berufen sind; der Anzeige sind bei einer juristischen Person ein beglaubigter Auszug aus dem Handelsregister oder Vereinsregister, bei einem nichtrechtsfähigen Verein Unterlagen über die Vertretungsbefugnis der für ihn handelnden Personen beizufügen.

Bei einem Inhaberwechsel ist zwar nicht ausdrücklich eine Anzeigepflicht vorgeschrieben, gleichwohl sollten im Rahmen der vertrauensvollen Zusammenarbeit die Nachweise und Unterlagen nach § 23 Abs. 1 Satz 1 Nr. 1 FahrlG nachgewiesen werden.

Hinweis
Während nach dem Ausscheiden des verantwortlichen Leiters eines Ausbildungsbetriebs (Fahrschulerlaubnis § 20 Abs. 4 Satz 2 FahrlG) nach drei Monaten die erteilte Fahrschulerlaubnis einer juristischen Person erlischt, ist beim Ausscheiden des verantwortlichen Leiters einer amtlich anerkannten Fahrlehrerausbildungsstätte dieser nahtlos zu bestellen.

G.3.3 Aufzeichnungen

Aufzeichnungen über die Ausbildung sind gemäß § 28 FahrlG vom verantwortlichen Leiter der amtlich anerkannten Fahrlehrerausbildungsstätte führen. Die Aufzeichnungen müssen enthalten:

1. Name, Vorname, Geburtsdatum und Anschrift jedes Fahrlehreranwärters,
2. Klasse der erstrebten Fahrlehrerlaubnis,
3. Beginn und Ende der Ausbildungszeit,
4. Anzahl der Unterrichtsstunden, aufgegliedert nach dem Ausbildungsplan.

Weiterhin gilt, dass die Aufzeichnungen:

- dem Fahrlehreranwärter nach Abschluss der Ausbildung zur Unterschrift vorgelegt werden,
- nach Ablauf des Jahres, in welchem die Ausbildung abgeschlossen wurde, fünf Jahre aufbewahrt werden,
- der Erlaubnisbehörde oder der von ihr beauftragten Personen oder Stellen auf Verlangen zur Prüfung vorzulegen sind.

In der amtlichen Anerkennung können weiterführende Auflagen über den erteilten Unterricht festgeschrieben werden. So können zusätzliche Inhalte zu den Aufzeichnungen wie beispielsweise:

- die jeweilige Lehrkraft, welche den Unterricht erteilt hat,
- die Wochentage und die Uhrzeiten,
- der behandelte Unterrichtsstoff mit Angabe des entsprechende Sachgebietes aus dem Ausbildungsplan und
- welche Lehrgangsteilnehmer jeweils anwesend waren,

die Zusammenarbeit erleichtern und sinnvoll sein.

G.4 Rücknahme und Widerruf

G.4.1 Rücknahme

Eine erteilte amtliche Anerkennung als Fahrlehrerausbildungsstätte ist gemäß § 29 Abs. 1 Satz 1 FahrlG zurückzunehmen, wenn bei ihrer Erteilung eine der Voraussetzungen des § 23 nicht vorgelegen hat und keine Ausnahme nach § 34 Abs. 1 FahrlG erteilt worden ist. Die Erlaubnisbehörde kann gemäß § 29 Abs. 1 Satz 2 FahrlG von der Rücknahme absehen, wenn der Mangel nicht mehr besteht. Der Erlaubnisbehörde steht kein Ermessensspielraum bei der Entscheidung über die Rücknahme zu, wenn sie erkannt hat, dass bei Erteilung der amtlichen Anerkennung als Fahrlehrerausbildungsstätte eine Voraussetzung gefehlt hat und der Mangel weiterhin besteht. Nur wenn der Mangel nicht mehr besteht oder die Erlaubnisbehörde z. B. über eine Ausnahme gemäß § 34 Abs. 1 FahrlG den Mangel heilt, kann sie zur Vermeidung einer unbilligen Härte von einer Rücknahme absehen.

Nach Rücknahme der amtlichen Anerkennung als Fahrlehrerausbildungsstätte ist die Anerkennungsurkunde unverzüglich der Erlaubnisbehörde gemäß § 29 Abs. 4 FahrlG zurückzugeben.

G.4.2 Widerruf

Die amtliche Anerkennung als Fahrlehrerausbildungsstätte ist gemäß § 29 Abs. 2 Satz 1 FahrlG zu widerrufen, wenn nachträglich eine der in § 23 FahrlG genannten Voraussetzungen weggefallen ist. Unzuverlässig im Sinne des § 23 Abs. 1 Nr. 1 FahrlG ist der Inhaber oder verantwortliche Leiter insbesondere dann, wenn er wiederholt die Pflichten gröblich verletzt hat, die ihm diesem Gesetz oder den auf ihm beruhenden Rechtsverordnungen obliegen gemäß § 29 Abs. 2 Satz 2 FahrlG.

Nach Widerruf der amtlichen Anerkennung als Fahrlehrerausbildungsstätte ist gemäß § 29 Abs. 4 FahrlG die Anerkennungsurkunde unverzüglich der Erlaubnisbehörde zurückzugeben.

Kapitel H
Die amtliche Anerkennung als Träger für Einweisungslehrgänge

H.1 Amtliche Anerkennung als Träger für Einweisungslehrgänge nach § 31 Abs. 2 Satz 4 FahrlG

Voraussetzung für den Erwerb einer Seminarerlaubnis ist u. a., dass der Bewerber innerhalb der letzten drei Jahre an einem Einweisungslehrgang erfolgreich teilgenommen hat. Diese Aufgabe wird von den Trägern, die eine amtliche Anerkennung zur Durchführung von Einweisungslehrgängen nach § 31 Abs. 2 Satz 1 Nr. 3 FahrlG besitzen, wahrgenommen. Nach § 31 Abs. 2 Satz 4 des FahrlG bedarf, wer diese Einweisungslehrgänge durchführt, der amtlichen Anerkennung seines Betriebes durch die Erlaubnisbehörde.

Rechtliche Grundlagen:

Fahrlehrergesetz (FahrlG)

§ 32 Abs. 1	Zuständigkeit	
Gebührenordnung für Maßnahmen im Straßenverkehr (GebOSt)		**Ermächtigungsnormen**
2. Abschnitt Kapitel D	Gebührentarife	§ 34a Abs. 2 und 3

H.1.1 Allgemeine Grundsätze

Zuständigkeiten

Die Zuständigkeit für die amtliche Anerkennung der Träger ist **nicht** im § 32 Abs. 1 FahrlG geregelt. Sie erfolgt nach § 31 Abs. 2 Satz 4 FahrlG. Zuständig sind danach die obersten Landesbehörden oder eine durch sie bestimmte oder nach Landesrecht zuständige Stelle.

Antragsverfahren

Die Erteilung einer amtlichen Anerkennung als Träger für Einweisungslehrgänge nach § 31 Abs. 2 Satz 4 FahrlG wird nur auf Antrag erteilt, ist aber nach dem Wortlaut des Gesetzes (§ 31 Abs. 2 FahrlG) an keine Form gebunden. Er sollte schriftlich gestellt werden. Nachweise und Unterlagen gemäß § 14 DV-FahrlG, welche die zu erfüllenden Voraussetzungen belegen, sind einzureichen.

Das sich anschließende Verfahren wird gemäß Verwaltungsverfahrensgesetz (VwVfG)[64] geführt. Paragraph 9 bestimmt danach, das Verwaltungsverfahren im Sinne dieses Gesetzes die nach außen wirkende Tätigkeit der Behörden ist, die auf die Prüfung der Voraussetzungen, die Vorbereitung und den Erlass eines Verwaltungsaktes gerichtet ist; es schließt den Erlass des Verwaltungsaktes ein. Nach § 35 VwVfG ist dabei unter einem Verwaltungsakt jede Verfügung, Entscheidung oder andere hoheitliche Maßnahme, die eine Behörde zur Regelung eines Einzelfalls auf dem Gebiet des öffentlichen Rechts trifft und die auf unmittelbare Rechtswirkung nach außen gerichtet ist, zu ver-

---

64 Verwaltungsverfahrensgesetz in der Fassung der Bekanntmachung vom 23. Januar 2003 (BGBl. I S. 102), geändert durch Artikel 4 Abs. 8 des Gesetzes vom 5. Mai 2004 (BGBl. I S. 718)

stehen. Bei der Erteilung einer Fahrschulerlaubnis und bei der Ablehnung der Erteilung handelt es sich folglich um einen Verwaltungsakt.

Abgeschlossen wird das Verfahren mittels Bescheid. Dabei handelt es sich um eine besondere Form des Verwaltungsaktes am Ende eines Verwaltungsverfahrens.

Gebühren

Die gebührenpflichtigen Tatbestände und die Gebührensätze ergeben sich aus dem Gebührentarif für Maßnahmen im Straßenverkehr. Gemäß § 1 der GebOSt[65] dürfen danach für Amtshandlungen, einschließlich der Prüfungen und Untersuchungen im Sinne des § 34a des Fahrlehrergesetzes, Gebühren erhoben werden. Soweit im Gebührentarif nichts anderes bestimmt ist, hat nach § 2 GebOSt der Kostenschuldner (hier der Träger der Anerkennung) auch die dort aufgeführten Auslagen wie »Entgelte für Zustellungen durch die Post mit Postzustellungsurkunde und für Nachnahmen sowie im Einschreibeverfahren« oder für den »Einsatz von Dienstwagen bei Dienstgeschäften außerhalb der Dienststelle« zu tragen. Die für die Erteilung einer Fahrschulerlaubnis einschlägigen Gebührentarife sind im dem für die Gebühren des Landes relevanten 2. Abschnitt unter Kapitel D »Fahrlehrerrecht« aufgeführt.

302	Erteilung (außer der etwaigen Gebühr nach 308)	
302.5	der amtlichen Anerkennung eines Aus- oder Fortbildungsträgers nach § 31 Abs. 2 Satz 4 oder § 33a Abs. 3 Satz 5 FahrlG einschließlich der Ausfertigung der Anerkennungsurkunde	102 bis 358,00 €
302.6	der amtlichen Anerkennung eines Aus- oder Fortbildungsträgers nach § 31 Abs. 2 Satz 4 oder § 33a Abs. 3 Satz 5 FahrlG einschließlich der Ausfertigung der Anerkennungsurkunde nach vorangegangener Versagung, Rücknahme oder Widerruf oder nach vorangegangenem Verzicht	33,20 bis 256,00 €
304	Berichtigung einer Anerkennungsurkunde	7,70 €
305	Ausfertigung einer Anerkennungsurkunde als Ersatz für eine(n) verlorene(n) oder unbrauchbar gewordene(n), außer den Kosten einer etwaigen öffentlichen Ungültigkeitserklärung	15,30 bis 38,30 €
306	Rücknahme oder Widerruf der amtlichen Anerkennung einer Fahrlehrerausbildungsstätte	33,20 bis 256,00 €
307	Zwangsweise Einziehung einer Erlaubnisurkunde	14,30 bis 286,00 €

Hinweis

Diese Gebühr ist auch fällig, wenn die Voraussetzung für die zwangsweise Einziehung erst nach Einleiten der Zwangsmaßnahme beseitigt worden ist.

65 Gebührenordnung für Maßnahmen im Straßenverkehr (GebOSt) vom 26. Juni 1970 (BGBl. I S. 865, 1298), zuletzt geändert durch Artikel 3 der Verordnung vom 22. August 2006 (BGBl. I S. 2108)

308	Überprüfung	
308.1	einer Aus- oder Fortbildungsveranstaltung nach § 31 Abs. 2 Satz 4 oder § 33a Abs. 3 Satz 5 FahrlG	30,70 bis 511,00 €
309	Erteilung oder Versagung einer Ausnahme von den Vorschriften über das Fahrlehrerwesen	5,10 bis 511,00 €
310	Versagung (außer der etwaigen Gebühr nach Nr. 308) der Anerkennung eines Aus- oder Fortbildungsträgers nach § 31 Abs. 2 Satz 4 oder § 33a Abs. 3 Satz 5 FahrlG	33,20 bis 256,00 €

Hinweis
Nach § 6 GebOSt sind die Vorschriften des Verwaltungskostengesetzes anzuwenden, soweit sie nicht die §§ 1 bis 5 GebOSt abweichende Regelungen über die Kostenerhebung, die Kostenbefreiung, den Umfang der zu erstattenden Auslagen, der Kostengläubiger- und Kostenschuldnerschaft enthalten. Insbesondere bei der Ausgestaltung der unter Gebührentarif Nr. 302.6, 306 bis 310 ausgewiesenen Margengebühren gilt es deshalb § 3 des Verwaltungskostengesetzes (VwKostG)[66] zu beachten. Danach sind die Gebührensätze sind so zu bemessen, dass zwischen der den Verwaltungsaufwand berücksichtigenden Höhe der Gebühr einerseits und der Bedeutung, dem wirtschaftlichen Wert oder dem sonstigen Nutzen der Amtshandlung andererseits ein angemessenes Verhältnis besteht. Ist gesetzlich vorgesehen, dass Gebühren nur zur Deckung des Verwaltungsaufwandes erhoben werden, sind die Gebührensätze so zu bemessen, dass das geschätzte Gebührenaufkommen den auf die Amtshandlungen entfallenden durchschnittlichen Personal- und Sachaufwand für den betreffenden Verwaltungszweig nicht übersteigt.

399	Für andere als die in diesem Abschnitt aufgeführten Maßnahmen können Gebühren nach den Sätzen für vergleichbare Maßnahmen oder, soweit solche nicht bewertet sind, nach dem Zeitaufwand mit 12,80 € je angefangene Viertelstunde Arbeitszeit erhoben werden.	
400	Zurückweisung eines Widerspruchs oder Gebühr in Höhe Rücknahme des Widerspruchs nach Beginn der Gebühr für die der sachlichen Bearbeitung beantragte oder angefochtene Amtshandlung, mindestens jedoch 25,60 €; bei gebührenfreien angefochtenen Amtshandlungen 25,60 €. Von der Festsetzung einer Gebühr ist abzusehen, soweit durch die Rücknahme des Widerspruchs das Verfahren besonders rasch und mit geringem Verwaltungsaufwand abgeschlossen werden kann, wenn dies der Billigkeit nicht widerspricht.	

66 Verwaltungskostengesetz vom 23. Juni 1970 (BGBl. I S. 821), zuletzt geändert durch Artikel 4 Abs. 9 des Gesetzes vom 5. Mai 2004 (BGBl. I S. 718)

H.2 Voraussetzung und Antragsunterlagen

Rechtliche Grundlagen:

Fahrlehrergesetz (FahrlG)

§ 31 Abs. 2 Satz 4	Erfordernis, Inhalt und Voraussetzung der Erlaubnis zur Durchführung von Aufbauseminaren	
Durchführungs-Verordnung zum Fahrlehrergesetz (DV-FahrlG)		**Ermächtigungsnormen**
§ 13	Inhalt der Einweisungslehrgänge	§ 31 Abs. 6 FahrlG
§ 14	Dauer und Leitung der Lehrgänge	§ 31 Abs. 6 FahrlG

Hinsichtlich der an den Träger und an seine Leitung zu stellenden Anforderungen gibt es keine gesetzlichen Regelungen. Da unzweifelhaft dennoch eine gewisse Prüfung des beantragenden Trägers erfolgen muss, sollten sich die zu fordernden Unterlagen unter Ausübung des pflichtgemäßen Ermessens an denen einer Fahrlehrerausbildungsstätte orientieren.

Hinweis
In der weit überwiegenden Zahl der Fälle beantragen bereits amtlich anerkannte Fahrlehrerausbildungsstätten oder der Fahrlehrverband des jeweiligen Bundeslandes die amtliche Anerkennung. Mithin kann – zumindest bei den Fahrlehrerausbildungsstätten auf die Forderung der entsprechenden allgemeinen Unterlagen verzichtet werden.

H.2.1 Personengebundene Voraussetzungen und Antragsunterlagen

Bezüglich der personengebundenen Unterlagen können Nachweise zur Eignung des Bewerbers gefordert werden, die, ebenso wie bei Fahrlehrerausbildungsstätten, die Prüfung ermöglichen, dass keine Tatsachen vorliegen, die den Inhaber oder den verantwortlichen Leiter als unzuverlässig oder nicht geeignet erscheinen lassen. Ferner sollten Unterlagen eingereicht werden, die die Gewähr dafür bietet, dass der Bewerber seinen Pflichten nachkommen kann.

H.2.2 Trägergebundene Voraussetzungen und Antragsunterlagen

Lehrgangsleiter

Ergänzend sind dem Antrag unternehmensbezogene Unterlagen nach § 31 Abs. 2 Satz 4 FahrlG i. V. m. § 14 DV-FahrlG beizufügen, die die Qualifikation der Lehrgangsleiter betreffen. Gemäß § 14 DV-FahrlG sind als Lehrkräfte berechtigt:

1. ein Fahrlehrer, der Inhaber der Seminarerlaubnis nach § 31 des Fahrlehrergesetzes ist und über Erfahrungen in der Durchführung von Seminaren nach dem Straßenverkehrsgesetz oder über vergleichbare Erfahrungen in der Moderationstechnik verfügt und

2. ein Pädagoge, der die Voraussetzungen des § 9 Abs. 1 Satz 1 Nr. 5 erfüllt, die Fahrerlaubnis der Klasse BE besitzt sowie über Kenntnisse und Erfahrungen in gruppenorientierten Lernprozessen und der Erwachsenenbildung verfügt.

Beide Lehrkräfte müssen an jeweils viertägigen von der nach § 32 Abs. 1 Satz 1 FahrlG zuständigen Behörde oder Stelle anerkannten Einführungsseminaren für Lehrgangsleiter in den Lehrgangsabschnitten nach § 13 Abs. 3 DV-FahrlG teilgenommen haben.

Hinweis

Qualifikation der Lehrgangsleiter nach § 14 Abs. 2 DV-FahrlG

Der erfolgreiche Abschluss des Studiums für ein Lehramt genügt als Voraussetzung eines Lehrgangsleiters nach § 14 Abs. 2 DV-FahrlG. Danach ist die Voraussetzung, dass ein abgeschlossenes Studium der Erziehungswissenschaft vorliegen muss, folglich weit auszulegen (»jedes abgeschlossene Studium zum Lehramt genügt«). Es bleibt selbstverständlich gemäß § 14 Abs. 2 Nr. 2 DV-FahrlG dabei, dass der Lehrgangsleiter darüber hinaus unter anderem Kenntnisse und Erfahrungen in der Erwachsenenbildung besitzen muss.

Unterrichtsraum

Als Nachweis für den erforderlichen Unterrichtsraum sind ein maßstabgerechter Plan sowie der Mietvertrag, der den Unterrichtsraum als Gewerberaum oder Schulungsraum ausweisen muss, vorzulegen. Hintergrund für die Notwendigkeit des Ausweisens als Gewerberaum ist, dass die Fahrschule nach GewO § 15a als offene Betriebsstätte gilt. Ferner muss der Inhaber mittels Gewerbeanmeldung die Ausübung seines Gewerbes genehmigen lassen und die Gewerbeaufsichtsämter können diese Räume ebenfalls überprüfen.

Ausstattung

Aus dem maßstabgerechten Plan muss ferner Angaben über die Ausstattung (Beleuchtung, Belüftung, Beheizung, Bestuhlung, usw.) beinhalten.

Konkrete Regelungen sind jedoch nicht im Fahrlehrergesetz enthalten, weshalb die Bestimmungen in der Verordnung über Arbeitsstätten (Arbeitsstättenverordnung – ArbStättV)[67] Anwendung finden. Im Einzelnen sind jedoch auch dort nur unbestimmte Rechtbegriffe, wie beispielsweise im § 6 Abs. 1 ArbStättV, nach der der Arbeitgeber solche Arbeitsräume bereitzustellen hat, die eine ausreichende Grundfläche und Höhe sowie einen ausreichenden Luftraum aufweisen, aufgeführt. Zahlenangaben zu den Arbeitsräumen fehlen gänzlich. Deshalb sollten die Mindestanforderungen aus § 10 DV-FahrlG analog angewandt werden. Danach sind die Anforderungen als erfüllt anzusehen, wenn der Unterricht in einem ortsfesten Gebäuden erteilt wird und die Unterrichtsräume nach Inaugenscheinnahme nach Größe, Beschaffenheit und Einrichtung einen sachgerechten Ausbildungsbetrieb zulassen.

67 Verordnung über Arbeitsstätten (Arbeitsstättenverordnung – ArbStättV) vom 24. August 2004, in der Fassung vom 20. Juli 2007

Weiterhin ist zu prüfen ob der Unterrichtsraum nach Beschaffenheit und Einrichtung

- nicht Teil einer Gastwirtschaft und kein Wohnraum ist,
- einen eigenen Zugang besitzt und nicht als Durchgang dient,
- vor Beeinträchtigungen durch Lärm, Staub und Geruch geschützt ist,
- gut beleuchtet ist,
- ausreichend belüftet werden kann sowie
- gut beheizbar ist.

Eine ausreichend bemessene Kleiderablage sollte vorhanden sein. In unmittelbarer Nähe des Unterrichtsraumes muss mindestens ein WC mit Waschgelegenheit zur Verfügung stehen. Für jeden Seminarteilnehmer sollte mindestens eine Sitzgelegenheit mit Rückenlehne und ein Tisch mit ausreichender Fläche (ca. 1 m^2) je Teilnehmer vorhanden sein. Der Unterrichtsraum sollte eine Mindestfläche für 16 Teilnehmer besitzen. Zusätzlich ist ein weiterer Raum für Gruppenarbeiten nachzuweisen. Der Unterrichtsraum muss ausreichende Flächen zur Visualisierung besitzen. Die Ausstattung hat sich weiterhin nach dem Kursleiterhandbuch »Aufbauseminare für Fahrschulen AFS/ASP Handbuch für Seminarleiter« zu richten.

H.3 Erteilung der amtlichen Anerkennung

Die amtlichen Anerkennung als Träger für die Durchführung von Einweisungsseminaren nach § 31 FahrlG wird – auch ohne konkrete gesetzliche Grundlage im Fahrlehrergesetz – durch Aushändigung oder Zustellung der Anerkennungsurkunde erteilt. Analog zu § 25 Abs. 2 FahrlG sollte die Urkunde den Namen und die Anschrift des amtlich anerkannten Trägers, den Namen und die Anschrift des Inhabers des amtlich anerkannten Trägers – bei natürlichen Personen auch die Vornamen und den Geburtstag und -ort – enthalten.

Hinweis

Nach § 4 Abs. 2 Verordnung über die freiwillige Fortbildung von Inhabern der Fahrerlaubnis auf Probe (Fahranfängerfortbildungsverordnung – FreiwFortbV) darf der erforderliche eintägige Einweisungslehrgang nur von nach § 31 Abs. 2 Satz 4 FahrlG anerkannten Trägern durchgeführt werden. Zur Leitung der Einweisungslehrgänge sind Personen berechtigt, die die Anforderungen des § 14 Abs. 2 der DV-FahrlG erfüllen. Für die Einweisungslehrgänge für Seminarleiter gelten die im jeweiligen Anerkennungsbescheid nach § 31 Abs. 2 Satz 4 FahrlG festgelegten Modalitäten zur Durchführung der Einweisungslehrgänge entsprechend. Der Leiter des Einweisungslehrganges für Seminarleiter muss mit dem Konzept der Fortbildungsseminare vertraut sein, z. B. auf Grund der Teilnahme an einem entsprechenden Einweisungsseminar für Lehrgangsleiter. Die Zahl der Teilnehmer an den Einweisungslehrgängen für Seminarleiter und den besonderen Einweisungslehrgänge für Moderatoren soll 16 nicht überschreiten. Die Durchführung durch einen Leiter für jeden Lehrgang genügt.

H.4 Rücknahme und Widerruf

H.4.1 Rücknahme

Eine erteilte amtliche Anerkennung als Träger für die Durchführung von Einweisungsseminaren nach § 31 FahrlG ist zwar nicht nach dem Fahrlehrergesetz, jedoch nach dem VwVfG möglich. § 48 Abs. 1 VwVfG ermöglicht es Erlaubnisbehörden, einen rechtswidrigen Verwaltungsakt, auch nachdem er unanfechtbar geworden ist, ganz oder teilweise mit Wirkung für die Zukunft oder für die Vergangenheit zurückzunehmen. Voraussetzung ist analog der Bestimmungen des Fahrlehrerrechts, dass bei der Erteilung eine der Voraussetzungen nicht vorgelegen hat und keine Ausnahme nach § 34 Abs. 1 FahrlG erteilt worden ist. Die Erlaubnisbehörde kann von der Rücknahme absehen, wenn der Mangel nicht mehr besteht. Der Erlaubnisbehörde steht kein Ermessensspielraum bei der Entscheidung über die Rücknahme zu, wenn sie erkannt hat, dass bei Erteilung der amtlichen Anerkennung als Träger eine Voraussetzung gefehlt hat und der Mangel weiterhin besteht. Nur wenn der Mangel nicht mehr besteht oder die Erlaubnisbehörde z. B. über eine Ausnahme gemäß § 34 Abs. 1 FahrlG den Mangel heilt, kann sie zur Vermeidung einer unbilligen Härte von einer Rücknahme absehen.

Nach Rücknahme der amtlichen Anerkennung als Träger für die Durchführung von Einweisungsseminaren nach § 31 FahrlG ist die Anerkennungsurkunde unverzüglich der Erlaubnisbehörde zurückzugeben.

H.4.2 Widerruf

Eine erteilte amtliche Anerkennung als Träger für die Durchführung von Einweisungsseminaren nach § 31 FahrlG ist zwar nicht nach dem Fahrlehrergesetz, jedoch nach dem VwVfG möglich. § 49 Abs. 2 VwVfG ermöglicht es Erlaubnisbehörden einen rechtmäßigen begünstigenden Verwaltungsakt, auch nachdem er unanfechtbar geworden ist, ganz oder teilweise mit Wirkung für die Zukunft jedoch nur zu widerrufen, wenn

1. der Widerruf durch Rechtsvorschrift zugelassen oder im Verwaltungsakt vorbehalten ist;
2. mit dem Verwaltungsakt eine Auflage verbunden ist und der Begünstigte diese nicht oder nicht innerhalb einer ihm gesetzten Frist erfüllt hat;
3. die Behörde auf Grund nachträglich eingetretener Tatsachen berechtigt wäre, den Verwaltungsakt nicht zu erlassen, und wenn ohne den Widerruf das öffentliche Interesse gefährdet würde;
4. die Behörde auf Grund einer geänderten Rechtsvorschrift berechtigt wäre, den Verwaltungsakt nicht zu erlassen, soweit der Begünstigte von der Vergünstigung noch keinen Gebrauch gemacht oder auf Grund des Verwaltungsaktes noch keine Leistungen empfangen hat, und wenn ohne den Widerruf das öffentliche Interesse gefährdet würde;
5. um schwere Nachteile für das Gemeinwohl zu verhüten oder zu beseitigen.

Vor diesem Hintergrund gewinnt es an erheblicher Bedeutung, dass die Anerkennungsbescheide immer mit einem Widerrufsvorbehalt versehen werden sollten. Nach Widerruf der amtlichen Anerkennung als Träger für die Durchführung von Einweisungsseminaren nach § 31 FahrlG ist die Anerkennungsurkunde unverzüglich der Erlaubnisbehörde zurückzugeben. Diesbezüglich sollte die Anerkennung eine Nebenbestimmung enthalten.

Kapitel I
Die Anerkennung als Träger von Lehrgängen

I.1 Amtliche Anerkennung als Träger für Fortbildungslehrgänge nach § 33a Abs. 1 FahrlG

Inhaber einer Fahrlehrerlaubnis unterliegen gemäß § 33a Abs. 1 FahrlG einer Fortbildungspflicht. Die entsprechenden Lehrgänge werden von den Trägern, die eine amtliche Anerkennung zur Durchführung von Fortbildungslehrgängen für Inhaber einer Fahrlehrerlaubnis besitzen, angeboten. Nach § 33a Abs. 3 Satz 5 des FahrlG bedarf, wer diese Fortbildungslehrgänge durchführt der amtlichen Anerkennung seines Betriebes.

Rechtliche Grundlagen:

Fahrlehrergesetz (FahrlG)

§ 32 Abs. 1	Zuständigkeit	
Gebührenordnung für Maßnahmen im Straßenverkehr (GebOSt)		**Ermächtigungsnormen**
2. Abschnitt Kapitel D	Gebührentarife	§ 34a Abs. 2 und 3

I.1.1 Allgemeine Grundsätze

Zuständigkeiten

Die Zuständigkeit für die amtliche Anerkennung der Träger ist **nicht** im § 32 Abs. 1 FahrlG geregelt. Sie erfolgt nach § 33a Abs. 3 Satz 5 FahrlG. Zuständig sind danach die obersten Landesbehörden oder eine durch sie bestimmte oder nach Landesrecht zuständige Stelle.

Antragsverfahren

Die Erteilung einer amtlichen Anerkennung als Träger für die Durchführung von Fortbildungslehrgängen nach § 33a Abs. 1 FahrlG wird nur auf Antrag erteilt, ist aber nach dem Wortlaut des Gesetzes an keine Form gebunden. Er sollte schriftlich gestellt werden. Nachweise und Unterlagen gemäß § 15 Abs. 4 DV-FahrlG, welche die zu erfüllenden Voraussetzungen belegen, sind einzureichen.

Das sich anschließende Verfahren wird gemäß Verwaltungsverfahrensgesetz (VwVfG)[68] geführt. Paragraph 9 bestimmt danach, das Verwaltungsverfahren im Sinne dieses Gesetzes die nach außen wirkende Tätigkeit der Behörden ist, die auf die Prüfung der Voraussetzungen, die Vorbereitung und den Erlass eines Verwaltungsaktes gerichtet ist; es schließt den Erlass des Verwaltungsaktes ein. Nach § 35 VwVfG ist dabei unter einem Verwaltungsakt jede Verfügung, Entscheidung oder andere hoheitliche Maßnahme, die eine Behörde zur Regelung eines Einzelfalls auf dem Gebiet des öffentlichen Rechts trifft und die auf unmittelbare Rechtswirkung nach außen gerichtet ist, zu ver-

68 Verwaltungsverfahrensgesetz in der Fassung der Bekanntmachung vom 23. Januar 2003 (BGBl. I S. 102), geändert durch Artikel 4 Abs. 8 des Gesetzes vom 5. Mai 2004 (BGBl. I S. 718)

stehen. Bei der Erteilung einer Fahrschulerlaubnis und bei der Ablehnung der Erteilung handelt es sich folglich um einen Verwaltungsakt.

Abgeschlossen wird das Verfahren mittels Bescheid. Dabei handelt es sich um eine besondere Form des Verwaltungsaktes am Ende eines Verwaltungsverfahrens.

Gebühren

Die gebührenpflichtigen Tatbestände und die Gebührensätze ergeben sich aus dem Gebührentarif für Maßnahmen im Straßenverkehr. Gemäß § 1 der GebOSt[69] dürfen danach für Amtshandlungen, einschließlich der Prüfungen und Untersuchungen im Sinne des § 34a des Fahrlehrergesetzes Gebühren erhoben werden. Soweit im Gebührentarif nichts anderes bestimmt ist, hat nach § 2 GebOSt der Kostenschuldner (hier der Träger) auch die dort aufgeführten Auslagen wie »Entgelte für Zustellungen durch die Post mit Postzustellungsurkunde und für Nachnahmen sowie im Einschreibeverfahren« oder für den »Einsatz von Dienstwagen bei Dienstgeschäften außerhalb der Dienststelle« zu tragen. Die für die Erteilung einer Fahrschulerlaubnis einschlägigen Gebührentarife sind im dem für die Gebühren des Landes relevanten 2. Abschnitt unter Kapitel D »Fahrlehrerrecht« aufgeführt.

302	Erteilung (außer der etwaigen Gebühr nach 308)	
302.5	der amtlichen Anerkennung eines Aus- oder Fortbildungsträgers nach § 33a Abs. 3 Satz 5 FahrlG einschließlich der Ausfertigung der Anerkennungsurkunde	102 bis 358,00 €
302.6	der amtlichen Anerkennung eines Aus- oder Fortbildungsträgers nach § 33a Abs. 3 Satz 5 FahrlG einschließlich der Ausfertigung der Anerkennungsurkunde nach vorangegangener Versagung, Rücknahme oder Widerruf oder nach vorangegangenem Verzicht	33,20 bis 256,00 €
304	Berichtigung einer Anerkennungsurkunde	7,70 €
305	Ausfertigung einer Anerkennungsurkunde als Ersatz für eine(n) verlorene(n) oder unbrauchbar gewordene(n), außer den Kosten einer etwaigen öffentlichen Ungültigkeitserklärung	15,30 bis 38,30 €
306	Rücknahme oder Widerruf der amtlichen Anerkennung einer Fahrlehrerausbildungsstätte	33,20 bis 256,00 €
307	Zwangsweise Einziehung einer Erlaubnisurkunde	14,30 bis 286,00 €

Hinweis

Diese Gebühr ist auch fällig, wenn die Voraussetzung für die zwangsweise Einziehung erst nach Einleiten der Zwangsmaßnahme beseitigt worden ist.

69 Gebührenordnung für Maßnahmen im Straßenverkehr (GebOSt) vom 26. Juni 1970 (BGBl. I S. 865, 1298), zuletzt geändert durch Artikel 3 der Verordnung vom 22. August 2006 (BGBl. I S. 2108)

308	Überprüfung	
308.1	einer Aus- oder Fortbildungsveranstaltung nach § 33a Abs. 3 Satz 5 FahrlG	30,70 bis 511,00 €
309	Erteilung oder Versagung einer Ausnahme von den Vorschriften über das Fahrlehrerwesen	5,10 bis 511,00 €
310	Versagung (außer der etwaigen Gebühr nach Nr. 308) der Anerkennung eines Aus- oder Fortbildungsträgers nach § 33a Abs. 3 Satz 5 FahrlG	33,20 bis 256,00 €

Hinweis
Nach § 6 GebOSt sind die Vorschriften des Verwaltungskostengesetzes anzuwenden, soweit sie nicht die §§ 1 bis 5 GebOSt abweichende Regelungen über die Kostenerhebung, die Kostenbefreiung, den Umfang der zu erstattenden Auslagen, der Kostengläubiger- und Kostenschuldnerschaft enthalten. Insbesondere bei der Ausgestaltung der unter Gebührentarif Nr. 302.6, 306 bis 310 ausgewiesenen Margengebühren gilt es deshalb § 3 des Verwaltungskostengesetzes (VwKostG)[70] zu beachten. Danach sind die Gebührensätze sind so zu bemessen, dass zwischen der den Verwaltungsaufwand berücksichtigenden Höhe der Gebühr einerseits und der Bedeutung, dem wirtschaftlichen Wert oder dem sonstigen Nutzen der Amtshandlung andererseits ein angemessenes Verhältnis besteht. Ist gesetzlich vorgesehen, dass Gebühren nur zur Deckung des Verwaltungsaufwandes erhoben werden, sind die Gebührensätze so zu bemessen, dass das geschätzte Gebührenaufkommen den auf die Amtshandlungen entfallenden durchschnittlichen Personal- und Sachaufwand für den betreffenden Verwaltungszweig nicht übersteigt.

399	Für andere als die in diesem Abschnitt aufgeführten Maßnahmen können Gebühren nach den Sätzen für vergleichbare Maßnahmen oder, soweit solche nicht bewertet sind, nach dem Zeitaufwand mit 12,80 € je angefangene Viertelstunde Arbeitszeit erhoben werden.	
400	Zurückweisung eines Widerspruchs oder Gebühr in Höhe Rücknahme des Widerspruchs nach Beginn der Gebühr für die der sachlichen Bearbeitung beantragte oder angefochtene Amtshandlung, mindestens jedoch 25,60 €; bei gebührenfreien angefochtenen Amtshandlungen 25,60 €. Von der Festsetzung einer Gebühr ist abzusehen, soweit durch die Rücknahme des Widerspruchs das Verfahren besonders rasch und mit geringem Verwaltungsaufwand abgeschlossen werden kann, wenn dies der Billigkeit nicht widerspricht.	

70 Verwaltungskostengesetz vom 23. Juni 1970 (BGBl. I S. 821), zuletzt geändert durch Artikel 4 Abs. 9 des Gesetzes vom 5. Mai 2004 (BGBl. I S. 718)

I.1.2 Voraussetzung und Antragsunterlagen

Rechtliche Grundlagen:

Fahrlehrergesetz (FahrlG)
§ 33a Abs. 3 Satz 5 Fortbildung

Durchführungs-Verordnung zum Fahrlehrergesetz (DV-FahrlG)		**Ermächtigungsnormen**
§ 15 Abs. 1 und 4	Fortbildung	§ 33a Abs. 5 FahrlG

Hinsichtlich der an den Träger und an seine Leitung zu stellenden Anforderungen gibt es keine gesetzlichen Regelungen. Da unzweifelhaft dennoch eine gewisse Prüfung des beantragenden Trägers erfolgen muss, sollten sich die zu fordernden Unterlagen unter Ausübung des pflichtgemäßen Ermessens an denen einer Fahrlehrerausbildungsstätte orientieren.

Hinweis
In der weit überwiegenden Zahl der Fälle beantragen bereits amtlich anerkannte Fahrlehrerausbildungsstätten oder der Fahrlehrverband des jeweiligen Bundeslandes die amtliche Anerkennung. Mithin kann – zumindest bei den Fahrlehrerausbildungsstätten auf die Forderung der entsprechenden allgemeinen Unterlagen verzichtet werden.

I.1.3 Personengebundene Voraussetzungen und Antragsunterlagen

Bezüglich der personengebundenen Unterlagen Nachweise zur Eignung des Bewerbers gefordert werden, die, ebenso wie bei Fahrlehrerausbildungsstätten, die Prüfung ermöglichen, dass keine Tatsachen vorliegen, die den Inhaber oder den verantwortlichen Leiter als unzuverlässig oder nicht geeignet erscheinen lassen. Ferner sollten Unterlagen eingereicht werden, die die Gewähr dafür bietet, dass der Bewerber seinen Pflichten nachkommen kann.

I.1.4 Trägergebundene Voraussetzungen und Antragsunterlagen

Lehrgangsleiter
Ergänzend sind dem Antrag unternehmensbezogene Unterlagen nach § 33a Abs. 3 Satz 5 FahrlG i. V. m. § 15 Abs. 4 DV-FahrlG beizufügen, die die Qualifikation der Lehrkräfte betreffen. Unter Verweis auf § 9 Abs. 1 DV-FahrlG sind daher als Lehrkräfte berechtigt:

1. eine Lehrkraft mit Befähigung zum Richteramt,
2. eine Lehrkraft mit einem abgeschlossenen technischen Studium an einer deutschen oder einer als gleichwertig anerkannten ausländischen Hochschule oder Ingenieurschule, das ausreichende Kenntnisse des Maschinenbaus vermittelt, und mit mindestens zweijähriger Praxis auf dem Gebiet des Baus oder des Betriebs von Kraftfahrzeugen,
3. ein Fahrlehrer, der die Fahrlehrerlaubnis der Klassen A, BE und CE besitzt und drei Jahre lang hauptberuflich Fahrschüler theoretisch und praktisch ausgebildet hat,

4. ein Fahrlehrer mit entsprechender Fahrerlaubnis und Unterrichtserfahrung für die Ausbildung von Fahrlehreranwärtern, welche die Fahrlehrerlaubnis der Klasse DE erwerben wollen
5. eine Lehrkraft mit abgeschlossenem Studium der Erziehungswissenschaft an einer Hochschule und mit der Fahrerlaubnis der Klasse BE,

und andere Lehrkräfte, die in der Lage sind, die Gebiete nach § 15 Abs. 1 DV-FahrlG zu vermitteln.

Unterrichtsraum

Als Nachweis für den erforderlichen Unterrichtsraum sind ein maßstabgerechter Plan sowie der Mietvertrag, der den Unterrichtsraum als Gewerberaum oder Schulungsraum ausweisen muss, vorzulegen. Hintergrund für die Notwendigkeit des Ausweisens als Gewerberaum ist, dass die Fahrschule nach GewO § 15a als offene Betriebsstätte gilt. Ferner muss der Inhaber mittels Gewerbeanmeldung die Ausübung seines Gewerbes genehmigen lassen und die Gewerbeaufsichtsämter können diese Räume ebenfalls überprüfen.

Ausstattung

Aus dem maßstabgerechten Plan muss ferner Angaben über die Ausstattung (Beleuchtung, Belüftung, Beheizung, Bestuhlung, usw.) beinhalten. Konkrete Regelungen sind jedoch nicht im Fahrlehrergesetz enthalten, weshalb die Bestimmungen in der Verordnung über Arbeitsstätten (Arbeitsstättenverordnung – ArbStättV)[71] Anwendung finden. Im Einzelnen sind jedoch auch dort nur unbestimmte Rechtbegriffe, wie beispielsweise im § 6 Abs. 1 ArbStättV, nach der der Arbeitgeber solche Arbeitsräume bereitzustellen hat, die eine ausreichende Grundfläche und Höhe sowie einen ausreichenden Luftraum aufweisen, aufgeführt. Zahlenangaben zu den Arbeitsräumen fehlen gänzlich. Deshalb sollten die Mindestanforderungen aus § 10 DV-FahrlG analog angewandt werden. Danach sind die Anforderungen als erfüllt anzusehen, wenn der Unterricht in einem ortsfesten Gebäuden erteilt wird und die Unterrichtsräume nach Inaugenscheinnahme nach Größe, Beschaffenheit und Einrichtung einen sachgerechten Ausbildungsbetrieb zulassen.

Weiterhin ist zu prüfen ob der Unterrichtsraum nach Beschaffenheit und Einrichtung

- nicht Teil einer Gastwirtschaft und kein Wohnraum ist,
- einen eigenen Zugang besitzt und nicht als Durchgang dient,
- vor Beeinträchtigungen durch Lärm, Staub und Geruch geschützt ist,
- gut beleuchtet ist,
- ausreichend belüftet werden kann sowie
- gut beheizbar ist.

Eine ausreichend bemessene Kleiderablage sollte vorhanden sein. In unmittelbarer Nähe des Unterrichtsraumes muss mindestens ein WC mit Waschgelegenheit zur Verfügung stehen. Für jeden Seminarteilnehmer sollte mindestens eine Sitzgelegenheit mit Rückenlehne und ein Tisch mit einer Fläche von ca. 0,75 m^2 vorhanden sein.

71 Verordnung über Arbeitsstätten (Arbeitsstättenverordnung – ArbStättV) vom 24. August 2004, in der Fassung vom 20. Juli 2007

Der Unterrichtsraum ist auf 36 Teilnehmer zu begrenzen. Der Unterrichtsraum muss ausreichende Flächen zur Visualisierung besitzen.

I.1.5 Erteilung der amtlichen Anerkennung

Die amtlichen Anerkennung als Träger für Fortbildungslehrgänge nach § 33a Abs. 1 FahrlG wird – auch ohne konkrete gesetzliche Grundlage im Fahrlehrergesetz – durch Aushändigung oder Zustellung der Anerkennungsurkunde erteilt. Analog zu § 25 Abs. 2 FahrlG sollte die Urkunde den Namen und die Anschrift des amtlich anerkannten Trägers, den Namen und die Anschrift des Inhabers des amtlich anerkannten Trägers – bei natürlichen Personen auch die Vornamen und den Geburtstag und -ort – enthalten.

I.1.6 Rücknahme und Widerruf

I.1.6.1 Rücknahme

Eine erteilte amtliche Anerkennung als Träger für Fortbildungslehrgänge nach § 33a Abs. 1 FahrlG ist zwar nicht nach dem Fahrlehrergesetz, jedoch nach dem VwVfG möglich. § 48 Abs. 1 VwVfG ermöglicht es Erlaubnisbehörden einen rechtswidrigen Verwaltungsakt, auch nachdem er unanfechtbar geworden ist, ganz oder teilweise mit Wirkung für die Zukunft oder für die Vergangenheit zurückzunehmen. Voraussetzung ist analog der Bestimmungen des Fahrlehrerrechts, dass bei der Erteilung eine der Voraussetzungen nicht vorgelegen hat und keine Ausnahme nach § 34 Abs. 1 FahrlG erteilt worden ist. Die Erlaubnisbehörde kann von der Rücknahme absehen, wenn der Mangel nicht mehr besteht. Der Erlaubnisbehörde steht kein Ermessensspielraum bei der Entscheidung über die Rücknahme zu, wenn sie erkannt hat, dass bei Erteilung der amtlichen Anerkennung als Träger eine Voraussetzung gefehlt hat und der Mangel weiterhin besteht. Nur wenn der Mangel nicht mehr besteht oder die Erlaubnisbehörde z. B. über eine Ausnahme gemäß § 34 Abs. 1 FahrlG den Mangel heilt, kann sie zur Vermeidung einer unbilligen Härte von einer Rücknahme absehen.

Nach Rücknahme der amtlichen Anerkennung als Träger für Fortbildungslehrgänge nach § 33a Abs. 1 FahrlG ist die Anerkennungsurkunde unverzüglich der Erlaubnisbehörde zurückzugeben.

I.1.6.2 Widerruf

Eine erteilte amtliche Anerkennung als Träger für Fortbildungslehrgänge nach § 33a Abs. 1 FahrlG ist zwar nicht nach dem Fahrlehrergesetz, jedoch nach dem VwVfG möglich. § 49 Abs. 2 VwVfG ermöglicht es Erlaubnisbehörden einen rechtmäßigen begünstigenden Verwaltungsakt, auch nachdem er unanfechtbar geworden ist, ganz oder teilweise mit Wirkung für die Zukunft jedoch nur zu widerrufen, wenn

1. der Widerruf durch Rechtsvorschrift zugelassen oder im Verwaltungsakt vorbehalten ist;
2. mit dem Verwaltungsakt eine Auflage verbunden ist und der Begünstigte diese nicht oder nicht innerhalb einer ihm gesetzten Frist erfüllt hat;
3. die Behörde auf Grund nachträglich eingetretener Tatsachen berechtigt wäre, den Verwaltungsakt nicht zu erlassen, und wenn ohne den Widerruf das öffentliche Interesse gefährdet würde;

4. die Behörde auf Grund einer geänderten Rechtsvorschrift berechtigt wäre, den Verwaltungsakt nicht zu erlassen, soweit der Begünstigte von der Vergünstigung noch keinen Gebrauch gemacht oder auf Grund des Verwaltungsaktes noch keine Leistungen empfangen hat, und wenn ohne den Widerruf das öffentliche Interesse gefährdet würde;
5. um schwere Nachteile für das Gemeinwohl zu verhüten oder zu beseitigen.

Vor diesem Hintergrund gewinnt es an erheblicher Bedeutung, dass die Anerkennungsbescheide immer mit einem Widerrufsvorbehalt versehen werden sollten.

Nach Widerruf der amtlichen Anerkennung als Träger für Fortbildungslehrgänge nach § 33a Abs. 1 FahrlG ist die Anerkennungsurkunde unverzüglich der Erlaubnisbehörde zurückzugeben. Diesbezüglich sollte die Anerkennung eine Nebenbestimmung enthalten.

I.2 Amtliche Anerkennung als Träger für Fortbildungslehrgänge für Inhaber einer Seminarerlaubnis nach § 33a Abs. 2 FahrlG

Inhaber einer Fahrlehrerlaubnis unterliegen gemäß § 33a Abs. 2 FahrlG einer Fortbildungspflicht. Die entsprechenden Lehrgänge werden von den Trägern, die eine amtliche Anerkennung zur Durchführung von Fortbildungslehrgängen für Inhaber einer Seminarerlaubnis besitzen, angeboten. Nach § 33a Abs. 3 Satz 5 des FahrlG bedarf, wer diese Fortbildungslehrgänge durchführt, der amtlichen Anerkennung seines Betriebes.

Rechtliche Grundlagen:

Fahrlehrergesetz (FahrlG)
§ 32 Abs. 1 Zuständigkeit

Gebührenordnung für Maßnahmen im Straßenverkehr (GebOSt)		**Ermächtigungsnormen**
2. Abschnitt Kapitel D	Gebührentarife	§ 34a Abs. 2 und 3

I.2.1 Allgemeine Grundsätze

Zuständigkeiten
Die Zuständigkeit für die amtliche Anerkennung der Träger ist **nicht** im § 32 Abs. 1 FahrlG geregelt. Sie erfolgt nach § 33a Abs. 3 Satz 5 FahrlG. Zuständig sind danach die obersten Landesbehörden oder eine durch sie bestimmte oder nach Landesrecht zuständige Stelle.

Antragsverfahren
Die Erteilung einer amtlichen Anerkennung als Träger für Fortbildungslehrgänge für Inhaber einer Seminarerlaubnis nach § 33a Abs. 2 FahrlG wird nur auf Antrag erteilt, ist aber nach dem Wortlaut des Gesetzes an keine Form gebunden. Er sollte schriftlich gestellt werden. Nachweise und Unterlagen gemäß § 15 Abs. 4 DV-FahrlG, welche die zu erfüllenden Voraussetzungen belegen, sind einzureichen.

Das sich anschließende Verfahren wird gemäß Verwaltungsverfahrensgesetz (VwVfG)[72] geführt. Paragraph 9 bestimmt danach, das Verwaltungsverfahren im Sinne dieses Gesetzes die nach außen wirkende Tätigkeit der Behörden ist, die auf die Prüfung der Voraussetzungen, die Vorbereitung und den Erlass eines Verwaltungsaktes gerichtet ist; es schließt den Erlass des Verwaltungsaktes ein. Nach § 35 VwVfG ist dabei unter einem Verwaltungsakt jede Verfügung, Entscheidung oder andere hoheitliche Maßnahme, die eine Behörde zur Regelung eines Einzelfalls auf dem Gebiet des öffentlichen Rechts trifft und die auf unmittelbare Rechtswirkung nach außen gerichtet ist, zu verstehen. Bei der Erteilung einer Fahrschulerlaubnis und bei der Ablehnung der Erteilung handelt es sich folglich um einen Verwaltungsakt.

Abgeschlossen wird das Verfahren mittels Bescheid. Dabei handelt es sich um eine besondere Form des Verwaltungsaktes am Ende eines Verwaltungsverfahrens.

Gebühren

Die gebührenpflichtigen Tatbestände und die Gebührensätze ergeben sich aus dem Gebührentarif für Maßnahmen im Straßenverkehr. Gemäß § 1 der GebOSt[73] dürfen danach für Amtshandlungen, einschließlich der Prüfungen und Untersuchungen im Sinne des § 34a des Fahrlehrergesetzes Gebühren erhoben werden. Soweit im Gebührentarif nichts anderes bestimmt ist, hat nach § 2 GebOSt der Kostenschuldner (hier der Träger) auch die dort aufgeführten Auslagen wie »Entgelte für Zustellungen durch die Post mit Postzustellungsurkunde und für Nachnahmen sowie im Einschreibeverfahren« oder für den »Einsatz von Dienstwagen bei Dienstgeschäften außerhalb der Dienststelle« zu tragen. Die für die Erteilung einer Fahrschulerlaubnis einschlägigen Gebührentarife sind im dem für die Gebühren des Landes relevanten 2. Abschnitt unter Kapitel D »Fahrlehrerrecht« aufgeführt.

302	Erteilung (außer der etwaigen Gebühr nach 308)	
302.5	der amtlichen Anerkennung eines Aus- oder Fortbildungsträgers nach § 33a Abs. 3 Satz 5 FahrlG einschließlich der Ausfertigung der Anerkennungsurkunde	102 bis 358,00 €
302.6	der amtlichen Anerkennung eines Aus- oder Fortbildungsträgers nach § 33a Abs. 3 Satz 5 FahrlG einschließlich der Ausfertigung der Anerkennungsurkunde nach vorangegangener Versagung, Rücknahme oder Widerruf oder nach vorangegangenem Verzicht	33,20 bis 256,00 €
304	Berichtigung einer Anerkennungsurkunde	27,70 €
305	Ausfertigung einer Anerkennungsurkunde als Ersatz für eine(n) verlorene(n) oder unbrauchbar gewordene(n), außer den Kosten einer etwaigen öffentlichen Ungültigkeitserklärung	15,30 bis 38,30 €

72 Verwaltungsverfahrensgesetz in der Fassung der Bekanntmachung vom 23. Januar 2003 (BGBl. I S. 102), geändert durch Artikel 4 Abs. 8 des Gesetzes vom 5. Mai 2004 (BGBl. I S. 718)

73 Gebührenordnung für Maßnahmen im Straßenverkehr (GebOSt) vom 26. Juni 1970 (BGBl. I S. 865, 1298), zuletzt geändert durch Artikel 3 der Verordnung vom 22. August 2006 (BGBl. I S. 2108)

306	Rücknahme oder Widerruf der amtlichen Anerkennung einer Fahrlehrerausbildungsstätte	33,20 bis 256,00 €
307	Zwangsweise Einziehung einer Erlaubnisurkunde	14,30 bis 286,00 €

Hinweis
Diese Gebühr ist auch fällig, wenn die Voraussetzung für die zwangsweise Einziehung erst nach Einleiten der Zwangsmaßnahme beseitigt worden ist.

308	Überprüfung	
308.1	einer Aus- oder Fortbildungsveranstaltung nach § 33a Abs. 3 Satz 5 FahrlG	30,70 bis 511,00 €
309	Erteilung oder Versagung einer Ausnahme von den Vorschriften über das Fahrlehrerwesen	5,10 bis 511,00 €
310	Versagung (außer der etwaigen Gebühr nach Nr. 308) der Anerkennung eines Aus- oder Fortbildungsträgers nach § 33a Abs. 3 Satz 5 FahrlG	33,20 bis 256,00 €

Hinweis
Nach § 6 GebOSt sind die Vorschriften des Verwaltungskostengesetzes anzuwenden, soweit sie nicht die §§ 1 bis 5 GebOSt abweichende Regelungen über die Kostenerhebung, die Kostenbefreiung, den Umfang der zu erstattenden Auslagen, der Kostengläubiger- und Kostenschuldnerschaft enthalten. Insbesondere bei der Ausgestaltung der unter Gebührentarif Nr. 302.6, 306 bis 310 ausgewiesenen Margengebühren gilt es deshalb § 3 des Verwaltungskostengesetzes (VwKostG)[74] zu beachten. Danach sind die Gebührensätze sind so zu bemessen, dass zwischen der den Verwaltungsaufwand berücksichtigenden Höhe der Gebühr einerseits und der Bedeutung, dem wirtschaftlichen Wert oder dem sonstigen Nutzen der Amtshandlung andererseits ein angemessenes Verhältnis besteht. Ist gesetzlich vorgesehen, dass Gebühren nur zur Deckung des Verwaltungsaufwandes erhoben werden, sind die Gebührensätze so zu bemessen, dass das geschätzte Gebührenaufkommen den auf die Amtshandlungen entfallenden durchschnittlichen Personal- und Sachaufwand für den betreffenden Verwaltungszweig nicht übersteigt.

399	Für andere als die in diesem Abschnitt aufgeführten Maßnahmen können Gebühren nach den Sätzen für vergleichbare Maßnahmen oder, soweit solche nicht bewertet sind, nach dem Zeitaufwand mit 12,80 € je angefangene Viertelstunde Arbeitszeit erhoben werden.	

74 Verwaltungskostengesetz vom 23. Juni 1970 (BGBl. I S. 821), zuletzt geändert durch Artikel 4 Abs. 9 des Gesetzes vom 5. Mai 2004 (BGBl. I S. 718)

400	Zurückweisung eines Widerspruchs oder Gebühr in Höhe Rücknahme des Widerspruchs nach Beginn der Gebühr für die der sachlichen Bearbeitung beantragte oder angefochtene Amtshandlung, mindestens jedoch 25,60 €; bei gebührenfreien angefochtenen Amtshandlungen 25,60 €. Von der Festsetzung einer Gebühr ist abzusehen, soweit durch die Rücknahme des Widerspruchs das Verfahren besonders rasch und mit geringem Verwaltungsaufwand abgeschlossen werden kann, wenn dies der Billigkeit nicht widerspricht.	

I.2.2 Voraussetzung und Antragsunterlagen

Rechtliche Grundlagen:

Fahrlehrergesetz (FahrlG)
§ 33a Abs. 3 Satz 5 Fortbildung

Durchführungs-Verordnung zum Fahrlehrergesetz (DV-FahrlG)		**Ermächtigungsnormen**
§ 15 Abs. 2 und 3	Fortbildung	§ 33a Abs. 5 FahrlG

Hinsichtlich der an den Träger und an seine Leitung zu stellenden Anforderungen gibt es keine gesetzlichen Regelungen. Da unzweifelhaft dennoch eine gewisse Prüfung des beantragenden Trägers erfolgen muss, sollten sich die zu fordernden Unterlagen unter Ausübung des pflichtgemäßen Ermessens an denen einer Fahrlehrerausbildungsstätte orientieren.

Hinweis
In der weit überwiegenden Zahl der Fälle beantragen bereits amtlich anerkannte Fahrlehrerausbildungsstätten oder der Fahrlehrverband des jeweiligen Bundeslandes die amtliche Anerkennung. Mithin kann – zumindest bei den Fahrlehrerausbildungsstätten auf die Forderung der entsprechenden allgemeinen Unterlagen verzichtet werden.

I.2.3 Personengebundene Voraussetzungen und Antragsunterlagen

Bezüglich der personengebundenen Unterlagen Nachweise zur Eignung des Bewerbers gefordert werden, die, ebenso wie bei Fahrlehrerausbildungsstätten, die Prüfung ermöglichen, dass keine Tatsachen vorliegen, die den Inhaber oder den verantwortlichen Leiter als unzuverlässig oder nicht geeignet erscheinen lassen. Ferner sollten Unterlagen eingereicht werden, die die Gewähr dafür bietet, dass der Bewerber seinen Pflichten nachkommen kann.

I.2.4 Trägergebundene Voraussetzungen und Antragsunterlagen

Lehrgangsleiter
Ergänzend sind dem Antrag unternehmensbezogene Unterlagen nach § 33a Abs. 3 Satz 5 FahrlG i. V. m. § 15 Abs. 4 DV-FahrlG beizufügen, die die Qualifikation der Lehr-

kräfte betreffen. Unter Verweis auf § 14 Abs. 2 DV-FahrlG sind daher als Lehrkräfte berechtigt:

1. ein Fahrlehrer, der Inhaber der Seminarerlaubnis nach § 31 des Fahrlehrergesetzes ist und über Erfahrungen in der Durchführung von Seminaren nach dem Straßenverkehrsgesetz oder über vergleichbare Erfahrungen in der Moderationstechnik verfügt und
2. ein Pädagoge, der die Voraussetzungen des § 9 Abs. 1 Satz 1 Nr. 5 erfüllt, die Fahrerlaubnis der Klasse BE besitzt sowie über Kenntnisse und Erfahrungen in gruppenorientierten Lernprozessen und der Erwachsenenbildung verfügt.

Beide Lehrkräfte müssen an jeweils viertägigen von der nach § 32 Abs. 1 Satz 1 FahrlG zuständigen Behörde oder Stelle anerkannten Einführungsseminaren für Lehrgangsleiter in den Lehrgangsabschnitten nach § 13 Abs. 3 DV-FahrlG teilgenommen haben.

Hinweis

Qualifikation der Lehrgangsleiter nach § 14 Abs. 2 DV-FahrlG

Der erfolgreiche Abschluss des Studiums für ein Lehramt genügt als Voraussetzung eines Lehrgangsleiters nach § 14 Abs. 2 DV-FahrlG. Danach ist die Voraussetzung, dass ein abgeschlossenes Studium der Erziehungswissenschaft vorliegen muss, folglich weit auszulegen (»jedes abgeschlossene Studium zum Lehramt genügt«). Es bleibt selbstverständlich gemäß § 14 Abs. 2 Nr. 2 DV-FahrlG dabei, dass der Lehrgangsleiter darüber hinaus unter anderem Kenntnisse und Erfahrungen in der Erwachsenenbildung besitzen muss.

Unterrichtsraum

Als Nachweis für den erforderlichen Unterrichtsraum sind ein maßstabgerechter Plan sowie der Mietvertrag, der den Unterrichtsraum als Gewerberaum oder Schulungsraum ausweisen muss, vorzulegen. Hintergrund für die Notwendigkeit des Ausweisens als Gewerberaum ist, dass die Fahrschule nach GewO § 15a als offene Betriebsstätte gilt. Ferner muss der Inhaber mittels Gewerbeanmeldung die Ausübung seines Gewerbes genehmigen lassen und die Gewerbeaufsichtsämter können diese Räume ebenfalls überprüfen.

Ausstattung

Aus dem maßstabgerechten Plan muss ferner Angaben über die Ausstattung (Beleuchtung, Belüftung, Beheizung, Bestuhlung, usw.) beinhalten. Konkrete Regelungen sind jedoch nicht im Fahrlehrergesetz enthalten, weshalb die Bestimmungen in der Verordnung über Arbeitsstätten (Arbeitsstättenverordnung – ArbStättV)[75] Anwendung finden. Im Einzelnen sind jedoch auch dort nur unbestimmte Rechtbegriffe, wie beispielsweise im § 6 Abs. 1 ArbStättV, nach der der Arbeitgeber solche Arbeitsräume bereitzustellen hat, die eine ausreichende Grundfläche und Höhe sowie einen ausreichenden Luftraum aufweisen, aufgeführt. Zahlenangaben zu den Arbeitsräu-

75 Verordnung über Arbeitsstätten (Arbeitsstättenverordnung – ArbStättV) vom 24. August 2004, in der Fassung vom 20. Juli 2007

men fehlen gänzlich. Deshalb sollten die Mindestanforderungen aus § 10 DV-FahrlG analog angewandt werden. Danach sind die Anforderungen als erfüllt anzusehen, wenn der Unterricht in einem ortsfesten Gebäuden erteilt wird und die Unterrichtsräume nach Inaugenscheinnahme nach Größe, Beschaffenheit und Einrichtung einen sachgerechten Ausbildungsbetrieb zulassen.

Weiterhin ist zu prüfen ob der Unterrichtsraum nach Beschaffenheit und Einrichtung
- nicht Teil einer Gastwirtschaft und kein Wohnraum ist,
- einen eigenen Zugang besitzt und nicht als Durchgang dient,
- vor Beeinträchtigungen durch Lärm, Staub und Geruch geschützt ist,
- gut beleuchtet ist,
- ausreichend belüftet werden kann sowie
- gut beheizbar ist.

Eine ausreichend bemessene Kleiderablage sollte vorhanden sein. In unmittelbarer Nähe des Unterrichtsraumes muss mindestens ein WC mit Waschgelegenheit zur Verfügung stehen. Für jeden Seminarteilnehmer sollte mindestens eine Sitzgelegenheit mit Rückenlehne und ein Tisch mit einer Fläche von 1 m^2 je Teilnehmer vorhanden sein. Der Unterrichtsraum ist auf 16 Teilnehmer zu begrenzen. Der Unterrichtsraum muss ausreichende Flächen zur Visualisierung besitzen. Die Ausstattung hat sich weiterhin nach dem Kursleiterhandbuch »Aufbauseminare für Fahrschulen AFS/ASP Handbuch für Seminarleiter« zu richten.

I.2.5 Erteilung der amtlichen Anerkennung

Die amtlichen Anerkennung als Träger für Fortbildungslehrgänge für Inhaber einer Seminarerlaubnis nach § 33a Abs. 2 FahrlG wird – auch ohne konkrete gesetzliche Grundlage im Fahrlehrergesetz – durch Aushändigung oder Zustellung der Anerkennungsurkunde erteilt. Analog zu § 25 Abs. 2 FahrlG sollte die Urkunde den Namen und die Anschrift des amtlich anerkannten Trägers, den Namen und die Anschrift des Inhabers des amtlich anerkannten Trägers – bei natürlichen Personen auch die Vornamen und den Geburtstag und -ort – enthalten.

I.2.6 Rücknahme und Widerruf

I.2.6.1 Rücknahme

Eine erteilte amtliche Anerkennung als Träger für Fortbildungslehrgänge für Inhaber einer Seminarerlaubnis nach § 33a Abs. 2 FahrlG ist zwar nicht nach dem Fahrlehrergesetz, jedoch nach dem VwVfG möglich. § 48 Abs. 1 VwVfG ermöglicht es Erlaubnisbehörden einen rechtswidrigen Verwaltungsakt, auch nachdem er unanfechtbar geworden ist, ganz oder teilweise mit Wirkung für die Zukunft oder für die Vergangenheit zurückzunehmen. Voraussetzung ist analog der Bestimmungen des Fahrlehrerrechts, dass bei der Erteilung eine der Voraussetzungen nicht vorgelegen hat und keine Ausnahme nach § 34 Abs. 1 FahrlG erteilt worden ist. Die Erlaubnisbehörde kann von der Rücknahme absehen, wenn der Mangel nicht mehr besteht. Der Erlaubnisbehörde steht kein Ermessensspielraum bei der Entscheidung über die Rücknahme zu, wenn sie erkannt hat, dass bei Erteilung der amtlichen Anerkennung als Träger eine Voraussetzung gefehlt hat und der Mangel weiterhin besteht. Nur wenn der Mangel nicht mehr besteht oder die Erlaubnisbehörde z. B. über eine

Ausnahme gemäß § 34 Abs. 1 FahrlG den Mangel heilt, kann sie zur Vermeidung einer unbilligen Härte von einer Rücknahme absehen.

Nach Rücknahme der amtlichen Anerkennung als Träger für Fortbildungslehrgänge für Inhaber einer Seminarerlaubnis nach § 33a Abs. 2 FahrlG ist die Anerkennungsurkunde unverzüglich der Erlaubnisbehörde zurückzugeben.

I.2.6.2 Widerruf

Eine erteilte amtliche Anerkennung als Träger für Fortbildungslehrgänge für Inhaber einer Seminarerlaubnis nach § 33a Abs. 2 FahrlG ist zwar nicht nach dem Fahrlehrergesetz, jedoch nach dem VwVfG möglich. § 49 Abs. 2 VwVfG ermöglicht es Erlaubnisbehörden einen rechtmäßigen begünstigenden Verwaltungsakt, auch nachdem er unanfechtbar geworden ist, ganz oder teilweise mit Wirkung für die Zukunft jedoch nur zu widerrufen, wenn

1. der Widerruf durch Rechtsvorschrift zugelassen oder im Verwaltungsakt vorbehalten ist;
2. mit dem Verwaltungsakt eine Auflage verbunden ist und der Begünstigte diese nicht oder nicht innerhalb einer ihm gesetzten Frist erfüllt hat;
3. die Behörde auf Grund nachträglich eingetretener Tatsachen berechtigt wäre, den Verwaltungsakt nicht zu erlassen, und wenn ohne den Widerruf das öffentliche Interesse gefährdet würde;
4. die Behörde auf Grund einer geänderten Rechtsvorschrift berechtigt wäre, den Verwaltungsakt nicht zu erlassen, soweit der Begünstigte von der Vergünstigung noch keinen Gebrauch gemacht oder auf Grund des Verwaltungsaktes noch keine Leistungen empfangen hat, und wenn ohne den Widerruf das öffentliche Interesse gefährdet würde;
5. um schwere Nachteile für das Gemeinwohl zu verhüten oder zu beseitigen.

Vor diesem Hintergrund gewinnt es an erheblicher Bedeutung, dass die Anerkennungsbescheide immer mit einem Widerrufsvorbehalt versehen werden sollten.

Nach Widerruf der amtlichen Anerkennung als Träger für Fortbildungslehrgänge für Inhaber einer Seminarerlaubnis nach § 33a Abs. 2 FahrlG ist die Anerkennungsurkunde unverzüglich der Erlaubnisbehörde zurückzugeben. Diesbezüglich sollte die Anerkennung eine Nebenbestimmung enthalten.

Kapitel J
Ordnungswidrigkeiten

Rechtliche Grundlagen:

Fahrlehrergesetz (FahrlG)		
§ 36	Ordnungswidrigkeiten	
Durchführungs-Verordnung zum Fahrlehrergesetz (DV-FahrlG)		**Ermächtigungsnormen**
§ 18	Ordnungswidrigkeiten	§ 36 Abs. 1 Nr. 15 FahrlG
Fahrschüler-Ausbildungs-Ordnung (FahrschAusbO)		
§ 8	Ordnungswidrigkeiten	§ 36 Abs. 1 Nr. 15 FahrlG

Gemäß § 1 Abs. 1 OWiG ist eine Ordnungswidrigkeit eine rechtswidrige und vorwerfbare Handlung, die den Tatbestand eines Gesetzes verwirklicht, das die Ahndung mit einer Geldbuße zulässt. Somit bildet eine rechtswidrige und vorwerfbare Handlung die Voraussetzung für das Verwaltungshandeln.

Verstöße gegen das Fahrlehrerrecht und seinen angrenzenden Bestimmungen können als Ordnungswidrigkeiten geahndet werden. Zu unterscheiden ist immer gegen wen sich die Ahndung richtet. Einerseits gegen den Fahrlehrer, auch als Inhaber einer Seminarerlaubnis oder Ausbildungsfahrlehrer, anderseits gegen den Inhaber der Fahrschule.

Grundsätzlich ist bei einer Ahndung auf das Gesetz über die Ordnungswidrigkeiten (OWiG) zurückzugreifen. Ferner müssen bei der Durchführung des Verfahrens die Bestimmungen der Strafprozessordnung (StPO), der Verwaltungsgerichtsordnung (VwGO) und des Verwaltungszustellungsgesetzes (VwZG) Berücksichtigung finden. Zu den fachlichen Bestimmungen wie Fahrlehrergesetz, Durchführungsverordnung zum Fahrlehrergesetz und Fahrschüler-Ausbildungsordnung kommt noch das Straßenverkehrsgesetz (StVG) hinzu.

J.1 Zuständigkeit

Die Zuständigkeit der Verwaltungsbehörde ergibt sich aus § 36 Abs. 1 Nr. 1 OWiG, wonach sachlich zuständig die Verwaltungsbehörde ist, die durch Gesetz bestimmt wird. Gemäß § 32 Abs. 1 FahrlG sind für die Ausführung des Fahrlehrergesetzes und der auf ihm beruhenden Rechtsverordnungen die obersten Landesbehörden, die von ihnen bestimmten oder die nach Landesrecht zuständigen Stellen zuständig.

J.2 Bekanntwerden der Ordnungswidrigkeit

Eine Ordnungswidrigkeit wird bekannt, durch:
1. die Anzeige eines Betroffenen oder einer dritten Person.

Dabei ist für die weitere Bearbeitung entscheidend, dass diese schriftlich erfolgt. Neben dem Vorwurf (Beschwerde) sind Beweise vorzulegen. Dies können eigene Aufzeichnungen, Belege, Zeugen o. ä. sein. Eine andere Möglichkeit besteht durch Mitteilungen anderer Behörden, wie dem Amt für Arbeitsstätten und Sicherheitstechnik, den Ordnungs- und Gewerbeämtern oder dem Finanzamt.

2. die Feststellung oder das Bekanntwerden der Ordnungswidrigkeit bei Amtshandlungen einer Behörde, einschließlich der Amtshilfepflicht (§ 4 Abs. 1 Verwaltungsverfahrensgesetz – VwVfG –).

Die zuständige Erlaubnisbehörde kann im Rahmen der Überwachung der Fahrschulen und Zweigstellen selbst Ordnungswidrigkeiten feststellen. An Ort und Stelle wird dabei ein Bericht erarbeitet, der die Grundlage für die Einleitung eines Ordnungswidrigkeitenverfahrens bildet. In diesem Bericht sind die Beweise der vorwerfbaren und rechtswidrigen Handlung umfangreich zu sichern. In der Behörde wird nachfolgend der Bericht durch ein Protokoll gewürdigt. Wurden Beanstandungen festgestellt, werden diese im Protokoll auf der Grundlage des Berichtes ausführlich beschrieben und zur Beseitigung der Beanstandung unter Nennung eines Termins aufgefordert.

Je nach Schwere der Beanstandungen kann das Einleiten weiterer Maßnahmen erforderlich werden. Unter Beachtung des Grundsatzes der Verhältnismäßigkeit können dies
- eine **Abmahnung** mit der Aufforderung der Unterlassung,
- die Erhebung eines **Verwarnungsgeldes,**
- die Erhebung eines **Bußgeldes,**
- die Einleitung des Widerrufs der Erlaubnis

sein.

Die Abmahnung ist die einfachste Form der Erhebung von Sanktionen. In der Abmahnung wird festgehalten:
1. die vorgeworfene und rechtswidrige Handlung,
2. die Aufforderung zur Unterlassung und
3. der Hinweis darauf, dass im Wiederholungsfall weitere belastende Maßnahmen durchgeführt werden können.

In allen Fällen ist das Verwaltungshandeln im OWiG, in der StPO und in der VwGO vorgegeben. Es beginnt mit der **Anhörung** des Betroffenen.

J.3 Anhörung

Der Posteingang der Erwiderung zur Anhörung ist in der Terminkette festzuhalten. In der Erwiderung ist zu prüfen, ob Angaben zur Sache gemacht wurden, der Adressat einen anderen Betroffenen/Verantwortlichen für die vorgeworfene Handlung benennt und ob die Angaben im Personalbogen mit dem vorhandenen bekannten Personalangaben übereinstimmen.

Wird die Anhörung von einem Verteidiger erwidert, muss dessen Vollmacht, gemäß § 51 Abs. 3 OWiG, über die Vertretung des Betroffenen beiliegen. Ab diesem Zeitpunkt erfolgt der weitere Schriftverkehr der Verwaltungsbehörde mit dem Rechtsanwalt. Er wird als Adressat und der Betroffene als Mandant bezeichnet.

Gemäß § 51 Abs. 3 OWiG gilt der gewählte Verteidiger, dessen Vollmacht sich bei den Akten befindet, als ermächtigt, Zustellungen und sonstige Mitteilungen für den Betroffenen in Empfang zu nehmen. Dabei ist zu berücksichtigen, dass alle weiteren Schreiben der Behörde mit Empfangsbekenntnis an den Rechtsanwalt versendet werden. An Behörden, Rechtsanwälte, Notare, Steuerberater kann gemäß § 5 Abs. 2 VwZG das Schriftstück auch auf andere Weise übermittelt werden; als Nachweis der Zustellung genügt dann das mit Datum und Unterschrift versehene Empfangsbekenntnis, das an die Behörde zurück zu senden ist. Geht keine Erwiderung zur Anhörung in der Verwaltungsbehörde ein, so ist die Erwiderung zur Anhörung und die Zurücksendung des Personalbogens anzumahnen. Die Mahnung sollte spätestens 4 Wochen nach der Versendung der Anhörung erfolgen. Die Mahnung ist in der Terminkette zu vermerken.

Mit der Anhörung, die nach § 55 Abs. 1 OWiG erfolgen muss, um dem Betroffenen Gelegenheit zu geben sich zu den Beschuldigungen zu äußern, wird das Ordnungswidrigkeitsverfahren in Gang gesetzt. Für dieses Verfahren sollte eine Teilakte angelegt werden. Diese Teilakte muss den gesamten Vorgang des Ordnungswidrigkeitenverfahrens beinhalten. Begonnen wird in dieser Teilakte mit einer Terminkette. Anschließend folgt die rechtswidrige und vorwerfbare Handlung. Eine Form der Anhörung ist nicht vorgeschrieben. Die Verfolgungsbehörde bestimmt danach die Form der Anhörung nach pflichtgemäßem Ermessen.

Im Anhörungsbogen wird dem Betroffenen die Ordnungswidrigkeit vorgeworfen. Werden mehrere Ordnungswidrigkeiten vorgeworfen, sind diese einzeln und mit einer laufenden Nummer versehen aufzuführen. Der Betroffene kann sich zu den Vorwürfen äußern. Der Anhörung ist ein Personalbogen beizufügen. Auf diesem Personalbogen sind von dem Betroffenen die persönlichen Angaben einzutragen (Pflichtangaben). Entsprechend § 111 Abs. 1 OWiG handelt derjenige ordnungswidrig, der einer zuständigen Behörde eine unrichtige Angabe macht oder die Angabe verweigert. Nach Abs. 3 kann diese Ordnungswidrigkeit mit einer Geldbuße bis 1 000 €, bei Fahrlässigkeit mit bis zu 500 € geahndet werden.

Auf der Anhörung ist zu vermerken, in welcher Frist der Personalbogen an die absendende Dienststelle zurück zu senden ist. Dafür sollte eine Frist in Form einer Anzahl von Tagen genannt werden. Für die Frist sollten mindestens sieben Tage, aber nicht mehr als vierzehn Tage vorgesehen werden. Die Zustellung der Anhörung erfolgt gemäß § 3 Abs. 1 Satz 2 VwZG.

J.4 Ordnungswidrigkeiten

Gemäß § 31 Abs. 3 Satz 1 OWiG beginnt die Verjährung, sobald die Handlung beendet ist und wird durch ihre Bekanntgabe unterbrochen (§ 33 Abs. 2 Satz 1 OWiG). Als Zeitpunkt der Unterbrechung gilt die Unterzeichnung der Anordnung oder Entscheidung. Die erste Verjährung endet also mit der Unterzeichnung der Anhörung und gleichzeitig beginnt die zweite Verjährungsfrist.

Nach § 31 Abs. 2 OWiG verjährt die Verfolgung von Ordnungswidrigkeiten, wenn das Gesetz nichts anderes bestimmt,

1. in drei Jahren bei Ordnungswidrigkeiten, die mit Geldbuße im Höchstmaß von mehr als fünfzehntausend Euro bedroht sind,
2. in zwei Jahren bei Ordnungswidrigkeiten, die mit Geldbuße im Höchstmaß von mehr als zweitausendfünfhundert bis zu fünfzehntausend Euro bedroht sind,
3. in einem Jahr bei Ordnungswidrigkeiten, die mit Geldbuße im Höchstmaß von mehr als eintausend bis zu zweitausendfünfhundert Euro bedroht sind,
4. in sechs Monaten bei den übrigen Ordnungswidrigkeiten.

Im § 36 Abs. 2 FahrlG wird das Höchstmaß einer Geldbuße festgesetzt.

Die Ordnungswidrigkeit kann in den Fällen des § 36 Abs. 1 Nr. 1, 4, 5, 6, 9, 12 und 15 FahrlG mit einer Geldbuße bis zu 2 500 € geahndet werden. Somit ergeben sich für folgende Tatbestände Verjährungsfristen von bis zu einem Jahr:

- ohne Erlaubnis nach § 1 Abs. 1 Satz 1 einen Fahrschüler ausbilden oder entgegen § 1 Abs. 4 Satz 1 von der Fahrlehrerlaubnis Gebrauch machen,
- entgegen § 6 Abs. 2 Satz 2 die zulässige tägliche Gesamtdauer des praktischen Fahrunterrichts oder entgegen Satz 3 die tägliche Gesamtarbeitszeit überschreiten oder entgegen § 16 Abs. 2 nicht dafür sorgen, dass diese Zeiten nicht überschritten werden,
- ohne Erlaubnis nach § 10 Abs. 1 einen Fahrschüler ausbilden oder ausbilden lassen oder entgegen § 20 Abs. 1 Satz 2 von der Fahrschulerlaubnis Gebrauch machen oder entgegen § 21a Abs. 1 Satz 1 eine Ausbildungsfahrschule betreiben oder leiten,
- entgegen § 14 Abs. 1 eine Zweigstelle der Fahrschule ohne Erlaubnis betreiben,
- entgegen § 15 Abs. 2, auch in Verbindung mit § 14 Abs. 3, eine Fahrschule fortführen, ohne einen verantwortlichen Leiter bestellt zu haben,
- entgegen § 22 Abs. 1 Satz 1 einen Fahrlehreranwärter ausbilden oder ausbilden lassen, ohne im Besitz einer amtlichen Anerkennung seiner Ausbildungsstätte zu sein,
- einer Vorschrift einer auf Grund des § 6 Abs. 3, des § 11 Abs. 4 oder des § 23 Abs. 2 erlassenen Rechtsverordnung oder einer auf Grund einer solchen Rechtsverordnung ergangenen vollziehbaren Anordnung zuwiderhandeln, soweit die Rechtsverordnung für einen bestimmten Tatbestand auf diese Bußgeldvorschrift verweist.

Die Ordnungswidrigkeit in den übrigen Fällen des § 36 Abs. 1 FahrlG Nrn. 2, 3, 7, 8, 10, 11, 13, 14, und 16 kann nur mit einer Geldbuße bis zu 500 € geahndet werden. Somit ergeben sich für folgende Tatbestände Verjährungsfristen von nur bis zu sechs Monaten:

- eine vollziehbare Auflage nach § 36 Abs. 1 des VwVfG nicht erfüllen,
- den Fahrlehrerschein entgegen § 5 Abs. 1 Satz 2 bei einer Fahrt mit einem Fahrschüler nicht mitführen, nicht zur Prüfung aushändigen, entgegen § 5 Abs. 2 Satz 3 oder § 13 Abs. 3 nicht rechtzeitig vorlegen oder entgegen § 7 Abs. 3 oder § 8 Abs. 3 nicht rechtzeitig zurückgeben,
- einer Anzeigepflicht nach § 17, auch in Verbindung mit § 14 Abs. 3, oder § 27 zuwiderhandeln,
- entgegen § 19, auch in Verbindung mit § 14 Abs. 3, die Entgelte oder Geschäftsbedingungen nicht oder nicht in der vorgeschriebenen Weise bekannt geben,
- entgegen § 18, auch in Verbindung mit § 14 Abs. 3, oder § 28 die vorgeschriebenen Aufzeichnungen nicht führen, nicht vorlegen oder nicht aufbewahren,
- entgegen § 20 Abs. 5, auch in Verbindung mit § 14 Abs. 3, § 21 Abs. 7 oder § 29 Abs. 4, eine Erlaubnis- oder Anerkennungsurkunde nicht rechtzeitig zurückgeben,
- entgegen § 26 Abs. 2 den Unterricht nicht entsprechend einem von der Erlaubnisbehörde genehmigten Ausbildungsplan anbieten oder durchführen oder einen Abdruck des Ausbildungsplans dem Fahrlehreranwärter nicht vor Abschluss des Ausbildungsvertrags aushändigen,
- entgegen § 33 Abs. 2 Satz 3, auch in Verbindung mit § 31 Abs. 5 Satz 1, das Betreten des Grundstücks oder Geschäftsraumes, die Vornahme einer Prüfung oder Besichtigung, die Anwesenheit beim Unterricht oder bei der Nachschulung oder die Einsicht in Aufzeichnungen nicht ermöglichen,
- entgegen § 33a Abs. 1 oder Abs. 2 nicht an einem Fortbildungslehrgang teilnehmen.

Hinweis

Der Widerruf der Fahrlehrerlaubnis, der Seminarerlaubnis oder der Fahrschul- oder Zweigstellenerlaubnis, fällt nicht unter Ordnungswidrigkeiten, da

1. das Verwaltungshandeln hier nach den §§ 8 und 21 FahrlG erfolgt und
2. keine Geldbuße erhoben wird, auch wenn für die Rücknahme oder den Widerruf gemäß Gebührenordnung für Maßnahmen im Straßenverkehr (GebOSt) eine Gebühr vorgesehen ist.

Kapitel K
Beschleunigte Grundausbildung und Weiterbildung von Fahrern bestimmter Kraftfahrzeuge für den Güterkraft- oder Personenverkehr (BKrFQG)

Mit der Richtlinie 2003/59/EG des Europäischen Parlaments und des Rates vom 15. Juni 2003 über die Grundqualifikation und Weiterbildung der Fahrer bestimmter Kraftfahrzeuge für den Güter- oder Personenkraftverkehr und zur Änderung der Verordnung (EWG) Nr. 3820/85 des Rates und der Richtlinie 91/439/EWG des Rates sowie zur Aufhebung der Richtlinie 76/914/EWG des Rates (ABl. EU Nr. L 226 S. 4) wurden die Mitgliedstaaten dazu verpflichtet, ein System der Grundqualifikation und Weiterbildung für bestimmte Kraftfahrer im gewerblichen Güterkraft- und Personenverkehr verbindlich einzuführen. Der Rat und das Europäische Parlament wollen mit dieser Richtlinie eine über die Fahrerlaubnis hinausgehende Vermittlung besonderer tätigkeitsbezogener Fertigkeiten und Kenntnisse durch eine Grundqualifikation und regelmäßige Weiterbildung der Fahrerinnen und Fahrer bestimmter Kraftfahrzeuge im Güterkraft- und Personenverkehr in der Europäischen Union gewährleisten.[76]

Der § 7 BKrQG enthält dabei eine Aufzählung derjenigen Institutionen, die mit ihrer bisherigen Tätigkeit nachgewiesen haben, dass sie alle Voraussetzungen erfüllen, um die beschleunigte Grundqualifikation und die Weiterbildung in der erforderlichen Qualität durchzuführen. Dies gilt nach Absatz 1, Nr. 1 auch für Fahrschulen. Fahrschulen mit einer Fahrschulerlaubnis der Klassen CE oder DE nach § 10 Abs. 2 FahrlG sind danach, sofern die Fahrschulerlaubnis nicht ruht, kraft Gesetz anerkannte Ausbildungsstätten für die beschleunigte Grundqualifikation und die Weiterbildung.

K.1.1 Zuständigkeit

Die Überwachung der Tätigkeit der Ausbildungsstätten nach Absatz 1 Nr. 1 obliegt der nach Landesrecht zuständigen Behörde. Um eine Doppelüberwachung zu vermeiden, sollte bei der Übertragung dieser Aufgabe berücksichtigt werden, dass Fahrschulen ohnehin nach § 33 FahrlG überwacht werden. Es erscheint daher sinnvoll, diese Aufgabe auch den für das Fahrlehrerrecht zuständigen Erlaubnisbehörden zu übertragen.

Hinweis

Die Zuständigkeit liegt zwar bei den Fahrschulerlaubnisbehörden, eine Durchführung der Überwachung und eine eventuelle Ahndung von Verstößen erfolgen jedoch nach dem BKrFQG.

76 BT-Drs 16/1365

K.1.2 Überwachung

Die zuständige Behörde kann zum Zweck der Überwachung alle erforderlichen Maßnahmen ergreifen. Sie kann insbesondere verlangen, dass ihre Vertreter zu den üblichen Büro- und Geschäftszeiten Unterrichts- und Geschäftsräume betreten, dort Prüfungen und Besichtigungen durchführen und am Unterricht teilnehmen können.

Überwacht wird gemäß der Verordnung zur Durchführung des Berufskraftfahrer-Qualifikations-Gesetzes (Berufskraftfahrer- Qualifikations-Verordnung – BKrFQV).:

- die beschleunigte Grundqualifikation, bestehend aus 140 Stunden zu je 60 Minuten und
- die Weiterbildung, bestehend aus 35 Unterrichtsstunden zu je 60 Minuten, die in selbstständigen Ausbildungseinheiten (Zeiteinheiten) von jeweils mindestens sieben Stunden erteilt werden, und
- die eintägige Weiterbildung, bestehend aus mindestens 7 Unterrichtsstunden zu je 60 Minuten.

Schwerpunkt der Überwachung bilden die Durchführung der beschleunigten Grundqualifikation und der Weiterbildung, sowie deren Nachweisführung. Die Inhalte der beschleunigten Grundqualifikation und der Weiterbildung unterliegen der Anlage 1 BKrFQV – Liste der Kenntnisbereiche. Auf Grundlage der Anlage 1 sind die Aus- und Weiterbildungspläne zu erstellen. Diese bilden die inhaltliche Grundlage der Überwachung und sind mit einzubeziehen.

Der Unterpunkt ist als letzter Punkt in der Anlage zum Bericht der Überwachung aufzunehmen.

Bericht der Überwachung einer Ausbildungsstätte

am: ____________________ Prüfer: ____________________

gemäß § 7 Abs. 4 Berufskraftfahrer-Qualifikations-Gesetz (BKrFQG) vom 14. August 2006 (BGBl. I Seite 1958)

Anwesend war(en): ____________________

Beginn der Überwachung: ____________________ Ende der Überwachung: ____________________

1. Ausbildungsstätte

Name der Ausbildungsstätte: ____________________

Anschrift: ____________________

Telefon: ____________________ Fax: ____________________ E-Mail: ____________________

Unterrichtsraum: ____________________

2. Erlaubnisinhaber

Name des Inhabers:

Anschrift: ____________________

Telefon: ____________________

3. Verantwortlicher Leiter

Vorname Name: ______________________

Anschrift: ______________________

4. Postanschrift

Sitz, Inhaber, Unterrichtsraum, sonstige Anschrift ______________________

____

5. Beschleunigten Grundqualifikation und Weiterbildung nach BKrFQG

5.1 beschleunigten Grundqualifikation nach BKrFQG gemäß §§ 4 Abs. 2 und 7 Abs. 1 Nr. 1 BKrFQG iVm § 2 BKrFQV — Ahndung nach § 7 (4) Satz 5 BKrFQG

5.1.1 Werden durch den Inhaber der Fahrschule /verantwortlichen Leiter des Ausbildungsbetriebs über die Teilnehmer folgende vorgelegt,

a) Anweisenheitslisten über die tägliche Ausbildung? ❑ ja ❑ nein
b) Einzelnachweise über die Teilnehmer? ❑ ja ❑ nein
- Vorname, Name, Anschrift ❑ ja ❑ nein
- Beginn und Ende des Unterrichts ❑ ja ❑ nein
- mindestens 140 Unterrichtsstunden zu 60 Minuten ❑ ja ❑ nein
- Inhalte über die theoretische Ausbildung mit allen Kenntnisbereichen und mindestens 130 Unterrichtsstunden ❑ ja ❑ nein
- Inhalte über das Fahren (mindestens 10 Unterrichtsstunden), ❑ ja ❑ nein
- Nachweis über das Ausbildungsfahrzeug, ❑ ja ❑ nein
- die Lehrkräfte je Unterrichtsstunde, ❑ ja ❑ nein
- Bescheinigung über die Teilnahme an der beschleunigten Grundausbildung. ❑ ja ❑ nein

c) Fährt jeder Teilnehmer tatsächlich 10 Unterrichtsstunden zu je 60 Minuten? ❑ ja ❑ nein
d) Wurden keine Prüfungsbögen oder Testbögen ausgefüllt oder andere Frage/Antworten Arbeiten im Sinne der Prüfungsordnung der IHK während des Mindestunterrichts durchgeführt? ❑ ja ❑ nein

5.1.2 Ausbildungsplan, Lehrmittel, Unterrichtsraum, Lehrkräfte

a) Besteht ein Ausbildungsplan über die 140 Unterrichtsstunden der beschleunigten Grundqualifikation? ❑ ja ❑ nein
b) Sind ausreichende Lehrmittel für die theo. Unterweisung vorhanden? ❑ ja ❑ nein
c) Wurde die Platzkapazität des Unterrichtsraums nicht überschritten? ❑ ja ❑ nein
d) Wird eine fortlaufende Weiterbildung der Lehrkräfte nachgewiesen? ❑ ja ❑ nein
e) Sind ausreichende Lehrkräfte im Verhältnis zur Teilnehmeranzahl (1:36) beschäftigt? ❑ ja ❑ nein

Name der Lehrkraft	Qualifikation	theo. Unterricht	prak. Unterricht

Bemerkungen:

____

____

5.1.3 Nachweise der Lehrkräfte
- a) Tagesnachweise der beschäftigten Fahrlehrer. ❑ ja ❑ nein
- b) allgemeine Bestimmungen
  - Besteht mit der Lehrkraft ein Anstellungsvertrag? ❑ ja ❑ nein
  - Zeichnet die Lehrkraft den täglichen Unterricht gegen? ❑ ja ❑ nein
  - Zeichnet die Lehrkraft während des täglichen Unterrichts die Anwesenheit je Teilnehmer auf? ❑ ja ❑ nein

Bemerkungen:

____

____

5.2. Weiterbildung nach BKrFQG gemäß §§ 5 und 7 Abs. 1 Nr. 1 BKrFQG iVm § 4 BKrFQV — Ahndung nach § 7 (4) Satz 5 BKrFQG

5.2.1 Werden durch den Inhaber der Fahrschule/verantwortlichen Leiter des Ausbildungsbetriebs über die Teilnehmer folgende Aufzeichnungen vorgelegt,
- a) Anwesenheitslisten über die Weiterbildung ❑ ja ❑ nein
- b) Einzelnachweise über die Teilnehmer? ❑ ja ❑ nein
  - Vorname, Name, Anschrift, ❑ ja ❑ nein
  - Beginn und Ende der Weiterbildung, ❑ ja ❑ nein
  - mehrtägige Weiterbildung zu mindestens 35 Unterrichtsstunden zu je 60 Minuten in Zeiteinheiten zu mindestens 7 Unterrichtsstunden zu je 60 Minuten (eine Zeiteinheit), ❑ ja ❑ nein
  - eintägige Weiterbildung zu mindestens 7 Unterrichtsstunden zu 60 Minuten (eine Zeiteinheit), ❑ ja ❑ nein
  - Inhalte über die Weiterbildung gemäß den Kenntnisbereichen der Anlage 1 BKrFQV, ❑ ja ❑ nein
  - bei praktischer Weiterbildung einen Nachweis über das Ausbildungsfahrzeug, ❑ ja ❑ nein
  - die Lehrkräfte, ❑ ja ❑ nein

- Bescheinigung über die Weiterbildung an der Teilnahme an einer eintägigen mit mindestens 7 oder einer mehrtägigen Weiterbildung mit mindestens 35 Ausbildungsstunden zu 60 Minuten. ❑ ja ❑ nein

5.2.2 Ausbildungsplan, Lehrmittel, Unterrichtsraum, Lehrkräfte

a) Besteht ein Ausbildungsplan über mindestens 35/7 Unterrichtsstunden Weiterbildung? ❑ ja ❑ nein

b) Sind ausreichende Lehrmittel für die theoretischen Kenntnisbereiche in der Weiterbildung vorhanden? ❑ ja ❑ nein

c) Wurde die Platzkapazität des Unterrichtsraums nicht überschritten? ❑ ja ❑ nein

d) Wird eine fortlaufende Weiterbildung der Lehrkräfte nachgewiesen? ❑ ja ❑ nein

e) Sind ausreichende Lehrkräfte im Verhältnis zur Teilnehmeranzahl (1:36) beschäftigt? ❑ ja ❑ nein

Name der Lehrkraft	Qualifikation	Vermittlung der Kenntnisbereiche

Bemerkungen:

____

____

5.2.3 Nachweise der Lehrkräfte

a) Tagesnachweise der beschäftigten Fahrlehrer. ❑ ja ❑ nein

b) allgemeine Bestimmungen

- Besteht mit der Lehrkraft ein Anstellungsvertrag? ❑ ja ❑ nein
- Zeichnet die Lehrkraft den täglichen Unterricht gegen?
- Besteht mit der Lehrkraft ein Anstellungsvertrag? ❑ ja ❑ nein
- Zeichnet die Lehrkraft während des täglichen Unterrichts die Anwesenheit je Teilnehmer auf?

Bemerkungen:

____

____

BKrFQG

6. Hinweise, Bemerkungen

Erklärung: Der Prüfbericht wurde mir vorgelegt.

Ort

Datum

Inhaber/verantwortlicher Leiter

Prüfer

Stempel der Fahrschule

Stichwortregister

info@fahrschulezitabraun.de
Cillifeel